Lineare Optimierung unter Unsicherheit

Frank Herrmann

Lineare Optimierung unter Unsicherheit

Eine Einführung

 Springer Gabler

Frank Herrmann
Ostbayerische Technische Hochschule
Regensburg
Regensburg, Bayern, Deutschland

ISBN 978-3-658-34580-8   ISBN 978-3-658-34581-5   (eBook)
https://doi.org/10.1007/978-3-658-34581-5

Die Deutsche Nationalbibliothek verzeichnet diese Publikation in der Deutschen Nationalbibliografie;
detaillierte bibliografische Daten sind im Internet über http://dnb.d-nb.de abrufbar.

Planung/Lektorat: Claudia Rosenbaum
Springer Gabler ist ein Imprint der eingetragenen Gesellschaft Springer Fachmedien Wiesbaden GmbH und ist
ein Teil von Springer Nature.
Die Anschrift der Gesellschaft ist: Abraham-Lincoln-Str. 46, 65189 Wiesbaden, Germany

Vorwort

Probleme in Industrie, Banken, Versicherungen, Handel, Gesundheitswesen und in der öffentlichen Verwaltung werden zunehmend häufiger als lineare Optimierungsprobleme beschrieben und mit Standardwerkzeugen wie ILOG gelöst. Stellvertretend sei die Steuerung und Planung von Produktionsprozessen sowie die Personalplanung und deren Einsatz in Produktionsprozessen, aber auch in Krankenhäusern oder für Flüge mit großen Flugzeugen, genannt. Viele solcher Probleme enthalten lange Betrachtungszeiträume. In den heutzutage immer dynamischeren Umgebungen sind durchaus größere Änderungen von Einflussgrößen im Zeitablauf sehr wahrscheinlich und diese dürften einen sehr hohen Einfluss auf die Lösungsgüte haben. Für lineare Optimierungsprobleme bedeutet dies Änderungen von Koeffizienten, primär in den Restriktionen. Eine Analyse solcher Änderungen ergab, dass diese zufällig sind und sich daher durch Wahrscheinlichkeitsverteilungen beschreiben lassen. Die resultierenden linearen Optimierungsprobleme werden in der Literatur als lineare Optimierung unter Unsicherheit bezeichnet.

In diesem Buch werden die in der Literatur und auch in der aktuellen Forschung verwendeten Ansätze vorgestellt. Diese werden mathematisch präzise beschrieben und ihre charakteristischen Eigenschaften werden anhand von Fallstudien erläutert. Ein schon seit langem untersuchter Ansatz besteht darin, ausgehend von einer optimalen Lösung für feste Parameter zu berechnen, wie diese sich bei einer Änderung von Parametern verändert. Diese Sensitivitätsanalyse und ihre Erweiterung, die parametrische Optimierung, erlauben nur gewisse Änderungen der optimalen Lösung und sind daher recht limitiert. Zu ihrer Überwindung wurden in den letzten Jahren zum einen Ansätze entwickelt, bei denen die Unsicherheit außerhalb des fraglichen Problems betrachtet wird und in diesem Sinne dadurch beseitigt wird, dass im linearen Problem (und damit innerhalb des Problems) ein deterministischer Wert verwendet wird. Solche Ansätze werden in der Literatur unter einwertiger Berücksichtigung von Unsicherheit und auch unter Wait-and-see-Ansätze diskutiert. Ein Wait-and-see-Ansatz impliziert den Ausschluss des Zufalls. Es liegt damit perfekte Information vor und der Wait-and-see-Ansatz berechnet die beste mögliche Lösung. Diese wird häufig zur Beurteilung der Lösungsgüte von Verfahren zur Lösung der linearen Optimierung unter Unsicherheit verwendet. Zum anderen werden zufällige Werte beim Chance Constrained und bei Kompensationsproblemen eingesetzt.

Dabei sind in der Literatur durch Kompensationsprobleme häufig die besten Resultate erzielt worden, weswegen diese nicht nur am häufigsten verwendet werden, sondern lineare Optimierung unter Unsicherheit sehr häufig durch Kompensationsprobleme definiert wird. Deswegen werden nach der Vorstellung dieser Ansätze im zweiten Teil des Buches Kompensationsprobleme, als Abstraktionen von konkreten Problemen in Unternehmen, und ihre Interpretation vorgestellt.

Das Buch wendet sich an Doktoranden und Studierende mit ausgeprägtem Interesse an der optimalen Lösung von Problemen, insbesondere aus dem Bereich der Produktionsplanung, sowie generell an Wissenschaftler und Experten in Unternehmen, die eine Einführung in die lineare Optimierung unter Unsicherheit suchen. Deswegen sind alle Fallstudien so elementar, dass sie auch als Seminaraufgaben für entsprechende Lehrveranstaltungen in Masterstudiengängen an Hochschulen und Universitäten eingesetzt werden können. Auf eine detaillierte Beschreibung ihrer Lösung habe ich sehr großen Wert gelegt.

Dem Verlag Springer Gabler danke ich für die sehr bereitwillige Aufnahme des Buchs und Frau Rosenbaum für die gute Zusammenarbeit. Vielen Dank Frau Flatau und Frau Rosenbaum für das kompetente Lektorieren. Bei Frau Müller bedanke ich mich für das Korrekturlesen. Die Verantwortung für eventuelle Fehler verbleibt bei mir. Schließlich danke ich meiner Familie für das Verständnis für den hohen Zeitaufwand, der mit dem Erstellen dieses Buches verbunden war.

Regensburg im Juli 2022   Frank Herrmann

Inhaltsverzeichnis

Ausgangssituation und Zielsetzung 1

Viele Entscheidungsprobleme, insbesondere in der Produktionslogistik bzw. in der Logistik generell, lassen sich durch lineare Optimierungsprobleme präzise beschreiben. Ein Anwendungsbeispiel ist die Produktionsprogrammplanung, bei der ein Produktionsprogramm so aufzustellen ist, dass die Auslastungsgrenzen der Produktionsanlagen nicht überschritten werden und eine vorgegebene Zielgröße (z. B. Umsatz oder Gewinn) dabei maximiert wird. Nachfolgendes Beispiel möge dies illustrieren. (Es sei angemerkt, dass in der Literatur statt von Problemen auch von Modellen gesprochen wird. Um den Bezug zu Problemen zu betonen, erfolgt dies hier nicht.)

In einer Fabrik werden zwei Arten von Kabeln hergestellt: ein Telefonkabel mit einem Preis pro Kabelrolle von 200 € und ein Verlegekabel mit einem Preis pro Kabelrolle von 300 €. Die Kabel sollen in 500-m-Rollen verkauft werden. Kleinere Stückelungen sind erlaubt und verursachen höhere Kosten. Da dies für die Verwendung dieser Fallstudie in diesem Buch nicht relevant ist, wird auf höhere Kosten verzichtet. Dadurch ist der Preis für ein Bruchteil von 500 m eben dieser Bruchteil multipliziert mit dem jeweiligen Verkaufspreis je 500 m. Beide Kabel bestehen aus einer Gummi-Kunststoff-Mischung als Isolator und einem Kupferdraht, der als elektrischer Leiter dient. Für das Telefonkabel werden 5 kg Plastik, 4 kg Kupfer und 4 kg Gummi je Kabelrolle benötigt. Die Herstellung des Verlegekabels verbraucht 10 kg Plastik, 3 kg Kupfer und 1 kg Gummi für eine Kabelrolle. Die Vorräte an diesen Rohstoffen ist begrenzt und beträgt bei Plastik 150 kg, bei Kupfer 60 kg und bei Gummi 50 kg. Mit welchem Produktionsprogramm wird der höchste Umsatz erzielt?

Die Vorräte an Rohstoffen beschränken die produzierbaren Telefon- und Verlegekabel. Diese Produktionsmengen werden für Telefonkabel mit x_1 und für Verlegekabel mit x_2 bezeichnet. Der durch ihre Produktion verursachte Verbrauch an Plastik berechnet sich dadurch, indem diese Produktionsmengen mit dem jeweiligen Verbrauch an Plastik multipliziert werden; i.e. 5 kg beim Telefonkabel und 10 kg beim Verlegekabel. Die Summe dieser beiden Werte ist durch den Plastikvorrat (i.e. 150 kg) beschränkt. Dadurch ergibt sich die Restriktion $5 \frac{kg}{500\,m} \cdot x_1 + 10 \frac{kg}{500\,m} \cdot x_2 \leq 150$ kg. Die genannten Verkaufspreise für eine

© Der/die Autor(en), exklusiv lizenziert durch Springer Fachmedien Wiesbaden GmbH, ein Teil von Springer Nature 2022
F. Herrmann, *Lineare Optimierung unter Unsicherheit*, https://doi.org/10.1007/978-3-658-34581-5_1

Kabelrolle vom Telefonkabel (i.e. 200 €) bzw. vom Verlegekabel (i.e. 300 €) führen zu dem dadurch erzielten Gewinn, indem diese mit den (jeweiligen) Produktionsmengen multipliziert werden, also $200 \frac{€}{500 \, m} \cdot x_1 + 300 \frac{€}{500 \, m} \cdot x_2$. Die Berücksichtigung von dem Kupfer- und dem Gummivorrat führt zu entsprechenden Restriktionen. Die Maximierung des Gewinns von $200 \frac{€}{500 \, m} \, x_1 + 300 \frac{€}{500 \, m} \, x_2$ ist die zu maximierende Zielfunktion. Damit ergibt sich das folgende lineare Optimierungsproblem für die Kabelherstellung. (Es sei betont, dass die beiden gesuchten Anzahlen an Kabelrollen reelle Zahlen sind.)

Variablen:

x_1 Anzahl der Telefonkabelrollen (je 500 m).
x_2 Anzahl der Verlegekabelrollen (je 500 m).

max $F(x_1, x_2)$ mit

$$F(x_1, x_2) = 200 \frac{€}{500 \, m} \, x_1 + 300 \frac{€}{500 \, m} \, x_2.$$

Restriktionen:

$5 \frac{kg}{500 \, m} \, x_1 + 10 \frac{kg}{500 \, m} \, x_2 \leq 150 \, kg$ Plastikvorrat.

$4 \frac{kg}{500 \, m} \, x_1 + 3 \frac{kg}{500 \, m} \, x_2 \leq 60 \, kg$ Kupfervorrat.

$4 \frac{kg}{500 \, m} \, x_1 + 1 \frac{kg}{500 \, m} \, x_2 \leq 50 \, kg$ Gummivorrat.

$x_1 \geq 0$ sowie $x_2 \geq 0$ Nichtnegativität.

In der industriellen Praxis ist es üblich, dass sich mit der Zeit die Preise der zu verkaufenden Produkte oder der Verbrauch an Rohstoffen – wie Plastik in dieser Fallstudie – beispielsweise ändern. Interessant ist eine Lösung, die diese Unsicherheit bzw. diesen Zufallseinfluss geeignet berücksichtigt. Ausgehend von einer optimalen Lösung des deterministischen Problems – also dem Problem, bei dem alle Parameter (wie der Vorrat an Plastik) konstant vorgegeben sind –, die durch das Simplexverfahren bzw. den Simplex-Algorithmus effizient ermittelt werden kann, können die Auswirkungen von Unsicherheit durch eine Sensitivitätsanalyse abgeschätzt werden. Ihre Darstellung im Kap. 3 verwendet grundlegende Erkenntnisse über lineare Optimierung, insbesondere über das Simplexverfahren, die im Kap. 2 anhand der Fallstudie zur Kabelherstellung komprimiert vorgestellt werden. Erweiterungen einschließlich der Beweise finden sich in vielen Monographien zur linearen Optimierung. Stellvertretend sei das Buch von Bol (1980) genannt, an dem sich die Darstellung in diesem Buch orientiert; dort befinden sich auch viele Beweise. Die Sensitivitätsanalyse hat einige strukturelle Schwächen, s. Kap. 3, die in den im Kap. 4 beschriebenen Ansätzen vermieden werden. Sie basieren auf einer Darstellung eines stochastischen linearen Optimierungsproblems, welches im Abschn. 4.7 eingeführt wird und in vielen Publikationen und Monographien so oder sehr ähnlich verwendet wird. Obwohl die dargestellten Ansätze die in der Literatur diskutierten nicht vollständig abdecken, dürften sie repräsentativ auch für diejenigen sein, die in der aktuellen Forschung diskutiert werden. Wichtige Modellierungsansätze für die Hauptproduktionsprogrammplanung werden im Kap. 6 eingeführt und unter für die industrielle Praxis typischen Randbedingungen analysiert.

Grundlegende Resultate der linearen Optimierung 2

Wie beim lineare Optimierungsproblem für die Kabelherstellung bereits dargestellt, besteht ein lineares Optimierungsproblem aus einer Zielfunktion und Ungleichungen, die jeweils durch lineare Funktionen gebildet werden. Oftmals werden positive Lösungen gefordert, was durch Nichtnegativitätsbedingungen der (Entscheidungs-) Variablen sichergestellt wird. Im Allgemeinen erfüllt nicht jede Variable die Nichtnegativitätsbedingung. Durch Umnummerieren der Variablen lässt sich erreichen, dass dies für die ersten p Variablen gilt. Ebenso lassen sich Restriktionen mit „$\leq$"-, „$\geq$"- und „$=$"-Relationen gruppieren, „$<$" bzw. „$>$" kann durch „$\geq$" bzw. „$\leq$" ersetzt werden. Bei dem Auftreten von „$\leq$"-, „$\geq$"- und „$=$"-Relationen hat ein lineares Optimierungsproblem die folgende Gestalt:

P:

max (min) $c_1 x_1 + c_2 x_2 + \ldots + c_n x_n + z_0$

unter den Restriktionen (u. d. R.) bzw. s. t. (engl. „subject to", „so that")

$$a_{i,1} x_1 + a_{i,2} x_2 + \ldots + a_{i,n} x_n \leq b_i \quad (i = 1, \ldots, m_1).$$
$$a_{i,1} x_1 + a_{i,2} x_2 + \ldots + a_{i,n} x_n \geq b_i \quad (i = m_1 + 1, \ldots, m_2).$$
$$a_{i,1} x_1 + a_{i,2} x_2 + \ldots + a_{i,n} x_n = b_i \quad (i = m_2 + 1, \ldots, m).$$
$$x_i \geq 0 \quad (i = 1, \ldots, p).$$

Für die Parameter gilt: $c_j, a_{i,j} \in \mathbb{R} \, \forall \, 1 \leq j \leq n, \, 1 \leq i \leq m, \, p \in \{1, 2, \ldots, n\}$ sowie $m_1, m_2 \in \{1, \ldots, m\}$ mit $m_1 \leq m_2$. Tritt eine dieser Relationsarten nicht auf, so entfallen m_1 oder m_2.

Ein Punkt $x \in \mathbb{R}^n$ heißt zulässig für ein lineares Optimierungsproblem, wenn er alle Restriktionen erfüllt. Die Menge aller zulässigen Punkte heißt zulässige Menge, zulässiger Bereich oder Lösungsraum und wird mit $\mathbb{M}$ bezeichnet. Ein zulässiger Punkt $x^* \in \mathbb{M}$ heißt optimaler Punkt, wenn bei einem Maximierungsproblem $f(x^*) \geq f(x)$, $\forall x \in \mathbb{M}$, gilt und bei einem Minimierungsproblem $f(x^*) \leq f(x)$, $\forall x \in \mathbb{M}$, gilt.

© Der/die Autor(en), exklusiv lizenziert durch Springer Fachmedien Wiesbaden GmbH, ein Teil von Springer Nature 2022
F. Herrmann, *Lineare Optimierung unter Unsicherheit*,
https://doi.org/10.1007/978-3-658-34581-5_2

Durch Multiplikation mit -1 lässt sich ein Maximierungsproblem in ein Minimierungs-problem transformieren; i.e. $\min(-f(x)) = -\max f(x)$. Eine Gleichungsrestriktion $a_{i,1}x_1 + a_{i,2}x_2 + \ldots + a_{i,n}x_n = b_i$ lässt sich durch die beiden Ungleichungen $a_{i,1}x_1 + a_{i,2}x_2 + \ldots + a_{i,n}x_n \leq b_i$ und $a_{i,1}x_1 + a_{i,2}x_2 + \ldots + a_{i,n}x_n \geq b_i$ ersetzen. Durch Multiplikation mit -1 lässt sich eine „$\geq$"-Restriktion in eine „$\leq$"-Restriktion umwandeln. Jede (Entscheidungs-) Variable x_i, die keine Nichtnegativitätsbedingung erfüllt, lässt sich durch (den Term) $x_i^+ - x_i^-$ ersetzen, wobei die beiden neuen Variablen die Nichtnegativitätsbedingung erfüllen.

Durch eine iterative Anwendung dieser Umformungen wird jedes lineare Optimierungs-problem in die folgende Standardform transformiert:

$P_{\leq}$:
$$\min \quad c^{\mathsf{T}}x + z_0$$
s. t.
$$Ax \leq b$$
$$x \geq 0$$

mit Zielfunktionsvektor $c = (c_1, \ldots, c_n)^{\mathsf{T}} \in \mathbb{R}^n$, Zielfunktionskonstante $z_0 \in \mathbb{R}$, (Entscheidungs-) Variablenvektor $x = (x_1, \ldots, x_n)^{\mathsf{T}} \in \mathbb{R}^n$, Restriktionsvektor $b = (b_1, \ldots, b_m)^{\mathsf{T}} \in \mathbb{R}^m$ sowie Koeffizientenmatrix $A = (a_{i,j})_{i=1, \, j=1}^{m, \quad n} \in \mathbb{R}^{m \times n}$. (Es sei ange-merkt, dass ein optimaler Punkt nicht durch den konstanten Term einer Zielfunktion (i.e. z_0) beeinflusst wird und deswegen in dieser Arbeit oftmals weggelassen wird. Neben dieser Standardform wird in der Literatur eine verwendet, bei der die Zielfunktion zu maximieren ist.)

Ein Beispiel für ein lineares Optimierungsproblem in Standardform liefert die zuvor behandelte Kabelherstellung, indem die Zielfunktion mit -1 multipliziert wird, also insge-samt:
$$\min F(x_1, x_2) \text{ mit}$$

$$F(x_1, x_2) = -200\frac{\text{\euro}}{500\,\text{m}}\,x_1 - 300\frac{\text{\euro}}{500\,\text{m}}\,x_2$$

s. t.

$$5\tfrac{\text{kg}}{500\,\text{m}}\,x_1 + 10\tfrac{\text{kg}}{500\,\text{m}}\,x_2 \leq 150\,\text{kg} \qquad\qquad \text{Plastikvorrat (I).}$$
$$4\tfrac{\text{kg}}{500\,\text{m}}\,x_1 + 3\tfrac{\text{kg}}{500\,\text{m}}\,x_2 \leq 60\,\text{kg} \qquad\qquad \text{Kupfervorrat (II).}$$
$$4\tfrac{\text{kg}}{500\,\text{m}}\,x_1 + 1\tfrac{\text{kg}}{500\,\text{m}}\,x_2 \leq 50\,\text{kg} \qquad\qquad \text{Gummivorrat (III).}$$
$$x_1 \geq 0 \text{ sowie } x_2 \geq 0 \qquad\qquad\qquad \text{Nichtnegativität (IV) sowie (V).}$$

Lineare Optimierungsprobleme mit zwei Entscheidungsvariablen lassen sich graphisch dar-stellen, analysieren und lösen. Dabei zeigen sich bereits grundlegende Eigenschaften, die im Simplexverfahren bzw. dem Simplex-Algorithmus genutzt werden. Dies wird an der Kabelherstellung demonstriert.

Jede Restriktion bildet eine Halbebene. Im zweidimensionalen Raum eine Fläche, die durch die Restriktions-Gerade beschränkt ist, die sich aus der Restriktion ergibt, indem der Ungleichheitsoperator durch den Gleichheitsoperator ersetzt wird – es sei angemerkt, dass die Bildung einer Normalform für das graphische Verfahren keine Erleichterung darstellt. In der Abb. 2.1 sind die 5 Halbebenen für die Kabelherstellung eingezeichnet. Durch einen Pfeil ist angegebenen, in welchem Bereich die aufgrund der jeweiligen Restriktion zulässigen Punkte liegen. Die Schnittmenge aller Halbebenen ist die zulässige Menge. In Abb. 2.1 ist diese schraffiert dargestellt. Durch Setzen eines frei gewählten Zielfunktionswertes, wie beispielsweise 1200 €, ergibt sich für die ursprüngliche Zielfunktion – i.e. $200 \frac{€}{500\,\text{m}} x_1 + 300 \frac{€}{500\,\text{m}} x_2$ – ebenfalls eine Gerade, die in der Abb. 2.1 gestrichelt eingezeichnet ist; für die Zielfunktion in der Standardform des Kabelherstellungsproblems gilt dies auch. Die Schnittmenge dieser Geraden mit der zulässigen Menge ist die Menge aller zulässigen Punkte mit 1200 € als Zielfunktionswert und diese Gerade wird als Höhenlinie bezeichnet. Wird diese Gerade parallel in Richtung des Pfeils verschoben, so nehmen die Zielfunktionswerte zu; dadurch werden Höhenlinien mit höheren Zielfunktionswerten erreicht. In dem durch einen Kreis markierten eingezeichneten Punkt geht die – eindeutig bestimmte – Höhenlinie mit dem höchsten Zielfunktionswert (z^*), die noch einen zulässigen Punkt enthält, nämlich den optimalen Punkt. Für z^* gilt: Es gibt ein $x^* \in \mathbb{M}$ mit $z^* = f(x^*)$ und für alle $x \in \mathbb{M}$ gilt $f(x) \leq z^*$. x^* ist ein optimaler Punkt. Mehrere optimale Punkte treten genau dann auf, wenn die Steigung einer solchen Höhenlinie mit der einer Restriktionsgeraden (r) übereinstimmt, auf der ein optimaler Punkt liegt. Da die zulässige Menge eine Teilmenge vom $\mathbb{R}^2$ ist, existieren dann unendlich viele optimale Punkte. Auch in diesem Fall schneidet diese Restriktionsgerade r (mindestens) eine andere Restriktionsgerade (in jedem Fall eine der beiden Achsen) und dieser Schnittpunkt liegt im Lösungsraum; zwei solcher Schnittpunkte im zulässigen Bereich sind möglich und ein solcher Schnittpunkt wird durch dieses Vorgehen graphisch bestimmt. In diesem Fall ist der optimale Punkt der Schnittpunkt von den Geraden zu den Restriktionen I und II. Dies bestimmt stets ein lineares Gleichungssystem aus zwei Gleichungen und zwei Unbekannten mit diesem Punkt als Lösung. Damit lautet für die Kabelherstellung das lineare Gleichungssystem:

$$\begin{bmatrix} 5\frac{\text{kg}}{500\,\text{m}}\, x_1 + 10\frac{\text{kg}}{500\,\text{m}}\, x_2 = 150\,\text{kg} \\ 4\frac{\text{kg}}{500\,\text{m}}\, x_1 + \;\;3\frac{\text{kg}}{500\,\text{m}}\, x_2 = \;\;60\,\text{kg} \end{bmatrix}.$$

Ein solches lineares Gleichungssystem lässt sich beispielsweise mit dem Gaußschen Eliminationsverfahren lösen. Dieses Vorgehen liefert:

$$\Leftrightarrow \begin{bmatrix} x_1 \quad\;\; = 6 \cdot 500\,\text{m} \\ \;\;\; x_2 = 12 \cdot 500\,\text{m} \end{bmatrix}$$

mit dem Zielfunktionswert von $F(6, 12) = 200\frac{€}{500\,\text{m}} \cdot 6 \cdot 500\,\text{m} + 300\frac{€}{500\,\text{m}} \cdot 12 \cdot 500\,\text{m} = 4800\,€$.

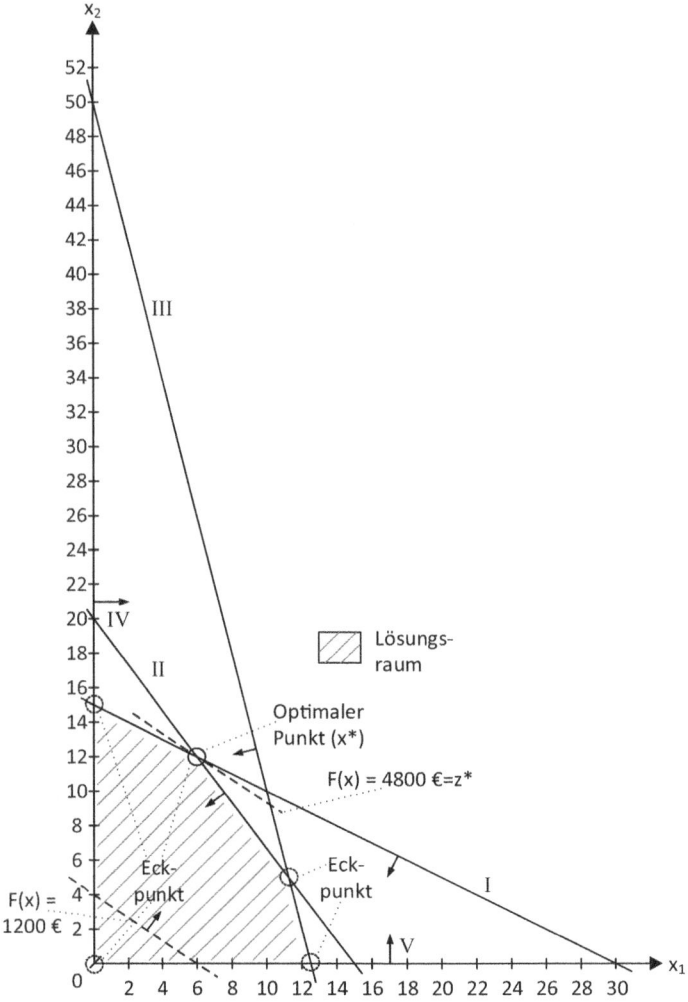

Abb. 2.1 Graphische Lösung des Kabelherstellungsproblems

Diese (graphische) Lösung demonstriert bereits grundlegende Eigenschaften linearer Optimierungsprobleme in Standardform – s. hierzu Herrmann (2009) und für eine vertiefte Betrachtung sei auf die einschlägigen Bücher zur linearen Optimierung, insbesondere auf dem von Bol (i.e. Bol 1980), hingewiesen. So hat ein lineares Optimierungsproblem einen optimalen Punkt, falls die zulässige Menge $\mathbb{M}$ nicht leer und beschränkt ist. Es sei betont, dass es sich hierbei lediglich um eine hinreichende Bedingung für die Lösbarkeit handelt: Es kann durchaus auch unbeschränkte zulässige Mengen geben, die einen optimalen Punkt besitzen. Ferner ist jede nicht leere zulässige Menge $\mathbb{M}$ konvex und hat mindestens einen

Eckpunkt – ein Eckpunkt einer Menge M lässt sich nicht als echte Konvexkombination zweier verschiedener Punkte x_1, $x_2 \in$ M darstellen; also durch $\lambda_1 x_1 + \lambda_2 x_2$ mit $\lambda_1 + \lambda_2 = 1$ und $\lambda_1, \lambda_2 > 0$. Eine zulässige Menge besitzt höchstens endlich viele Eckpunkte, da es endlich viele Restriktionen gibt und ein Eckpunkt ein Schnittpunkt von 2 Restriktionen ist. Besitzt ein lineares Optimierungsproblem einen optimalen Punkt, dann ist auch mindestens ein Eckpunkt der zulässigen Menge ein optimaler Punkt; wie oben begründet wurde, gilt dies auch für nicht eindeutig lösbare lineare Optimierungsprobleme – bei einem Problem mit zwei Variablen ist ein Eckpunkt am Ende der Linie, auf der die unendlich vielen optimalen Punkte liegen. Daher genügt es, für ein lösbares lineares Optimierungsproblem alle Eckpunkte von seiner zulässigen Menge zu bestimmen, und jeder mit dem minimalen Zielfunktionswert ist ein optimaler Punkt. Dadurch kann ein lineares Optimierungsproblem in Standardform $\binom{n+m}{m}$ verschiedene Eckpunkte besitzen. Durch das, im Folgenden erläuterte, Simplexverfahren bzw. den Simplex-Algorithmus wird nur ein Teil von diesen erzeugt, indem ausgehend von einem Eckpunkt derjenige benachbarte Eckpunkt weiterverfolgt wird, der den (aktuellen) Zielfunktionswert am (voraussichtlich) stärksten verbessert – es wird also nach dem Prinzip des steilsten Abstiegs zur Lösung von Minimierungsproblemen vorgegangen. Der Simplex-Algorithmus verwendet Eigenschaften linearer Optimierungsprobleme, die in der Sensitivitätsanalyse verwendet werden, und wird auch in der Sensitivitätsanalyse selbst verwendet. Die folgende Vorstellung ist eine komprimierte, für eine vertiefte Betrachtung sei auf die einschlägigen Bücher zur linearen Optimierung, insbesondere dem von Bol (i.e. Bol 1980), verwiesen.

Läge statt einem Ungleichungssystem für die Restriktionen ein Gleichungssystem vor, statt „$\leq$"-Bedingungen treten nur „$=$"-Bedingungen auf, so könnte dieses mit Methoden der linearen Algebra gelöst werden. Um generell Aussagen der linearen Algebra zur Struktur endlich dimensionaler Vektorräume, insbesondere linearer Gleichungssysteme, anwenden zu können, werden die Nebenbedingungen in ein Gleichungssystem transformiert. Diese Transformation wird anhand der Kabelherstellung erläutert.

Viele zulässige Belegungen von x_1 und x_2 verbrauchen die Vorräte an Plastik, Kupfer und Gummi nicht vollständig. Jeder von diesen (konstanten) Restbeständen lässt sich durch eine Variable beschreiben – sie wird in der Literatur als Schlupfvariable bezeichnet –, wodurch jede Restriktion eine Gleichung ist. Dabei werden die Nichtnegativitäts-Restriktionen ausgeschlossen. Dadurch ergibt sich:

$$\min \ -200 \frac{€}{500 \ \text{m}} \, x_1 - 300 \frac{€}{500 \ \text{m}} \, x_2$$

unter den Restriktionen:

$$5\tfrac{\text{kg}}{500\,\text{m}}\,x_1 + 10\tfrac{\text{kg}}{500\,\text{m}}\,x_2 + 1\tfrac{\text{kg}}{500\,\text{m}}\,x_3 \qquad\qquad\qquad = 150\,\text{kg} \qquad\qquad (\text{I}).$$
$$4\tfrac{\text{kg}}{500\,\text{m}}\,x_1 + \ 3\tfrac{\text{kg}}{500\,\text{m}}\,x_2 \qquad\qquad + 1\tfrac{\text{kg}}{500\,\text{m}}\,x_4 \qquad = 60\,\text{kg} \qquad\qquad (\text{II}).$$
$$4\tfrac{\text{kg}}{500\,\text{m}}\,x_1 + \ 1\tfrac{\text{kg}}{500\,\text{m}}\,x_2 \qquad\qquad\qquad\ + 1\tfrac{\text{kg}}{500\,\text{m}}\,x_5 = 50\,\text{kg} \qquad (\text{III}).$$
$$x_1, x_2, x_3, x_4, x_5 \geq 0 \qquad\qquad\qquad\qquad\qquad\qquad\qquad\qquad \text{Nichtnegativität.}$$

Für den allgemeinen Fall ist der Schlupf der i-ten Ungleichung, mit $1 \leq i \leq m$, definiert durch: $x_{n+i} = b_i - (a_{i,1}x_1 + \ldots + a_{i,n}x_n)$. Damit ergibt sich das folgende lineare Optimierungsproblem:

$$
\begin{aligned}
P_= : \quad &\min \quad c_1 x_1 + \ldots + c_n x_n + 0 \cdot x_{n+1} + 0 \cdot x_{n+2} + \ldots + 0 \cdot x_{n+m} + z_0 \\
&\text{s. t.} \quad a_{1,1}x_1 + \ldots + a_{1,n}x_n + x_{n+1} \qquad\qquad\qquad = b_1. \\
&\qquad\ \ \ a_{2,1}x_1 + \ldots + a_{1,n}x_n \qquad + x_{n+2} \qquad\qquad = b_2. \\
&\qquad\ \ \ \vdots \qquad\quad \vdots \qquad\qquad\qquad \ddots \qquad\quad \vdots \\
&\qquad\ \ \ a_{m,1}x_1 + \ldots + a_{m,n}x_n \qquad\qquad\quad + x_{n+m} = b_m. \\
&\qquad\qquad\qquad\qquad\qquad\qquad x_j \geq 0, \quad j = 1, \ldots, n+m.
\end{aligned}
$$

Die Schlupfvariablen (x_{n+i} für alle $1 \leq i \leq m$) werden durch ihr Eingehen in das lineare Optimierungsproblem ($P_=$) formal auch zu Entscheidungsvariablen. Zu ihrer Abgrenzung zu den bisherigen Entscheidungsvariablen, heißen die bisherigen Entscheidungsvariablen auch Strukturvariablen. Da von einem Problem in Standardform ausgegangen wird, liegen ausschließlich „$\leq$"-Restriktionen vor. Damit ist die rechte Seite stets eine obere Schranke für den Term $a_{i,1}x_1 + \ldots + a_{i,n}x_n$; es sei betont, dass eine negative obere Schranke möglich ist.

Jedes lineare Optimierungsproblem in Standardform ($P_\leq$) kann in diese Form ($P_=$) überführt werden, so dass es sich um eine Normalform handelt. Für eine Matrixschreibweise werden zusätzliche 0-en im Zielfunktionsvektor eingeführt. Damit liegt ein lineares Optimierungsproblem in Normalform vor, wenn es von der Art

$$
\begin{aligned}
P_= :& \\
&\min \ c^{\mathsf{T}} x + z_0 \\
&\text{s. t.} \\
&\tilde{A}x = b \\
&x \geq 0
\end{aligned}
$$

ist, wobei $c = (c_1, \ldots, c_n, 0, \ldots, 0)^{\mathsf{T}}, z_0, x = (x_1, \ldots, x_n, x_{n+1}, \ldots, x_{n+m})^{\mathsf{T}} \in \mathbb{R}^{n+m}$, und $b = (b_1, \ldots, b_m)^{\mathsf{T}} \in \mathbb{R}^m$ gemäß der Standardform $P_\leq$ vorliegen und $\tilde{A} = (A, E_m)$ eine $(m, n+m)$- Matrix ist, die aus der Koeffizientenmatrix A aus $P_\leq$ und der Einheitsmatrix E_m besteht. Liegt zusätzlich $b_i \geq 0$ für alle $1 \leq i \leq m$ vor, so heißt diese Normalform kanonisch. Es sei angemerkt, dass die Matrix $\tilde{A} = (A, E_m)$ durch die Einheitsmatrix E_m m linear unabhängige Zeilen enthält und damit den vollen Rang m hat. Bei einer kanonischen Normalform ist folglich der Schlupf stets nichtnegativ.

Die Bildung einer Standardform und einer Normalform aus einem linearen Optimierungsproblem in allgemeiner Form ändert – natürlich – die Lösungsmenge und die Menge an optimalen Punkte nicht. Durch die Erweiterung um Schlupfvariablen beim Bilden einer Normalform O_N aus einem linearen Optimierungsproblem O enthält jeder zulässige Punkt von der Normalform O_N gegenüber einem zulässigen Punkt von O noch die Belegung der Schlupfvariablen. Damit lassen sich alle Eckpunkte dieser beiden Darstellungen wie folgt ineinander überführen: Ist der Punkt x ein Eckpunkt der zulässigen Menge von $P_\leq$, so ist $(x, b - Ax)$ ein Eckpunkt der zulässigen Menge von $P_=$. Ist, umgekehrt, der Punkt $(x_1, \ldots, x_n, x_{n+1}, \ldots, x_{n+m})^\mathsf{T}$ ein Eckpunkt der zulässigen Menge von $P_=$, so ist $(x_1, \ldots, x_n)^\mathsf{T}$ ein Eckpunkt der zulässigen Menge von $P_\leq$.

Ein Eckpunkt eines zulässigen Bereichs $\mathbb{M}$ von einem linearen Optimierungsproblem $P_=$ in Normalform lässt sich wie folgt charakterisieren. Dazu sei r der Rang der Koeffizientenmatrix $\tilde{A}$ von $P_=$ ($r = \text{Rang}(\tilde{A})$) – mit den oben eingeführten Bezeichnungen. Der zulässige Punkt $x = (x_1, \ldots, x_{n+m})^\mathsf{T} \in \mathbb{M}$ ist genau dann ein Eckpunkt von $\mathbb{M}$, wenn es r linear unabhängige Spaltenvektoren $a^{i_1}, \ldots, a^{i_r}$ von $\tilde{A}$ gibt, mit $x_i = 0$ für alle $i \notin \{i_1, \ldots, i_r\}$.

Es sei $\tilde{A}$ die Koeffizientenmatrix von einem linearem Optimierungsproblem $P_=$ in Normalform und $\tilde{A}$ habe $n + m$ Spalten und m Zeilen. Da mehr als m Vektoren im $\mathbb{R}^m$ stets linear abhängig sind, sind in einen Eckpunkt von $P_=$ höchstens m Einträge positiv. Hat die Koeffizientenmatrix $\tilde{A}$ die Form $\tilde{A} = (A, E_m)$, dann ist $\text{Rang}(\tilde{A})$ der $\text{Rang}(\tilde{E}_m)$ und folglich gleich m. Ist $b > 0$, so ist die genannte – notwendige und hinreichende – Bedingung an einen Eckpunkt erfüllt, wenn $x_{n+i} = b_i \ \forall \ 1 \leq i \leq m$ gesetzt wird und die restlichen Variablen, nämlich die Strukturvariablen, den Wert 0 erhalten. Mit dieser Setzung liegt auch dann ein Eckpunkt vor, wenn lediglich $b \geq 0$ gilt. Ist eine Komponente von b gleich 0, so liegt ein sogenannter entarteter Eckpunkt vor, auf den später eingegangen werden wird.

Ferner gilt (mit den bisherigen Bezeichnungen): Der Rang r der Koeffizientenmatrix $\tilde{A}$ ist durch m beschränkt. Es lässt sich zeigen, s. z. B. Bol (1980): Es sei $I \subset \{1, \ldots, m\}$ eine Auswahl von $m \ (= r)$ linear unabhängigen Spaltenvektoren von $\tilde{A}$. Dann gibt es höchstens einen Eckpunkt x in $\mathbb{M}$ mit $x_i = 0$ für alle $i \notin I$. Dies bedeutet, dass es maximal $\binom{n+m}{m}$ Eckpunkte geben kann. Jeder dieser potentiellen Eckpunkte lässt sich dadurch bestimmen, indem n der $n + m$ Variablen x_i, $1 \leq i \leq n + m$, gleich 0 gesetzt werden und das resultierende lineare Gleichungssystem gelöst wird, sofern die dadurch ausgewählten Spaltenvektoren linear unabhängig sind – anderenfalls hat das lineare Gleichungssystem keine Lösung. Für diese Fallstudie sind alle möglichen Eckpunkte in Abb. 2.1 eingezeichnet. Es sind alle Schnittpunkte zwischen jedem Paar von Geraden zu den fünf Restriktionen, i.e. $\binom{2+3}{3} = \frac{(5)!}{3! \cdot 2!} = \frac{5 \cdot 4}{2} = 10$, wobei 5 dieser Schnittpunkte außerhalb des zulässigen Bereichs liegen; wie beispielsweise der Schnittpunkt (S) zwischen den Geraden zu den beiden Restriktionen (I) und (III) in Abb. 2.1. Es lässt sich zeigen, dass dann (mindestens) eine Variable die Nichtnegativitätsbedingung verletzt – beispielsweise ist in diesem Schnittpunkt S $x_4 = -10$; aus der Darstellung des zulässigen Bereichs in Abb. 2.1 ist diese Aussage plausibel. In dieser

Fallstudie ist jedes lineare Gleichungssystem zu einem der potentiellen Eckpunkte lösbar. Wäre der Koeffizient von x_2 in der Restriktion (III) jedoch gleich 0, so wären die drei Spaltenvektoren $(10, 3, 0)^\mathsf{T}$, $(1, 0, 0)^\mathsf{T}$ und $(0, 1, 0)^\mathsf{T}$ linear abhängig.

Diese Ergebnisse motivieren die folgenden Begriffe (mit den bisherigen Bezeichnungen), Zusammenhänge und Darstellungen:

Ein Eckpunkt heißt auch Basislösung. Ist $x = (x_1, \ldots, x_{n+m})^\mathsf{T}$ ein solcher Punkt, so haben n Einträge von ihm den Wert 0 und die zu den restlichen m Einträgen gehörenden Spalten der Matrix $\tilde{A}$ sind linear unabhängig. Die m linear unabhängigen Spaltenvektoren a^i der Matrix $\tilde{A}$ einer Basislösung bilden eine Basis B des Lösungsraums und werden Basisvektoren genannt und die m dazu gehörenden Variablen x_i heißen Basisvariablen. Die n verschwindenden Einträge der Lösung x heißen Nichtbasisvariablen (NBV). Schließlich wird die Matrix der Basisvektoren mit A_B bezeichnet und wird ebenfalls Basis genannt. Die Matrix der Nichtbasisvektoren wird mit A_N bezeichnet. Es gilt $\tilde{A} = (A_B, A_N)$. Die Basisvariablen werden zu dem Vektor x_B mit dem Namen Basisvektor zusammengefasst, die Nichtbasisvariablen zu dem Vektor x_N mit dem Namen Nichtbasisvektor. Dann ist $(x_B, x_N)^\mathsf{T}$ eine Basislösung bzw. ein Eckpunkt; er hat die gleichen Einträge wie x, aber eventuell in einer anderen Reihenfolge. Eine Basislösung ist zulässig, falls sie die Nichtnegativitätsbedingungen $x_i \geq 0 \ \forall \ 1 \leq i \leq n + m$ erfüllt. Eine Basislösung ist ein entarteter Eckpunkt und heißt dann auch degeneriert, falls es mindestens ein $i \in \{1, \ldots, m + n\}$ mit $a^i \in B$ und $x_i = 0$ gibt, andernfalls heißt sie nichtdegeneriert und der Eckpunkt ist nicht entartetet.

Beim Kabelbeispiel führt dies zu Folgendem: Da die Normalform von dem Kabelherstellungsproblem kanonisch ist, ist der Punkt $(0_n, b) = (0, 0, 150, 60, 50)^\mathsf{T}$ ein Eckpunkt bzw. eine zulässige Basislösung. Die Basisvariablen sind dabei x_3, x_4 sowie x_5 und damit $x_B = (150, 60, 50)^\mathsf{T}$, und die Nichtbasisvariablen sind x_1 sowie x_2 und damit $x_N = (0, 0)^\mathsf{T}$. Also ist $(x_B, x_N)^\mathsf{T} = (150, 60, 50, 0, 0)$ die (oben) genannte zulässige Basislösung, aber in einer anderen Reihenfolge. Mit der Matrix der Basisvektoren

$$A_B = \begin{pmatrix} 1\,\frac{kg}{500\,m} & 0\,\frac{kg}{500\,m} & 0\,\frac{kg}{500\,m} \\ 0\,\frac{kg}{500\,m} & 1\,\frac{kg}{500\,m} & 0\,\frac{kg}{500\,m} \\ 0\,\frac{kg}{500\,m} & 0\,\frac{kg}{500\,m} & 1\,\frac{kg}{500\,m} \end{pmatrix}$$

und der Matrix der Nichtbasisvektoren $A_N = \begin{pmatrix} 5\,\frac{kg}{500\,m} & 10\,\frac{kg}{500\,m} \\ 4\,\frac{kg}{500\,m} & 3\,\frac{kg}{500\,m} \\ 4\,\frac{kg}{500\,m} & 1\,\frac{kg}{500\,m} \end{pmatrix}$ ergibt sich

$$\tilde{A} = \left(\begin{pmatrix} 1\,\frac{kg}{500\,m} & 0\,\frac{kg}{500\,m} & 0\,\frac{kg}{500\,m} \\ 0\,\frac{kg}{500\,m} & 1\,\frac{kg}{500\,m} & 0\,\frac{kg}{500\,m} \\ 0\,\frac{kg}{500\,m} & 0\,\frac{kg}{500\,m} & 1\,\frac{kg}{500\,m} \end{pmatrix}, \begin{pmatrix} 5\,\frac{kg}{500\,m} & 10\,\frac{kg}{500\,m} \\ 4\,\frac{kg}{500\,m} & 3\,\frac{kg}{500\,m} \\ 4\,\frac{kg}{500\,m} & 1\,\frac{kg}{500\,m} \end{pmatrix} \right).$$

Durch diese Definition lässt sich das lineare Gleichungssystem eines linearen Optimierungsproblems in Normalform schreiben als: $\tilde{A}x = b \Leftrightarrow A_B x_B + A_N x_N = b$. Für die Kabelherstellung ergibt dies – dabei wird der Einfachheit halber hier und im Folgenden auf die Angabe der Einheiten verzichtet:

$$\begin{pmatrix} 5 & 10 & 1 & 0 & 0 \\ 4 & 3 & 0 & 1 & 0 \\ 4 & 1 & 0 & 0 & 1 \end{pmatrix} \begin{pmatrix} x_1 \\ x_2 \\ x_3 \\ x_4 \\ x_5 \end{pmatrix} = \begin{pmatrix} 1 & 0 & 0 \\ 0 & 1 & 0 \\ 0 & 0 & 1 \end{pmatrix} \begin{pmatrix} x_3 \\ x_4 \\ x_5 \end{pmatrix} + \begin{pmatrix} 5 & 10 \\ 4 & 3 \\ 4 & 1 \end{pmatrix} \begin{pmatrix} x_1 \\ x_2 \end{pmatrix} = \begin{pmatrix} 150 \\ 60 \\ 50 \end{pmatrix}.$$

Mit der Inversen der Matrix A_B lässt sich die Basislösung durch: $x_B = A_B^{-1}b - A_B^{-1}A_N x_N$ berechnen. Für die Kabelherstellung lautet diese Basislösung:

$$x_B = \begin{pmatrix} 1 & 0 & 0 \\ 0 & 1 & 0 \\ 0 & 0 & 1 \end{pmatrix} \begin{pmatrix} 150 \\ 60 \\ 50 \end{pmatrix} - \begin{pmatrix} 1 & 0 & 0 \\ 0 & 1 & 0 \\ 0 & 0 & 1 \end{pmatrix} \begin{pmatrix} 5 & 10 \\ 4 & 3 \\ 4 & 1 \end{pmatrix} \begin{pmatrix} 0 \\ 0 \end{pmatrix} = \begin{pmatrix} 150 \\ 60 \\ 50 \end{pmatrix}.$$

Durch diese Normalform lässt sich die Zielfunktion (ohne z_0, so wie in der Literatur üblich) wie folgt umschreiben:

$$c_B^\mathsf{T} x_B + c_N^\mathsf{T} x_N = c_B^\mathsf{T}(A_B^{-1}b - A_B^{-1}A_N x_N) + c_N^\mathsf{T} x_N = c_B^\mathsf{T} A_B^{-1}b + \left(c_N - (A_B^{-1}A_N)^\mathsf{T} c_B\right)^\mathsf{T} x_N.$$

Für die Kabelherstellung ergeben sich mit $c_B = (0,0,0)^\mathsf{T}$, $c_N = (-200, -300)^\mathsf{T}$, $x_B = (x_3, x_4, x_5)^\mathsf{T}$ und $x_N = (x_1, x_2)^\mathsf{T}$ für den Zielfunktionswert:

$$(0,0,0) \begin{pmatrix} x_3 \\ x_4 \\ x_5 \end{pmatrix} + (-200, -300) \begin{pmatrix} x_1 \\ x_2 \end{pmatrix} = (0,0,0) \begin{pmatrix} 1 & 0 & 0 \\ 0 & 1 & 0 \\ 0 & 0 & 1 \end{pmatrix} \begin{pmatrix} 150 \\ 60 \\ 50 \end{pmatrix}$$

$$+ \left(\begin{pmatrix} -200 \\ -300 \end{pmatrix} - \left(\begin{pmatrix} 1 & 0 & 0 \\ 0 & 1 & 0 \\ 0 & 0 & 1 \end{pmatrix} \begin{pmatrix} 5 & 10 \\ 4 & 3 \\ 4 & 1 \end{pmatrix} \right)^\mathsf{T} \begin{pmatrix} 0 \\ 0 \\ 0 \end{pmatrix} \right)^\mathsf{T} \begin{pmatrix} x_1 \\ x_2 \end{pmatrix}.$$

Der erste Teil dieses Ausdrucks – i.e. $c_B^\mathsf{T} A_B^{-1} b$ – stellt den Zielfunktionswert dar – für die Kabelherstellung 0 bei der Anfangslösung –, während der hintere Teil – i.e. $z_N = (c_N - (A_B^{-1}A_N)^\mathsf{T} c_B)^\mathsf{T}$ –, der durch den Nichtbasisvektor verschwindet, aus historischen Gründen Vektor der reduzierte Kosten heißt – er beträgt für die Kabelherstellung $(-200, -300)$.

Die Basisdarstellung eines linearen Optimierungsproblems wird auch beim Simplex-Algorithmus eingesetzt. Für den Übergang von einem Eckpunkt zu einem anderen wird eine (bisherige) Basisvariable zu einer Nichtbasisvariablen und umgekehrt wird eine (bisherige) Nichtbasisvariable zu einer Basisvariablen. Dadurch wird ein neuer Eckpunkt generiert und durch geschicktes Auswählen der zu tauschenden Variablen wird der steilste Abstieg des Zielfunktionswertes erreicht. Im degenerierten Fall kann es allerdings auch vorkommen, dass ein Eckpunkt nicht verlassen wird, aber durch eine andere Basisdarstellung charakterisiert wird. Darauf wird im späteren Verlauf des Dokuments noch näher eingegangen werden.

Das prinzipielle Vorgehen vom Simplex-Algorithmus wird anhand der Kabelherstellung nun demonstriert. Ausgangspunkt ist die folgende – oben bereits eingeführte – Formulierung:

min $F(x_1, x_2, x_3, x_4, x_5)$ mit

$$F(x_1, x_2, x_3, x_4, x_5) = -200 \frac{\text{€}}{500 \text{ m}} \, x_1 - 300 \frac{\text{€}}{500 \text{ m}} \, x_2$$

unter den Restriktionen:

$$5 \frac{\text{kg}}{500 \text{ m}} \, x_1 + 10 \frac{\text{kg}}{500 \text{ m}} \, x_2 + 1 \frac{\text{kg}}{500 \text{ m}} \, x_3 \qquad\qquad\qquad = 150 \text{ kg} \qquad \text{(I)}.$$

$$4 \frac{\text{kg}}{500 \text{ m}} \, x_1 + 3 \frac{\text{kg}}{500 \text{ m}} \, x_2 \qquad\quad + 1 \frac{\text{kg}}{500 \text{ m}} \, x_4 \qquad = 60 \text{ kg} \qquad \text{(II)}.$$

$$4 \frac{\text{kg}}{500 \text{ m}} \, x_1 + 1 \frac{\text{kg}}{500 \text{ m}} \, x_2 \qquad\qquad\qquad + 1 \frac{\text{kg}}{500 \text{ m}} \, x_5 = 50 \text{ kg} \qquad \text{(III)}.$$

$$x_1, x_2, x_3, x_4, x_5 \geq 0 \qquad\qquad\qquad\qquad\qquad\qquad\qquad \text{Nichtnegativität.}$$

Wie bereits erwähnt, ist der Punkt $x = (0, 0, 150, 60, 50)^{\mathsf{T}}$ eine zulässige Basislösung (und auch ein Eckpunkt) mit dem Zielfunktionswert 0. Dieser lässt sich durch Erhöhung der beiden (Nichtbasis-)Variablen x_1 und x_2 verbessern. Es sei x_2 gewählt. Nach den obigen Restriktionen bewirkt eine Erhöhung von x_2 eine Verringerung der Basisvariablen bzw. Schlupfvariablen x_3, x_4 und x_5. Da diese Basisvariablen nicht negativ werden dürfen, wird die (Nichtbasis-)Variable x_2 beschränkt durch 15, aufgrund von Restriktion (I), durch 20, aufgrund von Restriktion (II), und durch 50, aufgrund von Restriktion (III). Bei einer maximal möglichen Erhöhung auf 15 reduziert sich der Wert von x_3 von 150 auf 0. Dadurch verlässt die Basisvariable x_3 die Basislösung zugunsten der Nichtbasisvariablen x_2. Bezogen auf das obige Gleichungssystem bedeutet dies, dass diese beiden Variablen ihre Rollen in dem obigen Gleichungssystem tauschen und in diesem Sinne x_2 eine Schlupfvariable wird. Dazu muss der Koeffizient von x_2 in der Restriktion (I) 1 werden und die Variable x_2 muss aus den restlichen Restriktionen eliminiert werden. Dies erfolgt durch die folgenden Umformungen – in der Reihenfolge der genannten Ziele – und die neuen Restriktionen sind im neuen linearen Optimierungsproblem in Normalform angegeben: (I') = $\frac{1}{10} \cdot$ (I), (II') = (II) $- \frac{3}{10} \cdot$ (I) und (III') = (III) $- \frac{1}{10} \cdot$ (I). Auch in der Zielfunktion ist die Variable x_2 zu eliminieren und stattdessen die Variable x_3 zu integrieren. Dazu wird die Restriktion (I) nach x_2 umgeformt, wodurch $x_2 = 15 \text{ kg} - \frac{1}{2} \frac{\text{kg}}{500 \text{ m}} \, x_1 - \frac{1}{10} \frac{\text{kg}}{500 \text{ m}} \, x_3$ entsteht, und in den (Zielfunktions-)Term $-200 \frac{\text{€}}{500 \text{ m}} \, x_1 - 300 \frac{\text{€}}{500 \text{ m}} \, x_2$ eingesetzt. Für einen Algorithmus ist es günstiger, eine Transformation mit der Restriktion (I) zu verwenden. Dies wird erreicht, indem von dem (Zielfunktions-)Term $-200 \frac{\text{€}}{500 \text{ m}} \, x_1 - 300 \frac{\text{€}}{500 \text{ m}} \, x_2$ der sich aus der Restriktion (I) ergebende Term $30 \cdot (5 \frac{\text{kg}}{500 \text{ m}} \, x_1 + 10 \frac{\text{kg}}{500 \text{ m}} \, x_2 + 1 \frac{\text{kg}}{500 \text{ m}} \, x_3 - 150 \text{ kg})$ abgezogen wird. Insgesamt entsteht erneut ein lineares Optimierungsproblem in Normalform. Es lautet:

min $F(x_1, x_2, x_3, x_4, x_5)$ mit

$$F(x_1, x_2, x_3, x_4, x_5) = -50 \frac{\text{€}}{500 \text{ m}} \, x_1 + 30 \frac{\text{€}}{500 \text{ m}} \, x_3 - 4500$$

unter den Restriktionen:

$$\frac{1}{2} \frac{\text{kg}}{500 \text{ m}} \, x_1 + 1 \frac{\text{kg}}{500 \text{ m}} \, x_2 + \frac{1}{10} \frac{\text{kg}}{500 \text{ m}} \, x_3 \qquad\qquad\qquad = 15 \text{ kg} \qquad \text{(I')}.$$

$$4 \frac{\text{kg}}{500 \text{ m}} \, x_1 \qquad\qquad\quad - \frac{3}{10} \frac{\text{kg}}{500 \text{ m}} \, x_3 + 1 \frac{\text{kg}}{500 \text{ m}} \, x_4 \qquad = 15 \text{ kg} \qquad \text{(II')}.$$

$$4 \frac{\text{kg}}{500\,\text{m}}\, x_1 \qquad\qquad - \frac{1}{10} \frac{\text{kg}}{500\,\text{m}}\, x_3 \qquad\qquad + 1 \frac{\text{kg}}{500\,\text{m}}\, x_5 = 35\,\text{kg} \qquad (\text{III}').$$

$$x_1, x_2, x_3, x_4, x_5 \geq 0 \qquad\qquad\qquad\qquad\qquad\qquad\qquad \text{Nichtnegativität.}$$

In der neuen Matrix bilden die Spalten zu den (nun Basis-)Variablen x_2, x_4 und x_5 die Einheitsmatrix. Der neue Eckpunkt ist damit bestimmt und kann direkt abgelesen werden: $x = (0, 15, 0, 15, 35)^\mathsf{T}$. Der neue Zielfunktionswert ist dabei -4500 € (und damit 4500 € im Maximierungsproblem, da $\min(-F(x)) = -\max(F(x))$ gilt; dieser ergibt sich auch durch Einsetzen in die ursprüngliche Zielfunktion. Dieses Vorgehen ist ein Schritt im Simplex-Algorithmus und heißt Austauschschritt.

Dieses Ergebnis wird auch durch Matrizenoperationen erzielt. Dafür wird die neue Matrix A_B aus den Spalten von $\tilde{A}$ (s. die obige Basisdarstellung) zu den neuen Basisvariablen gebildet und die neue Matrix A_N wird aus den Spalten von $\tilde{A}$ zu den neuen Nichtbasisvariablen gebildet, also:

$$A_B = \begin{pmatrix} 10 & 0 & 0 \\ 3 & 1 & 0 \\ 1 & 0 & 1 \end{pmatrix}, \text{ mit } A_B^{-1} = \begin{pmatrix} \frac{1}{10} & 0 & 0 \\ -\frac{3}{10} & 1 & 0 \\ -\frac{1}{10} & 0 & 1 \end{pmatrix}, \text{ und } A_N = \begin{pmatrix} 5 & 1 \\ 4 & 0 \\ 4 & 0 \end{pmatrix}. \text{ Entsprechend sind}$$

ferner: $x_B = \begin{pmatrix} x_2 \\ x_4 \\ x_5 \end{pmatrix}, x_N = \begin{pmatrix} x_1 \\ x_3 \end{pmatrix}, c_B = \begin{pmatrix} -300 \\ 0 \\ 0 \end{pmatrix}$ und $c_N = \begin{pmatrix} -200 \\ 0 \end{pmatrix}.$

Zunächst ergeben sich die neuen Restriktionen durch die Matrizenoperationen für die Basislösung – der Einfachheit halber ohne Einheiten:

$$x_B = \begin{pmatrix} x_2 \\ x_4 \\ x_5 \end{pmatrix} = A_B^{-1} b - A_B^{-1} A_N x_N$$

$$= \begin{pmatrix} \frac{1}{10} & 0 & 0 \\ -\frac{3}{10} & 1 & 0 \\ -\frac{1}{10} & 0 & 1 \end{pmatrix} \begin{pmatrix} 150 \\ 60 \\ 50 \end{pmatrix} - \begin{pmatrix} \frac{1}{10} & 0 & 0 \\ -\frac{3}{10} & 1 & 0 \\ -\frac{1}{10} & 0 & 1 \end{pmatrix} \begin{pmatrix} 5 & 1 \\ 4 & 0 \\ 4 & 0 \end{pmatrix} \begin{pmatrix} x_1 \\ x_3 \end{pmatrix}$$

$$= \begin{pmatrix} 15 \\ 15 \\ 35 \end{pmatrix} - \begin{pmatrix} \frac{1}{2} & \frac{1}{10} \\ \frac{5}{2} & -\frac{3}{10} \\ \frac{7}{2} & -\frac{1}{10} \end{pmatrix} \begin{pmatrix} x_1 \\ x_3 \end{pmatrix} = \begin{pmatrix} 15 \\ 15 \\ 35 \end{pmatrix} - \begin{pmatrix} \frac{1}{2} x_1 + \frac{1}{10} x_3 \\ \frac{5}{2} x_1 - \frac{3}{10} x_3 \\ \frac{7}{2} x_1 - \frac{1}{10} x_3 \end{pmatrix}$$

Die Matrixoperation für die (umgeschriebene) Zielfunktion liefert den Zielfunktionswert (in €) von

$$c_B^\mathsf{T} A_B^{-1} b = (-300,\ 0,\ 0) \begin{pmatrix} \frac{1}{10} & 0 & 0 \\ -\frac{3}{10} & 1 & 0 \\ -\frac{1}{10} & 0 & 1 \end{pmatrix} \begin{pmatrix} 150 \\ 60 \\ 50 \end{pmatrix} = (-30,\ 0,\ 0) \begin{pmatrix} 150 \\ 60 \\ 50 \end{pmatrix} = -4500$$

und den Vektor an reduzierten Kosten von (ebenfalls in €)

$$
(c_N - (A_B^{-1} A_N)^\mathsf{T} c_B)^\mathsf{T} = \left(\begin{pmatrix} -200 \\ 0 \end{pmatrix} - \left(\begin{pmatrix} \frac{1}{10} & 0 & 0 \\ -\frac{3}{10} & 1 & 0 \\ -\frac{1}{10} & 0 & 1 \end{pmatrix} \begin{pmatrix} 5 & 1 \\ 4 & 0 \\ 4 & 0 \end{pmatrix} \right)^\mathsf{T} \begin{pmatrix} -300 \\ 0 \\ 0 \end{pmatrix} \right)^\mathsf{T}
$$

$$
= \left(\begin{pmatrix} -200 \\ 0 \end{pmatrix} - \begin{pmatrix} \frac{1}{2} & \frac{1}{10} \\ \frac{5}{2} & -\frac{3}{10} \\ \frac{7}{2} & -\frac{1}{10} \end{pmatrix}^\mathsf{T} \begin{pmatrix} -300 \\ 0 \\ 0 \end{pmatrix} \right)^\mathsf{T}
$$

$$
= \left(\begin{pmatrix} -200 \\ 0 \end{pmatrix} - \begin{pmatrix} \frac{1}{2} & \frac{5}{2} & \frac{7}{2} \\ \frac{1}{10} & -\frac{3}{10} & -\frac{1}{10} \end{pmatrix} \begin{pmatrix} -300 \\ 0 \\ 0 \end{pmatrix} \right)^\mathsf{T}
$$

$$
= \left(\begin{pmatrix} -200 \\ 0 \end{pmatrix} - \begin{pmatrix} -150 \\ -30 \end{pmatrix} \right)^\mathsf{T} = \begin{pmatrix} -50 \\ 30 \end{pmatrix}^\mathsf{T} = (-50,\ 30)
$$

und damit die Zielfunktion durch die Summe aus dem Zielfunktionswert und diesem Vektor an reduzierten Kosten multipliziert mit $x_N = (x_1,\ x_3)^\mathsf{T}$.

Die (obigen) Umformungen eines Gleichungssystems zu einem linearen Optimierungs-problem in Normalform sollen nun weiter verallgemeinert werden. Dabei wird von der oben eingeführten Normalform $P_=$ ausgegangen. Durch Umformung der Gleichung zur Zielfunktion $F(x) = c_1 x_1 + \ldots + c_n x_n + 0 \cdot x_{n+1} + 0 \cdot x_{n+2} + \ldots + 0 \cdot x_{n+m} + z_0$ ergibt sich das folgende lineare Gleichungssystem, wobei im Folgenden die Zeile der Zielfunktion durch Z_0 bezeichnet wird und die anderen Zeilen werden durch Z_i bezeichnet, mit $1 \leq i \leq m$:

$$
\begin{aligned}
-F(x) + c_1 x_1 + \ldots + c_s x_s + \ldots + c_n x_n &= -z_0 \quad (Z_0). \\
a_{1,1} x_1 + \ldots + a_{1,s} x_s + \ldots + a_{1,n} x_n + x_{n+1} &= b_1 \quad (Z_1). \\
\vdots \qquad\qquad \vdots \qquad\qquad \vdots \qquad\quad \ddots \qquad\quad \vdots & \\
a_{r,1} x_1 + \ldots + a_{r,s} x_s + \ldots + a_{r,n} x_n \qquad + x_{n+r} &= b_r \quad (Z_r). \\
\vdots \qquad\qquad \vdots \qquad\qquad \vdots \qquad\qquad \ddots \qquad \vdots & \\
a_{m,1} x_1 + \ldots + a_{m,s} x_s + \ldots + a_{m,n} x_n \qquad\qquad + x_{n+m} &= b_m \quad (Z_m).
\end{aligned}
$$

Entsprechend der Formulierung der (oben eingeführten) Normalform $P_=$ sind $x_1, \ldots, x_n$ die Nichtbasisvariablen und $x_{n+1}, \ldots, x_{n+m}$ sind die Basisvariablen. Es wird ähnlich wie beim vorherigen Beispiel angenommen, dass die Basisvariable x_{n+r} mit $r \in \{1, \ldots, m\}$ die Basislösung zugunsten der Nichtbasisvariable x_s mit $s \in \{1, \ldots, n\}$ verlässt. Da x_s nun Basisvariable werden soll, ist das Gleichungssystem so umzuformen, dass die zugehörigen Spalten der Koeffizienten von den Variablen $x_{n+1}, \ldots, x_{r-1}, x_s, x_{r+1}, \ldots, x_{n+m}$ in den (Gleichungen zu den) Restriktionen – i.e. ohne die Zielfunktion – die Einheitsmatrix darstellen. Deshalb müssen in allen Zeilen bis auf die Zeile r die Variable x_s eliminiert werden, dies schließt die Zeile der Zielfunktion ein, und der Koeffizient $a_{r,s}$ – i.e. der Koeffizient der Variablen x_s in Zeile r – muss zu 1 werden. Mit der Umformung $Z_0' = Z_0 - \frac{c_s}{a_{r,s}} Z_r$ wird die Variable x_s in der Zielfunktions-Gleichung eliminiert. In den anderen Zeilen werden die Variable x_s durch die entsprechenden Umformungen $Z_i' = Z_i - \frac{a_{i,s}}{a_{r,s}} Z_r$ für $\forall\, 1 \le i \le m$ und $i \ne r$ ebenfalls eliminiert. Schließlich bewirkt die Umformung $Z_r' = \frac{1}{a_{r,s}} Z_r$, dass 1 der Koeffizient von der Variablen x_s in der Zeile r ist. Damit liegt das folgende lineare Gleichungssystem vor:

$$
\begin{aligned}
-F(x) + c_1' x_1 + \ldots + 0 + \ldots + c_n' x_n \quad &+ c_{n+r}' x_{n+r} &&= -z_0'. \\
a_{1,1}' x_1 + \ldots + 0 + \ldots + a_{1,n}' x_n + x_{n+1} \quad &+ a_{1,n+r}' x_{n+r} &&= b_1'. \\
\vdots \qquad \vdots \qquad \vdots \qquad \ddots \qquad\qquad\quad & &&\;\vdots \\
a_{r,1}' x_1 + \ldots + x_s + \ldots + a_{rn}' x_n \quad &+ a_{r,n+r}' x_{n+r} &&= b_r'. \\
\vdots \qquad \vdots \qquad \vdots \qquad\qquad \ddots\qquad\; & &&\;\vdots \\
a_{m,1}' x_1 + \ldots + 0 + \ldots + a_{m,n}' x_n \quad &+ a_{m,n+r}' x_{n+r} + x_{n+m} &&= b_m'.
\end{aligned}
$$

Nach der Reihenfolge der (genannten) Umformungen sortiert, lauten die einzelnen Koeffizienten wie folgt. Zur Verdeutlichung sind diejenigen für die auszutauschenden Variablen – i.e. x_{n+r} und x_s – separat angegeben – sie können, aufgrund der obigen Umformungen, in die Zeile für die Zielfunktion bzw. in die Zeile Z_i integriert werden (beachte: die Koeffizienten c_{n+r} und $a_{i,n+r}$ mit $i \ne r$ sind gleich 0 sowie $a_{r,n+r}$ ist gleich 1).

Zielfunktion:

- $c_j' = c_j - \frac{c_s \cdot a_{r,j}}{a_{r,s}}$ $\forall\, 1 \le j \le n+m$ mit $j \ne s$ und $j \ne n+r$.
- $-z_0' = -z_0 - \frac{c_s \cdot b_r}{a_{r,s}}$.

Zeile Z_i:

- $a_{i,j}' = a_{i,j} - \frac{a_{i,s} \cdot a_{r,j}}{a_{r,s}}$ $\forall\, 1 \le i \le m$ mit $i \ne r$ und $\forall\, 1 \le j \le n+m$ mit $j \ne s$.
- $b_i' = b_i - \frac{a_{i,s} \cdot b_r}{a_{r,s}}$ $\forall\, 1 \le i \le m$ mit $i \ne r$.

Zeile Z_r:

- $a_{r,j}' = \frac{a_{r,j}}{a_{r,s}}$ $\forall\, 1 \le j \le n+m$ mit $j \ne s$ und $j \ne n+r$.
- $b_r' = \frac{b_r}{a_{r,s}}$.

Koeffizienten von x_s:

- $a_{i,s}' = 0$ $\forall\, 1 \le i \le m$ mit $i \ne r$.
- $a_{r,s}' = 1$.
- $c_s' = 0$.

Koeffizienten von x_{n+r}:

- $a'_{i,n+r} = -\frac{a_{i,s}}{a_{r,s}}$ $\forall\, 1 \le i \le m$ mit $i \ne r$.
- $a'_{r,n+r} = \frac{1}{a_{r,s}}$ (beachte: $a_{r,n+r} = 1$).
- $c'_{n+r} = -\frac{c_s}{a_{r,s}}$.

Übernehmen der restlichen Koeffizienten von x_j:

- $\forall\, n + 1 \le j \le n + m$ mit $j \ne n + r$; i.e. $a'_{i,j} = a_{i,j}$, $\forall\, 1 \le i \le m$ und $\forall\, n + 1 \le j \le n + m$ mit $j \ne n + r$.

Durch diese Rechenregeln entsteht aus einem linearen Optimierungsproblem in Normal-form bei einem (zulässigen) Austausch einer Basisvariablen mit einer Nichtbasisvariablen (nach $P_=$) ein neues lineares Optimierungsproblem in Normalform (nach $P_=$). Für die Darstellung dieser Austauschschritte wird in der Literatur ein lineares Optimierungsproblem in Normalform durch ein sogenanntes Simplextableau dargestellt und das Ergebnis eines Austauschschrittes ist ein neues Simplextableau – eben für das neue lineare Optimierungs-problem in Normalform. Ein Simplextableau darf als eine effiziente Datenstruktur für die Programmierung vom Simplex-Algorithmus angesehen werden. Da die Basismatrix stets eine Einheitsmatrix ist, wird auf sie in der hier verwendeten Ausprägung eines Simplexta-bleaus verzichtet; neben dieser überwiegend in der Literatur verwendeten Form gibt es auch eine, seltener verwendete, mit der Basismatrix; s. z. B. Domschke und Drexl (2007). Ein solches Simplextableau hat eine Darstellung, die aus 6 Bereichen besteht und die im linken Teil der nachfolgenden Abb. 2.2 dargestellt ist. Ein Simplextableau enthält im Bereich (1) die Nichtbasisvariablen, in (2) die Basisvariablen, in (3) die Matrix der Nichtbasisvektoren, in (4) den Restriktionsvektor, in (5) den Zielfunktionsvektor und in (6) den mit -1 multi-plizierten Zielfunktionswert. Damit wird ein lineares Optimierungsproblem in Normalform ($P_=$), i.e. min $c^\mathsf{T}x + z_0$, s. t. $\tilde{A}x = b, x \ge 0$, durch den rechten Teil der nachfolgenden Abb. 2.2 dargestellt. Bei einem Austauschschritt tauschen, wegen des Basisaustausches, im Simplextableau die Spalten der neuen und der alten Basisvariablen ihre Plätze.

Für die Kabelherstellung sind in der Abb. 2.3 die Simplextableaus zum Ausgangsproblem und zum Ergebnis vom ersten Austauschschritt angegeben. Wie zu erwarten, sind in den

Abb. 2.2 Graphische Darstellung von einem Simplextableau (links) und Simplextableau zum linearen Optimierungsproblem in Normalform $P_=$ (rechts)

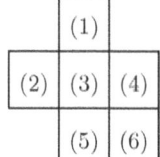

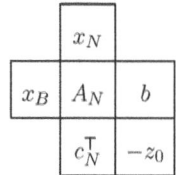

	x_1	x_2	
x_3	5	10	150
x_4	4	3	60
x_5	4	1	50
	-200	-300	0

	x_1	x_3	
x_2	$\frac{1}{2}$	$\frac{1}{10}$	15
x_4	$\frac{5}{2}$	$-\frac{3}{10}$	15
x_5	$\frac{7}{2}$	$-\frac{1}{10}$	35
	-50	30	4500

Abb. 2.3 Ausgangssimplextableau zur Kabelherstellung (links) und Simplextableau nach der Durchführung der obigen Rechenoperationen (rechts)

beiden Simplextableaus im „A_N"-Teil die Koeffizienten zu den jeweils beiden Nichtbasisvariablen angegeben.

Die obigen Rechenregeln können auf ein Simplextableau angewendet werden. Einzige Ausnahme sind die Koeffizienten von der Basisvariablen x_{n+r}, die zugunsten der Nichtbasisvariablen x_s die Basislösung verlässt. Sie müssen in die s-te Spalte vom neuen Simplextableau kommen, wozu in den Rechenregeln für die Koeffizienten von x_{n+r} $n+r$ durch s ersetzt wird. Im Ausgangstableau enthält diese Spalte die Nichbasisvariable x_s und heißt im Simplex-Algorithmus Pivotspalte – bei der Kabelherstellung ist $s = 2$. Die r-te Zeile im Ausgangstableau enthält die Basisvariable und heißt im Simplex-Algorithmus Pivotzeile. Die Stelle im Simplextableau, indem sich Pivotspalte und Pivotzeile kreuzen, heißt Pivotelement. In dem Ausgangstableau zur Kabelherstellung ist die dritte Spalte die Pivotspalte (diejenige die x_2 enthält), die zweite Zeile die Pivotzeile (diejenige die x_3 enthält) und 10 ist das Pivotelement.

Jede Restriktion beschränkt die maximale Erhöhung einer Nichtbasisvariablen; so ist bei der Kabelherstellung die Erhöhung der Nichtbasisvariablen x_2 durch die Restriktion (I) auf 15 beschränkt, durch die Restriktion (II) auf 20 und durch die Restriktion (III) auf 50. Im Allgemeinen kann die Nichtbasisvariable x_s aufgrund der i-ten Zeile maximal bis $\frac{b_i}{a_{i,s}}$ erhöht werden; sofern $\frac{b_i}{a_{i,s}} > 0$ gilt. Da für den Austausch eine maximale Erhöhung erforderlich ist, wird dadurch eine Pivotzeile und in der Folge eine Basisvariable festgelegt – im Detail: ein r mit $\frac{b_r}{a_{r,s}} = min\left\{\frac{b_i}{a_{i,s}}; \forall\, 1 \leq i \leq m \wedge 0 < \frac{b_i}{a_{i,s}}\right\}$ bestimmt eine Basisvariable x_{n+r} mit der die Nichtbasisvariable x_s getauscht werden kann; im Beispiel die Basisvariable x_3. Um dies aus dem Simplextableau effizient ablesen zu können, enthält ein Simplextableau häufig eine zusätzliche Hilfsspalte, in der die echt positiven $\frac{b_i}{a_{i,s}}$, $\forall\, 1 \leq i \leq m$, eingetragen sind; ein Beispiel ist weiter unten (in der Abb. 2.4) angegeben.

Eine solche Bestimmung einer Basisvariable (x_{n+r}) zu einer vorgegebenen Nichtbasisvariable x_s und die Durchführung der (genannten) Rechenschritte auf das lineare Gleichungssystem oder das Simplextableau zu einem linearen Optimierungsproblem in Normalform bildet den Austauschschritt im Simplex-Algorithmus.

Die bei der Kabelherstellung erhaltene Zielfunktion $F(x_1, x_2, x_3, x_4, x_5) =$ $-50 \frac{\text{€}}{500\,\text{m}}\, x_1 + 30 \frac{\text{€}}{500\,\text{m}}\, x_3 - 4500\,\text{€}$ wird durch eine Erhöhung ihrer Variablen nur dann verringert, sofern diese einen negativen Koeffizienten hat. Im anderen Fall liegt bereits eine optimale Lösung vor. Im Allgemeinen lautet dieser Optimalitätstest: Ist der Zielfunktionsvektor (c) nicht negativ $(c \geq 0)$ bzw. gilt $c_j \geq 0 \,\forall\, 1 \leq j \leq n$, so ist die aktuelle Basislösung für das lineare (zu minimierende) Optimierungsproblem optimal. Liegt noch keine optimale Lösung vor, so ist ein Austauschschritt vorzunehmen. Durch die Wahl eines negativen Zielfunktionskoeffizienten – i.e. $c_j \leq 0$ für ein $1 \leq j \leq n$ – wird ein s bestimmt. Dies bestimmt die Pivotspalte und die auszutauschende Nichbasisvariable. Da die Verbesserung des Zielfunktionswerts durch die Höhe der Erhöhung dieser Nichbasisvariable (x_s) bestimmt ist, ist die Größe seines negativen Zielfunktionskoeffizienten (c_s) ein Kriterium für seine Auswahl. In vielen Formulierungen, wie auch hier, wird von allen negativen Zielfunktionskoeffizienten einer mit dem höchsten Betrag ausgewählt; bei der Kabelherstellung wurde so vorgegangen. Es sei betont, dass dies nicht die beste Wahl sein muss.

Dies führt nun zu dem Simplex-Algorithmus. Zunächst wird ein lineares Optimierungsproblem in Normalform durch sein Ausgangssimplextableau dargestellt. Mit dem Optimalitätstest wird geprüft, ob eine optimale Lösung bereits vorliegt. Wenn dies nicht der Fall ist, so wird der Austauschschritt durchgeführt – sofern dies möglich ist; dies ist immer dann der Fall, sofern eine optimale Lösung existiert. Dieses Vorgehen wird auf das (jeweils) resultierende Simplextableau so lange angewendet, bis eine optimale Lösung gefunden wurde; sofern eine optimale Lösung existiert. Damit der Nullpunkt eine zulässige Lösung des Optimierungsproblems ist, wird von einem Problem in kanonischer Form ausgegangen, und zwar in der Form $P_=$. Dass von einer kanonischer Form ausgegangen wird, bedeutet, dass die Bedingung $0 < \frac{b_i}{a_{i,s}}$ für ein i mit $\forall\, 1 \leq i \leq m$ – und s ist bestimmt durch einen gewählten Zielfunktionskoeffizienten mit $c_s < 0$ – nur erfüllt ist, wenn $a_{i,s} > 0$ gilt (wegen der kanonischen Form ist $b_i \geq 0$ für alle $1 \leq i \leq m$). Dann liefert der Austauschschritt wieder einen (neuen) Restriktionsvektor b' mit $b_i' \geq 0$, $\forall\, 1 \leq i \leq m$. Im anderen Fall hat das lineare Minimierungsproblem (Optimierungsproblem) keine Lösung. Dies belegt die folgende Überlegung: Angenommen es sei $a_{i,s} \leq 0 \,\forall\, 1 \leq i \leq m$. Setze $x_s = t \geq 0$ und belege alle anderen Nichtbasisvariablen mit 0. Dann lassen sich alle Restriktionen umformen zu $x_{n+i} = b_i - a_{i,s} \cdot t$ $\forall\, 1 \leq i \leq m$. Für jede Wahl von $t \geq 0$ ist $(\forall\, 1 \leq i \leq m)\ x_{n+i} \geq 0$, da $b_i \geq 0$ und $a_{i,s} \leq 0$ sind. Damit liegt für jedes $t \geq 0$ ein zulässiger Punkt vor. Seine Zielfunktionswerte lauten: $c_s \cdot t + z_0$. Wegen $c_s < 0$ werden diese bei monoton steigendem t beliebig klein. Dadurch ist die Zielfunktion auf dem zulässigen Bereich (nach unten) unbeschränkt (und folglich hat das lineare Minimierungsproblem (Optimierungsproblem) keine Lösung).

Alle diese Schritte und Überlegungen lassen sich wie folgt zu einer Grundform des Simplex-Algorithmus – im Folgenden (kurz) als Simplex-Algorithmus bezeichnet – zusammenfassen:

Simplex-Algorithmus - Grundform:

Eingabe: Lineares Optimierungsproblem in Normalform und in kanonischer Form, mit den Bezeichnungen in $P_=$.

Anweisungen:

1. Stelle das Ausgangssimplextableau auf. Die Bezeichnungen im Simplextableau folgen denen in Abb. 2.2 mit Ausnahme der im Zielfunktionswertfeld, welches durch z_0 bezeichnet wird – also ist der aktuelle Zielfunktionswert $-z_0$.

2. Gilt $c_j \geq 0 \; \forall \; 1 \leq j \leq n$ – also der Optimalitätstest –, so ist $x = (0, b)$ optimal – i.e. die Basislösung zu dem aktuellen Simplextableau – und hat den Zielfunktionswert $-z_0$. Andernfalls wähle ein $s \in \{1, ..., n\}$ so, dass gilt: $c_s = \min\{c_j; \; 1 \leq j \leq n\}$ (Pivotspaltenauswahl). Damit ist die neue Nichtbasisvariable x_s bestimmt.

3. Ist $a_{i,s} \leq 0 \; \forall \; 1 \leq i \leq m$, so ist das lineare Optimierungsproblem unbeschränkt und hat keine optimale Lösung. Andernfalls berechne $\frac{b_i}{a_{i,s}}$ für alle Zeilen $i = 1, ..., m$ und trage ihre echt positiven Werte in die Hilfsspalte ein.

4. Wähle den Index $r \in \{1, ..., m\}$ so, dass $\frac{b_r}{a_{r,s}} = \min\limits_{i \in \{1,...,m\}} \{\frac{b_i}{a_{i,s}} | \frac{b_i}{a_{i,s}} > 0\}$ gilt (Pivotzeilenauswahl). Das heißt, wähle diejenige Zeile als Pivotzeile aus, die den kleinsten (nichtnegativen) Wert in der Hilfsspalte hat. Damit ist die neue Basisvariable x_r bestimmt. Ferner legen die Pivotspalte und diese Pivotzeile das Pivotelement $a_{r,s}$ fest.

5. Führe folgende Umformungen – also den Austauschschritt – durch und trage die neuen Werte in ein neues Simplextableau ein. Gehe anschließend zu 2.

   - Die neue Nichtbasisvariable und die neue Basisvariable tauschen ihre Plätze.
   - Umformung des Pivotelements: $a'_{r,s} = \frac{1}{a_{r,s}}$.
   - Umformung der Pivotzeile: $a'_{r,j} = \frac{a_{r,j}}{a_{r,s}} \; \forall \; 1 \leq j \leq n$ und $b'_r = \frac{b_r}{a_{r,s}}$.
   - Umformung der Pivotspalte: $a'_{i,s} = -\frac{a_{i,s}}{a_{r,s}} \; \forall \; 1 \leq i \leq m$ und $c'_s = -\frac{c_s}{a_{r,s}}$.
   - Umformung der restlichen Elemente von der Koeffizientenmatrix $a'_{i,j} = a_{i,j} - \frac{a_{i,s} \cdot a_{r,j}}{a_{r,s}}$, vom Restriktionsvektor $b'_i = b_i - \frac{a_{i,s} \cdot b_r}{a_{r,s}}$ und von dem Zielfunktionsvektor $c'_j = c_j - \frac{a_{r,j} \cdot c_s}{a_{r,s}} \; \forall \; 1 \leq i \leq m$ mit $i \neq r$ und $\forall \; 1 \leq j \leq n$ mit $j \neq s$ sowie die Bestimmung des Zielfunktionswerts $z'_0 = z_0 - \frac{c_s \cdot b_r}{a_{r,s}}$ (das Vorgehen bei jedem dieser Schritte wird in der Literatur als Rechteckregel bezeichnet – da die beteiligten Elemente im Simplextableau ein Rechteck aufspannen).

Ausgabe: Optimale Lösung des linearen Optimierungsproblems oder Nachweis der Unbeschränktheit.

Im Folgenden wird der Simplex-Algorithmus auf das Ergebnis des ersten Austauschschritts und damit auf das Simplextableau in Abb. 2.3, welches in der Abb. 2.4 in der linken Tabelle wiederholt ist, angewandt.

Nach Schritt 2 im Simplex-Algorithmus ist $c_1 = -50 < 0$ und damit ist die aktuelle Basislösung (i.e. $x = (0, 15, 0, 15, 35)$ mit dem Zielfunktionswert -4500) nicht optimal. Die Spalte zur Variable x_1 ist die (eindeutige) Pivotspalte – also ist $s = 1$ – und x_1 ist die dadurch bestimmte neue Nichtbasisvariable. Da bereits ein Austauschschritt nach dem Simplex-Algorithmus durchgeführt wurde, kann keine Unbeschränktheit nach Schritt 3 vorliegen – tatsächlich sind sogar alle Koeffizienten in der Pivotspalte echt positiv. Die Hilfsspalte ist in der Abb. 2.4 angegeben. Nach Schritt 4 ist die Zeile zur Variable x_4 die eindeutige Pivotzeile – also ist $r = 3$ – und x_4 ist die so bestimmte neue Basisvariable. Ferner ist dadurch $\frac{5}{2}$ das Pivotelement. Nach Schritt 5 tauschen die neue Nichtbasisvariable x_1 und die neue Basisvariable x_4 ihre Plätze. Dies ist in dem linken Simplextableau in Abb. 2.5 dargestellt. Es enthält zugleich die Umformung des Pivotelements, der Pivotzeile und der Pivotspalte – jeweils nach Schritt 5. Die restlichen Felder im Simplextableau ergeben sich durch die Rechteckregel, s. Schritt 5, die im Detail im rechten Simplextableau in Abb. 2.5 angegeben ist. Ein Beispiel für das Rechteck, dass die beteiligten Elemente im Simplextableau aufspannen, ist beim Term $-\frac{1}{10} - \frac{\frac{7}{2} \cdot \frac{-3}{10}}{\frac{5}{2}}$ das Rechteck im rechten Simplextableau in Abb. 2.4 aus den Elementen $-\frac{1}{10}, \frac{7}{2}, \frac{5}{2}$ und $-\frac{3}{10}$.

Da die Koeffizienten der Zielfunktion im aktuellen Simplextableau (i.e. das rechte Simplextableau in Abb. 2.5) nichtnegativ sind, terminiert das Verfahren. Dieses (somit erreichte)

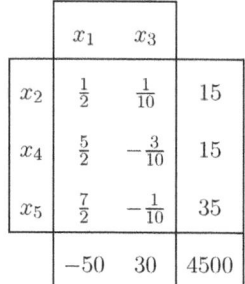

	x_1	x_3				x_1	x_3		
x_2	$\frac{1}{2}$	$\frac{1}{10}$	15		x_2	$\frac{1}{2}$	$\frac{1}{10}$	15	30
x_4	$\frac{5}{2}$	$-\frac{3}{10}$	15		x_4	$\frac{5}{2}$	$-\frac{3}{10}$	15	6
x_5	$\frac{7}{2}$	$-\frac{1}{10}$	35		x_5	$\frac{7}{2}$	$-\frac{1}{10}$	35	10
	-50	30	4500			-50	30	4500	

Abb. 2.4 Ausgangssimplextableau zur Kabelherstellung für den zweiten Austauschschritt: links ohne und rechts mit (eingekreistem) Pivotelement und Hilfsspalte (ganz rechts)

	x_3	x_4				x_3	x_4	
x_2	$-\frac{1}{5}$				x_2	$-\frac{1}{5}$	$\left(\frac{1}{10} - \frac{\frac{1}{2} \cdot \frac{-3}{10}}{\frac{5}{2}} =\right) \frac{4}{25}$	$\left(15 - \frac{\frac{1}{2} \cdot 15}{\frac{5}{2}} =\right) 12$
x_1	$\frac{2}{5}$	$-\frac{3}{25}$	6		x_1	$\frac{2}{5}$	$-\frac{3}{25}$	6
x_5	$-\frac{7}{5}$				x_5	$-\frac{7}{5}$	$\left(-\frac{1}{10} - \frac{\frac{7}{2} \cdot \frac{-3}{10}}{\frac{5}{2}} =\right) \frac{8}{25}$	$\left(35 - \frac{\frac{7}{2} \cdot 15}{\frac{5}{2}} =\right) 14$
	20					20	$\left(30 - \frac{-50 \cdot \frac{-3}{10}}{\frac{5}{2}} =\right) 24$	$\left(4500 - \frac{-50 \cdot 15}{\frac{5}{2}} =\right) 4800$

Abb. 2.5 Zweiter Austauschschritt zur Kabelherstellung: links ohne und rechts mit der Anwendung der Rechteckregel

Abschlusstableau bestimmt den, dann optimalen, Punkt $(6, 12, 0, 0, 14)^\mathsf{T}$ mit dem, dann optimalen, Zielfunktionswert von $-4800\,€$. Da das ursprüngliche Problem ein Maximierungsproblem war, ist dieser Zielfunktionswert noch mit -1 zu multiplizieren. Es wurde der gleiche Zielfunktionswert wie bei der graphischen Lösung erreicht. Die dort angegebene Belegung der beiden Entscheidungsvariablen (x_1 und x_2) des Ausgangsproblems stimmen mit der Belegung nach dem Simplextableau überein. Damit ist die resultierende Lösung identisch mit der graphisch ermittelten. Die restlichen Belegungen der Variablen haben die folgende ökonomische Bedeutung: Die dritte Basisvariable im Abschlusssimplextableau ist zugleich eine Schlupfvariable von dem ursprünglichen Problem und muss deswegen nichtnegativ sein – es handelt sich um eine Eigenschaft von Schlupfvariablen in der Normalform $P_=$. Damit bedeutet $x_5 = 14$, dass bei der Restriktion, für die x_5 Schlupfvariable ist, also der Restriktion (III) die rechte Seite, also 50 (kg) echt größer als die linke Seite, also $4x_1 + x_2$ ist, und zwar um genau 14 Einheiten (i.e. kg); es ist: $4 \cdot 6 + 12 = 36$. Damit benötigt die optimale Lösung nur einen Teil des Gummivorrats von 50 kg. Dass die anderen beiden Schlupfvariablen von dem ursprünglichen Problem Nichbasisvariablen sind, also mit 0 belegt sind, bedeutet, dass der Vorrat an Plastik und Kupfer vollständig verbraucht wird. Es handelt sich folglich um Engpass-Ressourcen.

Dieser Simplex-Algorithmus hat noch einige Schwächen, die für die Anwendung des Simplex-Algorithmus in diesem Buch nicht relevant sind. Eine Schwäche besteht darin, dass eine Terminierung nicht garantiert werden kann. Es gibt nämlich Fälle, in denen ein Eckpunkt unendlich oft betrachtet wird (der Simplex-Algorithmus durchläuft eine Endlosschleife). Eine Terminierung wird durch die Anwendung einer sogenannten Anti-Zyklus-Strategie, insbesondere einer von Bland, s. Bland (1977), garantiert. Dieser Simplex-Algorithmus startet von dem Nullpunkt im durch Strukturvariablen aufgespannten Lösungsraum. Nicht immer handelt es sich um einen Eckpunkt des zulässigen Bereichs. Für die Ermittlung eines zulässigen Eckpunkts – als Startpunkt – existieren verschiedene Möglichkeiten. Bei der sogenannten Zweiphasen-Methode wird dieser Simplex-Algorithmus auf ein geeignetes Hilfsproblem angewendet. In dieser sogenannten Eröffnungsphase wird sich schrittweise einer Ecke des Lösungsraums des Ausgangsproblems angenähert. Ist diese gefunden worden, wird damit ein Simplextableau zum Ausgangsproblem gebildet, auf das der (oben angegebene) Simplex-Algorithmus angewendet wird; diese Phase wird als Optimierungsphase bezeichnet. Eine Alternative ist unter der Bezeichnung Big-M-Methode in der Literatur bekannt. Im Kern handelt es sich um ein Straftermverfahren mit einem Straftermparameter (M) – es ist ein Ansatz, welcher auch in der nicht linearen Optimierung verwendet wird.

Für den Simplex-Algorithmus generell – i.e. in seiner einfachsten Form – ist wesentlich, dass der zulässige Bereich aus reellen Zahlen besteht. Tatsächlich sind in vielen Anwendungsfällen ganzzahlige Lösungen gesucht – so können nur ganzzahlige Produktionsmengen produziert werden. Allerdings liegen in vielen Fällen aussagekräftige Produktionsmengen vor, wenn reellwertige Lösungen als Mittelwerte von Produktionsmengen (pro Zeiteinheit wie Jahre oder Monate) interpretiert werden; dies ist gerechtfertigt, da oftmals Produktionsmengen für aggregierte Produkte und über weit in die zeitliche Zukunft reichende

Planungszeiträume gelöst werden, so dass die Eingangsgrößen (noch) nicht sicher bekannt sind.

Die grundsätzliche Schwierigkeit bei ganzzahligen Lösungen besteht darin, dass in vielen zulässigen Bereichen über reelle Zahlen die Eckpunkte keine ganzen Zahlen sind. Damit ist die Grundprämisse zur Entwicklung des Simplex-Algorithmus, dass eine optimale Lösung ein Eckpunkt des zulässigen Bereichs ist, nicht immer erfüllt. Falls die optimale Lösung erfolgreich gerundet werden kann – eine zulässige Lösung liegt dann vor –, existiert jedoch keine Garantie dafür, dass diese gerundete Lösung auch die optimale ganzzahlige Lösung ist. Tatsächlich kann der Zielfunktionswert einer gerundeten nicht ganzzahligen Lösung einen sehr großen Abstand von dem der optimalen ganzzahligen Lösung haben. Dass dies bereits bei einfachen Beispielen auftritt, wird in Herrmann (2009) demonstriert. Da eine nicht ganzzahlige Lösung mit polynomialem Aufwand berechnet werden kann, wird oftmals aus einer solchen eine ganzzahlige Lösung ermittelt. Dabei handelt es sich um ein NP-vollständiges Problem. Exakte Verfahren hierfür sind Branch-and-Bound, Schnittebenenverfahren sowie deren Kombination Branch-and-Cut. Daneben wurden eine Vielzahl von Heuristiken entwickelt. Mit diesen und durch eine Anpassung an das zu lösende Problem kann die Laufzeit von exakten Verfahren oft deutlich beschleunigt werden. Wie in Herrmann (2009) erläutert ist, bestimmt der Simplex-Algorithmus für lineare Optimierungsprobleme, deren Koeffizientenmatrix unimodular ist, bereits ganzzahlige Lösungen.

Bedeutungsvoll für die Entwicklung von Verfahren zur Lösung spezieller linearer Optimierungsprobleme und für die ökonomische Interpretation linearer Optimierungsprobleme ist das Konzept des dualen Problems. Zu jedem linearen Optimierungsproblem P kann ein zu P duales Problem gebildet werden. Das lineare Optimierungsproblem in Standardform

P (bzw. $P_\leq$):
min $c^\mathsf{T} x + z_0$
s. t.
$Ax \leq b$
$x \geq 0$

wird zu dem zu $P_\leq$ dualen Problem
D (bzw. $D_\geq$):
max $b^\mathsf{T} y + z_0$
s. t.
$A^\mathsf{T} y \geq c$
$y \geq 0$.

Die Entscheidungsvariablen y_i, $i = 1, \ldots, m$, heißen Dualvariablen. Entsprechend heißen die Variablen x_j, $j = 1, .., n$, Primalvariablen. Wurde ein zu einem Problem P duales Problem D formuliert, so heißt P Primalproblem und D Dualproblem. Es wird auch gesagt, dass die beiden Optimierungsprobleme P und D zueinander dual sind.

Diese Transformation kann auf ein lineares Optimierungsproblem, welches die Normalform nicht erfüllt, übertragen werden. Für die Kabelherstellung, in der ursprünglichen Formulierung, führt dies zu dem folgenden Problem:

min $F(y_1, y_2, y_3)$ mit

$$F(y_1, y_2, y_3) = 150 \text{ kg } y_1 + 60 \text{ kg } y_2 + 50 \text{ kg } y_3$$

unter den Restriktionen:

$$5 \tfrac{\text{kg}}{500\,\text{m}} \, y_1 + 4 \tfrac{\text{kg}}{500\,\text{m}} \, y_2 + 4 \tfrac{\text{kg}}{500\,\text{m}} \, y_3 \geq 200 \tfrac{\text{€}}{500\,\text{m}} \qquad (1).$$
$$10 \tfrac{\text{kg}}{500\,\text{m}} \, y_1 + 3 \tfrac{\text{kg}}{500\,\text{m}} \, y_2 + 1 \tfrac{\text{kg}}{500\,\text{m}} \, y_3 \geq 300 \tfrac{\text{€}}{500\,\text{m}} \qquad (2).$$
$$y_1, y_2, y_3 \geq 0 \qquad\qquad\qquad\qquad\qquad\qquad\qquad \text{Nichtnegativität.}$$

Diese Problem bedeutet ökonomisch, dass statt der Nutzung der Vorräte an Plastik, Kupfer und Gummi zur Produktion von Telefon- und Verlegekabelrollen diese (Vorräte) verkauft werden. Die Variablen y_1, y_2 und y_3 enthalten die dabei von dem Käufer zu bezahlenden Preise. Dass der Käufer möglichst wenig bezahlen möchte, ist in diesem dualen Problem durch die Zielfunktion modelliert, wobei der Käufer den ganzen Vorrat kaufen muss (dies erklärt die Koeffizienten in der Zielfunktion).

Damit bedeuten die Variablen

y_1 Preis für Plastik in $\tfrac{\text{€}}{\text{kg}}$.
y_2 Preis für Kupfer in $\tfrac{\text{€}}{\text{kg}}$.
y_3 Preis für Gummi in $\tfrac{\text{€}}{\text{kg}}$.

Deswegen hat der Kabelhersteller zwei ökonomische Alternativen für die Verwendung der Rohstoffe:

(a) Produktion und Verkauf von Kabeln aus diesen Ressourcen oder
(b) Verkauf der Ressourcen.

Damit sich ein Verkauf für den Kabelhersteller lohnt, muss der erzielte Preis wenigstens so hoch wie der Erlös durch die beiden Produkte sein. Restriktion (1) bewirkt dies für Telefonkabelrollen und Restriktion (2) für Verlegekabelrollen. Mit anderen Worten: Der Gewinn durch eine Produktion ist der geringste (sinnvolle) Verkaufspreis für die Ressourcen. Umgekehrt ist für den Käufer der Gewinn durch seine Produktion der höchste (sinnvolle) Kaufpreis. Bei der für beide optimalen Entscheidung ist der Gewinn durch die Kabel-Produktion gleich dem Kaufpreis.

Generell stimmen bei linearen Optimierungsproblemen die optimalen Zielfunktionswerte von einem Primalproblem P und dem zu P gehörenden Dualproblem D überein. Für die optimalen Punkte gilt dies in der Regel nicht, da, wie dieses Beispiel zeigt, bereits die Anzahl der Entscheidungsvariablen voneinander abweichen. Für Details sei auf die Dualitätssätze verwiesen, die beispielsweise in Gritzmann (2013) bewiesen sind.

Die kanonische Eigenschaft für eine Normalform von einem linearen Optimierungsproblem lässt sich wie folgt auf duale Probleme übertragen; bei dem primalen Problem wird – wieder zur Abgrenzung – von primal kanonisch gesprochen. Es liege ein lineares Problem in Normalform vor, also min $c^\mathsf{T} x + z_0$, s. t. $\tilde{A}x = b, x \geq 0$. Es ist primal kanonisch, falls $b_i \geq 0 \ \forall \ 1 \leq i \leq m$ gilt. Gilt $c_j \geq 0 \ \forall \ 1 \leq j \leq n$, so ist es dual kanonisch.

In der Literatur wurde der Austauschschritt im Simplex-Algorithmus so erweitert, dass damit eine Startlösung für ein beliebiges lineares Optimierungsproblem in Normalform ($P_=$) bestimmt wird. Die anschließende Anwendung des Simplex-Algorithmus liefert eine optimale Lösung. Diese Erweiterung heißt dualer Austauschschritt und das Gesamtverfahren folglich dualer Simplex-Algorithmus.

Dualer Austauschschritt:

Eingabe: Lineares Optimierungsproblem in Normalform, mit den Bezeichnungen in
              $P_=$.
Anweisungen:
1. Stelle das Ausgangstableau auf.
2. Gilt $b_i \geq 0 \ \forall \ 1 \leq i \leq m$, so ist die aktuelle Basislösung für das Optimierungsproblem zulässig. x mit $x_B = b$ und $x_N = 0$ ist ein zulässiger Punkt und hat den Zielfunktionswert $-z_0$.
   Andernfalls wähle den Index $r \in \{1, ..., m\}$ so, dass gilt: $b_r = \min\limits_{i \in \{1,...,m\}} \{b_i\}$ (Pivotzeilenauswahl; Hinweis: b_r ist negativ). Damit ist die neue Basisvariable x_r bestimmt.
3. Gilt $\forall j \in \{1, ..., n\} a_{r,j} \geq 0$, so hat das lineare Optimierungsproblem keine Lösung und $z^* = \emptyset$.
   Andernfalls wähle den Index $s \in \{1, ..., m\}$ so, dass $\frac{c_s}{a_{r,s}} = \max\limits_{j \in \{1,...,n\}} \{ \frac{c_j}{a_{r,j}} | a_{r,j} < 0\}$. Das heißt, wähle diejenige Spalte als Pivotspalte aus, die den größten negativen Bruch $\frac{c_j}{a_{r,j}}$ liefert. Damit ist die neue Nichtbasisvariable x_s bestimmt.
4. Führe den Austauschschritt für diese Variablen durch, also Schritt 5 im Simplex-Algorithmus, und gehe zu Schritt 2.

Ausgabe: Zulässige Basislösung des linearen Optimierungsproblems oder
             der Nachweis der Unlösbarkeit bei einer leeren zulässigen Menge.

Die Anwendung von diesem dualen Simplex-Algorithmus auf das duale Problem zur Kabelproduktion führt zu den folgenden Simplextableaus. Zunächst erfolgt die Anwendung des dualen Austauschschritts:

Das Ausgangstableau ist im linken Teil der Abb. 2.6 angegeben. Es wird die dritte Zeile als Pivotzeile ausgewählt. Dies führt zu einer Hilfszeile. Beides ist indem Tableau im rech-

	y_1	y_2	y_3	
y_4	-5	-4	-4	-200
y_5	-10	-3	-1	-300
	150	60	50	0

	y_1	y_2	y_3	
y_4	-5	-4	-4	-200
y_5	-10	-3	(-1)	-300
	150	60	50	0
	-15	-20	-50	

Abb. 2.6 Ausgangssimplextableau zur dualen Kabelherstellung (links) und Identifikation vom (eingekreistem) Pivotelement über (unterer) Hilfszeile (rechts)

Abb. 2.7 Anwendung des dualen Austauschschritts ohne Rechteckregel

	y_1	y_2	y_5	
y_4	I	II	$\left(-\frac{-4}{-1}=\right)-4$	III
y_3	$\left(\frac{-10}{-1}=\right)10$	$\left(\frac{-3}{-1}=\right)3$	$\left(\frac{1}{-1}=\right)-1$	$\left(\frac{-300}{-1}=\right)300$
	IV	V	50	VI

ten Teil der Abb. 2.6 angegeben. Über die Hilfszeile ergibt sich, nach dem Verfahren das Pivotelement.

Nach der erfolgreichen Bestimmung des Pivotelements wird der restliche Teil des Austauschschritts durchgeführt. Dies erfolgt in zwei Phasen:

- zunächst ohne Rechteckregel; das Ergebnis befindet sich in Abb. 2.7.
- Rechteckregel.

Durch die Rechteckregel ergibt sich mit

$$\text{I} \quad = -5 - \left(-4 \cdot \frac{-10}{-1}\right) = 35,$$
$$\text{II} \quad = -4 - \left(-4 \cdot \frac{-3}{-1}\right) = 8,$$
$$\text{III} = -200 - \left(-4 \cdot \frac{-300}{-1}\right) = 1000,$$
$$\text{IV} = 150 - \left(50 \cdot \frac{-10}{-1}\right) = -350,$$
$$\text{V} \quad = 60 - \left(50 \cdot \frac{-3}{-1}\right) = -90 \text{ und}$$
$$\text{VI} = 0 - \left(50 \cdot \frac{-300}{-1}\right) = -15000$$

das folgende Simplextableau, das in Abb. 2.8 dargestellt ist.

Abb. 2.8 Ergebnis des dualen
Austauschschritts

	y_1	y_2	y_5	
y_4	35	8	-4	1000
y_3	10	3	-1	300
	-350	-90	50	-15000

Nun ist eine zulässige Lösung des Optimierungsproblems gefunden worden – das Simplextableau in Abb. 2.8 stellt ein lineares Optimierungsproblem in kanonischer Standardform vor. Darauf wird der (obige) Simplex-Algorithmus angewendet. Da zwei Koeffizienten in der Zielfunktion negativ sind, kann der Preis von 15000 € noch verbessert werden. Der Austauschschritt führt zu dem im linken Teil der Abb. 2.9 angegebenen Simplextableau. Da noch ein negativer Koeffizient in der Zielfunktion vorliegt, ist ein weiterer Austauschschritt durchzuführen. Dieser führt zu dem Endtableau, welches im rechten Teil der Abb. 2.9 angegeben ist.

Wegen der Bedeutung des Zielfunktionswerts im Simplextableau beträgt dieser beim primalen und beim dualen Problem jeweils 4800 €. Der Preis für Plastik beträgt 24 $\frac{€}{kg}$, der für Kupfer 20 $\frac{€}{kg}$ und der für Gummi 0 $\frac{€}{kg}$. Die Preise für Plastik und Kupfer sind bereits aus dem Abschlusstableau zur Anwendung vom Simplex-Algorithmus auf das primale Problem zur Kabelherstellung ablesbar: Es handelt sich um die Koeffizienten für die Schlupfvariablen zu den Restriktionen zum Plastik- und Kupfervorrat in der Zielfunktion. Deswegen heißen diese Werte auch Schattenpreise oder auch Opportunitätskosten. Die Tatsache, dass Gummi keinen Preis hat, korreliert damit, dass bei der optimalen Kabelherstellung der Gummivorrat nicht verbraucht wird, Gummi also keine knappe Ressource ist.

Ist einer der Zielfunktionskoeffizienten der Basislösung des Primalproblems P (in Normalform) gleich 0, so ist die zugehörige rechte Seite der Basislösung im zu P dualen Problem D ebenso 0. Nach der Definition von einer degenerierten Basislösung bedeutet dies, dass die Basislösung von dem zu P dualen Problem D degeneriert ist. Deswegen wird bei einer

	y_4	y_2	y_5	
y_1	$\frac{1}{35}$	$\frac{8}{35}$	$\frac{-4}{35}$	$\frac{200}{7}$
y_3	$-\frac{10}{35}$	$\frac{5}{7}$	$\frac{1}{7}$	$\frac{100}{7}$
	10	-10	10	-5000

	y_4	y_3	y_5	
y_1	$\frac{3}{25}$	$-\frac{8}{25}$	$-\frac{4}{25}$	24
y_2	$-\frac{2}{5}$	$\frac{7}{5}$	$\frac{1}{5}$	20
	6	14	12	-4800

Abb. 2.9 2. Austauschschritt (links) und 3. Austauschschritt (rechts)

Basislösung im Simplextableau von primaler Degeneration gesprochen, falls in der rechten Seite mindestens ein Wert gleich 0 ist und von dualer Degeneration, falls im Vektor der reduzierten Kosten mindestens ein Wert gleich 0 ist. Es sei x eine zulässige Lösung von P und y eine zulässige Lösung von dem zu P dualen Problem $D - x$ heißt auch primal zulässig und y heißt auch dual zulässig. Sind x und y nicht degeneriert, so heißt (x, y) primal-dual nichtdegeneriert.

Sensitivitätsanalyse und parametrische Optimierung

Gegenstand dieses Buches ist die Berücksichtigung von unsicheren Problemgrößen, deren Ursachen exemplarisch im Kap. 1 anhand der Kabelherstellung aufgezeigt worden sind. Im Rahmen der Sensitivitätsanalyse wird zunächst eine (optimale) Lösung für feste Parameter erstellt und anschließend wird (ex post) ihre Änderung bei geänderten Parametern untersucht. Dabei werden nur solche Parameteränderungen berücksichtigt, deren optimale Lösungen die gleiche Basis haben. Ein anderer optimaler Punkt und ein anderer optimaler Zielfunktionswert dürfen auftreten. Bezogen auf das im Kap. 2 vorgestellte graphische Lösungsverfahren mit dem optimalen Punkt E bedeutet dies, dass sich die auftretenden Höhenlinien der Zielfunktion und der zulässiger Bereich ändern können, aber für den neuen optimalen Punkt E^N gibt es zwei Geraden G_1 und G_2, so dass sowohl E als auch E^N Schnittpunkt dieser beiden Geraden sind. Ist eine solche Änderung so weitreichend, dass dieser Schnittpunkt (d. h. zwischen den beiden Geraden G_1 und G_2) nicht mehr optimal ist, so wird von parametrischer Optimierung gesprochen. Da diese Arbeit sich auf die Vorstellung des Prinzips beschränkt, werden nur Änderungen berücksichtigt, die proportional zu seinem Ausgangswert sind. Solche speziellen Änderungen sind noch relativ einfach und gut lösbar. Dieser Spezialfall ist für die industrielle Praxis durchaus relevant.

Bezogen auf ein lineares Optimierungsproblem in Normalform ($P_=$)

$P_{\leq}$:
min $c^\mathsf{T} x + z_0$
s.t. $\tilde{A}x = b$
    $x \geq 0$
mit $c, x \in \mathbb{R}^{n+m}$, $b \in \mathbb{R}^m$, $z_0 \in \mathbb{R}$ und $\tilde{A} \in \mathbb{R}^{m \times n}$
wird das folgende Problem behandelt

F. Herrmann, *Lineare Optimierung unter Unsicherheit*, https://doi.org/10.1007/978-3-658-34581-5_3

$P_=$:

min $(c + \Delta c)^\mathsf{T} x + z_0$

s. t. $(\tilde{A} + \Delta \tilde{A})x = (b + \Delta b)$

$\qquad x \geq 0$

mit $\Delta c \in \mathbb{R}^{n+m}$, $\Delta b \in \mathbb{R}^m$ und $\Delta \tilde{A} \in \mathbb{R}^{m \times n}$.

Es wird keine vollständige Lösung angestrebt. Primär soll der prinzipielle Effekt untersucht werden. Da in diesem Sinne die Veränderungen von $\tilde{A}$ und von b strukturell ähnlich sind, wird nur die Variation der rechten Seite betrachtet – also von b. Eine Analyse der Veränderung von A ist beispielsweise in Gal (1995) und in Nožicka et al. (1974) beschrieben. Bei der Variation des Restriktionsvektors und der Zielfunktion werden im Folgenden die eigentliche Sensitivitätsanalyse und die parametrische Optimierung simultan betrachtet.

3.1   Variation des Restriktionsvektors

Es wird von einem linearen Optimierungsproblem in Normalform ($P_=$) ausgegangen. Wie in der Einführung zu diesem Kap. 3 begründet wurde, werden ausschließlich lineare einparametrische Änderungen der Form

$$b(t) = b + t \cdot \beta$$

betrachtet, wobei $t \in \mathbb{R}$ den zu verändernden Parameter darstellt und $\beta \in \mathbb{R}^m$ ein konstanter Vektor ist, der angibt, welche Restriktion um welchen Wert verändert werden soll. Ohne Beschränkung der Allgemeinheit wird für β der i-te Einheitsvektor e_i gewählt. Für die rechte Seite des linearen Problems gilt damit:

$$b(t) = (b_1, ..., b_{i-1}, b_i + t, b_{i+1}, ..., b_m)^\mathsf{T}.$$

Ohne Beschränkung der Allgemeinheit wird auf den konstanten Wert z_0 verzichtet. Damit liegt das folgende vom Parameter $t \in \mathbb{R}$ abhängige lineare Optimierungsproblem vor:

P_t:

min $c^\mathsf{T} x$

s. t. $Ax \leq b(t)$

$\qquad x \geq 0.$

Um sowohl die algebraische als auch die graphische Sicht zu verdeutlichen, wird bei der Kabelherstellung der Kupfervorrat verändert – es liegt also eine Kabelherstellung mit variablem Kupfervorrat vor. Damit ist $\beta = e_2$ und die rechte Seite lautet: $b(t) = (15, 60+t, 50)^\mathsf{T}$ mit $t \in \mathbb{R}$. Dies führt zu dem folgenden vom Parameter $t \in \mathbb{R}$ abhängigen linearen Optimierungsproblem:

min $F(x_1, x_2)$ mit

$$F(x_1, x_2) = -200 \frac{\text{€}}{500 \text{ m}} \, x_1 - 300 \frac{\text{€}}{500 \text{ m}} \, x_2$$

unter den Restriktionen:

$$5 \frac{\text{kg}}{500 \text{ m}} \, x_1 + 10 \frac{\text{kg}}{500 \text{ m}} \, x_2 \leq 150 \text{ kg} \qquad \text{Plastikvorrat (I).}$$

$$4 \frac{\text{kg}}{500 \text{ m}} \, x_1 + 3 \frac{\text{kg}}{500 \text{ m}} \, x_2 \leq 60 \text{ kg} + t \text{ kg} \qquad \text{Kupfervorrat (II).}$$

$$4 \frac{\text{kg}}{500 \text{ m}} \, x_1 + 1 \frac{\text{kg}}{500 \text{ m}} \, x_2 \leq 50 \text{ kg} \qquad \text{Gummivorrat (III).}$$

$$x_1, x_2 \geq 0 \qquad \text{Nichtnegativität.}$$

Zur Lösung dieses parametrisierten linearen Optimierungsproblems durch den Simplex-Algorithmus wird im Simplextableau eine weitere Spalte für den Restriktionsteilvektor β eingefügt und diese zusätzliche Spalte wird auch mit umgeformt. Für die Kabelherstellung mit variablem Kupfervorrat enthalten die folgenden beiden Abb. 3.1 und 3.2 diese Durchführung des Simplexverfahrens.

	x_1	x_2	b	β	
x_3	5	10	150	0	15
x_4	4	3	60	1	20
x_5	4	1	50	0	50
	-200	-300	0	0	

	x_1	x_3	b	β	
x_2	$\frac{1}{2}$	$\frac{1}{10}$	15	0	30
x_4	$\frac{5}{2}$	$-\frac{3}{10}$	15	1	6
x_5	$\frac{7}{2}$	$-\frac{1}{10}$	35	0	10
	-50	30	4500	0	

Abb. 3.1 Ausgangssimplextableau zur Kabelherstellung mit variablem Kupfervorrat (links) und Ergebnis des ersten Austauschschritts des Simplex-Algorithmus (rechts)

	x_4	x_3	b	β	
x_2	$-\frac{1}{5}$	$\frac{4}{25}$	12	-0.2	–
x_1	$\frac{2}{5}$	$-\frac{3}{25}$	6	0.4	–
x_5	$-\frac{7}{5}$	$\frac{8}{25}$	14	-1.4	–
	20	24	4800	20	

Abb. 3.2 Endsimplextableau zur Kabelherstellung mit variablem Kupfervorrat durch den Simplex-Algorithmus

Die von t abhängige optimale Lösung ist: $x^*(t) = (6 + 0.4t, 12 - 0.2t, 0, 0, 14 - 1.4t)^\mathsf{T}$ mit dem ebenso von t abhängigen optimalen Zielfunktionswert von $z^*(t) = -4800 - 20t$.

Die Abb. 3.3 demonstriert den Einfluss von Parameter t auf den Lösungsraum und den optimalen Punkt, bei dem es sich um den Schnittpunkt der Geraden zu den Restriktionen von dem Plastik- und dem Kupfervorrat handelt. Eine Erhöhung von t bewirkt eine Parallelverschiebung der zum Kupfervorrat gehörenden Restriktion, so dass der zulässige

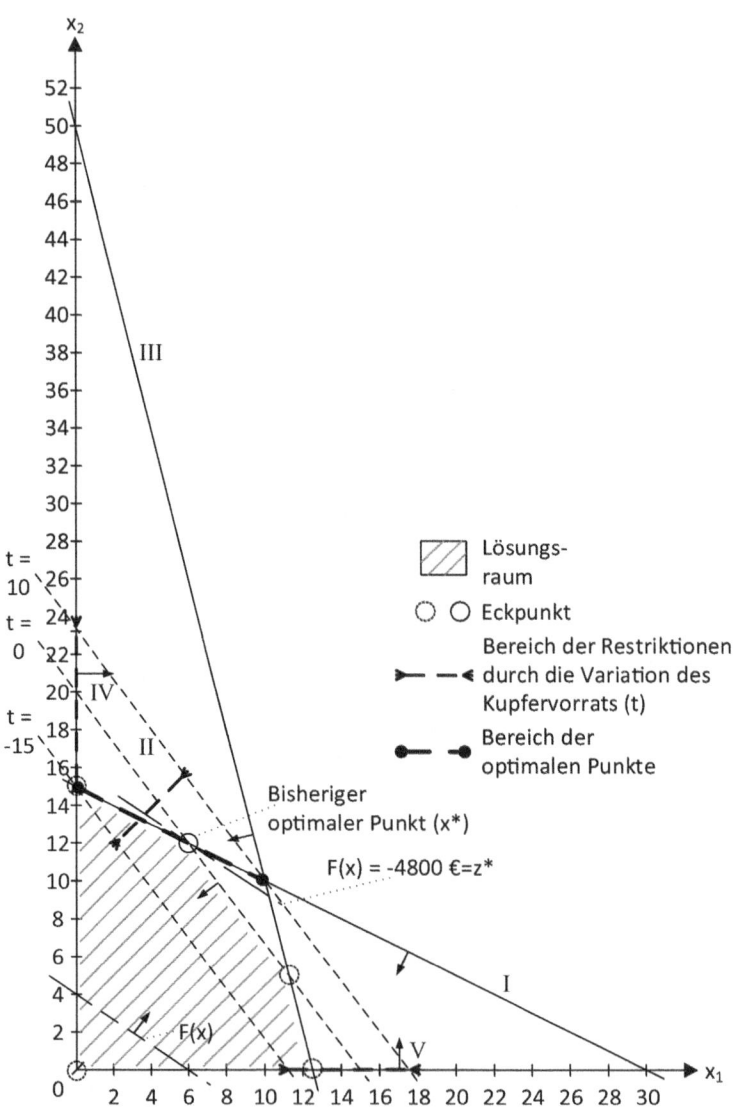

Abb. 3.3 Kabelherstellung mit variablem Kupfervorrat

Bereich immer größer wird. Für genügend hohe t schränkt diese Restriktion den zulässigen Bereich nicht mehr ein. Der optimale Punkt ist nun der Schnittpunkt der Geraden zu den Restriktionen von dem Plastik- und dem Gummivorrat, wodurch die optimale Lösung eine andere Basis hat. Umgekehrt reduziert eine Verringerung von t den zulässigen Bereich. Für ein genügend kleines t ist der optimale Punkt nun der Schnittpunkt der Geraden zu den Restriktionen von dem Kupfervorrat und der Nichtnegativitätsbedingung für Telefonkabel, wodurch die optimale Lösung eine andere Basis hat.

Der Bereich, indem die optimale Lösung die gleiche Basis hat, ergibt sich mit Hilfe der Nichtnegativitätsbedingung $x^*(t) \geq 0$ durch:

$12 - 0.2\,t \geq 0 \Leftrightarrow t \leq 60,\ 6 + 0.4\,t \geq 0 \Leftrightarrow t \geq -15$ sowie $14 - 1.4\,t \geq 0 \Leftrightarrow t \leq 10$.

Damit bleibt $x^*(t) = (6 + 0.4\,t,\ 12 - 0.2\,t,\ 0,\ 0,\ 14 - 1.4t)^\mathsf{T}$ für $t \in [-15;\, 10]$ optimal – mit dem optimalen Zielfunktionswert von $z^*(t) = -4800 - 20\,t$.

Dieses Vorgehen lässt sich wie folgt verallgemeinern. Dazu sei angenommen, dass P(t) bereits für $t = 0$, beispielsweise mit Hilfe des Simplex-Algorithmus, gelöst wurde. A_B sei die dabei ermittelte optimale Basis. Dann lautet die von t abhängige Basislösung: $x_B(t) = A_B^{-1} b(t)$ (es sei daran erinnert, dass (natürlich) $x_N = 0$ ist), da das lineare Problem weiterhin in Normalform vorliegt. Die Nichtnegativität der reduzierten Kosten ist dabei stets gegeben, da diese (also $z_N = c_N - (A_B^{-1} A_N)^\mathsf{T} c_B \geq 0$) unabhängig von Restriktionsvektor b sind. Die Zulässigkeit der Basis liegt also für solche t vor, für die gilt – und zwar für einen beliebigen Vektor β: $x_B(t) = A_B^{-1} b(t) = A_B^{-1} b + t \cdot A_B^{-1} \beta = A_B^{-1} b + t \cdot A_B^{-1} e_i = x_B + t \cdot x_B' \geq 0$.

Um zu verdeutlichen, dass es sich hierbei um die gleichen Überlegungen handelt, die zuvor mit Hilfe des Simplex gemacht wurden, werden die Umformungen nochmals an der Kabelherstellung aufgezeigt. (Die Matrix A_B^{-1} ergibt sich dabei aus dem Endtableau.)

$$x_B(t) = A_B^{-1} b + t \cdot A_B^{-1} \beta = \begin{pmatrix} -\frac{3}{25} & \frac{2}{5} & 0 \\ \frac{4}{25} & -\frac{1}{5} & 0 \\ \frac{8}{25} & -\frac{7}{5} & 1 \end{pmatrix} \begin{pmatrix} 150 \\ 60 \\ 50 \end{pmatrix} + t \cdot \begin{pmatrix} -\frac{3}{25} & \frac{2}{5} & 0 \\ \frac{4}{25} & -\frac{1}{5} & 0 \\ \frac{8}{25} & -\frac{7}{5} & 1 \end{pmatrix} \begin{pmatrix} 0 \\ 1 \\ 0 \end{pmatrix}$$

$$= \begin{pmatrix} 6 \\ 12 \\ 14 \end{pmatrix} + t \cdot \begin{pmatrix} \frac{2}{5} \\ -\frac{1}{5} \\ -\frac{7}{5} \end{pmatrix} = \begin{pmatrix} 6 \\ 12 \\ 14 \end{pmatrix} + t \cdot \begin{pmatrix} 0.4 \\ -0.2 \\ -1.4 \end{pmatrix} = x_B + t \cdot x_B'.$$

Aus der Bedingung $x_B + t \cdot x_B' \geq 0$ folgt $t \geq -\frac{x_B}{x_B'}$. Da durch die Zulässigkeit der Basislösung stets $x_B \geq 0$ gilt, ist die Lösungsmenge dieses Ungleichungssystems von den Vorzeichen der x_i' abhängig. Nun ist nach Gal et al. (1991) folgende Fallunterscheidung durchzuführen:

- Betrachte zunächst den Fall $x_i' > 0$:
  Es gilt $-\frac{x_B}{x_B'} \leq 0$. Hieraus folgt direkt, dass für alle $x_i' > 0$ die Ungleichung $x_B + t \cdot x_B' \geq 0$ für $t \geq \max_{i \in B}\{-\frac{x_i}{x_i'}\}$ erfüllt ist.

- Betrachte nun den Fall $x_i' < 0$:
  Es gilt $-\frac{x_B}{x_B} \geq 0$. Wieder folgt direkt, dass für alle $x_i' < 0$ die Ungleichung $x_B + t \cdot x_B' \geq 0$ für $t \leq \min_{i \in B}\{-\frac{x_i}{x_i'}\}$ erfüllt ist.
- Betrachte den Fall $x_i' = 0$:
  Hierfür gilt (unmittelbar) $x_B(t) = x_B \geq 0$ für alle $t \in \mathbb{R}$.

Zusammengefasst ergibt sich das folgende Intervall für t:

$$\max_{i \in B}\{-\frac{x_i}{x_i'} \,|\, x_i' > 0\} \leq t \leq \min_{i \in B}\{-\frac{x_i}{x_i'} \,|\, x_i' < 0\},$$

wobei eine oder beide Grenzen unbeschränkt sein können – ein Beispiel dazu ist weiter unten angegeben. (Für den Fall $\beta = e_i$ ist $x_i' = A_B^{-1} e_i$ gerade die i-te Spalte von A_B^{-1}.)

Für dieses Intervall ist die Basis B optimal, weswegen von einem Optimalitätsbereich gesprochen wird, und die Basis ist eindeutig; in der Literatur wird davon gesprochen, dass jede Basislösung zu einem t, welches echt innerhalb eines solchen Optimalitätsbereichs liegt, primal-dual nichtdegeneriert ist. Damit – mit anderen Worten – haben alle optimalen Punkte ($\mathbb{M}^*(t)$) (auch Optimalpunktmenge genannt) in einem Optimalitätsbereich die gleiche Basis, aber die Werte ihrer Basisvariablen ($x^*(t)$) und ihre Zielfunktionswerte ($z^*(t)$) hängen von t ab. Dieses in Gal et al. (1991) bewiesene Ergebnis lautet zusammengefasst.

Falls $b(t) = b + t\beta$ ist, so bleiben die Indizes der optimalen Basisvariablen genau dann unverändert, wenn gilt:
$t \in [\max_{i \in B}\{-\frac{x_i}{x_i'}|x_i' > 0\}, \min_{i \in B}\{-\frac{x_i}{x_i'}|x_i' < 0\}]$ mit $x_B = A_B^{-1}b$ und $x_B' = A_B^{-1}\beta$.
Der optimale Wert lautet:
$z^*(t) = c^\mathsf{T}x_B = c^\mathsf{T}A^{-1}b(t) = c^\mathsf{T}A^{-1}b + t \cdot c^\mathsf{T}A^{-1}e_i = z^* + t \cdot c^\mathsf{T}y_i.$
Hierbei steht y_i (i.e. $= A^{-1}e_i$) für den Schattenpreis der i-ten Nichtbasisvariable. Allerdings gilt die letzte Gleichung nur, wenn für die Restriktionsänderung β ein Einheitsvektor verwendet wird. (Für andere Vektoren gilt sie im Allgemeinen nicht.)

Um zu verdeutlichen, dass es sich hierbei um dieselben Lösungen handelt, wie diejenigen, die bereits im vorherigen Teil mit Hilfe des Simplex-Algorithmus berechnet wurden, wird der Optimalitätsbereich nochmals auf diese Weise berechnet.

Wie bereits berechnet, lautet die optimale Basislösung:

$$x_B(t) = \begin{pmatrix} 6 + 0.4t \\ 12 - 0.2t \\ 14 - 1.4t \end{pmatrix} = \begin{pmatrix} 6 \\ 12 \\ 14 \end{pmatrix} + t \cdot \begin{pmatrix} 0.4 \\ -0.2 \\ -1.4 \end{pmatrix} = x_B + t \cdot x_B'.$$

Nach dem obigen Resultat ist $x_B(t)$ für $t \in [\max_{i \in B}\{-\frac{x_i}{x_i'}|x_i' > 0\}, \min_{i \in B}\{-\frac{x_i}{x_i'}|x_i' < 0\}]$ optimal. Es sind also die verschiedenen Werte $-\frac{x_i}{x_i'}$ für $i \in B$ zu vergleichen. Es gilt:

$-\frac{x_1}{x_1'} = -\frac{6}{0.4} = -15, \quad -\frac{x_2}{x_2'} = -\frac{12}{-0.2} = 60, \quad -\frac{x_5}{x_5'} = -\frac{14}{-1.4} = 10.$

Als linke Intervallgrenze ergibt sich nur $-\frac{x_1}{x_1'} = -15$, da dies der einzige Bruch mit $x_i' > 0$

ist. Für die rechte Intervallgrenze stehen zwei Ausdrücke mit $x_i' < 0$ zur Auswahl. Da der kleinere Wert zu wählen ist, ist $-\frac{x_5}{x_5'} = 10$ die rechte Intervallgrenze. Damit ergibt sich das Intervall $[-15, 10]$, indem die Basislösung optimal bleibt; es ist genau der zuvor mit Hilfe vom Simplex-Algorithmus bestimme Optimalitätsbereich.

Da t nicht nur Werte innerhalb dieses Optimalitätsbereichs annehmen kann, sondern eine beliebige reelle Zahl darstellt, geht bei Werten außerhalb dieses Bereiches mindestens eine Nichtnegativitätsbedingung einer Basisvariable verloren. Aus diesem Grund muss ein Basiswechsel vorgenommen werden. Bei einem Schwellenwert eines Optimalitätsbereichs, also in diesem Fall -15 und 10, hat sein optimaler Punkt aufgrund von der primalen Degeneration für die Basislösung verschiedene Basen. Aus graphischer Sicht entspricht dies genau dem Fall, dass sich mehr Restriktionsgeraden in einem Punkt schneiden, als überhaupt zur Definition eines Eckpunkts benötigt werden. Im obigen Beispiel schneiden sich für $t = 10$ alle drei Geraden im Punkt $(x_1, x_2) = (10, 10)$. Das Endtableau kann dadurch entweder x_4 oder x_5 als Basisvariable enthalten, da deren Werte 0 sind (i.e. $x(10) = (10, 10, 0, 0, 0)^\mathsf{T}$).

Zu einem solchen Optimalitätsbereich $(-15, 10)$ gibt es immer einen benachbarten Optimalitätsbereich mit -15 als obere Grenze und 10 als untere Grenze. Beim Verlassen dieses Optimalitätsbereichs $(-15, 10)$ – durch Erhöhen von t über 10 oder Verringern von t unter -15 – tritt, wie bereits erwähnt, ein Basiswechsel auf. Allerdings stellt sich die Frage, welche Basisvariable die Basis zugunsten einer Nichtbasisvariable verlässt. Wie in Nickel (2014) ausgeführt worden ist, sind die Endpunkte eines Optimalitätsbereichs dadurch definiert, dass eine primale Basisvariable den Wert 0 annimmt. Deswegen sind die zugehörigen optimalen Punkte primal-dual degeneriert. Daher würde das Verlassen des Optimalitätsbereichs zu primal unzulässigen Punkten führen, wobei die Zielfunktionskoeffizienten des zugehörigen Endtableaus nichtnegativ sind (es handelt sich um duale Zulässigkeit). Damit liegt eine dual kanonische Form vor. Deswegen sollte für ein t aus dem Rand des Optimalitätsbereichs ein dualer Austauschschritt durchgeführt werden. Dies führt entweder zu einem neuen Optimalitätsbereich mit zugehöriger fester Basis oder der damit bewirkte zulässige Bereich ist leer. Eine Iteration dieser Schritte führt zu allen von t abhängigen optimalen Punkten $(x^*(t))$ und damit zur (von t abhängigen) Optimalpunktmenge $(\mathbb{M}^*(t))$ mit ihren, ebenfalls von t abhängigen, optimalen Zielfunktionswerten $(z^*(t))$ für beliebige reelle Zahlen für t.

Wie oben begründet wurde, kann ein dualer Austauschschritt zu dem gleichen Eckpunkt führen (mit einer anderen Basis). Da aber der gesuchte Optimalitätsbereich O_2 zu dem aktuellen Optimalitätsbereich O_1 benachbart ist, gilt nach Gal et al. (1991): Es gibt eine Basis B_1 zu O_1 und eine Basis B_2 zu O_2, derart, dass es möglich ist, von B_1 zu B_2 und umgekehrt durch einen dualen Austauschschritt überzugehen (eben durch einen Basiswechsel); es sei angemerkt, dass B_1 und B_2 Nachbarschaftsbasen heißen.

Für die Kabelherstellung wird von dem Endtableau in Abb. 3.2 ausgegangen und von dem Optimalitätsbereich $[-15, 10]$. Zunächst wird eine Erhöhung über $(t =)10$ untersucht. Als Pivotzeile wird dabei diejenige Zeile gewählt, die bei $t > 10$ negativ werden würde. Dies ist die Zeile zur Basisvariablen x_5. Die Pivotspalte wird nach dem dualem Austauschschritt

Abb. 3.4 Ergebnis des dualen
Austauschschritts bei der
Kabelherstellung mit um t kg
größeren Kupfervorrat für
$t \geq 10$

	x_5	x_3	b	β	
x_2	$-\frac{1}{7}$	$\frac{4}{35}$	10	0	$-$
x_1	$\frac{2}{7}$	$-\frac{1}{35}$	10	0	$-$
x_4	$-\frac{5}{7}$	$-\frac{8}{35}$	-10	1	$-$
	$\frac{100}{7}$	$\frac{200}{7}$	5000	0	

ausgewählt. Dadurch ergibt sich die Spalte zu der Nichbasisvariablen x_4. Damit wird der duale Austauschschritt fortgesetzt. Dies führt zu dem folgenden Simplextableau in Abb. 3.4.

Die Basislösung ist also $x^*(t) = (10, 10, 0, -10 + t, 0)^\mathsf{T}$ mit dem, von t unabhängigen, Zielfunktionswert von $(z^*(t) =) - 5000$. Der Bereich, indem die oben berechnete Lösung optimal bleibt, wird mit Hilfe der Nichtnegativitätsbedingung $x^*(t) \geq 0$ ermittelt. Da die konstanten Komponenten von $x^*(t)$ nichtnegativ sind, ist der Bereich von t zu bestimmen, indem ebenfalls $-10 + t$ nichtnegativ ist. Durch $-10 + t \geq 0 \Leftrightarrow t \geq 10$ ist $[10, \infty]$ der gesuchte Optimalitätsbereich.

Entsprechend wird bei einer Verringerung von $(t =) - 15$ vorgegangen, wobei wieder von dem Endtableau in Abb. 3.2 ausgegangen wird sowie von dem Optimalitätsbereich von $[-15, 10]$. Als Pivotzeile wird dabei diejenige Zeile gewählt, die bei $t < -15$ negativ werden würde. Dies ist die Zeile zur Basisvariablen x_1. Die Pivotspalte wird nach dem dualen Austauschschritt ausgewählt. Dadurch ergibt sich die Spalte zu der Nichbasisvariablen x_3. Damit wird der duale Austauschschritt fortgesetzt. Dieser führt zu dem folgenden Simplextableau in Abb. 3.5.

Die Basislösung ist also $x^*(t) = (0, 20 + \frac{1}{3}t, -50 - \frac{10}{3}t, 0, 30 - \frac{1}{3}t)^\mathsf{T}$ mit dem Zielfunktionswert von $z^*(t) = -6000 - 100t$. Der Bereich, indem die oben berechnete Lösung optimal bleibt, wird wieder mit Hilfe der Nichtnegativitätsbedingung $x^*(t) \geq 0$ ermittelt. Es gilt

Abb. 3.5 Ergebnis des dualen
Austauschschritts bei der
Kabelherstellung mit um t kg
größeren Kupfervorrat für
$t \leq -15$

	x_4	x_1	b	β	
x_2	$\frac{1}{3}$	$\frac{4}{3}$	20	$\frac{1}{3}$	$-$
x_3	$-\frac{10}{3}$	$-\frac{25}{3}$	-50	$-\frac{10}{3}$	$-$
x_5	$-\frac{1}{3}$	$\frac{8}{3}$	30	$-\frac{1}{3}$	$-$
	$\frac{100}{7}$	$\frac{200}{7}$	5000	0	

Tab. 3.1 Optimalitätsbereiche für die Veränderung des Kupfervorrats – $\beta = e_2$ mit dazugehörenden Optimalpunktmengen ($\mathbb{M}^*(t)$) und Zielfunktionswerten $z^*(t)$

t	$\mathbb{M}^*(t)$	$z^*(t)$
$(-\infty, -60)$	$\emptyset$	∞
$[-60, -15]$	$\{(0, 20 + \frac{1}{3}t, -50 - \frac{10}{3}t, 0, 30 - \frac{1}{3}t)^\mathsf{T}\}$	$-6000 - 100t$
$[-15, 10]$	$\{(6 + 0.4t, 12 - 0.2t, 0, 0, 14 - 1.4t)^\mathsf{T}\}$	$-4800 - 20t$
$[10, \infty)$	$\{(10, 10, 0, -10 + t, 0)^\mathsf{T}\}$	-5000

somit: $20 + \frac{1}{3}t \geq 0 \Leftrightarrow t \geq -60, -50 - \frac{10}{3}t \geq 0 \Leftrightarrow t \leq -15$ sowie $30 - \frac{1}{3}t \geq 0 \Leftrightarrow t \geq 90$. Also ist $[-60, -15]$ der gesuchte Optimalitätsbereich.

Zur weiteren Verringerung von $(t =) - 60$ wird auf das Simplextableau in Abb. 3.5 ein dualer Austauschschritt angewendet. Als Pivotzeile wird dabei diejenige Zeile gewählt, die bei $t < -60$ negativ werden würde. Dies ist die Zeile zur Basisvariablen x_2. Da beide Matrixeinträge in dieser Pivotzeile positiv sind, ist nach Schritt 3 im dualen Austauschschritt der zulässige Bereich leer. Auch ohne diesen dualen Austauschschritt ist erkennbar, dass der zulässige Bereich leer sein muss, da aufgrund des Restriktionsvektors vom Ausgangsproblem $b(t) = (150, 60 + t, 50)^\mathsf{T}$ für Werte $t < -60$ die Restriktion zu dem Kupfervorrat negativ ist – es liegt ein negativer Kupfervorrat vor –, wodurch die zulässige Menge leer sein muss – in der graphischen Darstellung des Lösungsraums in Abb. 3.3 würden solche Restriktionen nicht mehr im 1. Quadranten liegen, weswegen der Lösungsraum dann leer wäre. Damit existiert kein zulässiger Punkt für $t < -60$. Formal ist somit $\mathbb{M}(t) = \emptyset$ und $z^*(t) = \infty$; ∞, da die Zielfunktionswerte mit abnehmenden t zunehmen. Obwohl in diesem Bereich $(-\infty, -60)$ keine zulässigen Punkte vorliegen, bietet es sich an, diesen dennoch als Optimalitätsbereich zu bezeichnen.

Damit liegen vier Optimalitätsbereiche vor, die in der Tab. 3.1 zusammengefasst sind und in Abb. 3.6 veranschaulicht werden.

Diese Berechnungen lassen sich für die Veränderung des Plastik- und des Gummivorrats entsprechend durchführen. Dazu ist der Änderungsvektor β gerade der erste bzw. der dritte Einheitsvektor e_1 bzw. e_3. Die Ergebnisse sind in den folgenden beiden Tab. 3.2 und 3.3 angegeben.

Tab. 3.2 Optimalitätsbereiche für die Veränderung des Plastikvorrats – $\beta = e_1$ mit dazugehörenden Optimalpunktmengen ($\mathbb{M}^*(t)$) und Zielfunktionswerten $z^*(t)$

t	$\mathbb{M}^*(t)$	$z^*(t)$
$(-\infty, -150)$	$\emptyset$	∞
$[-150, -87.5]$	$\{(30 + 0.2t, 0, 0, -60 - 0.8t, -70 - 0.8t)^\mathsf{T}\}$	$-6000 - 40t$
$[-87.5, -43.75]$	$\{(10 - \frac{1}{35}t, 10 + \frac{4}{35}t, 0, -10 - \frac{8}{35}t, 0)^\mathsf{T}\}$	$-6000 - 40t$
$[-43.75, 50]$	$\{(6 - 0.12t, 12 + 0.16t, 0, 0, 14 + 0.32t)^\mathsf{T}\}$	$-4800 - 24t$
$[50, \infty)$	$\{(0, 20, -50 + t, 0, 30)^\mathsf{T}\}$	-6000

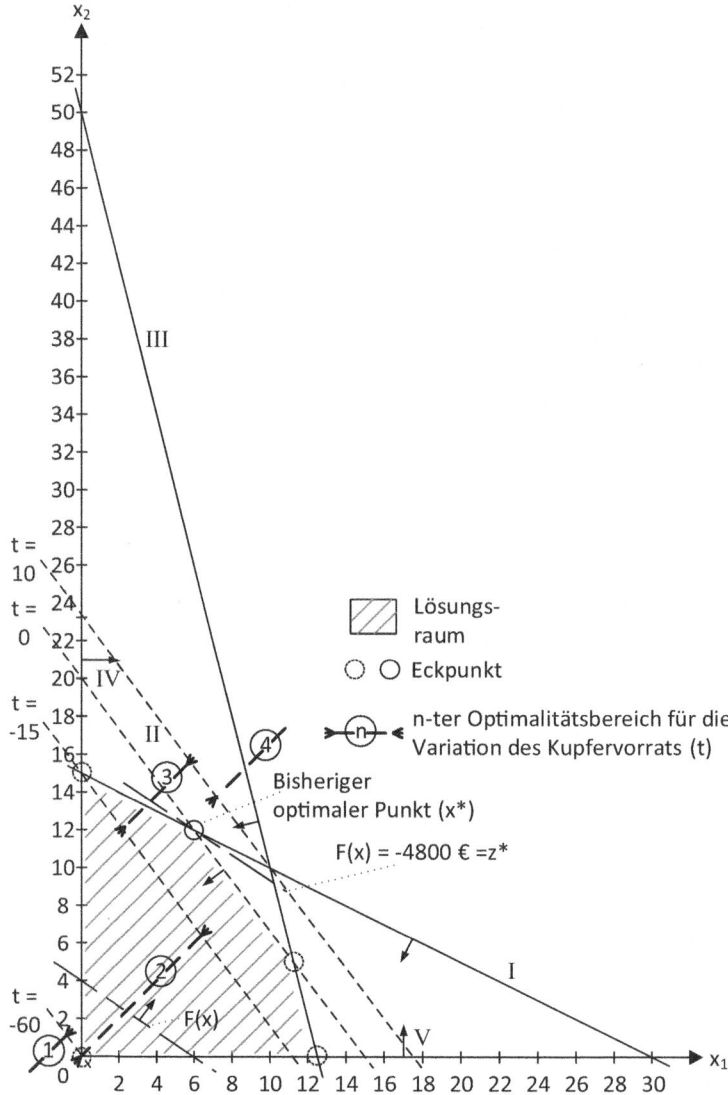

Abb. 3.6 Optimalitätsbereiche bei Variation des Kupfervorrats im Kabelherstellungsproblem, deren Nummerierung ist ihre Reihenfolge in Tab. 3.1

Tab. 3.3 Optimalitätsbereiche für die Veränderung des Gummivorrats $-\beta = e_3$ mit dazugehörenden Optimalpunktmengen ($\mathbb{M}^*(t)$) und Zielfunktionswerten $z^*(t)$

t	$\mathbb{M}^*(t)$	$z^*(t)$
$(-\infty, -50)$	$\emptyset$	∞
$[-50, -35]$	$\{(0, 50 + t, -350 - 10t, -90 - 3t, 0)^{\mathsf{T}}\}$	$-15000 - 300t$
$[-35, -14]$	$\{(10 + \frac{2}{7}t, 10 - \frac{1}{7}t, 0, -10 - \frac{5}{7}t, 0)^{\mathsf{T}}\}$	$-5000 - \frac{100}{7}t$
$[-14, +\infty)$	$\{(6, 12, 0, 0, 14 + t)^{\mathsf{T}}\}$	-4800

3.2 Variation der Zielfunktion

Das Vorgehen bei der Variation des Restriktionsvektors wird wie folgt übertragen. Ausgangspunkt ist wiederum ein lineares Optimierungsproblem in Normalform ($P_{\leq}$). Wie in der Einführung zu diesem Kap. 3 begründet wurde, werden ausschließlich lineare einparametrische Änderungen betrachtet. Da die Zielfunktionskoeffizienten der Normalform im Anfangstableau üblicherweise negativ sind, ist der Parameter negativ und die Zielfunktion ist von der Form

$$c(t) = c - t \cdot \gamma + z_0,$$

wobei $t \in \mathbb{R}$ den zu verändernden Parameter darstellt und $\gamma \in \mathbb{R}^m$ ein konstanter Vektor ist, der angibt, welcher Zielfunktionskoeffizient um welchen Wert verändert werden soll. Ohne Beschränkung der Allgemeinheit wird für γ der mit -1 multiplizierte i-te Einheitsvektor e_i gewählt. Für die Zielfunktion des linearen Problems gilt damit:

$$c(t) = (c_1, ..., c_{i-1}, c_i - t, c_{i+1}, ..., c_m).$$

Ohne Beschränkung der Allgemeinheit wird auf den konstanten Wert z_0 verzichtet. Damit liegt das folgende von Parameter $t \in \mathbb{R}$ abhängige lineare Optimierungsproblem vor:

$P(t)$:
min $c(t)^{\mathsf{T}} x$
s. t. $Ax \leq b$.
  $x \geq 0$.

Um sowohl die algebraische als auch die graphische Sicht zu verdeutlichen, wird bei der Kabelherstellung der Preis für Telefonkabel verändert – es liegt also eine Kabelherstellung mit variablem Telefonkabelpreis vor. Damit ist $\gamma = -e_1$ und die Zielfunktion lautet: $c(t) = (-(200 + t), -300)$ mit $t \in \mathbb{R}$. Dies führt zu dem folgenden von Parameter $t \in \mathbb{R}$ abhängigen linearen Optimierungsproblem:

min $F(x_1, x_2)$ mit

$$F(x_1, x_2) = -(200 + t)\frac{\text{€}}{500\,\text{m}}\, x_1 - 300\,\frac{\text{€}}{500\,\text{m}}\, x_2$$

unter den Restriktionen:

$$5\frac{\text{kg}}{500\,\text{m}}\, x_1 + 10\frac{\text{kg}}{500\,\text{m}}\, x_2 \leq 150\,\text{kg} \qquad\qquad \text{Plastikvorrat (I).}$$

$$4\frac{\text{kg}}{500\,\text{m}}\, x_1 + \;\, 3\frac{\text{kg}}{500\,\text{m}}\, x_2 \leq \;\; 60\,\text{kg} \qquad\qquad \text{Kupfervorrat (II).}$$

$$4\frac{\text{kg}}{500\,\text{m}}\, x_1 + \;\, 1\frac{\text{kg}}{500\,\text{m}}\, x_2 \leq \;\; 50\,\text{kg} \qquad\qquad \text{Gummivorrat (III).}$$

$$x_1, x_2 \geq 0 \qquad\qquad\qquad\qquad\qquad\qquad\qquad \text{Nichtnegativität.}$$

Zunächst wird von der Prämisse der Sensitivitätsanalyse ausgegangen, nach der die Charakterisierung des bisherigen optimalen Punkts als Schnittpunkt der Geraden zu den beiden Restriktionen für den Plastik- (I) und den Kupfervorrat (II) erhalten bleibt. Dann kann auf die Umwandlung dieses parametrisierten linearen Optimierungsproblems der Simplex-Algorithmus angewandt werden, indem im Simplextableau eine weitere Zeile für die Zielfunktionskoeffizienten aufgrund von γ eingefügt wird und diese zusätzliche Zeile auch mit umgeformt wird. Für die Kabelherstellung mit variablem Telefonkabelpreis enthalten die folgenden beiden Abb. 3.7 und 3.8 die Durchführung des Simplex-Algorithmus.

Die optimale Lösung $x^* = (6, 12, 0, 0, 14)^\mathsf{T}$ bleibt erhalten und ist von t unabhängig, da die Restriktionen nicht verändert werden. Der von t abhängige optimale Zielfunktionswert lautet $z^*(t) = -4800 - 6t$.

Die Abb. 3.9 demonstriert den Einfluss von Parameter t auf den Lösungsraum und den optimalen Punkt, bei dem es sich um den Schnittpunkt der Geraden zu den Restriktionen von dem Plastik- (I) und dem Kupfervorrat (II) handelt. Eine Veränderung von t bewirkt

	x_1	x_2	b	
x_3	5	10	150	15
x_4	4	3	60	20
x_5	4	1	50	50
z	-200	-300	0	0
γ	-1	0	0	0

	x_1	x_3	b	
x_2	$\frac{1}{2}$	$\frac{1}{10}$	15	30
x_4	$\frac{5}{2}$	$-\frac{3}{10}$	15	6
x_5	$\frac{7}{2}$	$-\frac{1}{10}$	35	10
z	-50	30	4500	
γ	-1	0	0	

Abb. 3.7 Ausgangssimplextableau zur Kabelherstellung mit variablem Telefonkabelpreis (links) und Ergebnis des ersten Austauschschritts des Simplex-Algorithmus (rechts)

eine Drehung der Zielfunktionsgeraden – bei einer Erhöhung von t dreht sich diese im Uhrzeigersinn. Der zulässige Bereich bleibt unverändert – da die Restriktionen sich nicht ändern. Unabhängig davon, wie stark die Zielfunktionsgerade gedreht wird, die (aktuelle) optimale Lösung bleibt stets zulässig, sie ist allerdings in der Regel bei gewissen Werten von t nicht mehr optimal. Beispielsweise hat die Zielfunktionsgerade bei $t = 400$ viele (∞-viele) Punkte mit dem zulässigen Bereich gemeinsam, was in Abb. 3.9 zu sehen ist. Damit ist der bisherige optimale Punkt, der durch den Schnittpunkt der Geraden zu den Restriktionen (I) und (II) festgelegt ist, nur noch zulässig, aber nicht mehr optimal. Eine (die) optimale Lösung ist der Schnittpunkt der Geraden zu den Restriktionen (II) und (III). (Es ist der letzte gemeinsame Punkt mit dem zulässigen Bereich beim parallelen Verschieben der Zielfunktionsgerade in Richtung kleinerer Zielfunktionswerte.)

In diesem Fall berechnet sich der Optimalitätsbereich durch die Nichtnegativitätsbedingungen für die neuen Zielfunktionskoeffizienten, da diese nach dem Simplex-Algorithmus positiv sein müssen, damit die berechnete Basislösung optimal ist. Auch hier muss im Optimalitätsbereich des ersten Endtableaus wiederum $t = 0$ enthalten sein, da hierfür das Ausgangsproblem vorliegt. Damit ergibt sich mit Hilfe der Nichtnegativitätsbedingungen für die Zielfunktionskoeffizienten $20 + 0.4 \geq 0 \Leftrightarrow t \geq -50$ sowie $24 - 0.12t \geq 0 \Leftrightarrow t \leq 200$, so dass $[-50, 200]$ der gesuchte Optimalitätsbereich ist.

Wie bei der Variation des Restriktionsvektors, s. den Abschn. 3.1, liegt in den beiden Randpunkten des Intervalls, i.e. $t = -50$ und $t = 200$, duale Degeneration vor. An solchen Schwellwerten gibt es immer einen Übergang in eine andere Basis, bei der ein zweiter optimaler Punkt gefunden wird. Da der zulässige Bereich konvex ist, sind auch alle Punkte auf der Verbindungsstrecke der beiden Punkte optimal. Im Fall des Kabelherstellers bedeutet dies graphisch, dass die Zielfunktionsgerade parallel zu einer Restriktionsgeraden liegt und die gesamte Strecke zwischen den beiden Ecken aus optimalen Punkten besteht. Exemplarisch wurde eine solche Verbindungsstrecke für $t = 200$ in Abb. 3.9 markiert. Somit liegen im Gegensatz zur Variation des Restriktionsvektors an diesen Schwellwerten unendlich viele optimale Punkte – i.e. Optimalpunktmengen – vor. Wegen dieser Eigenschaft werden die

Abb. 3.8 Endsimplextableau zur Kabelherstellung mit variablem Telefonkabelpreis durch den Simplex-Algorithmus

	x_4	x_3	b	
x_2	$-\frac{1}{5}$	$\frac{4}{25}$	12	—
x_1	$\frac{2}{5}$	$-\frac{3}{25}$	6	—
x_5	$-\frac{7}{5}$	$\frac{8}{25}$	14	—
z	20	24	4800	
γ	0.4	-0.12	6	

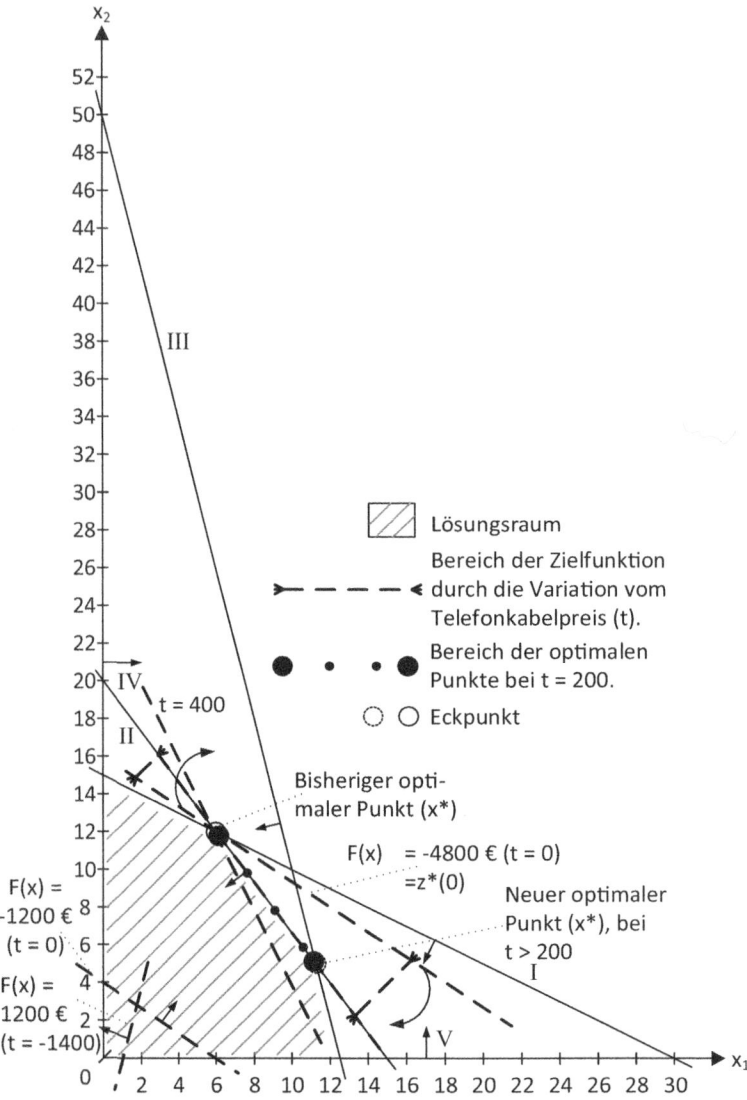

Abb. 3.9 Kabelherstellung mit variablem Telefonkabelpreis

Randpunkte ausgeschlossen. Damit lautet im Optimalitätsbereich $(-50, 200)$ die Basislösung $x^* = (6, 12, 0, 0, 14)^\mathsf{T}$ mit optimalem Wert $z^*(t) = -4800 - 6t$.

Dieses Vorgehen lässt sich wie folgt verallgemeinern. Dazu sei angenommen, dass $P(t)$ bereits für $t = 0$, beispielsweise mit Hilfe des Simplex-Algorithmus, gelöst wurde. B, mit der Matrixdarstellung A_B, sei die dabei ermittelte optimale Basis. Die Basislösung $x_B(t) = A_B^{-1}b$ bleibt von den Änderungen für t unberührt; das heißt, der zulässige Bereich bleibt unverändert und die Zulässigkeit der Basislösung bleibt erhalten. Optimal bleibt die Basislösung für alle t in der Umgebung von ($t =$) 0, für die die reduzierten Kosten z_N nicht negativ sind. Umformungen ergeben:

$$
\begin{aligned}
z_N(t) &= c_N + t \cdot \gamma_N - (A_B^{-1} A_N)^\mathsf{T}(c_B + t \cdot \gamma_B) \\
&= c_N - (A_B^{-1} A_N)^\mathsf{T} c_B + t \cdot (\gamma_N - (A_B^{-1} A_N)^\mathsf{T} \gamma_B) \\
&= z_N + t \cdot (\gamma_N - (A_B^{-1} A_N)^\mathsf{T} \gamma_B) \\
&= z_N + t \cdot z_N' \\
&\geq 0.
\end{aligned}
$$

Diese Umformungen verwenden die Aufteilung der Zielfunktion, die bereits bei der Definition der reduzierten Kosten verwendet wurde. z_N bezeichnet dabei den Vektor der reduzierten Kosten der Nichtbasisvariablen und z_N' entsprechend den Vektor der reduzierten Kosten für die Preisänderung (über γ).

Um zu verdeutlichen, dass es sich hierbei um die gleichen Überlegungen handelt, die zuvor mit Hilfe des Simplex-Algorithmus gemacht wurden, werden die Umformungen nochmals anhand der Kabelherstellung aufgezeigt. (Die Matrix A_B^{-1} ergibt sich dabei aus dem Endtableau.) Es ergibt sich:

$$
z_N(t) = c_N - (A_B^{-1} A_N)^\mathsf{T} c_B + t \cdot (\gamma_N - (A_B^{-1} A_N)^\mathsf{T} \gamma_B)
$$

$$
= \begin{pmatrix} 0 \\ 0 \end{pmatrix} - \left(\left(\begin{pmatrix} -\frac{3}{25} & \frac{2}{5} & 0 \\ \frac{4}{25} & -\frac{1}{5} & 0 \\ \frac{8}{25} & -\frac{7}{5} & 1 \end{pmatrix} \begin{pmatrix} 1\ 0 \\ 0\ 1 \\ 0\ 0 \end{pmatrix} \right)^\mathsf{T} \begin{pmatrix} -200 \\ -300 \\ 0 \end{pmatrix} \right)
$$

$$
+ t \cdot \left(\begin{pmatrix} 0 \\ 0 \end{pmatrix} - \left(\left(\begin{pmatrix} -\frac{3}{25} & \frac{2}{5} & 0 \\ \frac{4}{25} & -\frac{1}{5} & 0 \\ \frac{8}{25} & -\frac{7}{5} & 1 \end{pmatrix} \begin{pmatrix} 1\ 0 \\ 0\ 1 \\ 0\ 0 \end{pmatrix} \right)^\mathsf{T} \begin{pmatrix} -1 \\ 0 \\ 0 \end{pmatrix} \right) \right)
$$

$$
= \begin{pmatrix} 0 \\ 0 \end{pmatrix} - \begin{pmatrix} -\frac{3}{25} & \frac{2}{5} \\ \frac{4}{25} & -\frac{1}{5} \\ \frac{8}{25} & -\frac{7}{5} \end{pmatrix}^\mathsf{T} \begin{pmatrix} -200 \\ -300 \\ 0 \end{pmatrix} + t \cdot \left(\begin{pmatrix} 0 \\ 0 \end{pmatrix} - \begin{pmatrix} -\frac{3}{25} & \frac{2}{5} \\ \frac{4}{25} & -\frac{1}{5} \\ \frac{8}{25} & -\frac{7}{5} \end{pmatrix}^\mathsf{T} \begin{pmatrix} -1 \\ 0 \\ 0 \end{pmatrix} \right)
$$

$$
= \begin{pmatrix} 0 \\ 0 \end{pmatrix} - \begin{pmatrix} -24 \\ -20 \end{pmatrix} + t \cdot \left(\begin{pmatrix} 0 \\ 0 \end{pmatrix} - \begin{pmatrix} \frac{3}{25} \\ -\frac{2}{5} \end{pmatrix} \right) = \begin{pmatrix} 24 \\ 20 \end{pmatrix} + t \cdot \begin{pmatrix} -0.12 \\ 0.4 \end{pmatrix}
$$

$$
= z_N + t \cdot z_N'.
$$

Aus der Bedingung $z_N + t \cdot z_N' \geq 0$ folgt $t \geq -\frac{z_N}{z_N'}$. Nun ist nach Gal et al. (1991) folgende Fallunterscheidung durchzuführen, die analog zu der bei der Variation des Restriktionsvektors (s. Abschn. 3.1) ist.

- Betrachte zunächst den Fall $z'_N > 0$:

  Die Gleichung $z_N(t) = z_N + t z'_N \geq 0$ ist erfüllt, falls t mindestens das Maximum des Ausdrucks $-\frac{z_j}{z'_j}$ über alle Nichtbasisindizes, die die Menge N bilden, annimmt. Für die untere Grenze des Intervalls ergibt sich somit der Ausdruck $\max_{j \in N}\{-\frac{z_j}{z'_j} | z'_j > 0\}$.

- Betrachte den Fall $z'_N < 0$:

  Analog wie beim Fall $z'_N > 0$ ergibt sich für t die obere Grenze $\min_{j \in N}\{-\frac{z_j}{z'_j} | z'_j < 0\}$, damit die obige Gleichung erfüllt ist.

- Betrachte den Fall $z'_N = 0$:

  Hierfür gilt (unmittelbar) $x_B(t) = x_B \geq 0$ für alle $t \in \mathbb{R}$.

Zusammenfassend ergibt sich das folgende Intervall, indem die Basis A_B optimal und zulässig bleibt:

$$\max_{j \in N}\{-\frac{z_j}{z'_j} | z'_j > 0\} \leq t \leq \min_{j \in N}\{-\frac{z_j}{z'_j} | z'_j < 0\},$$

wobei – wieder – eine oder beide Grenzen unbeschränkt sein können.

In diesem Optimalitätsbereich gibt es – im Gegensatz zur Veränderung des Restriktionsvektors, s. Abschn. 3.1 – genau einen optimalen Punkt. Allgemein sei $(x^*(t))$ ein optimaler Punkt zu einem t. Mit $c(t) = c + t\gamma$ bleiben nach Gal et al. (1991) die Indizes der optimalen Basisvariablen einschließlich ihrer Werte unverändert – mit anderen Worten bleibt es bei diesem einen optimalen Punkt –, wenn gilt:

$t \in (\max_{j \in N}\{-\frac{z_j}{z'_j} | z'_j > 0\}, \min_{j \in N}\{-\frac{z_j}{z'_j} | z'_j < 0\})$ mit $z_N = c_N - (A_B^{-1}A_N)^\mathsf{T}c_B$ und $z'_N = \gamma_N - (A_B^{-1}A_N)^\mathsf{T}\gamma_B$.

Der optimale Wert lautet: $z^*(t) = c(t)^\mathsf{T}x_B^* = (c_B + t\gamma_B)^\mathsf{T}x_B^* = c_B^\mathsf{T}x_B^* + (t\gamma_B)^\mathsf{T}x_B = z^* - te_i x_B = z^* - t x_i^*$, wobei x_i^* der i-te Eintrag der optimalen Lösung ist. Es sei betont, dass diese Gleichung nur dann gilt, wenn für die Zielfunktionsänderung γ ein (negativer) Einheitsvektor verwendet wird. (Für andere Vektoren gilt sie im Allgemeinen nicht.)

Um zu verdeutlichen, dass es sich hierbei um denselben Optimalitätsbereich handelt, wie derjenige, der bereits im vorherigen Teil mit Hilfe des Simplex-Algorithmus berechnet wurde, wird der erste Optimalitätsbereich zu der optimalen Lösung $x^* = (6, 12, 0, 0, 14)^\mathsf{T}$ mit dem von t abhängigen optimalen Zielfunktionswert $z^*(t) = -4800 - 6t$ nochmals auf diese Weise berechnet.

Hierzu wird von den bereits berechneten reduzierten Kosten ausgegangen:

$$z_N(t) = \begin{pmatrix} 24 - 0.12 \\ 20 + 0.4 \end{pmatrix}^\mathsf{T} = \begin{pmatrix} 24 \\ 20 \end{pmatrix}^\mathsf{T} + t \cdot \begin{pmatrix} -0.12 \\ 0.4 \end{pmatrix}^\mathsf{T} = z_N + t \cdot z'_N.$$

Die Punkt $x^* = (6, 12, 0, 0, 14)^\mathsf{T}$ bleibt im Intervall $(\max_{j \in N}\{-\frac{z_j}{z'_j} | z'_j > 0\}, \min_{j \in N}\{-\frac{z_j}{z'_j} | z'_j < 0\})$ optimal. Es sind also die verschiedenen Werte $-\frac{z_j}{z'_j}$ für $j \in N = \{3.4\}$ zu vergleichen. Es gilt:

$$-\frac{z_3}{z'_3} = -\frac{24}{-0.12} = 200 \text{ und } -\frac{z_4}{z'_4} = -\frac{20}{0.4} = -50.$$

Damit steht für die linke und die rechte Intervallgrenze nur jeweils ein Bruch zur Verfügung, und es ergibt sich das Intervall $(-50, 200)$, indem der Punkt $x^* = (6, 12, 0, 0, 14)^\mathsf{T}$ optimal bleibt. Dies ist genau der durch den Simplex-Algorithmus bestimmte Optimalitätsbereich.

Wie bereits begründet, liegen an den Schwellenwerten unendlich viele optimale Punkte vor, wenn es einen benachbarten Optimalitätsbereich gibt. Nach Gal et al. (1991) gibt es zu zwei benachbarten Optimalitätsbereichen O_1 und O_2 eine Basis B_1 zu O_1 und eine Basis B_2 zu O_2 derart, dass es möglich ist, von B_1 zu B_2 und umgekehrt durch die Schritte 2 bis 5 im Simplex-Algorithmus überzugehen (eben durch einen Basiswechsel); wiederum (wie zuvor) heißen B_1 und B_2 Nachbarschaftsbasen.

Wird nun der Parameter t so verändert, dass er außerhalb des aktuellen Optimalitätsbereichs liegt, so wird bei $t \leq -50$ der Zielfunktionskoeffizient $20 + 0.4t$ negativ und im Fall von $t \geq 200$ wird der Zielfunktionskoeffizient $24 - 0.12t$ negativ.

Zunächst wird der Bereich $t \leq -50$ betrachtet. Hierfür ist im letzten Simplextableau, s. die Abb. 3.8, der erste Zielfunktionskoeffizient negativ – wegen $0.4 \cdot (-50)$ – und nur zu x_1 existiert ein echt positiver Eintrag in der Hilfsspalte. Bei der Anwendung des Simplex-Algorithmus verlässt x_1 die Basis zugunsten von x_4. Dies entspricht allerdings genau dem Ergebnis des ersten Austauschschritts bei der obigen Umformung, wodurch das folgende Simplextableau in Abb. 3.10 entsteht.

Damit ein optimaler Punkt vorliegt, müssen, nach dem Simplex-Algorithmus, die Zielfunktionskoeffizienten nichtnegativ sein. Damit gilt: $-50 - t \geq 0 \Leftrightarrow t \leq -50$ und $30 \geq 0$. Da t bereits im Bereich $t \leq -50$ ist, sind die obigen Gleichungen immer erfüllt und es ergibt sich der Optimalitätsbereich $t \in (-\infty, -50)$ für die optimale Lösung $x^* = (0, 15, 0, 15, 35)^\mathsf{T}$ mit dem optimalen Wert $z^* = -4500$.

Abb. 3.10 Ergebnis des Austauschschritts des Simplex-Algorithmus auf das Endsimplextableau zur Kabelherstellung mit variablem Telefonkabelpreis in Abb. 3.8 mit $t \leq -50$

	x_1	x_3	b
x_2	$\frac{1}{2}$	$\frac{1}{10}$	15
x_4	$\frac{5}{2}$	$-\frac{3}{10}$	15
x_5	$\frac{7}{2}$	$-\frac{1}{10}$	35
z	-50	30	4500
γ	-1	0	0

Wie oben bereits erwähnt, ist die Basis an den Schwellenwerten durch die duale Degeneration nicht eindeutig. Für $t = -50$ sind nämlich sowohl der Punkt $x^1(-50) = (6, 12, 0, 0, 14)^\mathsf{T}$ als auch der Punkt $x^2(-50) = (0, 15, 0, 15, 35)^\mathsf{T}$ optimal. Da die Menge der optimalen Punkte $\mathbb{M}^*(t)$ konvex ist, sind alle Punkte der Verbindungsstrecke zwischen diesen beiden Punkten, i.e. $[x^1(t), x^2(t)]$, optimal. Sie ist (wie üblich) definiert durch $[x^1(t), x^2(t)] = \{\lambda \cdot x^1(t) + (1 - \lambda) \cdot x^2(t) \text{ mit } \lambda \in [0, 1]\}$. Damit ist diese Verbindungsstrecke $[x^1(t), x^2(t)]$ die Menge der optimalen Punkte $\mathbb{M}^*(t)$ für den Optimalitätsbereich zu $t = -50$ und ihr zugehöriger optimaler Wert ist dabei eindeutig, nämlich $z^*(-50) = -4500$.

Für $t > 200$ ist im Simplextableau in der Abb. 3.8 der zweite Zielfunktionskoeffizient negativ – wegen $0.4 \cdot (-50)$ – und die Hilfsspalte hat zu x_5 den kleinsten (nichtnegativen) Wert – $14 \cdot \frac{25}{8} < 12 \cdot \frac{25}{4}$. Daher verlässt – im Simplexverfahren – x_5 die Basis zugunsten von x_3. Es entsteht das in der Abb. 3.11 angegebene Simplextableau:

Damit ein optimaler Punkt vorliegt, müssen, nach dem Simplex-Algorithmus, die Zielfunktionskoeffizienten nichtnegativ sein. Damit gilt: $125 - \frac{1}{8}t \geq 0 \Leftrightarrow t \leq 1000$ und $-75 + \frac{3}{8}t \geq 0 \Leftrightarrow t \geq 200$. Es entsteht also der Optimalitätsbereich $t \in (200, 1000)$ für die Basislösung $x^* = (\frac{45}{4}, 5, \frac{175}{4}, 0, 0)^\mathsf{T}$ mit dem optimalen Wert $z^*(t) = -3750 - \frac{45}{4}t$.

Wiederum ist die Menge der optimalen Punkte für den Schwellenwert $t = 200$ nicht eindeutig. Es gilt: $\mathbb{M}^*(100) = [x^1(200), x^2(200)]$ mit $x^1(200) = (6, 12, 0, 0, 14)^\mathsf{T}$ und $x^2(200) = (\frac{45}{4}, 5, \frac{175}{4}, 0, 0)^\mathsf{T}$. Der optimale Wert ist $z^*(200) = -6000$.

Es bleibt der Fall $t \geq 1000$. Hierfür wird im letzten Simplextableau der erste Zielfunktionskoeffizient negativ und nur zu x_2 existiert ein echt positiver Eintrag in der Hilfsspalte. Daher verlässt – im Simplexverfahren – x_2 die Basis zugunsten von x_4 und es entsteht das in der Abb. 3.12 angegebene Endsimplextableau:

Dann folgt, wie bisher, aus den Nichtnegativitätsbedingungen für die Zielfunktionskoeffizienten: $-250 + \frac{1}{4}t \geq 0 \Leftrightarrow t \geq 1000$ und $50 + \frac{1}{4}t \geq 0 \Leftrightarrow t \geq -200$. Diese Bedingungen sind bereits für $t \geq 1000$ erfüllt. Das heißt, es ergibt sich der Optimalitätsbereich $t \in (1000, \infty)$ mit zugehöriger Basislösung $x^* = (\frac{25}{2}, 0, \frac{175}{2}, 10, 0)^\mathsf{T}$ und dem optimale Wert $z^*(t) = -2500 - \frac{25}{2}t$. Für $t = 1000$ sind wiederum alle Punkte auf der Verbin-

Abb. 3.11 Ergebnis des Austauschschritts des Simplex-Algorithmus auf das Endsimplextableau zur Kabelherstellung mit variablem Telefonkabelpreis in Abb. 3.8 mit $t > 200$

	x_4	x_5	b
x_2	$\frac{1}{2}$	$-\frac{1}{2}$	5
x_1	$-\frac{1}{8}$	$\frac{3}{8}$	$\frac{45}{4}$
x_3	$-\frac{35}{8}$	$\frac{25}{8}$	$\frac{175}{4}$
z	125	-75	3750
γ	$-\frac{1}{8}$	$\frac{3}{8}$	$\frac{45}{4}$

Abb. 3.12 Endsimplextableau
als Ergebnis des
Austauschschritts des
Simplex-Algorithmus auf das
Endsimplextableau zur
Kabelherstellung mit variablem
Telefonkabelpreis in Abb. 3.8
mit $t \geq 1000$

	x_2	x_5	b
x_4	2	-1	10
x_1	$\frac{1}{4}$	$\frac{1}{4}$	$\frac{25}{2}$
x_3	$\frac{35}{4}$	$-\frac{5}{4}$	$\frac{175}{2}$
z	-250	50	2500
γ	$\frac{1}{4}$	$\frac{1}{4}$	$\frac{25}{2}$

Tab. 3.4 Optimalitätsbereiche für die Veränderung des Telefonkabelpreises mit dazugehörenden Optimalpunktmengen ($\mathbb{M}^*(t)$) und Zielfunktionswerten $z^*(t)$

t	$\mathbb{M}^*(t)$	$z^*(t)$
$(-\infty, -50)$	$(0, 15, 0, 15, 35)^\mathsf{T}$	-4500
-50	$[(6, 12, 0, 0, 14)^\mathsf{T}, (0, 15, 0, 15, 35)^\mathsf{T}]$	-4500
$(-50, 200)$	$(6, 12, 0, 0, 14)^\mathsf{T}$	$-4800 - 6t$
200	$[(6, 12, 0, 0, 14)^\mathsf{T}, (\frac{45}{4}, 5, \frac{175}{4}, 0, 0)^\mathsf{T}]$	-6000
$(200, 1000)$	$(\frac{45}{4}, 5, \frac{175}{4}, 0, 0)^\mathsf{T}$	$-3750 - \frac{45}{4}t$
1000	$[(\frac{45}{4}, 5, \frac{175}{4}, 0, 0)^\mathsf{T}, (\frac{25}{2}, 0, \frac{175}{2}, 10, 0)^\mathsf{T}]$	-15000
$(1000, \infty)$	$(\frac{25}{2}, 0, \frac{175}{2}, 10, 0)^\mathsf{T}$	$-2500 - \frac{25}{2}t$

Tab. 3.5 Optimalitätsbereiche für die Veränderung des Verlegekabelpreises mit dazugehörenden Optimalpunktmengen ($\mathbb{M}^*(t)$) und Zielfunktionswerten $z^*(t)$

t	$\mathbb{M}^*(t)$	$z^*(t)$
$(-\infty, -250)$	$(\frac{25}{2}, 0, \frac{175}{2}, 10, 0)^\mathsf{T}$	-2500
-250	$[(\frac{25}{2}, 0, \frac{175}{2}, 10, 0)^\mathsf{T}, (\frac{45}{4}, 5, \frac{175}{4}, 0, 0)^\mathsf{T}]$	-2500
$(-250, -150)$	$(\frac{45}{4}, 5, \frac{175}{4}, 0, 0)^\mathsf{T}$	$-3750 - 5t$
-150	$[(\frac{45}{4}, 5, \frac{175}{4}, 0, 0)^\mathsf{T}, (6, 12, 0, 0, 14)^\mathsf{T}]$	-3000
$(-150, 100)$	$(6, 12, 0, 0, 14)^\mathsf{T}$	$-4800 - 12t$
100	$[(6, 12, 0, 0, 14)^\mathsf{T}, (0, 15, 0, 15, 35)^\mathsf{T}]$	-6000
$(100, \infty)$	$(0, 15, 0, 15, 35)^\mathsf{T}$	$-4500 - 15t$

dungsstrecke $[x^1(1000), x^2(1000)]$, mit $x^1(1000) = (\frac{45}{4}, 5, \frac{175}{4}, 0, 0)^\mathsf{T}$ und $x^2(1000) = (\frac{25}{2}, 0, \frac{175}{2}, 10, 0)^\mathsf{T}$, optimal mit dem optimalen Wert von $z^*(1000) = -15000$.

Alle berechneten Optimalitätsbereiche sind in der Tab. 3.4 angegeben und in der Abb. 3.13 veranschaulicht.

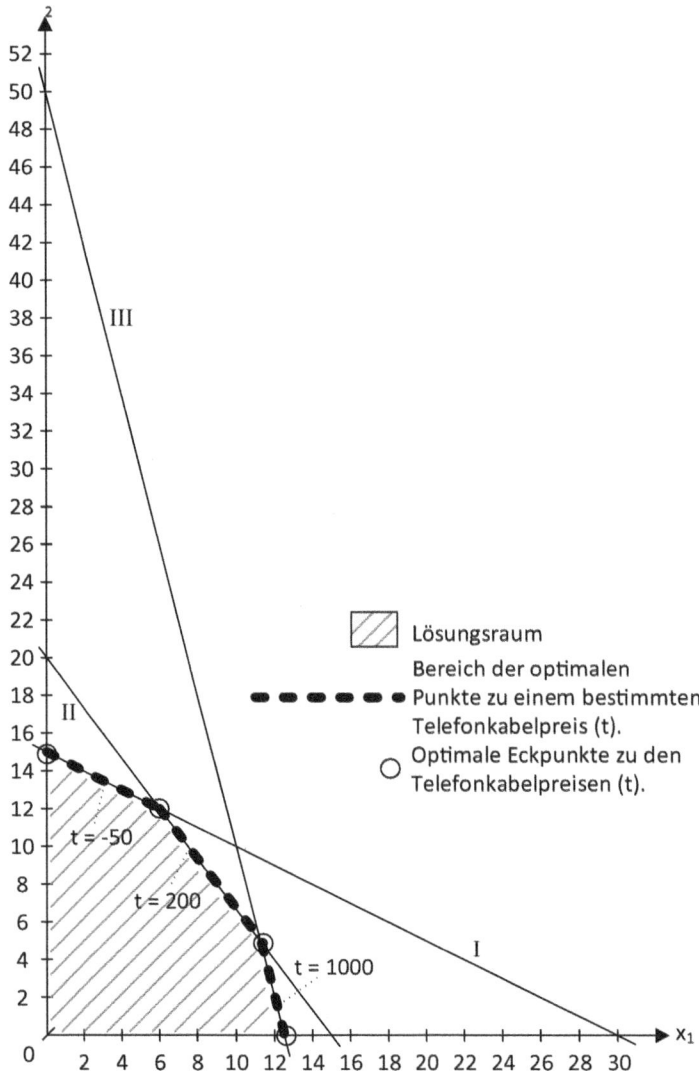

Abb. 3.13 Optimalitätsbereiche bei Variation der Zielfunktion im Kabelherstellungsproblem

Diese Berechnungen lassen sich für die Veränderung des Preises vom Verlegekabel entsprechend durchführen. Dann bildet der negative zweite Einheitsvektor e_2 den Änderungsvektor γ. Da sich die Restriktionen nicht ändern, liegen der gleiche zulässige Bereich und die gleichen Eckpunkte – wie bei der Veränderung des Telefonkabelpreises – vor. Während in der graphischen Darstellung durch Preiserhöhungen vom Telefonkabel die Zielfunktion im Uhrzeigersinn gedreht wird, wird durch Preiserhöhungen vom Verlegekabel die Zielfunktion (in der graphischen Darstellung) gegen den Uhrzeigersinn gedreht. Dadurch hat die Drehrichtung keinen Einfluss auf die Basislösungen und auf die Optimalpunktmengen. Demgegenüber liegen andere Optimalitätsbereiche vor. Alle auftretenden Optimalitätsbereiche, Optimalpunktmengen und Zielfunktionswerte für den zu verändernden Parameter (t) sind in der Tab. 3.5 angegeben; sie ist zugleich ein Beispiel für die obige Aussage.

3.3 Parametrische Optimierung mit einer Verteilung

Im Sinne der Einführung kann die bei der parametrischen Optimierung diskutierte Parameteränderung einer Verteilung unterliegen. Dann ist die im Mittel zu erwartende Lösung interessant. Konkret kann der im Mittel zu erwartende Zielfunktionswert und der im Mittel zu erwartende optimale Punkt ermittelt werden. Dazu werden die Zielfunktionswerte und die Optimalpunktmengen abschnittsweise über die einzelnen Optimalitätsbereiche definiert, wodurch die Funktionen $z^*(t) : \mathbb{R} \to \mathbb{R}$ für die Zielfunktionswerte und $M^*(t) : \mathbb{R} \to \mathbb{R}^n$ für die Optimalpunktmengen vorliegen. Dann ist der Erwartungswert von $z^*(t)$ der (im Mittel zu erwartende) optimale Zielfunktionswert. Der Erwartungswert von $M^*(t) : \mathbb{R} \to \mathbb{R}^n$ liefert den im Mittel zu erwartenden optimalen Punkt. Möglich ist, dass der Zielfunktionswert von dem im Mittel zu erwartenden optimalen Punkt (O_M) von dem im Mittel zu erwartenden Zielfunktionswert abweicht. Ändert sich der zulässige Bereich aufgrund des Zufallseinflusses, so kann ein Zufallseinfluss einen zulässigen Bereich bestimmen, der den Punkt O_M nicht enthält.

Dieses Vorgehen wird im Folgenden exemplarisch anhand eines variablen Kupfervorrats bei der Kabelherstellung erläutert. Damit wird das folgende Optimierungsproblem betrachtet:

$\max F(x_1, x_2)$ mit

$$F(x_1, x_2) = 200 \frac{\text{\euro}}{500\,\text{m}}\, x_1 + 300 \frac{\text{\euro}}{500\,\text{m}}\, x_2$$

unter den Restriktionen:

$$5 \frac{\text{kg}}{500\,\text{m}}\, x_1 + 10 \frac{\text{kg}}{500\,\text{m}}\, x_2 \leq 150\,\text{kg} \qquad\qquad \text{Plastikvorrat.}$$
$$4 \frac{\text{kg}}{500\,\text{m}}\, x_1 + 3 \frac{\text{kg}}{500\,\text{m}}\, x_2 \leq 60\,\text{kg} + t\,\text{kg} \qquad \text{Kupfervorrat.}$$
$$4 \frac{\text{kg}}{500\,\text{m}}\, x_1 + 1 \frac{\text{kg}}{500\,\text{m}}\, x_2 \leq 50\,\text{kg} \qquad\qquad \text{Gummivorrat.}$$
$$x_1, x_2 \geq 0 \qquad\qquad\qquad\qquad\qquad\qquad\qquad \text{Nichtnegativität.}$$

Die im Abschn. 3.1 über die Variation des Restriktionsvektors berechneten Optimalitätsbereiche lauten – für dieses Maximierungsproblem:

t	$\mathbb{M}^*(t)$	$z^*(t)$
$(-\infty, -60)$	$\emptyset$	$-\infty$
$[-60, -15]$	$\{(0, 20 + \frac{1}{3}t, -50 - \frac{10}{3}t, 0, 30 - \frac{1}{3}t)^\mathsf{T}\}$	$6000 + 100t$
$[-15, 10]$	$\{(6 + 0.4t, 12 - 0.2t, 0, 0, 14 - 1.4t)^\mathsf{T}\}$	$4800 + 20t$
$[10, \infty)$	$\{(10, 10, 0, -10 + t, 0)^\mathsf{T}\}$	5000

Exemplarisch wird für die Zufallsvariable T eine stetige Gleichverteilung $U(a, b)$ zwischen zwei Grenzen a und b unterstellt. Der anspruchsvollste Fall liegt vor, wenn durch das Intervall (a, b) möglichst viele Optimalitätsbereiche abgedeckt werden. Es wurde $U(-20, 20)$ gewählt, wodurch alle Optimalitätsbereiche mit zulässigen Lösungen abgedeckt werden.

Die Dichtefunktion dieser stetigen Verteilung lautet, s. z. B. Bol (2007):

$$\varphi(t) = \begin{cases} \frac{1}{b-a} & , a \le t \le b \\ 0 & , \text{sonst} \end{cases} = \begin{cases} \frac{1}{40} & , -20 \le t \le 20 \\ 0 & , \text{sonst} \end{cases}.$$

Nach der Wahrscheinlichkeitsrechnung, s. z. B. Bol (2007), berechnet sich für eine stetige Zufallsvariable X mit der Dichtefunktion $\varphi(x)$ und einer beliebigen integrierbaren Funktion $g : \mathbb{R} \to \mathbb{R}$ der Erwartungswert der Zufallsvariable $Y = g(X)$ durch:

$$E(Y) = E(g(X)) = \int\limits_{-\infty}^{+\infty} g(x)\varphi(x)\, dx.$$

Damit ergibt sich der erwartete optimale Zielfunktionswert durch:

$$E(z^*(t)) = \int\limits_{-\infty}^{+\infty} z^*(t) f(t)\, dt = \int\limits_{-20}^{20} z^*(t) \frac{1}{40}\, dt$$

$$= \frac{1}{40} \left(\int\limits_{-20}^{-15} 6000 + 100t\, dt + \int\limits_{-15}^{10} 4800 + 40t\, dt + \int\limits_{10}^{20} 5000\, dt \right)$$

$$= \frac{1}{40} \left(\left[6000t + 50t^2\right]_{-20}^{-15} + \left[4800t + 10t^2\right]_{-15}^{10} + \left[5000t\right]_{10}^{20} \right)$$

$$= \frac{1}{40} (21250 + 118750 + 50000) = \frac{190000}{40} = 4750.$$

Der Erwartungswert von $M^*(t)$ ist ein Vektor von Erwartungswerten von $M_i^*(t)$ und ergibt sich durch:

$$E(M_1^*(t)) = \int_{-\infty}^{+\infty} M_1^*(t) f(t) \, dt = \frac{1}{40} \left(\int_{-20}^{-15} 0 \, dt + \int_{-15}^{10} 6 + 0.4t \, dt + \int_{10}^{20} 10 \, dt \right)$$

$$= \frac{1}{40} \left(0 + \left[6t + 0.2t^2 \right]_{-15}^{10} + \left[10t \right]_{10}^{20} \right) = \frac{1}{40} (125 + 100) = \frac{225}{40} = 5.625.$$

$$E(M_2^*(t)) = \int_{-\infty}^{+\infty} M_2^*(t) f(t) \, dt = \frac{1}{40} \left(\int_{-20}^{-15} 20 + \frac{1}{3}t \, dt + \int_{-15}^{10} 12 - 0.2t \, dt + \int_{10}^{20} 10 \, dt \right)$$

$$= \frac{1}{40} \left(\left[20t + \frac{1}{6}t^2 \right]_{-20}^{-15} + \left[12t - 0.1t^2 \right]_{-15}^{10} + \left[10t \right]_{10}^{20} \right)$$

$$= \frac{1}{40} \left(\frac{425}{6} + 312.5 + 100 \right) = \frac{145}{12} = 12.08\bar{3}.$$

$$E(M_3^*(t)) = \int_{-\infty}^{+\infty} M_3^*(t) f(t) \, dt = \frac{1}{40} \left(\int_{-20}^{-15} -50 - \frac{10}{3}t \, dt + \int_{-15}^{10} 0 \, dt + \int_{10}^{20} 0 \, dt \right)$$

$$= \frac{1}{40} \left(\left[-50t - \frac{5}{3}t^2 \right]_{-20}^{-15} + 0 + 0 \right) = \frac{1}{40} \left(\frac{125}{3} + 0 + 0 \right) = \frac{25}{24} = 1.041\bar{6}.$$

$$E(M_4^*(t)) = \int_{-\infty}^{+\infty} M_4^*(t) f(t) \, dt = \frac{1}{40} \left(\int_{-20}^{-15} 0 \, dt + \int_{-15}^{10} 0 \, dt + \int_{10}^{20} -10 + t \, dt \right)$$

$$= \frac{1}{40} \left(0 + 0 + \left[-10t + 0.5t^2 \right]_{10}^{20} \right) = \frac{1}{40} (0 + 0 + 50) = \frac{50}{40} = 1.25.$$

$$E(M_5^*(t)) = \int_{-\infty}^{+\infty} M_5^*(t) f(t) \, dt = \frac{1}{40} \left(\int_{-20}^{-15} 30 - \frac{1}{3}t \, dt + \int_{-15}^{10} 14 - 1.4t \, dt + \int_{10}^{20} 0 \, dt \right)$$

$$= \frac{1}{40} \left(\left[30t - \frac{1}{6}t^2 \right]_{-20}^{-15} + \left[14t - 0.7t^2 \right]_{-15}^{10} + 0 \right)$$

$$= \frac{1}{40} \left(\frac{1075}{6} + 437\frac{1}{2} \right) = \frac{185}{12} = 15.41\bar{6}.$$

Der erwartete optimale Punkt ist somit $x^* = (5.625, 12.08\bar{3}, 1.041\bar{6}, 1.25, 15.41\bar{6})^\mathsf{T}$ mit dem Zielfunktionswert von $200x_1 + 300x_2 = 200 \cdot 5.625 + 300 \cdot 12.08\bar{3} = 4750$ und damit dem erwarteten optimalen Wert (von $z^* = 4750$).

Abschließend sei angemerkt, dass neben einer solchen analytischen Berechnung auch eine simulative Ermittlung möglich ist – beispielsweise dann, wenn eine analytische Lösung nicht oder nur mit sehr hohem Aufwand möglich ist. Für eine Simulation wird die Verteilung durch diskrete Werte approximiert. Im Abschn. 4.9 über die Approximation einer stetigen Verteilung werden zwei häufig verwendete Standardverfahren vorgestellt, auf eine Normalverteilung angewendet und die dabei auftretenden Unterschiede werden analysiert.

Optimierungsansätze bei Unsicherheit 4

Oftmals liegen in einer industriellen Produktion, wie bei der Kabelherstellung, unsichere Daten vor. In solchen Fällen wird in der Literatur von stochastischen Optimierungsproblemen gesprochen. In diesem Kapitel werden nahezu alle in der Literatur vorgeschlagenen Ansätze vorgestellt und analysiert. Zu ihrer Verdeutlichung werden die in den folgenden beiden Abschn. 4.1 und 4.2 angegebenen Optimierungsprobleme verwendet.

4.1 Stochastisches zweidimensionales lineares Optimierungsproblem

Parameter:
ω_1 gleichverteilt im Intervall $[1, 3]$.
ω_2 gleichverteilt im Intervall $[2, 8]$.

Variablen:
$x_1 \in \mathbb{R}$.
$x_2 \in \mathbb{R}$.

$$\min 10 \cdot x_1 + 14 \cdot x_2$$

unter den Restriktionen:

$\omega_1 \cdot x_1 + 1 \cdot x_2 \geq 15$	1. Restriktion.
$1 \cdot x_1 + \omega_2 \cdot x_2 \geq 24$	2. Restriktion.
$x_1, x_2 \geq 0$	Nichtnegativität.

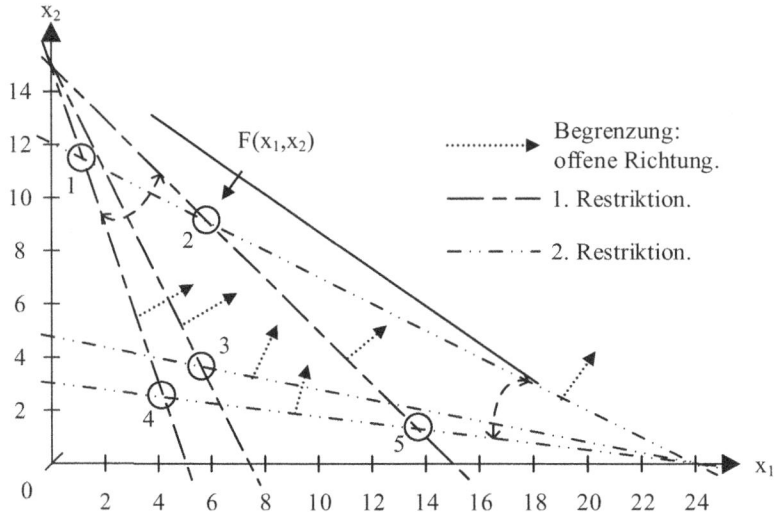

Abb. 4.1 Mögliche Geraden (Lösungsräume) und Lösungen zum stochastischen zweidimensionalen linearen Optimierungsproblem – eingezeichnet und mit 1 bis 4 markiert sind die 4 optimalen Punkte zu den 4 Randpunkten der Belegung der Parameter ω_1 und ω_2 (auf den mit X markierten Punkt wird später eingegangen)

In der Abb. 4.1 sind die möglichen Ausprägungen der zufälligen Restriktionen und damit die durch sie bestimmten zulässigen Bereiche eingezeichnet. Für die 4 Randpunkte der Belegung der Parameter ω_1 und ω_2 sind die 4 optimalen Punkte eingezeichnet.

4.2   Belegungsplanung mit stochastischem Verbrauch

An einer (Produktions-)Station werden sechs unterschiedliche Produkte aus sechs unterschiedlichen Rohstoffen mit vorgegebenen Endterminen produziert. Vor Produktionsbeginn erfolgt eine Planung von Produktionsaufträgen zu diesen Produkten so, dass die Gesamtverspätung minimiert wird. Dadurch wird ein, im Folgenden noch weiter zu präzisierendes, Ressourcenbelegungsplanungsproblem mit einer Station gelöst; zur Definition von Ressourcenbelegungsplanungsproblemen sei auf Herrmann (2009) verwiesen.

Der Einfachheit halber werden in diesem Buch nur Arbeitsvorräte – i.e. Mengen an Produktionsaufträgen – betrachtet, deren Produktion unmittelbar begonnen werden kann, und für jedes Produkt gibt es einen Produktionsauftrag, wobei derjenige für Produkt i, für $1 \leq i \leq 6$, durch i bezeichnet wird, weswegen Produkte und Produktionsaufträge, der Einfachheitshalber, als synonym angesehen werden. Die Aufträge belegen die Station exklusiv und sind nicht unterbrechbar. Unmittelbar vor der Produktion eines Produkts ist die Station zu rüsten und sein Rüstaufwand hängt vom Rüstzustand der Station ab. Ein Beispiel

ist in Form eines Gantt-Diagramms in Abb. 4.2 angegeben – durch die folgenden Erläuterungen dürfte es verständlich werden. Die Bearbeitungszeiten sind zur Vereinfachung der
Fallstudie jeweils identisch und betragen 5 Zeiteinheiten (ZE). Während der Produktion
eines Produkts wird eine Spezialflüssigkeit verbraucht, welche aus einem Tank, mit einem
Fassungsvermögen (TK) von 13 Litern (l), in der Station entnommen wird. Dieser Spezialflüssigkeitsverbrauch variiert für die einzelnen Produkte zwischen 1 l und 4 l. Einzige
Ausnahme ist das Produkt 5, bei dem entweder 1 l oder 5 l von dieser Spezialflüssigkeit
benötigt wird. Bei einem Verbrauch von einem Liter reicht die maximale Tankfüllung, um
alle sechs Aufträge zu bearbeiten. Anderenfalls ist eine Auffüllung des Tanks notwendig.
Dieser Verbrauch der Spezialflüssigkeit für das 5. Produkt, i.e. Auftrag 5, ergibt sich erst
im Laufe der Bearbeitung – ist also weder zum Planungszeitpunkt noch zum Beginn der
Bearbeitung bekannt; ihn vorher zu ermitteln ist nicht möglich. Zu Beginn der Bearbeitung
von Auftrag 5 muss daher genügend Flüssigkeit im Tank sein. Ohne Einschränkung der mit
dieser Fallstudie zu erreichenden Zielsetzung wird angenommen, dass anderenfalls der Plan
unzulässig ist.

Zur Vollständigkeit sei erwähnt, dass auch ein nicht ausreichender Tankinhalt zugelassen
werden könnte. Dies impliziert, dass die Bearbeitung eines Produkts unterbrochen werden
muss (eben für ein Tanken). Durch eine solche Produktionsunterbrechung treten zusätzliche
zeitliche und finanzielle Aufwände auf, beispielsweise aufgrund von einem Wiederholen von
wenigstens einem Teil der Produktion. Das weiter unten angegebene lineare Optimierungsproblem kann um ein solches Vorgehen erweitert werden, wodurch das Problem deutlich
komplizierter wird. Sind solche zeitliche und finanzielle Aufwände hoch, so kann keine von
diesen zusätzlichen zulässigen Plänen optimal sein – allerdings verursachen diese (Pläne)
eine aufwendigere Analyse des Optimierungsproblems.

Bei dem hier betrachteten Vorgehen ist ein Auffüllen des Tanks nach dem Bearbeiten
des Auftrags mit dem zufälligen Verbrauch zulässig, was aber nicht unmittelbar danach
erfolgen muss. Hierzu existiert ein Auffüllauftrag T; ein Beispiel befindet sich in Abb. 4.3.
Um einen solchen Auffüllauftrag wie die anderen Aufträge behandeln zu können, hat er
keine Bearbeitungszeit und das Tanken wird als Rüsten interpretiert. Wie bei den anderen

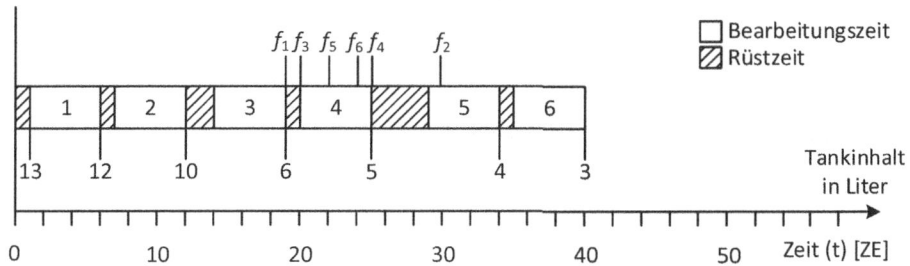

Abb. 4.2 Gantt-Diagramm zur Permutation (1, 2, 3, 4, 5, 6) mit einem Verbrauch an Spezialflüssigkeit durch den Auftrag 5 von 1 Liter; mit ZE für Zeiteinheiten

Aufträgen ist ebenfalls ein Rüstzustand, ausgehend von dem existierenden, herzustellen, der nicht mit dem des nachfolgenden Auftrags übereinstimmt, so dass für den danach folgenden (regulären) Auftrag wieder ein Rüstzustand herzustellen ist. Ohne Einschränkung der mit dieser Fallstudie zu erreichenden Zielsetzung ist nur eine vollständige Auffüllung des Tanks erlaubt – dies kann erzwungen werden, indem ein teilweises Tanken nicht vorteilhaft ist; und zwar konkret ähnlich wie beim Unterbrechen einer Produktion für ein Tanken (, dass weiter oben beschrieben ist). Ein unnötiges (und damit „taktisches") Auffüllen des Tanks, vor allem vor dem Bearbeiten des Auftrags 5, ist zulässig. Ist jedoch genügend Flüssigkeit im Tank vorhanden, so führt dies aufgrund der Rüstzeiten für einen Auffüllauftrag – genauer für den Auffüllauftrag selbst und für die Herstellung des richtigen Rüstzustands für den nächsten Auftrag – zu vermeidbaren Verspätungen. Dies ist entscheidend für das Erfüllen der mit dieser Fallstudie zu erreichenden Ziele.

Das eventuell erforderliche Auffüllen des Tanks, das Rüsten der Station und die exklusive zeitliche Zuteilung der Aufträge bestimmen einen Belegungsplan, wie in den Abb. 4.2 und 4.3 dargestellt. Die einzelnen Parameter sind in der folgenden Tab. 4.1 angegeben.

Die Tab. 4.2 enthält die Rüstaufwände für den Übergang von einem Rüstzustand aufgrund der Bearbeitung eines Auftrags (Produkts) i (in Zeile i) zu dem erforderlichen Rüstzustand aufgrund des als nächstes zu bearbeitenden Auftrags (Produkts) j (in Spalte j). Für den ers-

Tab. 4.1 Planungsparameter der Aufträge – bzw. synonym Produkte; mit ZE für Zeiteinheiten und l für Liter

Auftrag i	1	2	3	4	5	6
Bearbeitungszeit t_i in ZE	5	5	5	5	5	5
Soll-Endtermin f_i in ZE	19	30	20	25	22	24
Spezialflüssigkeitsverbrauch vb_i in l	1	2	4	1	1 oder 5	1

Tab. 4.2 Rüstaufwände tr für den Übergang vom Rüstzustand durch ein Produkt i bzw. einen Tankauftrag T zu dem Rüstzustand für ein Produkt j bzw. einen Tankauftrag T in Zeiteinheiten

	Produkt j							
tr	0	1	2	3	4	5	6	T
0	0	1	5	5	5	5	1	0
1	1	0	1	4	5	7	5	1
2	5	1	0	2	5	5	5	5
3	5	4	1	0	1	5	5	5
4	5	5	5	5	0	4	5	5
5	5	7	7	3	5	0	1	5
6	1	5	5	5	5	1	0	5
T	0	1	5	5	5	5	5	0

Produkt i

ten Zustand wird von einem künstlichen Auftrag 0 ausgegangen, der keine Bearbeitungszeit usw. hat und in Zeile 0 und Spalte 0 steht. Beispielsweise ist $tr_{0,3}$ – gleich 5 Zeiteinheiten (ZE) – der Rüstaufwand für Produkt 3, weswegen die Station zu Beginn quasi keinen Rüstzustand hat, und $tr_{2,3}$ – gleich 2 ZE – ist der Rüstaufwand für Produkt 3, wobei die Station einen Rüstzustand aufgrund der Bearbeitung von Produkt 2 hat. (Genauso ist $tr_{4,T}$ (bzw. $tr_{T,5}$) der Rüstaufwand für den Tankauftrag T (bzw. für Produkt 5), wobei die Station einen Rüstzustand aufgrund der Bearbeitung von Produkt 4 (bzw. von dem Tankauftrag T) hat.)

Für den Fall, dass Auftrag 5 gerade 1 l von der Spezialflüssigkeit benötigt, ist die Bearbeitung der 6 Aufträge in der Reihenfolge ihrer Nummern, also die Permutation $(1, 2, 3, 4, 5, 6)$, ein Beispiel für einen zulässigen Belegungsplan. Dieser ist als Gantt-Diagramm in der Abb. 4.2 dargestellt.

Die Bearbeitung bewirkt für jeden einzelnen Auftrag i einen Fertigstellungstermin F_i und damit berechnet sich die Verspätung für Auftrag i durch $V_i = \max\{F_i - f_i, 0\}$, wodurch die Gesamtverspätung die Summe der Einzelverspätungen ist. Diese Größen sind in der folgenden Tab. 4.3 angegeben. Ferner enthält sie den Tankinhalt nach Bearbeitung von Auftrag i (TI_i) und den Rüstaufwand für die Bearbeitung von Auftrag i, also den Aufwand zum Wechsel vom Rüstzustand vom Vorgänger von Auftrag i in der Permutation zu dem (Rüstzustand) für Auftrag i. Die verursachte Gesamtverspätung beträgt 28 Zeiteinheiten.

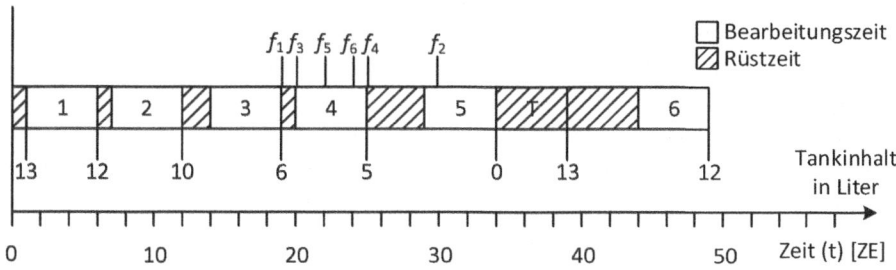

Abb. 4.3 Gantt-Diagramm zur Permutation $(1, 2, 3, 4, 5, T, 6)$ mit einem Verbrauch an Spezialflüssigkeit durch den Auftrag 5 von 5 Litern; mit ZE für Zeiteinheiten

Tab. 4.3 Abarbeitung der Permutation $(1, 2, 3, 4, 5, 6)$ einschließlich der Kennzahlen bei einem Spezialflüssigkeitsverbrauch durch den Auftrag 5 von 1 Liter; mit ZE für Zeiteinheiten und l für Liter

Auftrag	0	1	2	3	4	5	6
$tr_{\text{Vorgänger}(i),i} + t_i$	–	$1 + 5$	$1 + 5$	$2 + 5$	$1 + 5$	$4 + 5$	$1 + 5$
TI_i [l]	13	12	10	6	5	4	3
F_i [ZE]	–	6	12	19	25	34	40
f_i [ZE]	–	19	30	20	25	22	24
V_i [ZE]	–	0	0	0	0	12	16

Tab. 4.4 Abarbeitung der Permutation $(1, 2, 3, 4, 5, T, 6)$ einschließlich der Kennzahlen bei einem Spezialflüssigkeitsverbrauch durch den Auftrag 5 von 5 Litern; mit ZE für Zeiteinheiten und l für Liter

Auftrag	0	1	2	3	4	5	T	6
$tr_{Vorgänger(i),i} + t_i$ [ZE]	–	1 + 5	1 + 5	1 + 5	1 + 5	4 + 5	5 + –	5 + 5
TI_i [l]	13	12	10	6	5	0	13	12
F_i [ZE]	–	6	12	19	25	34	39	49
f_i [ZE]	–	19	30	20	25	22	–	24
V_i [ZE]	–	0	0	0	0	12	–	25

Tritt jedoch der andere mögliche Verbrauch an Spezialflüssigkeit durch den Auftrag 5 auf, nämlich 5 l, so ist nach der Bearbeitung von Auftrag 5 der Tank leer und für die Bearbeitung von Auftrag 6 ist zuvor ein Tankauftrag durchzuführen, eben durch den Auftrag T. Dies bewirkt die neue Permutation $(1, 2, 3, 4, 5, T, 6)$. Seine Abarbeitung ist als Gantt-Diagramm in der Abb. 4.3 dargestellt. Die Tab. 4.4 enthält die dabei auftretenden Kennzahlen, die Rüst- und Bearbeitungszeiten sowie die Tankinhalte. Die verursachte Gesamtverspätung beträgt 37 Zeiteinheiten.

Dieses spezielle Belegungsplanungsproblem lässt sich als ein lineares Optimierungsproblem beschreiben. Für das allgemeine Belegungsplanungsproblem existieren nach (Selmair et al. 2016) primär zwei verschiedene Ansätze zu seiner Modellierung als ein lineares Optimierungsproblem. Bei einem wird der Zeitpunkt des Beginns (oder der Beendigung) eines (Fertigungs-) Auftrags (bzw. einer Operation) durch eine binäre Entscheidungs-Variable festgelegt; dieser Ansatz wird als „time-indexed"-Modellierung bezeichnet. Beim anderen, als „continuous time"-Modellierung bezeichneten, Ansatz wird die Reihenfolge der Abarbeitung der einzelnen (Fertigungs-)Aufträge modelliert; in Selmair et al. (2016) findet sich ein umfangreicher Literaturüberblick dazu. Für das hier betrachtete (spezielle) Belegungsplanungsproblem wird die Reihenfolge der auf der Station zu bearbeitenden Aufträge, also eine Permutation bestimmt.

Dass das weiter unten angegebene Gesamtproblem eine optimale Lösung für diese Belegungsplanung mit stochastischem Verbrauch (an Spezialflüssigkeit) ist, ergibt sich aus folgenden Überlegungen. Es werden die dort beschriebenen Parameter und Entscheidungsvariablen verwendet. Eine (Ergebnis-)Permutation enthält stets einen Tankauftrag, der am Ende der Permutation liegt, wenn er nicht benötigt wird, da ein Tankauftrag am Ende einer beliebigen Permutation die Verspätung von keinem Auftrag verändern kann. (Es sei erwähnt, dass ein kommerziell verfügbares Tool, wie ILOG, auch (nur manchmal) eine optimale Permutation mit einem Tankauftrag am Anfang bestimmt, da dadurch ebenfalls die Verspätung von keinem Auftrag verändern wird.) Da mit natürlichen Zahlen in einer Permutation gearbeitet wird, ist die Nummer eines Tankauftrags größer als die Anzahl NR der regulären Aufträge –

die Nummern 1 bis NR sind für die regulären Aufträge reserviert. Es sei angemerkt, dass das unten angegebene Gesamtproblem (zur Lösung) beliebig viele Tankaufträge zulässt, in den konkreten Anwendungen (in dieser Arbeit) jedoch nur ein Tankauftrag erlaubt ist. In dieser Arbeit wird zur Verdeutlichung in der Darstellung von konkreten Lösungen der (bei diesem konkreten Problem) gegebenenfalls auftretende Tankauftrag durch T bezeichnet. Durch die entsprechend bezeichneten Restriktionen wird für die (Ergebnis-)Permutation erreicht, dass jede Position (in der Permutation) belegt ist und jeder Auftrag genau eine Position besitzt. Im Folgenden bezieht sich eine Position stets auf diese (Ergebnis-)Permutation. Durch einige Variablen wird ein Status des Systems nach der Bearbeitung von dem Auftrag an der p-ten Position geliefert; z.B. sein Fertigstellungstermin (F_p) oder sein Tankinhalt (T_p). Zur Bestimmung solcher Werte für die Aufträge in den Positionen 1 bis N mit Hilfe von Restriktionen ist eine Initialisierung erforderlich, wozu es eine Position 0 (und damit einen Index 0) gibt, die den, nicht vorhandenen, Auftrag 0 enthält. Zwischen den beiden Fertigstellungsterminen der beiden Aufträgen A und A' in zwei direkt aufeinanderfolgenden Positionen in der Permutation, i.e. $p-1$ (A) und p (A'), muss genügend Zeit für die Bearbeitung des Auftrags in der Position p sein. Dies führt zur Kapazitätsverbrauchs-Restriktion durch Auftrag A' an Position p als Summe aus dem Fertigstellungstermin vom Auftrag A an Position $p-1$ plus der Rüstzeit für Auftrag A' (ausgehend vom Rüstzustand von Auftrag A) und der Bearbeitungszeit von Auftrag A'. Es sei darauf hingewiesen, dass für die Berücksichtigung weiterer Einflussfaktoren auf den Fertigstellungstermin ein „$\leq$" statt eines „$=$" in dieser Restriktion notwendig ist, weswegen in der Literatur, s. z.B. (Herrmann 2009) oder (Selmair et al. 2016), so in der Regel vorgegangen wird. Bei vorliegenden Problem ist dies nicht nötig und dieses Vorgehen bewirkt stets eine eindeutige Lösung. Da $\sum_{i=1}^{N} x_{i,p}$ gleich 1 ist, wird die Bearbeitungszeit vom Auftrag an Position p durch $\sum_{i=1}^{N} t_i \cdot x_{i,p}$ berechnet. Die erforderliche Rüstzeit hängt von dem Auftrag in Position $p-1$ ab. Um diesen zu identifizieren, wird für jede Position p eine zweidimensionale quadratische Matrix ($y_{p,m,n}$) (deren Dimension die Anzahl an Aufträgen ist) bestimmt, die an der Stelle (m, n) genau dann den Wert 1 hat, wenn der Auftrag n an der Position p ist und der Auftrag m an der Position $p-1$ ist. Alle anderen Stellen in dieser Matrix enthalten eine 0. Dann ist $\sum_{m=0}^{N} \sum_{n=0}^{N} tr_{m,n} \cdot y_{p,m,n}$ die gewünschte (reihenfolgeabhängige) Rüstzeit. Zum Setzen dieser Variable $y_{p,m,n}$ wird die Hilfs-Variable $xp_{n,p}$ verwendet, die für ein n und ein p genau dann 1 ist, wenn der Auftrag n an Position p ist. Alle anderen Stellen in dieser zweidimensionalen Matrix enthalten eine 0. Beim Tanken wird die Tankinhalt-Variable (durch den Auffüllauftrag an Position p der Permutation) auf den maximal möglichen Tankinhalt gesetzt. Die dadurch vorgenommene Auffüllmenge befindet sich dann in der Variablen q_p und ansonsten (bei keinem Tanken) ist diese Variable ($q_p =$) 0. Um bei keinem Tanken den Tankinhalt nur durch den Verbrauch eines regulären Auftrags zu beeinflussen, wird TK mit einem Flag (RG_p) multipliziert, dass genau beim Tanken mit 1 belegt ist und ansonsten mit 0 belegt ist, und die Tankinhalt-Variable ist stets durch dieses Produkt nach unten begrenzt. Der Tankverbrauch wird analog zur Bearbeitungszeit ermittelt. Schließlich wird die Verspätung bestimmt, indem die Verspätungs-Variable durch die tatsächliche Verspätung sowie durch 0 nach unten begrenzt ist (durch 0, um eine negative Verspätung auszuschließen) und durch die Minimierung der Zielfunktion so klein wie möglich ist. Damit ein Tankauftrag keine Verspätung haben kann, wird ein sehr hoher Soll-Endtermin vorgegeben.

Damit ergibt sich insgesamt das folgende lineare Optimierungsproblem.

Belegungsplanung mit stochastischem Verbrauch

Parameter:

N Anzahl an Aufträgen.

NR Anzahl an regulären Aufträgen. $N - NR$ ist die Anzahl der zusätzlichen Tank-Aufträge und ein solcher Auffüllauftrag hat eine Nummer größer als NR.

M Große Zahl.

TK Tankkapazität.

t_i Bearbeitungszeit von Auftrag i $\forall\ 1 \leq i \leq N$.

f_i Soll-Fertigstellungstermin von Auftrag i $\forall\ 1 \leq i \leq N$.

vb_i Verbrauch an Flüssigkeit von Auftrag i $\forall\ 1 \leq i \leq N$.

$tr_{m,n}$ Rüstzeit für Auftrag n, nach Bearbeitung von Auftrag m $\forall\ 0 \leq m, n \leq N$.

Variablen:

$x_{i,p}$ binäre Variable mit $x_{i,p} = \begin{cases} 1, \text{falls Auftrag } i \text{ als } p\text{-ter Auftrag bearbeitet wird} \\ 0, \text{sonst} \end{cases}$

       $\forall\ 1 \leq i, p \leq N$.

R_p Auftrag in Position p der Permutation mit Position 0 zur Initialisierung

       $\forall\ 0 \leq p \leq N$.

RG_p binäre Variable mit $RG_p = \begin{cases} 1, \text{bei Auffüllauftrag} \\ 0, \text{sonst} \end{cases}$ $\forall\ 0 \leq p \leq N$.

q_p Auffüllmenge bei Auffüllauftrag, i.e. bei RG[p] = 1, und 0 sonst $\forall\ 0 \leq p \leq N$.

F_p Tatsächlicher Fertigstellungstermin des Auftrags in Position p der Permutation $\forall\ 0 \leq p \leq N$.

T_p Tankinhalt nach Auftrag in Position p $\forall\ 0 \leq p \leq N$.

V_p Verspätung des Auftrages in Position p $\forall\ 1 \leq p \leq N$.

$y_{p,m,n}$ binäre Variable mit $y_{p,m,n} = \begin{cases} 1, \text{falls} \quad \text{Auftrag } n \text{ an Position } p \text{ ist und} \\ \qquad\qquad \text{Auftrag } m \text{ an Position } p - 1 \text{ ist} \\ 0, \text{sonst} \end{cases}$

       $\forall\ 1 \leq p \leq N$ und $\forall\ 0 \leq m, n \leq N$.

$xp_{n,p}$ binäre Variable mit $xp_{n,p} = \begin{cases} 1, \text{falls Auftrag } n \text{ an Position } p \text{ ist} \\ 0, \text{sonst} \end{cases}$

       $\forall\ 0 \leq n, p \leq N$.

$$\min \sum_{p=1}^{N} V_p.$$

unter den Restriktionen:
Jede Position ist belegt:

$$\sum_{i=1}^{N} x_{i,p} = 1 \qquad\qquad \forall\, 1 \leq p \leq N.$$

Jeder Auftrag hat genau eine Position:

$$\sum_{p=1}^{N} x_{i,p} = 1 \qquad\qquad \forall\, 1 \leq i \leq N.$$

Ermittlung von dem Auftrag an jeder Position (p):
$R_0 = 0.$

$$R_p = \sum_{i=1}^{N} i \cdot x_{i,p} \qquad\qquad \forall\, 1 \leq p \leq N.$$

Übertrage R_p an xp:
$xp_{0,0} = 1.$

$$\sum_{i=1}^{N} i \cdot xp_{i,p} = R_p \qquad\qquad \forall\, 1 \leq p \leq N.$$

Damit ist $xp_{R_p,p} = 1$ (auch für $R_0(= 0)$) und durch das Folgende sind alle anderen Kombinationen gleich 0.

$$\sum_{n=0}^{N} xp_{n,p} = 1. \qquad\qquad \forall\, 0 \leq p \leq N.$$

Setze die Variable $y_{p,m,n}$:

$$m \cdot \sum_{k=1}^{N} y_{p,m,k} = m \cdot xp_{m,p-1} \qquad\qquad \forall\, 1 \leq m \leq N \text{ und } \forall\, 2 \leq p \leq N,$$

damit ist der Auftrag in Position $p - 1$ gleich m.

$$n \cdot \sum_{k=1}^{N} y_{p,k,n} = n \cdot xp_{n,p} \qquad\qquad \forall\, 1 \leq n \leq N \text{ und } \forall\, 2 \leq p \leq N,$$

damit ist der Auftrag in Position p gleich n.

$$n \cdot y_{1,0,n} = n \cdot xp_{n,1} \qquad\qquad \forall\, 1 \leq n \leq N.$$

Damit ist n der Auftrag in Position 1.

Und alle anderen Kombinationen sind durch das Folgende gleich 0:

$$\sum_{m=0}^{N} \sum_{n=0}^{N} y_{p,m,n} = 1 \qquad\qquad \forall\, 1 \leq p \leq N.$$

Kapazitätsverbrauch:

Initialisierung:
$F_0 = 0.$

Ausreichende Kapazität:

$$F_{p-1} + \sum_{i=1}^{N} t_i \cdot x_{i,p} + \sum_{m=0}^{N} \sum_{n=0}^{N} tr_{m,n} \cdot y_{p,m,n} = F_p \qquad\qquad \forall\, 1 \leq p \leq N.$$

Charakteriziere Auftrag an Position p als regulär oder Auffüllauftrag:

$$R_p - NR \cdot RG_p \geq 1 \qquad\qquad \forall\, 1 \leq p \leq N.$$

$$\sum_{i=1}^{N} RG_i = N - NR, \text{ also genau die richtige Anzahl an regulären Aufträgen.}$$

Tanken: voller Tank zu Beginn:
$T_0 = \text{TK}.$

Tanken genau beim Auffüllauftrag:
$$T_p \geq TK \cdot RG_p \qquad\qquad \forall\, 1 \leq p \leq N$$
$q_p - M \cdot RG_p \leq 0$, ist in Position p kein Auffüllauftrag, so ist $q_p = 0$ $\qquad \forall\, 1 \leq p \leq N.$

Einhalten Tankgröße:
$$T_p \leq TK \qquad\qquad \forall\, 1 \leq p \leq N.$$

Ausreichender Tankinhalt und neuer Tankinhalt:
$$T_{p-1} - \sum_{i=1}^{N} vb_i \cdot x_{i,p} \geq 0 \qquad\qquad \forall\, 1 \leq p \leq N.$$
$$T_{p-1} - \sum_{i=1}^{N} vb_i \cdot x_{i,p} + q_p = T_p \qquad\qquad \forall\, 1 \leq p \leq N.$$

Verspätung:

$$V_p \geq 0 \qquad\qquad\qquad\qquad \forall \, 1 \leq p \leq N.$$

$$V_p \geq F_p - \sum_{i=1}^{N} f_i \cdot x_{i,p} \qquad\qquad \forall \, 1 \leq p \leq N.$$

Die Umsetzung dieses linearen Optimierungsproblems in ILOG ist im folgenden Listing 4.1 angegeben, und zwar als „mod"-Datei.

```
1   // Parameter, Teil 1:
2   int N = ...;              // Anzahl der Aufträge.
3   int NR = ...;             // Aufträge 1 bis NR sind regulär.
4   int M = ...;              // Große Zahl.
5
6   // Wertebereich:
7   range Auftrag = 1..N;
8   range AuftragN = 0..N;
9
10  // Entscheidungsvariablen:
11  // x[i,p] ist 1, falls Auftrag i an Position p in der
12  // Permutation bearbeitet wird, ansonsten 0:
13  dvar boolean x[Auftrag][Auftrag];
14  // R[p] Auftrag in Position p der Permutation:
15  dvar int+ R[AuftragN];
16  // Flag für Tankauftrag; i.e. 1 bei Auffüllauftrag, 0 sonst:
17  dvar boolean RG[AuftragN];
18  // Auffüllmenge bei Auffüllauftrag (i.e. RG[p] = 1):
19  dvar int+ q[AuftragN];
20  // Tatsächlicher Fertigstellungstermin von dem Auftrag in Position
21  // p der Permutation:
22  dvar int+ F[AuftragN];
23  // Tankinhalt nach Auftrag in Position p der Permutation:
24  dvar int+ T[AuftragN];
25  // Verspätung von dem Auftrag in Position p der Permutation:
26  dvar int V[Auftrag];
27  // y[p,m,n] = 1 genau dann, wenn Auftrag n an Position p (in der
28  // Permutation) ist und Auftrag m an Position p-1 ist - ansonsten 0:
29  dvar boolean y[Auftrag][AuftragN][AuftragN];
30  // xp[n,p] = 1 genau dann, wenn Auftrag n an Position p ist:
31  dvar boolean xp[AuftragN][AuftragN];
32
33  // Parameter, Teil 2:
34  int t [Auftrag] = ...;       // Bearbeitungszeit Auftrag.
35  int f [Auftrag] = ...;       // Soll-Fertigstellungstermin.
36  int vb [Auftrag] = ...;      // Verbrauch an Flüssigkeit
37                // von dem Auftrag in Position p der Permutation.
```

```
38   int TK = ...;                          // Tankkapazität.
39   int tr [AuftragN][AuftragN] = ...; // tr[m][n] Rüstzeit für
40                                 // Auftrag n, nach Bearbeitung von Auftrag m.
41
42   // Minimiere die Summe der Verspätungen:
43   minimize (sum (p in 1..N) V[p]);
44
45   // Restriktionen:
46   subject to{
47     // Jede Position ist belegt:
48     forall (p in 1..N)
49       sum(i in 1..N) (x[i][p]) == 1;
50
51     // Jeder Auftrag hat genau eine Position:
52     forall (i in 1..N)
53       sum(p in 1..N) (x[i][p]) == 1;
54
55     // Ermittlung Permutation:
56     R[0] == 0;
57     forall (p in 1..N)
58     R[p] == sum(i in 1..N) (i * x[i][p]);
59
60     // Belegung für Rüstzeiten bei Übergang von Auftrag m in
61     // Position (p–1) zu Auftrag n in Position p.
62     // Ansatz: Bestimme zur Position p eine Matrix mit einer
63     // 1 an der Position (m,n), durch Variable y[p,m,n].
64     // Vorab: in Hilfsvariable xp ist xp[R[p],p] gleich 1
65     // und 0 sonst.
66     xp[0,0] == 1;
67     forall (p in 1..N) {
68     sum(i in 1..N) (i * xp[i][p]) == R[p];
69     };
70     forall (p in 0..N) {
71       sum (n in 0..N) xp[n,p] == 1;
72     };
73       // Belegung von y[p,m,n]:
74     forall (p in 2..N) {
75       forall (m in 1..N) {
76         m*(sum (k in 1..N) y[p,m,k]) == m*(xp[m][p–1]);
77       };
78       forall (n in 1..N) {
79         n*(sum (k in 1..N) y[p,k,n]) == n*(xp[n][p]);
80       };
81     };
82     // Initialisierung von p = 1 erfolgt separat:
83     forall (n in 1..N) {
84       n*(y[1,0,n]) == n*(xp[n][1]);
85     };
86     forall (p in 1..N) {
```

```
87    sum (m in 0..N) sum (n in 0..N) y[p,m,n] == 1;
88    };
89
90    // Kapazitätsverbrauch:
91    // Initialisierung:
92    F[0] == 0;
93    // Kapazitätsrestriktion − Zeitverbrauch.
94    forall (p in 1..N)
95    F[p−1] + (sum(i in 1..N) (t[i] * x[i][p])) + (sum (m in 0..N) sum (n in 0..N)
             tr[m,n]*y[p,m,n]) == F[p];
96
97    // Bestimme, ob R[p] regulär oder Auffüllauftrag ist:
98    forall (p in 1..N)
99    R[p] − NR*RG[p] >= 1;
100   // Nur die Auffüllaufträge sind 1:
101   sum (i in 1..N) RG[i] == N − NR;
102
103   // Kapazitätsrestriktion − Flüssigkeit:
104   T[0] == TK; // Initialisierung: voller Tank.
105   // Nur Auffüllen, wenn ein Auffüllauftrag vorliegt:
106   forall (p in 1..N) {
107   T[p] >= TK * RG[p];
108   };
109   forall (p in 1..N)
110   q[p] − M*RG[p] <= 0;
111   // Einhalten Tankgröße:
112   forall (p in 1..N) {
113   T[p] <= TK;
114   };
115   // Ausreichender Tankinhalt:
116   forall (p in 1..N) {
117   T[p−1] − (sum(i in 1..N) (vb[i]) * x[i][p]) >= 0;
118   T[p−1] − (sum(i in 1..N) (vb[i]) * x[i][p]) + q[p] == T[p];
119   };
120
121   // Verspätung:
122   forall (p in 1..N)
123   V[p] >= 0;
124   forall (p in 1..N)
125   V[p] >= F[p] − sum(i in 1..N) (f[i] * x[i][p]);
126   };
```

Listing 4.1 Modellfile zur Minimierung der Summe der Verspätungen in ILOG.

Ein Beispiel ist der Verbrauch an Spezialflüssigkeit für Auftrag A_5 von einem Liter (l). Mit der folgenden „dat"-Datei im Listing 4.2 wird eine optimale Lösung ermittelt, nämlich die Permutation (1, 2, 3, 4, 5, 6, 7), mit 7 als Tank- bzw. Auffüllauftrag (T); ihre Abarbeitung und die dabei auftretenden Kennzahlen sind in Abb. 4.2 als Gantt-Diagramm und in der Tab. 4.3 angegeben.

```
 1  N = 7;                          // Anzahl Aufträge.
 2  NR = 6;                         // Aufträge 1 bis NG sind regulär.
 3  M = 10000;                      // Große Zahl.
 4
 5  //   1  2  3  4  5  6  T
 6  t = [5,  5,  5,  5,  5,  5,  0];  // Bearbeitungszeiten.
 7
 8  //   1  2  3  4  5  6  T
 9  vb = [1,  2,  4,  1,  1,  1,  0];
10  // Verbrauch an Flüssigkeit von Auftrag E (5): 1 Liter.
11
12  TK = 13;                        // Tankkapazität.
13
14  //    1   2   3    4    5   6    T
15  f = [ 19, 30, 20, 25, 22, 24, 100];
16  // Fertigstellungstermine.
17
18  //    0  1  2  3  4  5  6  T
19  tr = [
20       [0, 1, 5, 5, 5, 5, 1, 0]  // 0
21       [1, 0, 1, 4, 5, 7, 5, 1]  // 1
22       [5, 1, 0, 2, 5, 5, 5, 5]  // 2
23       [5, 4, 1, 0, 1, 5, 5, 5]  // 3
24       [5, 5, 5, 5, 0, 4, 5, 5]  // 4
25       [5, 7, 7, 3, 5, 0, 1, 5]  // 5
26       [1, 5, 5, 5, 5, 1, 0, 5]  // 6
27       [0, 1, 5, 5, 5, 5, 5, 0]  // T
28       ];
```

Listing 4.2 Datenfile zur Minimierung der Summe der Verspätungen in ILOG.

4.3   Einführung in stochastische lineare Optimierung

Lineare Optimierungsprobleme bestehen aus Entscheidungsvariablen und Parametern in Form von deterministischen Werten (i.e. Konstanten). In stochastischen Optimierungsproblemen, wie bei den beiden Beispielproblemen in diesem Abschnitt, hat wenigstens ein Parameter statt einem einzigen, deterministischen Wert mehrere mögliche Werte – in der Literatur wird gesagt, dass mehrwertige Informationen vorliegen oder dass es sich um einen zufälligen bzw. unsicheren Parameter handelt. Oftmals ist für das Vorliegen dieser möglichen Werte eine Wahrscheinlichkeitsverteilung bekannt oder diese kann abgeschätzt werden. Hiervon wird in dieser Arbeit in der Regel ausgegangen – in der Literatur wird dann von Entscheidung bei Unsicherheit bzw. bei Risiko gesprochen. Alternativ können lediglich mögliche Wertebereiche bekannt sein – dann wird in der Literatur von Entscheidung bei Ungewissheit gesprochen. Darüber hinaus können auch unsichere Restriktionen oder unsichere Zielfunktionen auftreten. Hierfür sei auf das Buch bzw. die Habilitationsschrift von Scholl, i.e. Scholl (2001), verwiesen.

Bei stochastischen linearen Optimierungsproblemen werden somit die unsicheren Parameter durch Zufallsvariablen modelliert. Ausgehend von der Standardform ($P_\le$) eines (deterministischen) linearen Optimierungsproblems lautet die allgemeine Form eines stochastischen linearen Optimierungsproblems:

$P_\le(\omega)$:

$\min\ c^\mathsf{T}(\omega)x + z_0(\omega)$

s. t.

$A(\omega)x \le b(\omega)$

$x \ge 0$

mit zufälligem Zielfunktionsvektor $c(\omega)$, zufälliger Zielfunktionskonstante $z_0(\omega)$, (Entscheidungs-)Variablenvektor x, zufälligem Restriktionsvektor $b(\omega)$ sowie zufälliger Koeffizientenmatrix $A(\omega)$. Damit kann Unsicherheit für Zielfunktionskoeffizienten, für Komponenten vom Restriktionsvektor oder Elemente von der Koeffizientenmatrix auftreten.

In Anwendungen treten häufig eine endliche Anzahl an möglichen Werten mit einer Wahrscheinlichkeit auf. Deswegen werden in diesem Buch häufig ganzzahlige und diskret verteilte Zufallsvariablen betrachtet. Damit werden n unsichere Parameter durch n diskret verteilte, ganzzahlige Zufallsvariablen Z^i, $\forall\ 1 \le i \le n$, abgebildet. Da zwischen den Parametern in der Regel keine stochastische Unabhängigkeit unterstellt werden kann, ist eine gemeinsame Wahrscheinlichkeitsverteilung aller n Parameter zu betrachten, wodurch eine mehrdimensionale Zufallsvariable $Z = (Z^1, \dots Z^n)$ entsteht. Diese mehrdimensionale Zufallsvariable besitzt mehrere Ausprägungen, die sich durch Ausprägungen der einzelnen Zufallsvariablen ergeben, und als Szenarien bezeichnet werden.

Für das Folgende sei nun $S = \{1, \dots, k\}$ die Menge solcher Szenarien und x sei ein Entscheidungsvariablenvektor. Für ein Szenario s, $s \in S$, sei p_s seine Eintrittswahrscheinlichkeit, $X(s)$ sein zulässiger Bereich und $z_s(x)$ seine zu minimierende Zielfunktion, z_s^* sein optimaler Zielfunktionswert und $X = \bigcap_{s \in S} X(s)$ enthält die Lösungen, die für alle Szenarien zulässig sind. Lägen kontinuierliche Zufallsvariablen vor, so ließen sich diese unendlich vielen Einzelwerte respektive Szenarien durch diskrete Zufallsvariablen mit einer (sehr) hohen Anzahl an Werten approximieren. Ein in der Literatur bevorzugtes Vorgehen dazu wird im Abschn. 4.9 erläutert.

Eine Lösung aus X mit dem besten Zielfunktionswert heißt perfekte Lösung des stochastischen Optimierungsproblems. Stochastische Optimierungsprobleme ohne perfekte Lösung – die Menge X ist leer – sind nach der Betrachtung zur Sensitivitätsanalyse für die Kabelproduktion, s. Kap. 3, möglich. Im Allgemeinen können Szenarien disjunkte zulässige Bereiche haben. Abb. 4.4 zeigt zwei disjunkte zulässige Bereiche zu zwei Szenarien, wobei sich das zweite Szenario durch eine Parallelverschiebung der beiden Geraden I und II ergibt. Zur Behebung dieser Schwierigkeit wurden in der Literatur weitergehende Kriterien zur Lösungsbeurteilung entwickelt, die im Folgenden vorgestellt werden.

Abb. 4.4 Zwei disjunkte
zulässige Bereiche zu zwei
Szenarien (1 und 2)

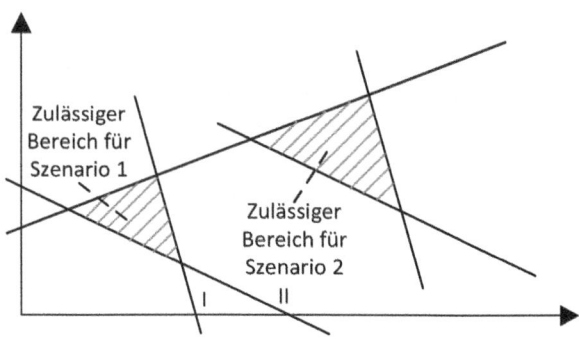

4.4   Wait-and-see-Lösungen

Ein Ansatz besteht darin, das Optimierungsproblem erst dann zu lösen, wenn konkrete Werte für jeden zufälligen Parameter bekannt sind. Dies wird in der Literatur als Wait-and-see-Ansatz bezeichnet. Folgende Beschreibung mit anderen Worten möge seinen zentralen Aspekt betonen. Von allen möglichen Ausprägungen (bzw. Konkretisierungen oder Belegungen) der Zufallsvariablen (zu den möglichen Werten von jedem zufälligen Parameter) tritt genau eine (einzige) Ausprägung ein. Bei dem Wait-and-see-Ansatz ist diese bekannt.

Für das zweidimensionale stochastische lineare Optimierungsproblem in Abschn. 4.1 ist ein Beispiel für den Wait-and-see-Ansatz die Belegung der beiden zufälligen Parameter ω_1 und ω_2 durch 3 und 2 (i.e. $\omega_1 = 3$ und $\omega_2 = 2$). Dies führt zu dem folgenden Optimierungsproblem:

Variablen:

$x_1 \in \mathbb{R}$ und $x_2 \in \mathbb{R}$.

min $10x_1 + 14x_2$

unter den Restriktionen:

$3\,x_1 + 1\,x_2 \geq 15$	1. Restriktion.
$1\,x_1 + 2\,x_2 \geq 24$	2. Restriktion.
$x_1, x_2 \geq 0$	Nichtnegativität.

Da es sich um ein zweidimensionales lineares Optimierungsproblem handelt, kann darauf das graphische Lösungsverfahren angewendet werden. Nach der Abb. 4.1 ist die optimale

Lösung der mit 1 gekennzeichnete Punkt und damit die Lösung des folgenden linearen Gleichungssystems:

$$\begin{bmatrix} 3\,x_1 + 1\,x_2 = 15 \\ 1\,x_1 + 2\,x_2 = 24 \end{bmatrix} \quad \begin{array}{c} \text{(I)} \cdot \frac{1}{3} \\ \text{(II)} - \text{(I)} \end{array} \quad \Leftrightarrow \quad \begin{bmatrix} 1\,x_1 + \frac{1}{3}\,x_2 = 5 \\ \frac{5}{3}\,x_2 = 19 \end{bmatrix}.$$

Umformen von x_2 und Einsetzen (in die erste Gleichung) ergibt:

$$\Leftrightarrow \begin{bmatrix} 1\,x_1 \quad = 5 - \frac{1}{3}\,x_2 \\ x_2 = \quad \frac{57}{5} \end{bmatrix} \Leftrightarrow \begin{bmatrix} x_1 \quad = 5 - \frac{1}{3} \cdot \frac{57}{5} = \frac{6}{5} \\ x_2 = \quad \frac{57}{5} \end{bmatrix}.$$

Damit ist $(\frac{6}{5}, \frac{57}{5})$ der optimale Punkt mit dem Zielfunktionswert $10 \cdot \frac{6}{5} + 14 \cdot \frac{57}{5} = \frac{858}{5}$. (Andere Punkte ergeben sich entsprechend.)

In der Regel liegt ein zeitlicher Ablauf vor, nach dem eine Entscheidung zu treffen ist. Ein Beispiel ist der Kauf einer Produktionsanlage und erst zeitlich später ist eine Ausprägung (Belegung) von (einigen) unsicheren Parametern bekannt, z. B. durch die Inbetriebnahme der gekauften Anlage, die für die Kaufentscheidung durchaus relevant ist. Dieses Vorgehen wird in der Literatur unter der Bezeichnung Here-and-now- diskutiert. Deswegen ist der Wait-and-see-Ansatz in der Regel nicht durchführbar. Als Ansätze für das Here-and-now-Vorgehen werden in der Literatur primär vorgeschlagen: das Abschätzen („Raten") der Unsicherheit, das Ausschließen von einem Teil des zufälligen Einflusses und das Bestrafen der Abweichung. Sie werden nach der in Scholl (2001) vorgeschlagenen allgemeineren Einteilung in einwertiger und mehrwertiger Berücksichtigung von Unsicherheit in den nächsten Abschnitten vorgestellt. Im Rest von diesem Kapitel werden Wait-and-see-Lösungen von beiden Beispielproblemen analysiert, und dadurch wird der Nutzen von Wait-and-see-Lösungen begründet.

Beim stochastischen zweidimensionalen linearen Optimierungsproblem bedeutet daher der Wait-and-see-Ansatz für eine Festlegung (Entscheidung) von x $(= (x_1, x_2))$, dass kein Zufallseinfluss vorliegt; i.e. die Werte von ω_1 und ω_2 – also $\omega = (\omega_1, \omega_2)$ – sind bekannt. Da ein solcher Zufallseinfluss jedoch (tatsächlich) vorliegt, ist x festzulegen, bevor ω bekannt ist. Mit anderen Worten: die Belegung von x ist zu entscheiden, bevor konkrete Ausprägungen der zufälligen Parameter in den beiden Restriktionen bekannt sind. Also ist stets ein Here-and-now-Ansatz zu realisieren.

Für die Belegungsplanung mit stochastischem Verbrauch aus Abschn. 4.2 liegt eine Wait-and-see-Situation vor, wenn der Verbrauch der Spezialflüssigkeit bekannt ist, bevor mit der Planung begonnen wird. (Hierzu denkbar wäre eine Prognose oder eine Untersuchung des Materials (vom Werkstück).) In diesem Fall ergibt sich eine optimale Lösung wie folgt:

- Beträgt der Verbrauch an Spezialflüssigkeit für Auftrag 5 1 Liter (l), dann ist der Tankinhalt ausreichend, um die sechs Aufträge in einer beliebigen Reihenfolge zu bearbeiten. Eine optimale Lösung ist die Permutation (1, 2, 3, 4, 5, 6), deren Abarbeitung in Abb. 4.2 als Gantt-Diagramm angegeben ist, und die dabei auftretenden Kennzahlen enthält die

Tab. 4.3; beachte: Die für ILOG erforderlichen „mod"- und „dat"-Datei befinden sich in den Listings 4.1 und 4.2. Die für das Optimierungsproblem maßgebliche Kennzahl ist die Gesamtverspätung und diese beträgt 28 Zeiteinheiten.

- Beträgt der Verbrauch an Spezialflüssigkeit für Auftrag 5 jedoch 5 l, dann ist der Tankinhalt für keine Bearbeitungsreihenfolge der sechs Aufträge ausreichend. Eine optimale Lösung ergibt sich durch ILOG, mit der „mod"-Datei im Listing 4.1 und mit der „dat"-Datei im Listing 4.2, in der der Verbrauch von 5 l für Auftrag 5 einzutragen ist; im folgenden Listing 4.3 ist die zu ändernde Zeile angegeben.

```
1   //   1  2  4  1  5  6  T
2   vb = [1, 2, 4, 1, 5, 1, 0];
3   // Verbrauch an Flüssigkeit von Auftrag 5: 5 Liter.
```

Listing 4.3 Erforderlicher Eintrag im Datenfile zur Minimierung der Summe der Verspätungen in ILOG bei einem Verbrauch von 5 Litern an Spezialflüssigkeit durch den Auftrag 5.

Eine optimale Lösung ist die Permutation $(6, 5, 3, 2, 1, T, 4)$ mit einer Gesamtverspätung von 31 Zeiteinheiten. Zur Verdeutlichung ist ihre Abarbeitung in Abb. 4.5 als Gantt-Diagramm angegeben und die dabei auftretenden Kennzahlen enthält die Tab. 4.5.

Da beide Verbräuche an Spezialflüssigkeit (über 1 l und 5 l für Auftrag 5) gleich wahrscheinlich sind (also jeweils 50 %), beträgt die erwartete Gesamtverspätung: $EV_{ws} = \frac{1}{2} \cdot 28 \text{ ZE} + \frac{1}{2} \cdot 31 \text{ ZE} = 29.5 \text{ ZE}$; dabei steht „ws" für eine Wait-and-see-Lösung und ZE für Zeiteinheiten.

Ein nicht bekannter Zufallseinfluss kann geschätzt werden. Gelingt dies, dann liegt, wie in der Literatur gesagt wird, perfekte Information vor; mit anderen Worten: die Information ist vollständig und genau. Dann liefert der Wait-and-see-Ansatz den erwarteten Wert bei perfekter Information – so wird bei dem obigen Beispiel zum Belegungsplanungsproblem die erwartete Gesamtverspätung berechnet. Das Konzept von dem erwarteten Wert bei perfekter Information wurde zuerst im Rahmen der Entscheidungsanalyse entwickelt und ist beispielsweise von Raiffa und Schlaifer in Raiffa und Schlaifer (2000) ausgearbeitet

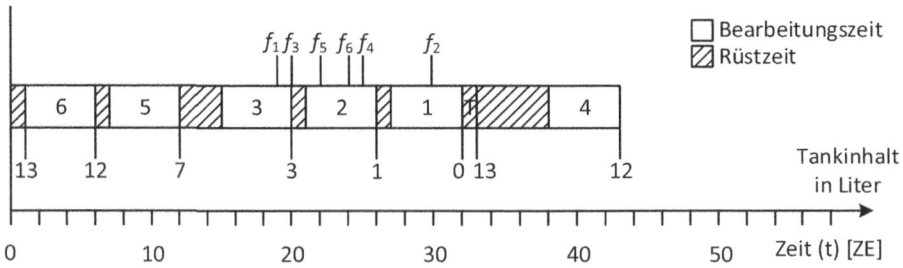

Abb. 4.5 Gantt-Diagramm zur optimalen Lösung bei einem Verbrauch an Spezialflüssigkeit durch den Auftrag 5 von 5 Litern – i.e. die Permutation $(6, 5, 3, 2, 1, T, 4)$ – mit ZE für Zeiteinheiten

Tab. 4.5 Abarbeitung der optimalen Lösung (i.e. die Permutation $(6, 5, 3, 2, 1, T, 4)$) bei einem Verbrauch an Spezialflüssigkeit durch den Auftrag 5 von 5 Litern (l) einschließlich der Kennzahlen, mit ZE für Zeiteinheiten

Auftrag	0	6	5	3	2	1	7	4
$tr_{\text{Vorgänger}(i),i} + t_i$	–	$1 + 5$	$1 + 5$	$3 + 5$	$1 + 5$	$1 + 5$	$1 + -$	$5 + 5$
TI_i [l]	13	12	7	3	1	0	13	12
F_i [ZE]	–	6	12	20	26	32	33	43
f_i [ZE]	–	24	22	20	30	19	–	25
V_i [ZE]	–	0	0	0	0	13	–	18

worden. Die Analyse beim Vorliegen von einer perfekten Information, vor allem der Unterschied zwischen einer Wait-and-see-Lösung und einer Here-and-now-Lösung, wurde in der Literatur intensiv diskutiert. Vor allem die zu erwartende Höhe dieser Unterschiede ist in Birge und Louveaux (2011) analysiert und anhand von Beispielen verdeutlicht worden. Im Folgenden wird, wie in der Literatur üblich, für die Analyse (bzw. Bewertung) einer Lösung von einem stochastischen linearen Optimierungsproblem ihre Abweichung von einer Wait-and-see-Lösung angegeben.

4.5 Einwertige Berücksichtigung von Unsicherheit

Bei diesem Vorgehen wird die Unsicherheit außerhalb des fraglichen Problems (in der Literatur auch als Modell bezeichnet) behandelt. Das Ergebnis ist, dass innerhalb dieses Problems jeder stochastische Parameter durch einen deterministischen Ersatzwert ersetzt wird, also durch einen exogenen Parameter, weswegen in der Literatur von einem deterministischen Ersatzwertproblem gesprochen wird. Dadurch wird die Unsicherheit weitgehend eliminiert (bzw. indirekt berücksichtigt), wodurch sowohl der Modellierungsaufwand als auch der Lösungsaufwand gering gehalten wird. Für die konkrete Wahl dieser Ersatzwerte existieren mehrere Möglichkeiten, die primär anhand der beiden Fallstudien in diesem Kapitel in den Abschn. 4.5.1, 4.5.2 und 4.5.3 erläutert werden. Nach der Literatur, s. z. B. Scholl (2001), gehören zusätzlich zu diesen (indirekten) Ansätzen auch die Sensitivitätsanalyse und die Risikoanalyse, auf die aufgrund ihrer im Folgenden begründeten strukturellen Schwächen lediglich kurz eingegangen wird. Laut Scholl (2001) sind alle diese (indirekten) Ansätze in der Praxis und Theorie weit verbreitet.

Die Sensitivitätsanalyse bzw. besser die parametrische Optimierung ist ausführlich in dem Kap. 3 erläutert worden. Wie die dort vorgestellten Verfahren belegen, sind die durch die Änderung von einem einzelnen Parameter verursachte(n) Veränderung(en) der optimalen Lösung sehr gut angebbar und damit auch analysierbar. Sind jedoch mehrere Parameter simultan zu verändern, so belegen diese Herleitungen, dass die Beschreibung der auftretenden Veränderung(en) sehr viel komplizierter ist und damit sehr viel schwieriger analysierbar ist. Der Extremfall, bei dem bei der Kabelherstellung, s. Kap. 3, beide Koeffizienten der Ziel-funktion zufällig sind, wodurch eine beliebige Zielfunktion vorliegt, möge die auftretenden Schwierigkeiten andeuten – die Fallstudien in diesem Kapitel sind weitere Beispiele. Bei ganzzahligen linearen Optimierungsproblemen bewirkt sehr häufig eine geringe Parameter-änderung eine substantielle Veränderung der (Struktur der) Lösung. Beispielsweise werden bei Problemen zur Belegungsplanung, insbesondere der Belegungsplanung mit stochasti-schem Verbrauch, oftmals binäre Entscheidungsvariablen verwendet, um einen Belegungs-plan eindeutig zu repräsentieren – bei der Belegungsplanung mit stochastischem Verbrauch ist ein Belegungsplan eindeutig durch eine Permutation von Aufträgen bestimmt, und eine binäre Entscheidungsvariable (nämlich $x_{i,p}$) ist genau dann 1, falls der Auftrag i als p-ter Auftrag (in der Permutation) bearbeitet wird. In solchen Problemen haben diese binären Entscheidungsvariablen den höchsten Einfluss auf die jeweiligen Zielfunktionen; so kann die Vertauschung von zwei Positionen in einer Permutation deutlich andere Verspätungen bewirken. Deswegen führt im Allgemeinen eine Sensitivitätsanalyse zu sehr vielen Opti-malitätsbereichen. Demgegenüber treten im Allgemeinen bei kontinuierlichen Entschei-dungsvariablen durch im Grunde beliebig kleine Anpassungen der Variablenwerte größere Optimalitätsbereiche auf. Kontinuierliche Entscheidungsvariablen werden (aber) bei vielen in der Literatur vorgestellten Sensitivitätsanalysen vorausgesetzt – so auch bei der in Kap. 3 beschriebenen –, da die Dualitätstheorie verwendet wird, die eben den kontinuierlichen Fall voraussetzt. Nach Charles (1997) gibt es zwar Ansätze für eine Dualitätstheorie bei ganz-zahligen linearen Problemen, aber ihre Erkenntnisse haben eine geringe Verwertbarkeit. Deswegen ist eine aussagekräftige Sensitivitätsanalyse nur durch die Lösung von Optimie-rungsproblemen zu (vielen) verschiedenen Parameterkonstellationen möglich. Hierzu gibt es in der Literatur verschiedene Vorschläge, auch für den Fall, wenn mehrere Parameter simultan zu verändern sind. Stellvertretend für diese Arbeiten sei auf die Arbeit von Wag-ner, s. Wagner (1995), über eine globale Sensitivitätsanalyse hingewiesen. Sie enthält auch Vertiefungen zu den gerade erläuterten Überlegungen und noch weitere Überlegungen sind angegeben. Wallace analysiert in Wallace (2000) lineare Optimierungsprobleme, bei denen eine gute Kombination von Lösungen für (viele) Parameterkonstellationen zu einer Lösung nicht möglich ist. Diese Arbeiten belegen bereits, dass die Sensitivitätsanalyse bzw. bes-ser die parametrische Optimierung nicht geeignet ist, um lineare Optimierungsprobleme unter Unsicherheit zu lösen. Sie kann nach Wagner (1995) hilfreich sein, um abzuschätzen, ob es ausreicht, einen unsicheren Parameter durch einen deterministischen Ersatzwert, wie dies in den Abschn. 4.5.1, 4.5.2 und 4.5.3 erfolgt, zu ersetzten, oder ob eine Zufallsvariable erforderlich ist.

Bei der Risikoanalyse als alternatives Verfahren wird die Verteilungsfunktion der Ziel-funktionswerte in Abhängigkeit von den unsicheren Parametern bestimmt. Bei einer end-lichen Anzahl K an Szenarien S_k, für $1 \leq k \leq K$, wobei Szenario S_k mit einer Wahr-scheinlichkeit von p_k auftritt, wird für jedes Szenario S_k ein optimaler Zielfunktionswert z_k bestimmt. Beispielsweise könnten bei den Bedarfen von 10 ME, 15 ME und 16 ME für ein Produkt, die mit einer Wahrscheinlichkeit von 15 %, 65 % und 20 % auftreten, die minimalen Kosten für eine Bedarfsdeckung 7 €, 5 € und 8 € betragen; diese Bedarfsdeckung könnte (und dürfte in der Regel auch) durch eine Produktion erfolgen – es sei betont, dass, um die Allgemeingültigkeit des Beispiels zu erhöhen, die Kosten so gewählt wurden, dass kein offensichtlicher Zusammenhang zwischen den Kosten und den (naheliegenden) Produktionsmengen besteht. Die (diskrete) Verteilungsfunktion zu diesen Zielfunktionswerten erlaubt die Abschätzung des Risikos, das mit einer Lösung bzw. Entscheidung (Handlungsalternative) – also der Festlegung von Entscheidungsvariablen – verbunden ist, weswegen in der Literatur auch von Risikoprofil bzw. von Risiko-Chancen-Analyse gesprochen wird. Bei einem (linearen) Optimierungsproblem unter Unsicherheit kann für alle zulässigen Lösungen nur dann ein Risikoprofil erstellt werden, wenn diese Lösungen (Entscheidungen) explizit gegeben sind sowie, wie bereits erwähnt, deren Anzahl endlich ist und diese sollte nicht so hoch sein.

Eine solches Risikoprofil (i.e. Verteilungsfunktion) liefert eine optimale Lösung beim Wait-and-see-Vorgehen. Da die für ein einzelnes Szenario optimale Lösung, für die anderen Szenarien in der Regel schlechtere Ergebnisse liefert, liefert ein solches Risikoprofil bzw. eine solches Risiko-Chancen-Analyse keine (optimale) Lösung bei einem Here-and-now-Vorgehen. Beispielsweise sei in dem (obigen) Beispiel die optimale Lösung zum Bedarf von 15 ME diejenige Lösung O, die nach dem Here-and-now-Vorgehen umgesetzt wird. Lautet nun der (später bekannte) tatsächlich auftretende Bedarf 10 ME, so könnte die Lösung O Kosten von 12 € verursachen, statt den oben angegebenen Kosten von 7 €. Es sei betont, dass diese Kosten bei der obigen Beschreibung des Beispiels nicht angegeben sind. Verantwortlich für diese Kosten könnten industrielle Randbedingungen sein. Weiter könnte bei einem tatsächlich auftretenden Bedarf von 16 ME die Lösung O Kosten von 11 € verursachen, statt den oben angegebenen Kosten von 8 €. Diese Betrachtung impliziert eine Lösung nach dem Here-and-now-Vorgehen für alle möglichen Szenarien. Dafür bietet sich die Minimierung der kumulierten Abweichung an. Ein Vorgehen zur Bestimmung von optimalen Lösungen für dieses Minimierungsproblem wird in dem Abschn. 4.6.1 unter der Bezeichnung Kompensationsproblem erläutert. Im Allgemeinen wird eine solche (optimale) Lösung von den szenariooptimalen Lösungen abweichen. Da im Allgemeinen solche Abweichungen gravierend sind, dürfte eine Risiko-Chancen-Analyse dazu verleiten, eine für ein oder wenige Szenarien gute Lösung vorzuschlagen – anderenfalls dürfte der Aufwand für eine Risiko-Chancen-Analyse höher als der Aufwand für die Lösung eines Kompensationsproblems sein.

In den restlichen 3 Unterabschnitten von diesem Abschn. 4.5 wird auf die Festlegung (Wahl) der Ersatzwerte für die Bildung eines deterministischen Ersatzwertproblems eingegangen. Eine Möglichkeit ist der Erwartungswert der Ausprägungen von einem zufälligen Parameter und das resultierende Problem wird in der Literatur als (deterministisches) Erwartungswertproblem (bzw. -modell) bezeichnet. Durch die Verwendung einer schlechteren (ggf. niedrigeren) Ausprägung oder einer besseren (ggf. höheren) Ausprägung ergibt sich nach der Bezeichnung in der Literatur ein deterministisches Korrekturproblem (bzw.

-modell). Die extremsten Abweichungen, eben die schlechteste mögliche und die beste mögliche Ausprägung, führen zu entsprechend bezeichneten Problemen in der Literatur; i.e. dem deterministischen Worst-case- und Best-case-Problem.

4.5.1 Deterministisches Erwartungswertproblem

Bei diesem Vorgehen wird jeder zufällige Parameter durch seinen Erwartungswert ersetzt. Für das zweidimensionale stochastische lineare Optimierungsproblem aus Abschn. 4.1 bedeutet dies: Da die möglichen Werte der beiden Parameter auf den beiden Intervallen $[1, 3]$ und $[2, 8]$ gleichverteilt sind, lautet der Erwartungswert: $\omega = (2, 5)$. Damit lautet das Optimierungsproblem:

Variablen:

$x_1 \in \mathbb{R}$ und $x_2 \in \mathbb{R}$.

$\min 10 \cdot x_1 + 14 \cdot x_2$

unter den Restriktionen:

$2\,x_1 + 1\,x_2 \geq 15$	1. Restriktion.
$1\,x_1 + 5\,x_2 \geq 24$	2. Restriktion.
$x_1, x_2 \geq 0$	Nichtnegativität.

Da es sich um ein zweidimensionales lineares Optimierungsproblem handelt, kann darauf das graphische Lösungsverfahren angewendet werden. Nach der Abb. 4.1 ist die optimale Lösung der mit 3 gekennzeichnete Punkt und damit die Lösung des folgenden linearen Gleichungssystems:

$$\begin{bmatrix} 2\,x_1 + 1\,x_2 = 15 \\ 1\,x_1 + 5\,x_2 = 24 \end{bmatrix} \Leftrightarrow \begin{bmatrix} x_1 \quad = \frac{15}{2} - \frac{1}{2}\,x_2 \\ 9\,x_2 = \quad 33 \end{bmatrix}.$$

Umformen von x_2 und Einsetzen (in die erste Gleichung) ergibt den optimalen Punkt $(\frac{17}{3}, \frac{11}{3})$ mit dem Zielfunktionswert von 108.

Für die Belegungsplanung mit stochastischem Verbrauch aus Abschn. 4.2 treten für den Auftrag 5 die beiden Bedarfe von 1 Liter (l) und 5 l an Spezialflüssigkeit zufällig mit der gleichen Wahrscheinlichkeit von 50 % auf, so dass der erwartete Verbrauch gerade $vb_i = \frac{1}{2} \cdot 1\,\text{l} + \frac{1}{2} \cdot 5\,\text{l} = 3\,\text{l}$ beträgt. Die Verwendung von diesem erwarteten Verbrauch bedeutet, dass dieser Zufallseinfluss ignoriert wird, also quasi „vergessen" wird. Bei einem Verbrauch von 3 l reicht die maximale Tankfüllung, um die sechs Aufträge in einer beliebigen Reihenfolge zu bearbeiten. Eine optimale Lösung ist die Permutation $(1, 2, 3, 4, 5, 6)$ mit der Gesamtverspätung von 28 Zeiteinheiten. Zur Verdeutlichung ist ihre Abarbeitung in Abb. 4.6 als Gantt-Diagramm angegeben und die dabei auftretenden Kennzahlen enthält die Tab. 4.6.

Die Verwendung von diesem Plan bedeutet tatsächlich, das Auftreten von Unsicherheit – i.e. den zufälligen Bedarf – zu „vergessen". Dies bedeutet jedoch nicht, dass diese Unsicherheit nicht mehr auftritt. Salopp gesagt: „selbst, wenn die Planung Unsicherheit vergisst, vergisst die Unsicherheit die Planung nicht". Der Verbrauch an Spezialflüssigkeit tritt zufällig bei der Bearbeitung von Auftrag 5 auf und beträgt in der einen Hälfte der Fälle 1 l und in der anderen Hälfte 5 l. Dabei tritt die folgende Abarbeitung auf.

Tritt bei der Bearbeitung von Auftrag 5 ein Bedarf an Spezialflüssigkeit von 1 l auf, so kann das Gantt-Diagramm in Abb. 4.6 umgesetzt werden, die tatsächliche Abarbeitung erfolgt nach dem Gantt-Diagramm in Abb. 4.7 – die dabei auftretenden Kennzahlen ergeben sich unmittelbar aus Tab. 4.6 und explizit enthält Tab. 4.3 für diesen Fall die Kennzahlen zu dieser optimalen Lösung. Die (maßgebliche) Gesamtverspätung beträgt (weiterhin) 28 Zeiteinheiten.

In der anderen Hälfte der Fälle bewirkt eine Abarbeitung nach dem Gantt-Diagramm in Abb. 4.6, dass nach der Bearbeitung von Auftrag 5 der Tank leer ist. Über den Tankauftrag

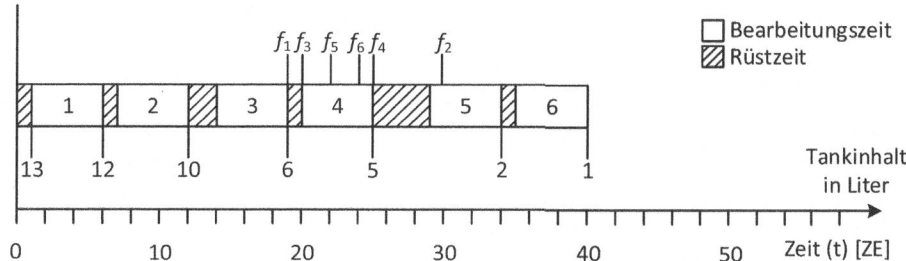

Abb. 4.6 Gantt-Diagramm zur optimalen Lösung bei einem Verbrauch an Spezialflüssigkeit durch den Auftrag 5 von 3 l – i.e. die Permutation $(1, 2, 3, 4, 5, 6)$ – mit ZE für Zeiteinheiten

Tab. 4.6 Abarbeitung der optimalen Lösung (i.e. die Permutation $(1, 2, 3, 4, 5, 6)$) bei einem Verbrauch an Spezialflüssigkeit durch den Auftrag 5 von 3 Liter (l) einschließlich der Kennzahlen; mit ZE für Zeiteinheiten

Auftrag	0	1	2	3	4	5	6
$tr_{\text{Vorgänger}(i),i} + t_i$	–	$1 + 5$	$1 + 5$	$2 + 5$	$1 + 5$	$4 + 5$	$1 + 5$
TI_i [l]	13	12	10	6	5	2	1
F_i [ZE]	–	6	12	19	25	34	40
f_i [ZE]	–	19	30	20	25	22	24
V_i [ZE]	–	0	0	0	0	12	16

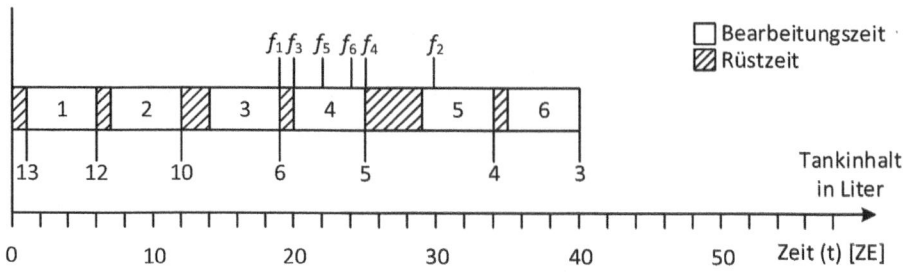

Abb. 4.7 Gantt-Diagramm zur Permutation (1, 2, 3, 4, 5, 6) mit einem Verbrauch an Spezialflüssigkeit durch den Auftrag 5 von 1 Litern; mit ZE für Zeiteinheiten

T ist der Zank wieder aufzufüllen und danach kann der Auftrag 6 bearbeitet werden. Durch die Rüstzeit für T von 5 Zeiteinheiten (ZE) und diejenige für Auftrag 6 von ebenfalls 5 Zeiteinheiten (ZE) minus derjenigen, die beim Übergang von Auftrag 5 zu Auftrag 6 ohnehin angefallen wäre, steigt der Fertigstellungstermin von Auftrag 6 von 40 ZE auf 49 ZE. Da Auftrag 6 bereits in der Permutation (1, 2, 3, 4, 5, 6) bei einem Verbrauch an Spezialflüssigkeit von 11 eine Verspätung hat, erhöht sich diese folglich um 9 ZE. Deswegen ist die (maßgebliche) Gesamtverspätung nun 37 ZE. Dadurch ist die Permutation (1, 2, 3, 4, 5, T, 6) zu bearbeiten, die bei der Einführung dieser Fallstudie in Abschn. 4.2 bereits analysiert wurde. Zur Verdeutlichung ist ihre Abarbeitung in Abb. 4.8 als Gantt-Diagramm angegeben und die dabei auftretenden Kennzahlen enthält die Tab. 4.4.

Da beide Verbräuche an Spezialflüssigkeit (über 11 und 51 für den Auftrag 5) gleich wahrscheinlich sind (also jeweils 50 %), beträgt die erwartete Gesamtverspätung von diesem deterministischen Erwartungswertproblem: $EV_{DE} = \frac{1}{2} \cdot 28\,\text{ZE} + \frac{1}{2} \cdot 37\,\text{ZE} = 32.5\,\text{ZE}$; dabei steht DE für deterministisches Erwartungswertproblem. Es sei betont, dass dieses Ergebnis nur unter der Prämisse erzielt wird, dass eine Anpassung der Permutation (1, 2, 3, 4, 5, 6) möglich ist. Dies entspricht nicht dem Ansatz des Vorgehens, bei dem jeder stochastische Parameter durch einen deterministischen Ersatzwert ersetzt wird. Daher wird diese Mög-

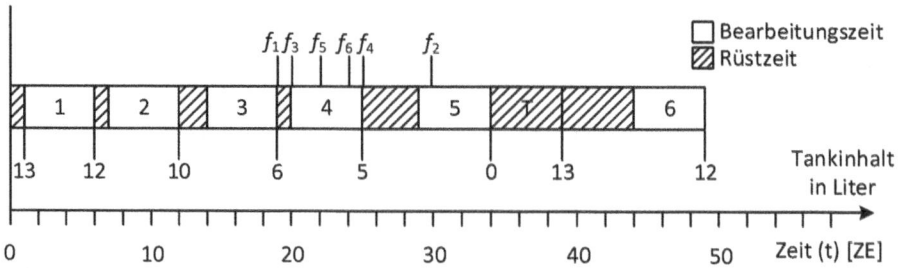

Abb. 4.8 Gantt-Diagramm zur Permutation (1, 2, 3, 4, 5, T, 6) mit einem Verbrauch an Spezialflüssigkeit durch den Auftrag 5 von 5 Litern; mit ZE für Zeiteinheiten

lichkeit bei einer Zulässigkeit im engeren Sinne ausgeschlossen. Es ist also eine Permutation zu bestimmen, die immer umgesetzt werden kann. Auf diesen Aspekt der Zulässigkeitsrobustheit wird im folgenden Abschn. 4.5.2 noch genauer eingegangen.

4.5.2   Deterministisches Korrekturproblem

Bei der Verwendung von Erwartungswerten für die Belegung der (zufälligen) Parameter ist die Wahrscheinlichkeit dafür, dass der tatsächlich auftretende Parameterwert niedriger als der Erwartungswert ist, genauso hoch wie die Wahrscheinlichkeit für den umgekehrten Fall – also die Wahrscheinlichkeit dafür, dass der tatsächlich auftretende Parameterwert höher als der Erwartungswert ist. Bei manchen Problemen sind höhere Parameterwerte (als der Erwartungswert) günstiger für die Zulässigkeit bzw. die Zielfunktionswerterreichung einer Lösung. Dann bietet sich ein Sicherheitszuschlag an – entsprechend bietet sich ein Sicherheitsabschlag an, wenn umgekehrt niedrigere Parameterwerte günstiger sind. Durch einen Sicherheitszuschlag bzw. -abschlag entsteht ein deterministisches Korrekturproblem, welches das Risiko der Zulässigkeit bzw. die Zielfunktionswerterreichung erhöht oder verringert; es wird in der Literatur von Zulässigkeitsrobustheit bzw. von Ergebnis- oder Optimalitätsrobustheit gesprochen.

Es wird das zweidimensionale stochastische lineare Optimierungsproblem aus Abschn. 4.1 betrachtet und die durch ein beliebiges, aber festes Ausgangs-Korrekturproblem bestimmte Lösung (O) wird umgesetzt – i.e. im Sinne des Here-and-now-Vorgehens. Dann könnte diese Lösung O für die (später bekannte) tatsächlich auftretende Parameterbelegung nicht zulässig sein – bei einer industriellen Anwendung beispielsweise dadurch, dass diese Lösung O technisch nicht möglich bzw. umsetzbar ist. Eine Reduktion der Parameterbelegung beim Erwartungswertproblem als Ausgangs-Korrekturproblem von $(\omega_1, \omega_2) = (2, 5)$ um 1 beim Parameter ω_1 und um 3 beim Parameter ω_2 und somit insgesamt auf $(1, 2)$ bewirkt eine optimale Lösung, nämlich den mit 2 bezeichneten optimalen Punkt in der Abb. 4.1, der, wie in Abb. 4.1 zu sehen ist, für alle erlaubten Parameterbelegungen zulässig ist. Damit ist diese Lösung total zulässigkeitsrobust. Deswegen reduziert ein Sicherheitsabschlag (z. B. vom Erwartungswert der Parameterbelegung ausgehend) die Wahrscheinlichkeit dafür, dass das Korrekturproblem eine Lösung bestimmt, die für die (später bekannte) tatsächlich auftretende Parameterbelegung nicht zulässig (bzw. nicht umsetzbar) ist. Somit wird das Risiko einer nicht möglichen Lösung reduziert, was ein risikoscheuer Entscheider präferiert. Die andere Randbelegung der beiden Parameter (i.e. $\omega_1 = 3$ und $\omega_2 = 8$) hat eine maximale Wahrscheinlichkeit von fast 1, dass im Sinne des gerade beschriebenen Vorgehens gegenüber einer tatsächlich auftretenden Parameterbelegung eine nicht umsetzbare Lösung vorliegt. Ein solcher Zuschlag erhöht das Risiko einer unzulässigen Lösung – bei seiner möglichen positiven Wirkung wird von einem Sicherheitszuschlag gesprochen.

Bezogen auf die Zielfunktionswerte wird (bei diesem stochastischen Optimierungsproblem) der beste (i.e. geringste) Zielfunktionswert von allen optimalen Punkten zu allen möglichen Parameterbelegungen durch den mit 4 bezeichneten optimalen Punkt in der Abb. 4.1 erreicht und sein Zielfunktionswert lautet $76\frac{2173913}{500000}$ (dies läßt sich wie zuvor beim deterministischen Erwartungswertproblem berechnen). Den schlechtesten (i. e. höchsten) Zielfunktionswert (aller optimalen Punkte zu allen möglichen Parameterbelegungen) hat der mit 2 bezeichnete optimale Punkt in der Abb. 4.1 und er lautet 168. Der Zielfunktionswert zu den erwarteten Parameterbelegungen lautet 108 und ist unterhalb des Mittelwerts zwischen 168 und $76\frac{2173913}{500000}$ von $122\frac{217391}{1000000}$. Die Belegung der beiden zufälligen Parameter ω_1 und ω_2 durch 1.59 und 4.69 (i. e. $\omega_1 = 1.59$ und $\omega_2 = 4.69$) bewirkt den Zielfunktionswert von 121.99, wodurch der mittlere Zielfunktionswert nahezu erreicht wird. Um den Mittelwert der Zielfunktionswerte durch ein Korrekturproblem zu erreichen, ist somit – gegenüber dem Erwartungswert der Parameterbelegung – ein Sicherheitsabschlag von 0.41 beim Parameter ω_1 und von 0.31 beim Parameter ω_2 erforderlich. Es sei betont, dass auch mit anderen Parameterbelegungen dieser mittlere Zielfunktionswert erreicht werden kann. In jedem Fall muss mindestens eine Parameterbelegung reduziert werden – anderenfalls (bei einer Erhöhung von mindestens einer Parameterbelegung) nimmt der Zielfunktionswert ab; dies ergibt sich aus Abb. 4.1.

Für die Zielfunktionswerterreichung in diesem Beispielproblem wird nun ein Sicherheitsabschlag analysiert, wobei wie bisher auch vorgegangen wird: Die zu einem Korrekturproblem mit Sicherheitsabschlag (gegenüber dem Erwartungswert der Parameterbelegung) bestimmte Lösung (O) wird umgesetzt – i. e. im Sinne des Here-and-now-Vorgehens. Die (später bekannte) tatsächlich auftretende Parameterbelegung bestimmt ein weiteres lineares Optimierungsproblem mit der Lösung (O'). Dann bewirkt eine Erhöhung eines solchen Sicherheitsabschlags, dass die Wahrscheinlichkeit dafür, dass die Zielfunktion von O' ungünstiger als die von O ist, abnimmt. Damit bedeutet ein maximaler Sicherheitsabschlag, dass es keine Parameterbelegung mit einem ungünstigeren (höheren) Zielfunktionswert gibt. In diesem Sinne ist das Korrekturproblem mit einem maximalen Sicherheitsabschlag – also $(\omega_1, \omega_2) = (1, 3)$ – ergebnis- bzw. optimalitätsrobust. Bei der Bewertung dieser Eigenschaft ist zu berücksichtigen, dass auch unzulässige Lösungen auftreten können. Angenommen, dass O – also die durch das Korrekturproblem bestimmte Lösung – bei der tatsächlich auftretende Parameterbelegung nicht zulässig (i. e. nicht umsetzbar) ist. Dann ist es in industriellen Anwendungen oftmals möglich, diese Lösung O so zu verändern, dass sie umsetzbar wird; beispielsweise könnte eine Nichtlieferfähigkeit von einer gewissen Anzahl an Produkten durch einen Zukauf vermieden werden. Dadurch entstehen Kosten, von denen ökonomisch zu erwarten ist, dass diese so hoch sind, dass der dadurch entstehende neue gesamte Zielfunktionswert ungünstiger (bei diesem Beispiel höher) als die optimale Lösung des linearen Optimierungsproblems zur tatsächlich auftretenden Parameterbelegung ist. Beispielsweise könnte in Abb. 4.1 O der Punkt 3 sein und der Punkt 2 ist die optimale Lösung von dem linearen Optimierungsproblem zur tatsächlich auftretenden Parameterbelegung; i. e. $(\omega_1, \omega_2) = (1, 3)$. Es sei betont, dass O nicht in dem Lösungsraum liegt, der durch die tatsächlich auftretende Parameterbelegung bestimmt ist. Die hier vorgeschlagene Ergebnis- bzw. Optimalitätsrobustheit bedeutet somit, dass der Zielfunktionswert von O stets realisierbar wird, auch wenn für manche tatsächlich auftretenden Parameterbelegungen bessere Zielfunktionswerte möglich sind. Dieses Vorgehen wird von einem risikoscheuen Entscheider präferiert. Ist jedoch O bei der tatsächlich auftretende Parameterbelegung zulässig – es liegt also der umgekehrte Fall vor –, dann ist der durch die tatsächlich auftretende Parameterbelegung erzielbare Zielfunktionswert kleiner (also besser) als derjenige von O und es tritt ein Verlust auf. Ein risikofreudiger Entscheider würde versuchen, diesen Verlust durch einen Sicherheitszuschlag zu verringern. Damit verursacht im allgemeinen Fall sowohl ein risikoscheuer Entscheider als auch ein risikofreudiger Entscheider einen Verlust. Als Ausblick und zur Einordnung sei angemerkt, dass dieser Verlust durch die bereits erwähnte Lösung von Kompensationsproblemen, nach Abschn. 4.6.1, minimiert wird.

Für die Belegungsplanung mit stochastischem Verbrauch aus Abschn. 4.2 treten für den Auftrag 5 die beiden Bedarfe von 1 Liter (l) und 5 l an Spezialflüssigkeit zufällig mit der gleichen Wahrscheinlichkeit von 50 % auf. Das Erwartungswertproblem liefert für den Verbrauch von 1 l eine optimale und damit insbesondere zulässige Lösung. Diese ist jedoch für den Verbrauch von 5 l unzulässig im engeren Sinne; nach Abschn. 4.5.1 kann aus dieser eine zulässige gemacht werden, worauf später eingegangen werden wird. Die beim Verbrauch von 5 l optimale Lösung – i.e. die Permutation $(6, 5, 3, 2, 1, T, 4)$, s. den Abschn. 4.4 – ist auch beim Verbrauch von 1 l zulässig (eine zulässige Lösung). Die Verwendung dieser Lösung ist die Lösung des Korrekturproblems, bei dem stets ein Verbrauch (an Spezialflüssigkeit) von 5 l unterstellt wird. Dadurch liegt ein Sicherheitszuschlag auf den Verbrauch (an Spezialflüssigkeit) von 2 l gegenüber dem Erwartungswert der Parameterbelegung vor. Er bewirkt, dass dieses Korrekturproblem K_{2l} total zulässigkeitsrobust ist. Es sei angemerkt, dass die Integration eines Tankauftrags (T) in die Permutation $(1, 2, 3, 4, 5, 6)$, unmittelbar nach der Bearbeitung von Auftrag 5, wodurch die Permutation $(1, 2, 3, 4, 5, T, 6)$ entsteht, ebenfalls ein zulässiger Plan für den Verbrauch von 5 l ist; im Abschn. 4.5.1 ist dies im Detail erläutert. Damit ist dieser Plan ebenfalls total zulässigkeitsrobust. Aber es gibt kein Korrekturproblem mit diesem Plan als (optimale) Lösung.

Dieses durch den Sicherheitszuschlag gebildete Korrekturproblem K_{2l} ist auch für die Güte der Lösung vorteilhaft. Es hat eine kumulierte Verspätung von 31 Zeiteinheiten (ZE). Der optimale Plan für den Verbrauch von 5 l ist auch bei dem Verbrauch von 1 l zulässig im engeren Sinne, und zwar mit der gleichen Verspätung (der Flüssigkeitsverbrauch hat keinen Einfluss auf die Bearbeitungs- und Rüstzeiten) von 31 ZE. K_{2l} ist daher ergebnis- bzw. optimalitätsrobust. Wird eine Korrektur der Lösung des Erwartungswertproblems, nach dem die Parameterbelegung aufgetreten ist – genauso wie beim zweidimensionalen stochastischen linearen Optimierungsproblem (s. o.) – erlaubt und erfolgt diese, wie im Abschn. 4.5.1 vorgeschlagen wurde, so erhöht sich die Verspätung von 28 ZE bei einem Verbrauch von 1 l auf 37 ZE bei einem Verbrauch von 5 l. Die resultierende zu erwartende Gesamtverspätung ist mit 32.5 ZE höher als die durch das ergebnis- bzw. optimalitätsrobuste Korrekturproblem K_{2l}. Bei der allgemeineren Form der Zulässigkeit könnte Ergebnis- bzw. Optimalitätsrobustheit als Beibehaltung der Permutation interpretiert werden. In jedem Fall ist die Abweichung von der perfekten Lösung beim Korrekturproblem (aufgrund des Sicherheitszuschlags) geringer als beim Erwartungswertproblem. Damit ist dieser Sicherheitszuschlag auch ein Sicherheitszuschlag für den Zielfunktionswert.

In diesen Fallstudien wurden Korrekturprobleme durch Sicherheitskorrekturen von den Parametern der jeweiligen (deterministischen) Erwartungswertprobleme gebildet. Sie belegen, dass gegenüber den später bekannten zufälligen Einflüssen die Zulässigkeit der Lösung und ihre Güte sich verbessern lassen. Allerdings belegen sie ferner, dass die Bestimmung geeigneter Sicherheitskorrekturen aufwendig ist. Möglich ist die Sensitivitätsanalyse und, wie bereits erwähnt, liefert der im Abschn. 4.6.1 vorgestellte Ansatz eine Lösung für den allgemeinen Fall.

4.5.3 Deterministisches Worst-case- bzw. Best-case- Problem

In der Literatur wird unter einem Worst-case-Problem ein (deterministisches) Korrekturproblem verstanden, bei dem das Risiko soweit wie möglich verringert wird. Nach den Überlegungen zum (deterministischen) Korrekturproblem (s. Abschn. 4.5.2) wird das Risiko sowohl im Hinblick auf die Zulässigkeit als auch im Hinblick auf die Zielfunktionswerterreichbarkeit durch einen Sicherheitsabschlag, beispielsweise ausgehend vom Erwartungswert der Parameterbelegung, reduziert. Damit ist das deterministische Worst-case-Problem ein (deterministisches) Korrekturproblem zu der Belegung der beiden zufälligen Parameter ω_1 und ω_2 durch 1 und 2, und es bewirkt den mit 2 bezeichneten optimalen Punkt in der Abb. 4.1.

Bei der Belegungsplanung mit stochastischem Verbrauch aus Abschn. 4.2 gibt es nach den Überlegungen zum (deterministischen) Korrekturproblem im Abschn. 4.5.2 ein total zulässigkeitsrobustes Korrekturproblem. Zugleich ist es ein (deterministisches) Worst-case-Problem für die Zulässigkeit. Ausgehend von dem Erwartungswert der Parameterbelegung führt deswegen ein maximaler Sicherheitszuschlag zu einem Worst-case-Problem; also dasjenige Korrekturproblem, bei dem stets ein Verbrauch (an Spezialflüssigkeit) von 5 l unterstellt wird.

Für eine Zulässigkeit im engeren Sinne führt nach den Überlegungen zum (deterministischen) Korrekturproblem im Abschn. 4.5.2 ein maximaler Sicherheitszuschlag zu dem Erwartungswert der Parameterbelegung zu einem Worst-case-Problem für die Zielfunktionswerterreichung; es sei angemerkt, dass im Abschn. 4.5.2 die Ergebnis- bzw. Optimalitätsrobustheit im Detail analysiert wurde.

Diese Überlegungen zu den beiden Beispielen zeigen bereits, dass die von einem Worst-case-Problem (vor allem für die Zulässigkeit, aber auch für die Zielfunktionswerterreichung) bestimmten Lösungen sehr hohe Sicherheitsreserven aufweisen und dass dies, in der Regel, zu Lasten der Lösungsgüte geht. Noch deutlicher ist dieser Effekt im Rahmen der detaillierten Analyse der Belegungsplanung im Abschn. 4.6.1, vor allem in Tab. 4.15, zu beobachten – die nach den folgenden Überlegungen zum Best-case-Problem zu erwartenden entsprechenden

Effekte treten auch bei der Belegungsplanung auf und sind ebendort – s. Abschn. 4.6.1 und vor allem Tab. 4.15 – ebenfalls zu beobachten.

Das deterministische Best-case-Problem ist, wie das deterministische Worst-case-Problem, ein Korrekturproblem. Während beim deterministischen Worst-case-Problem das Risiko so gering wie möglich ist, wird beim deterministischen Best-case-Problem maximales Risiko – also eine möglichst hohe Risikofreude – unterstellt. In diesem Sinne wird ein maximaler Sicherheitszu- bzw. abschlag verwendet – ansonsten sind beide Probleme analog definiert.

Nach den Überlegungen zum Worst-case-Problem und denen zum Korrekturproblem für das zweidimensionale stochastische lineare Optimierungsproblem aus Abschn. 4.1 erhöht ein höherer Sicherheitszuschlag das Risiko der Nicht-Zulässigkeit und der Nicht-Zielfunktionswerterreichung. Folglich hat das deterministische Best-case-Problem die Belegung der beiden zufälligen Parameter ω_1 und ω_2 durch 3 und 8 – es ist also der mit 4 bezeichnete optimale Punkt in der Abb. 4.1. Das Best-case-Problem ist somit überhaupt nicht zulässigkeitsrobust und seine optimale Lösung wird fast nie erreicht.

Bei der Belegungsplanung mit stochastischem Verbrauch ist nach den Überlegungen zum (deterministischen) Korrekturproblem im Abschn. 4.5.2 das Erwartungswertproblem unzulässig im engeren Sinne. Deswegen ist es ein Best-case-Problem für die Zulässigkeit. Da das Erwartungswertproblem den optimalen Zielfunktionswert für einen Verbrauch (an Spezialflüssigkeit) von 11 bewirkt, ist es zugleich ein Best-case-Problem für die Zielfunktionswerterreichung. Es sei angemerkt, dass gegenüber dem Erwartungswert der Parameterbelegung somit kein Sicherheitszuschlag oder -abschlag zu bilden ist, um ein Best-case-Problem sowohl für die Zulässigkeit als auch für die Zielfunktionswerterreichung zu erhalten. Für die allgemeinere Form der Zulässigkeit sei auf die Analyse im Abschn. 4.5.2 verwiesen.

4.6   Mehrwertige Berücksichtigung von Unsicherheit

Bei der einwertigen Berücksichtigung von Unsicherheit wurde jeder stochastische Parameter durch einen deterministischen Ersatzwert ersetzt. Dies kann als Abschätzen der Unsicherheit bezeichnet werden. Dabei werden wie bei Sicherheitszu- bzw. abschlägen – im Rahmen von deterministischen Korrekturproblemen, s. Abschn. 4.5.2 – Eigenschaften des Problems ausgenutzt. Das resultierende Optimierungsproblem ohne Unsicherheit wird gelöst und diese Lösung wird nach dem Here-and-now-Vorgehen für jede (später bekannte) tatsächlich auftretende Unsicherheit umgesetzt.

Demgegenüber wird bei einer mehrwertigen Berücksichtigung von Unsicherheit die vorhandene Beschreibung der Unsicherheit, primär über Szenarien mit ihren Eintrittswahrscheinlichkeiten, explizit und möglichst vollständig verwendet. In der Literatur werden zwei grundsätzliche Ansätze diskutiert, die sich in der Behandlung der Unzulässigkeit bei Unsicherheit unterscheiden; es sei betont und dies zeigt sich später in einem Beispiel, dass dieser Ansatz auch anwendbar ist, wenn keine Unzulässigkeit auftritt – aber das Vermeiden von Unzulässigkeit ist der übliche Anwendungsfall und viele verstehen das Konzept daran am besten. Beim „Kompensations"-Ansatz werden Unzulässigkeiten erlaubt, aber bestraft, und beim „Chance-Constrainted"-Ansatz werden Restriktionen aufgrund von Wahrscheinlichkeiten relaxiert.

4.6.1 Kompensation bzw. Bestrafen des Defizits

Die Kernidee dieses Ansatzes besteht in der Ermittlung einer Lösung, die für zufällige Einflussfaktoren unzulässig sein dürfte. In einem realen Anwendungsszenario könnte beispielsweise ein Unternehmen eine Lieferfähigkeit garantieren, aber für einen selten auftretenden Bedarf nach einem Produkt, der grundsätzlich zufällig ist, keine ausreichende Produktionskapazität besitzen (und diesen Produktionsrückstand auch nicht aufholen können – ggf. auch aufgrund von weiteren (auch zukünftigen) Bedarfen). Eine solche zu geringe Produktion, also eine Fehlmenge, könnte beispielsweise dadurch ausgeglichen werden, indem die nicht produzierte Menge von einem Lieferanten beschafft wird. Dadurch wird bei diesem Ansatz eine unzulässige Lösung – in dem Beispiel in Form einer zu geringen Produktionskapazität – durch eine Gegenmaßnahme kompensiert – in dem Beispiel in Form eines Zukaufs bei einem Lieferanten – und damit erlaubt. Eine solche Kompensation bzw. Kompensationsmaßnahme wird erst ergriffen, wenn dieser (seltene) Fall tatsächlich auftritt. Um die Auswirkungen einer solchen Maßnahme bereits in der Lösung zu berücksichtigen, es wird von antizipieren gesprochen, wird jede Restriktionsverletzung bewertet und mit Strafkosten gewichtet; also in dem Beispiel durch Fehlmengenkosten in der Höhe der Ersatzbeschaffung, und zwar wie unten ausgeführt wird, als Teil der (neuen) Zielfunktion. Dabei wird eine Verletzung der Nichtnegativitätsbedingung von der beliebigen Verletzbarkeit der Restriktionen ausgeschlossen. Es sei daran erinnert, dass von einem linearen Optimierungsproblem in Normalform, und damit von einem Minimierungsproblem, ausgegangen wird. Eine Lösung des resultierenden Minimierungsproblems, welches in der Literatur als Kompensationsproblem bezeichnet wird, ist eine gesuchte (optimale) Lösung des (ursprünglichen) stochastischen Optimierungsproblems.

Anhand des folgenden Problems wird nun das Vorgehen erläutert. Es handelt sich um das ursprüngliche zweidimensionale stochastische lineare Optimierungsproblem mit der zusätzlichen Restriktion $x_2 \leq u$, wobei u gleichverteilt im Intervall $[1, 3]$ ist. Dadurch existieren Kombinationen von Konkretisierungen der Parameter ω_1, ω_2 und u so, dass das dadurch resultierende deterministische lineare Optimierungsproblem nicht lösbar ist. Es liegen somit drei Restriktionen mit zufälligem Einfluss vor, nämlich:

$$\omega_1 \, x_1 + \ 1 \, x_2 \geq 15 \qquad\qquad\qquad\qquad \text{1. Restriktion.}$$
$$1 \, x_1 + \omega_2 \, x_2 \geq 24 \qquad\qquad\qquad\qquad \text{2. Restriktion.}$$
$$x_2 \leq u \qquad\qquad\qquad\qquad \text{3. Restriktion.}$$

Es wird nun eine konkrete Belegung von x (bzw. Entscheidung für x) angenommen, die die drei Restriktionen verletzt. Im Fall der Restriktion $\omega_1 x_1 + 1 x_2 \geq 15$ bedeutet eine Restriktionsverletzung, dass $\omega_1 x_1 + 1 x_2 < 15$ gilt und es gibt ein $y_1 > 0$, mit $\omega_1 x_1 + 1 x_2 + y_1 \geq 15$. Entsprechend existiert bei einer Verletzung der 2. Restriktion ein $y_2 > 0$ mit $1 x_1 + \omega_2 x_2 + y_2 \geq 24$. Im Fall der Restriktionsverletzung von $x_2 \leq u$ gilt $x_2 > u$ und es gibt ein $y_3 > 0$ mit $x_2 - y_3 \leq u$. Jede Restriktionsverletzung y_i wird mit Strafkosten von c_i, für alle $1 \leq i \leq 3$, bewertet. Damit lautet der Zielfunktionswert: $10 \cdot x_1 + 14 \cdot x_2 + c_1 \cdot y_1 + c_2 \cdot y_2 + c_3 \cdot y_3$. Keine Verletzung der i-ten Restriktion ($1 \leq i \leq 3$) bewirkt $y_i = 0$. Zur Bewertung aller Restriktionenverletzungen durch jede mögliche Belegung von x wird häufig der Erwartungswert als Zielkriterium verwendet; für Alternativen sei auf Claus et al. (2021) verwiesen. Damit liegt das folgende Optimierungsproblem vor:

$$
\min_{(x_1,x_2)\in\mathbb{R}_+^2}\left\{10\,x_1 + 14\,x_2 + E_{(\omega_1,\omega_2,u)\in([1,3],[2,8],[1,3])}\left(\min_{(y_1,y_2,y_3)\in\mathbb{R}_+^3}\{c_1\,y_1 + c_2\,y_2 + c_3\,y_3;\right.\right.
$$

$$
\left.\left. y_1 \geq 15 - \omega_1\,x_1 - x_2 \ \wedge\ y_2 \geq 24 - x_1 - \omega_2\,x_2 \ \wedge\ y_3 \geq -u + x_2\}\right)\right\}.
$$

Dieses Optimierungsproblem wird, wie bereits erwähnt, in der Literatur als Kompensationsproblem bezeichnet und es hat bereits nahezu die häufig untersuchte Normalform zu Kompensationsproblemen, auf die im Abschn. 4.7 näher eingegangen werden wird.

Dieses Kompensationsproblem hat eine optimale Lösung, die aus einer Belegung der Variablen x_1 und x_2 besteht. Der optimale Zielfunktionswert besteht aus dem Term $10\,x_1 + 14\,x_2$ und der von der Belegung der Variablen x_1 und x_2 abhängigen Funktion $E_{(\omega_1,\omega_2,u)\in([1,3],[2,8],[1,3])}(\min_{(y_1,y_2,y_3)\in\mathbb{R}_+^3}\{c_1\,y_1 + c_2\,y_2 + c_3\,y_3;\ y_1 \geq 15 - \omega_1\,x_1 - x_2 \wedge y_2 \geq 24 - x_1 - \omega_2\,x_2 \wedge y_3 \geq -u + x_2\})$, die als Kompensationsfunktion – i.e. recourse function – bezeichnet wird. Diese Kompensationsfunktion gibt zu einer Lösung, i.e. einer Belegung der Variablen x_1 und x_2, und zu einem tatsächlichen zufälligen Einfluss, i.e. zu tatsächlichen Werten für die Parameter ω_1, ω_2 und u, an, wie etwaige Restriktionsverletzungen zu korrigieren sind, nämlich durch die Belegung der Variablen y_1, y_2 und y_3, aufgrund der Restriktionen $y_1 \geq 15 - \omega_1\,x_1 - x_2 \ \wedge\ y_2 \geq 24 - x_1 - \omega_2\,x_2 \ \wedge\ y_3 \geq -u + x_2$. Diese Eigenschaft wird als eine Zweistufigkeit interpretiert: Die Belegung der Variablen x_1 und x_2 wird als eine (optimale) Entscheidung auf der ersten Stufe – i.e. first-stage decision – bezeichnet. Die gerade vorgestellte Belegung der Variablen y_1, y_2 und y_3 zu einem tatsächlichen zufälligen Einfluss wird als Kompensation bzw. Kompensationsmaßnahme oder als Entscheidung auf der zweiten Stufe – i.e. recourse action (second-stage action) – bezeichnet. Beides zusammen bildet die (vollständige) Kompensationslösung. Durch die simultane Optimierung beider Planungsstufen, wird, wie oben bereits erwähnt, eine Kompensation bzw. -maßnahme in die Entscheidung auf der ersten Stufe antizipiert. Hierauf wird für den allgemeinen Fall im Abschn. 4.7 noch näher eingegangen werden.

Für das Here-and-now-Vorgehen bedeutet die Lösung dieses Kompensationsproblems nun Folgendes. Es ergibt sich unmittelbar aus dem Vorhergehenden und seine ausführliche Beschreibung möge der Verdeutlichung dienen. Die Entscheidung auf der ersten Stufe, nämlich die Belegung von x, wird unabhängig von der (später bekannten) tatsächlich auftretenden Parameterbelegung (stets) umgesetzt. Ist die konkrete Ausprägung der zufälligen Parameter ω_1, ω_2 und u schließlich bekannt, so wird eine etwaige Verletzung der i-ten Restriktion durch das kleinste mögliche y_i behoben. Diese y_i, für alle $1 \leq i \leq 3$, sind bereits durch die Lösung dieses Kompensationsproblems bestimmt worden, eben durch die zweite Stufe. Durch diese simultane Optimierung dieser beiden Planungsstufen ist diese Konkretisierung von des Here-and-now-Vorgehens für jeden möglichen Zufallseinfluss im Mittel optimal.

Bei der Belegungsplanung mit stochastischem Verbrauch aus Abschn. 4.2 ist nach Tab. 4.3 in Abschn. 4.2 die Permutation $(1, 2, 3, 4, 5, 6)$ ein zulässiger Plan bei einem Verbrauch an Spezialflüssigkeit von 1 Liter (l) durch den Auftrag 5 mit einer Gesamtverspätung von 28 Zeiteinheiten (ZE). Bei einem Verbrauch von 5 l durch den Auftrag 5 ist nach der Produktion der (Teil-)Permutation $(1, 2, 3, 4, 5)$ der Tank leer, s. Tab. 4.4 in Abschn. 4.2, weswegen die (Gesamt-)Permutation $(1, 2, 3, 4, 5, 6)$ unzulässig ist. Nach einem Tankauftrag (T) kann der Auftrag 6 produziert werden, s. Tab. 4.4 in Abschn. 4.2, wodurch nun nach der Permutation $(1, 2, 3, 4, 5, T, 6)$ produziert wird. Das Einfügen des Tankauftrags (T) nach dem Beenden von Auftrag 5 mit einem Verbrauch von 5 l ist eine Kompensation bzw. Kompensationsmaßnahme, mit der aus einer unzulässigen Permutation (bzw. Plan) eine zulässige Permutation gemacht wird, und diese verursacht eine Gesamtverspätung von 37 ZE. Da nach der Produktion von Auftrag 5 Sicherheit über den Verbrauch an Spezialflüssigkeit durch Auftrag 5 besteht – in diesem Sinne, diese Unsicherheit über den tatsächlichen Verbrauch beseitigt ist – kann dann deterministisch entschieden werden, wie die Produktion beendet wird – eben mit oder ohne Tankauftrag. Beide Verbräuche (an Spezialflüssigkeit) seien nun (und im Folgenden) gleich wahrscheinlich. Dann beträgt die erwartete Gesamtverspätung: $\frac{1}{2} \cdot 28 \text{ ZE} + \frac{1}{2} \cdot 37 \text{ ZE} = 32.5 \text{ ZE}$.

Zur Verdeutlichung wird dieses Ergebnis noch etwas anders dargestellt. Die Permutation $(1, 2, 3, 4, 5, 6)$ stellt eine Lösung der Belegungsplanung mit stochastischem Verbrauch aus Abschn. 4.2 dar, wobei die bei einem Verbrauch von 5 l an Spezialflüssigkeit durch den Auftrag 5 bestehende Unzulässigkeit durch das Einfügen eines Tankauftrags als Kompensationsmaßnahme behoben wird. Dann – beim Verbrauch von 5 l – besteht ein Unterschied zwischen der geplanten Permutation – i.e. $(1, 2, 3, 4, 5, 6)$ – und der tatsächlich durchgeführten Permutation – $(1, 2, 3, 4, 5, T, 6)$. Die geplante Permutation (i.e. $(1, 2, 3, 4, 5, 6)$) ist somit die Entscheidung auf der ersten Stufe – i.e. first-stage decision. Ist der tatsächlich eintretende Verbrauch bekannt (i.e. es liegt keine Unsicherheit mehr vor) dann wird eine Entscheidung umgesetzt, die bereits auf der zweiten Stufe gefällt worden war: entweder wird die Entscheidung auf der ersten Stufe weiter umgesetzt (beim Verbrauch von 1 l) oder diese (Entscheidung) wird durch die (zuvor) genannte Kompositionsmaßnahme – i.e. recourse action (second-stage action) – verändert (beim Verbrauch von 5 l). Beides zusammen bildet die (vollständige) Kompensationslösung.

Die Permutation $(1, 2, 3, 4, 5, T, 6)$ ist bereits eine zulässige Lösung für beide Verbräuche. Bei einem Verbrauch von 1 l ist der Verzicht auf den Tankauftrag T ebenfalls eine Kompensationsmaßnahme. Sie bewirkt eine Verbesserung einer zulässigen Lösung. Daher demonstriert diese Fallstudie, dass eine solche Kompensation bzw. -maßnahme nicht auf das Beseitigen einer Unzulässigkeit beschränkt ist, sondern eine Entscheidung auf der ersten Stufe in Abhängigkeit von der tatsächlich auftretenden Unsicherheit angepasst werden kann. Ein weiteres Beispiel hierfür ist das Folgende. Ist ein Tankauftrag ausschließlich unmittelbar nach Auftrag 5 als Kompensationsmaßnahme zulässig, so handelt es sich bei der Permutation $(1, 2, 3, 4, 5, 6)$, für einen Verbrauch von 1 l, und bei der Permutation $(1, 2, 3, 4, 5, T, 6)$, für einen Verbrauch von 5 l, um eine optimale (vollständige) Kompensationslösung. Ist jedoch eine Kompenationsmaßnahme möglich, bei der der Tankauftrag an einer beliebigen Position nach dem Auftrag 5 eingeplant werden kann, so existiert eine bessere Kompensationslösung. Bei diesem Entscheidungsspielraum ist die Permutation $(6, 5, 3, 2, 1, T, 4)$ eine optimale Entscheidung auf der ersten Stufe. Diese Permutation ist eine optimale Lösung bei einem Verbrauch an Spezialflüssigkeit von 5 l durch den Auftrag 5 mit einer Gesamtverspätung von 31 Zeiteinheiten (ZE). Ihre Abarbeitung ist in Abb. 4.9 als Gantt-Diagramm dargestellt und die dabei auftretenden Kennzahlen befinden sich in Tab. 4.7. Bei einem Verbrauch an Spezialflüssigkeit von 1 l durch den Auftrag 5 wird eine Kompensationsmaßnahme (i.e. Entscheidung auf der zweiten Stufe) durchgeführt, und es wird nach der Permutation $(6, 5, 3, 2, 1, 4)$ produziert. Sie hat die in Abb. 4.10 als Gantt-Diagramm dargestellte Abarbeitung, mit den in Tab. 4.8 angegebenen Kennzahlen. Dabei liegt eine Gesamtverspätung von 30 Zeiteinheiten (ZE) vor, die um 2 ZE höher als die minimale ist. Dadurch beträgt die erwartete Gesamtverspätung: $\frac{1}{2} \cdot 30\,\text{ZE} + \frac{1}{2} \cdot 31\,\text{ZE} = 30.5\,\text{ZE}$; also wird eine Verbesserung um 2 ZE erreicht.

Zur Verdeutlichung von Kompensationsproblemen und -lösungen, wird diese Belegungsplanung mit stochastischem Verbrauch wie folgt erweitert. Es werden die zusätzlichen Verbräuche an Spezialflüssigkeit von 3 l, 7 l und 9 l durch den Auftrag 5 zugelassen. Da die Permutation $(1, 2, 3, 4, 5, 6)$ optimal für einen Verbrauch von 1 l ist und am Produktionsende (von allem Aufträgen) der Tankinhalt 3 l beträgt (s. Abb. 4.2 und Tab. 4.3) ist diese

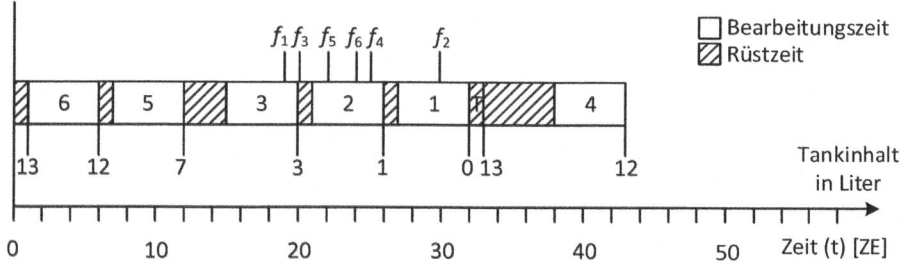

Abb. 4.9 Gantt-Diagramm zur Permutation $(6, 5, 3, 2, 1, T, 4)$ mit einem Verbrauch an Spezialflüssigkeit durch den Auftrag 5 von 5 Litern

Tab. 4.7 Abarbeitung der Permutation $(6, 5, 3, 2, 1, T, 4)$ bei einem Verbrauch an Spezialflüssigkeit durch den Auftrag 5 von 5 l einschließlich der Kennzahlen

Auftrag	0	6	5	3	2	1	7	4
$tr_{\text{Vorgänger}(i),i} + t_i$ [ZE]	–	1 + 5	1 + 5	3 + 5	1 + 5	1 + 5	1 + –	5 + 5
Tl_i [l]	13	12	7	3	1	0	13	12
F_i [ZE]	–	6	12	20	26	32	33	43
f_i [ZE]	–	24	22	20	30	19	–	25
V_i [ZE]	–	0	0	0	0	13	–	18

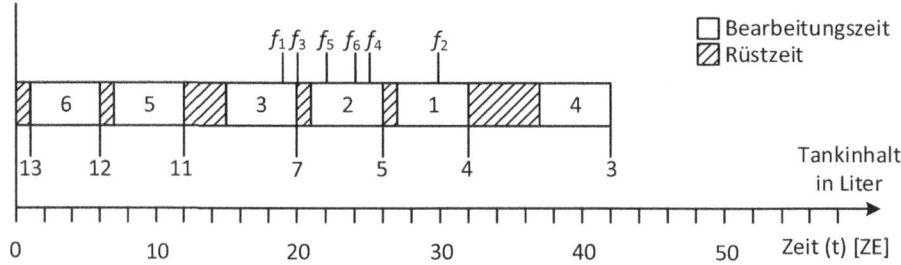

Abb. 4.10 Gantt-Diagramm zur Permutation $(6, 5, 3, 2, 1, 4)$ mit einem Verbrauch an Spezialflüssigkeit durch den Auftrag 5 von 1 l

Tab. 4.8 Abarbeitung der Permutation $(6, 5, 3, 2, 1, 4)$ bei einem Verbrauch an Spezialflüssigkeit durch den Auftrag 5 von 1 l einschließlich der Kennzahlen

Auftrag	0	6	5	3	2	1	4
$tr_{\text{Vorgänger}(i),i} + t_i$ [ZE]	–	1 + 5	1 + 5	3 + 5	1 + 5	1 + 5	5 + 5
Tl_i [l]	13	12	11	7	5	4	3
F_i [ZE]	–	6	12	20	26	32	42
f_i [ZE]	–	24	22	20	30	19	25
V_i [ZE]	–	0	0	0	0	13	17

Permutation $(1, 2, 3, 4, 5, 6)$ zugleich eine optimale Lösung beim Verbrauch von 3 l; dies ist auch in der zusammenfassenden Tab. 4.15 über optimale Lösungen der Korrekturprobleme zu den möglichen Verbräuchen angegeben.

Bei einem Verbrauch von 7 l ist eine optimale Lösung in Abb. 4.11 als Gantt-Diagramm dargestellt, mit den in Tab. 4.9 angegebenen Kennzahlen, wobei die Gesamtverspätung 32 ZE beträgt; dies ist ebenfalls in Tab. 4.15 angegeben.

Bei einem Verbrauch von 9 l ist eine optimale Lösung in Abb. 4.12 als Gantt-Diagramm dargestellt, mit den in Tab. 4.10 angegebenen Kennzahlen, wobei die Gesamtverspätung 37 ZE beträgt; dies ist auch in Tab. 4.15 angegeben.

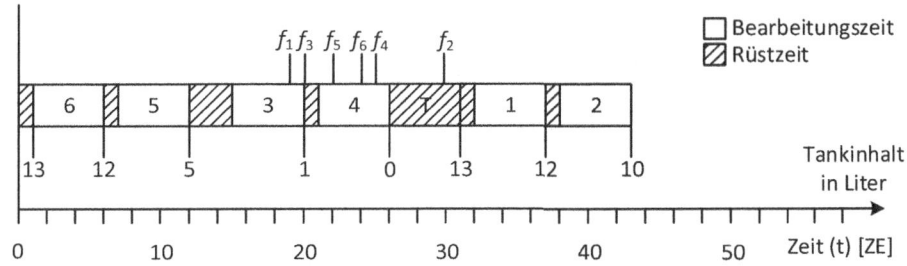

Abb. 4.11 Gantt-Diagramm zur Permutation $(6, 5, 3, 4, T, 1, 2)$ mit einem Verbrauch an Spezialflüssigkeit durch den Auftrag 5 von 7 Litern

Tab. 4.9 Abarbeitung der Permutation $(6, 5, 3, 4, T, 1, 2)$ bei einem Verbrauch an Spezialflüssigkeit durch den Auftrag 5 von 7 l einschließlich der Kennzahlen

Auftrag	0	6	5	3	4	T	1	2
$tr_{\text{Vorgänger}(i),i} + t_i$ [ZE]	–	$1 + 5$	$1 + 5$	$3 + 5$	$1 + 5$	$5 + -$	$1 + 5$	$1 + 5$
Tl_i [l]	13	12	5	1	0	13	12	10
F_i [ZE]	–	6	12	20	26	31	37	43
f_i [ZE]	–	24	22	20	25	–	19	30
V_i [ZE]	–	0	0	0	1	–	18	13

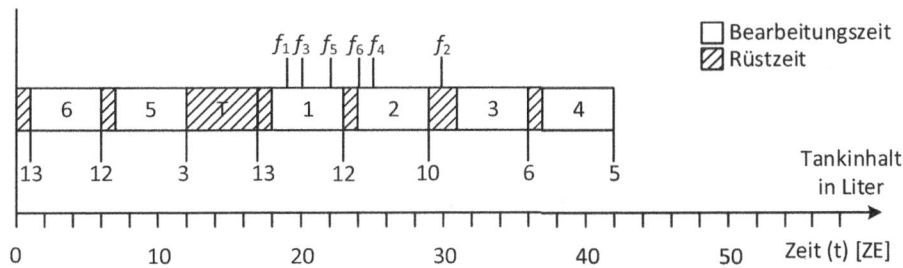

Abb. 4.12 Gantt-Diagramm zur Permutation $(6, 5, T, 1, 2, 3, 4)$ mit einem Verbrauch an Spezialflüssigkeit durch den Auftrag 5 von 9 Litern

Damit kann die optimale Kompensationslösung bei einem Verbrauch an Spezialflüssigkeit durch den Auftrag 5 von 1 l und von 5 l um diese optimalen Lösungen bei einem Verbrauch von 7 l und 9 l erweitert werden, indem der Tankauftrag entsprechend früher durchgeführt wird; dies ist im Detail in Tab. 4.11 angegeben. Es sei angemerkt, dass mit dem ILOG-Modell die Optimalität dieser Kompensationslösung nachgewiesen werden kann. Allgemein formuliert legt eine solche Kompensationslösung die Position von Auftrag 5 fest und zugleich alle vor dem Auftrag 5 zu produzierenden Aufträge einschließlich ihrer Reihenfolge. Bei diesen Verbräuchen erhält Auftrag 5 die Position 2 und lediglich Auftrag 6 ist

Tab. 4.10 Abarbeitung der Permutation $(6, 5, T, 1, 2, 3, 4)$ bei einem Verbrauch an Spezialflüssigkeit durch den Auftrag 5 von 91 einschließlich der Kennzahlen

Auftrag	0	6	5	T	1	2	3	4
$tr_{\text{Vorgänger}(i),i} + t_i$ [ZE]	–	$1+5$	$1+5$	$5+-$	$1+5$	$1+5$	$2+5$	$1+5$
TI_i [l]	13	12	3	13	12	10	6	5
F_i [ZE]	–	6	12	17	23	29	36	42
f_i [ZE]	–	24	22	–	19	30	20	25
V_i [ZE]	–	0	0	–	4	0	16	17

Tab. 4.11 Optimale vollständige Kompensationslösung bei Verbräuchen an Spezialflüssigkeit durch den Auftrag 5 von 1 Liter (l), 31, 51, 71 und 91

Verbrauch an Spezial-flüssigkeit (Auftrag 5)	Entscheidung auf 1. Stufe	Kompensati-onsmaßnahme	Kompensa-tionslösung	Gesamt-verspätung
1 l	$(6, 5)$	$(3, 2, 1, 4)$	$(6, 5, 3, 2, 1, 4)$	30 ZE
3 l	$(6, 5)$	$(3, 2, 1, 4)$	$(6, 5, 3, 2, 1, 4)$	30 ZE
5 l	$(6, 5)$	$(3, 2, 1, T, 4)$	$(6, 5, 3, 2, 1, T, 4)$	31 ZE
7 l	$(6, 5)$	$(3, 4, T, 1, 2)$	$(6, 5, 3, 4, T, 1, 2)$	32 ZE
9 l	$(6, 5)$	$(T, 1, 2, 3, 4)$	$(6, 5, T, 1, 2, 3, 4)$	37 ZE

vor Auftrag 5 zu produzieren, und zwar, zwangsläufig, als Erstes (an Position 1). Nur diese (Teil-)Permutation $(6, 5)$ ist die Entscheidung auf der ersten Stufe. Nach der Bearbeitung von Auftrag 5, als zweiten Auftrag, ist der tatsächlich eintretende Verbrauch bekannt (i.e. es liegt keine Unsicherheit mehr vor). Dann erfolgt die Produktion der restlichen vier Aufträge (nämlich 1, 2, 3 und 4). Für jeden möglichen Verbrauch (1 l, 3 l, 5 l, 7 l und 9 l) handelt es sich dann um ein deterministisches Planungsproblem. Diese deterministischen Planungspro-bleme werden alle auf der zweiten Stufe gelöst und ihre Lösungen sind alle Entscheidungen auf der zweiten Stufe. Sie sind in der Tab. 4.11 angegeben. Diese Kompensationsmaßnah-men korrigieren die Permutation $(6, 5)$ mit den nicht geplanten Aufträgen 1, 2, 3 und 4 unter Berücksichtigung des (bekannten) tatsächlich auftretenden Verbrauchs an Spezialflüssig-keit durch den Auftrag 5. Bei einer Gleichverteilung dieses Verbrauchs beträgt die erwartete Gesamtverspätung: $\frac{1}{5} \cdot 30\,\text{ZE} + \frac{1}{5} \cdot 30\,\text{ZE} + \frac{1}{5} \cdot 31\,\text{ZE} + \frac{1}{5} \cdot 32\,\text{ZE} + \frac{1}{5} \cdot 37\,\text{ZE} = 32\,\text{ZE}$.

Es ist zu erwarten, dass beim Auftreten eines noch höheren Verbrauchs das Kom-pensationsproblem eine höhere erwartete Gesamtverspätung besitzt. Nach Tab. 4.15 ist dazu eine maximale Erhöhung erforderlich, nämlich auf 13 l. Dann ist die Permutation $(1, 2, 3, 4, 6, T, 5)$ mit einer Gesamtverspätung von 39 Zeiteinheiten eine optimale Lösung, die in Abb. 4.13 als Gantt-Diagramm dargestellt ist und die die in Tab. 4.12 angegebenen Kennzahlen hat.

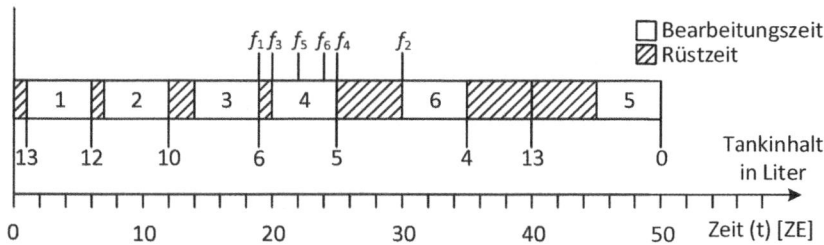

Abb. 4.13 Gantt-Diagramm zur Permutation $(1, 2, 3, 4, 6, T, 5)$ mit einem Verbrauch an Spezialflüssigkeit durch den Auftrag 5 von 13 Litern

Tab. 4.12 Abarbeitung der Permutation $(1, 2, 3, 4, 6, T, 5)$ einschließlich der Kennzahlen bei einem Spezialflüssigkeitsverbrauch durch den Auftrag 5 von 13 Litern (l)

Auftrag	0	1	2	3	4	6	T	5
$tr_{\text{Vorgänger}(i),i} + t_i$	–	$1 + 5$	$1 + 5$	$2 + 5$	$1 + 5$	$5 + 5$	$5 + -$	$5 + 5$
Tl_i [l]	13	12	10	6	5	4	13	0
F_i [ZE]	–	6	12	19	25	35	40	50
von Auftrag 5 f_i [ZE]	–	19	30	20	25	24	–	22
V_i [ZE]	–	0	0	0	0	11	0	28

Die Abdeckung des Verbrauchs von 13 l erfordert, dass der Tank vor der Durchführung des Auftrags 5 voll ist. Da der tatsächliche Verbrauch an Spezialflüssigkeit durch den Auftrag 5 erst nach seiner Bearbeitung bekannt ist, ist eine von diesem (tatsächlichen) Verbrauch abhängige Kompensation erst nach der Bearbeitung von Auftrag 5 möglich. Da beim unsicheren Verbrauch an Spezialflüssigkeit der Tank vor der Bearbeitung von Auftrag 5 voll sein muss, besteht eine Möglichkeit darin, dass der Auftrag 5 in einer vollständigen Kompensationslösung als Erstes bearbeitet wird. Dann ist diese Festlegung von dem als Erstes zu bearbeitenden Auftrag die Entscheidung auf der ersten Stufe. Die restlichen 5 Aufträge, i.e. 1, 2, 3, 4 und 6, und jeder mögliche Tankinhalt nach der Bearbeitung von Auftrag 5 bestimmen 13 Planungsprobleme. Ihre Lösungen sind die auftretenden Kompensationsmaßnahmen. Sie sind in Tab. 4.13 angegeben, und zwar zusammen mit den vollständigen Kompensationslösungen und den dadurch verursachten Gesamtverspätungen. Bei einer Gleichverteilung des Verbrauchs von 1 l, 3 l, 5 l, 7 l, 9 l und 13 l beträgt die erwartete Gesamtverspätung: $\frac{1}{3} \cdot 48 \, \text{ZE} + \frac{1}{6} \cdot 51 \, \text{ZE} + \frac{1}{2} \cdot 57 \, \text{ZE} = 53 \, \text{ZE}$. Diese ist deutlich schlechter als die erwartete Gesamtverspätung durch die Permutation $(1, 2, 3, 4, 6, T, 5)$ (für jeden möglichen Verbrauch). In diesem Fall ist die Entscheidung auf der ersten Stufe zugleich die (vollständige) Kompensationslösung.

Zum vertieften Verständnis dieser Fallstudie als Ganzes sind für alle (ganzzahligen) Verbräuche die optimalen Lösungen der Korrekturprobleme zu den jeweiligen einzelnen Verbräuchen in der Tab. 4.15 angegegeben. Sie enthält die einzelnen optimalen Permu-

Tab. 4.13 Optimale vollständige Kompensationslösung bei Verbräuchen an Spezialflüssigkeit durch den Auftrag 5 von 1 Liter (l) bis 13 l

Verbrauch an Spezial-flüssigkeit (Auftrag 5)	Entscheidung auf 1. Stufe	Kompensati-onsmaßnahme	Kompensa-tionslösung	Gesamt-verspätung
1 – 4 l	(5)	(6, 1, 2, 3, 4)	(5, 6, 1, 2, 3, 4)	48 ZE
5 l	(5)	(6, 3, 2, 1, T, 4)	(5, 6, 3, 2, 1, T, 4)	51 ZE
6 – 12 l	(5)	(6, T, 1, 2, 3, 4)	(5, 6, T, 1, 2, 3, 4)	52 ZE
13 l	(5)	(T, 1, 2, 3, 4, 6)	(5, T, 1, 2, 3, 4, 6)	57 ZE

tationen mit ihren Gesamtverspätungen und für welche Verbräuche an Spezialflüssigkeit durch Auftrag 5 diese zulässig sind. Zugleich ist es ein Beispiel für die Überlegungen zu den Sicherheitszu- und -abschlägen des deterministischen Erwartungswertproblems im Rahmen von deterministischen Korrekturproblemen und insbesondere des deterministischen Worst-case- sowie Best-case-Problems in den entsprechenden Unterabschnitten im Abschn. 4.5. So ist beispielsweise das (deterministische) Erwartungswertproblem das (deterministische) Korrekturproblem zu dem Verbrauch von 7 l. Ein Sicherheitszuschlag auf den Verbrauch (an Spezialflüssigkeit) von 1 l erhöht die Zulässigkeit, ein Sicherheitsabschlag von 2 l verringert die Zulässigkeit und bei einem Sicherheitszuschlag von 5 l liegt totale Zulässigkeitsrobustheit vor – und damit liegt das deterministische Worst-case-Problem für die Zulässigkeit vor – während der Sicherheitsabschlag von 3 l ausreicht, um das Risiko einer unzulässigen Lösung zu maximieren – also das deterministische Best-case-Problem für die Zulässigkeit zu erhalten. Schließlich sei erwähnt, dass die perfekte Lösung (bestimmt durch die Wait-and-see-Lösungen, bei denen die tatsächlich auftretende Unsicherheit bekannt sind) eine erwartete Gesamtverspätung von $\frac{4}{13} \cdot 28$ ZE $+ \frac{1}{13} \cdot 31$ ZE $+ \frac{2}{13} \cdot 32$ ZE $+ \frac{5}{13} \cdot 37$ ZE $+ \frac{1}{13} \cdot 39$ ZE $= 33\frac{2}{13}$ ZE ≈ 33.15 ZE hat. Dies ist deutlich besser als die erwartete Gesamtverspätung der Kompositionslösung von $51\frac{1}{13}$ ZE aufgrund von Tab. 4.13 – $\frac{4}{13} \cdot 48$ ZE $+ \frac{1}{13} \cdot 51$ ZE $+ \frac{8}{13} \cdot 52$ ZE $+ \frac{1}{13} \cdot 57$ ZE $= 51\frac{1}{13}$ ZE ≈ 51.08 ZE. Entscheidend für die deutliche Abweichung ist der Verbrauch von 13 l. Ohne diesen ergibt sich eine Kompositionslösung mit einer erwarteten Gesamtverspätung von $\frac{4}{12} \cdot 30$ ZE $+ \frac{1}{12} \cdot 31$ ZE $+ \frac{2}{12} \cdot 32$ ZE $+ \frac{5}{13} \cdot 37$ ZE $= 33\frac{1}{3}$ ZE ≈ 33.33 ZE aufgrund der Tab. 4.14. Diese Lösung ist nur etwas schlechter als die perfekte Lösung mit einer erwarteten Gesamtverspätung von $\frac{4}{12} \cdot 28$ ZE $+ \frac{1}{12} \cdot 31$ ZE $+ \frac{2}{12} \cdot 32$ ZE $+ \frac{5}{12} \cdot 37$ ZE $= 32\frac{2}{3}$ ZE.

Zur Verdeutlichung von Kompensationsproblemen und -lösungen wird seine Kerneigenschaft erneut – mit anderen Worten – dargestellt. Die Formulierung eines stochastischen Optimierungsproblems als Kompensationsproblem ermöglicht, eine unzulässige Lösung (als Ergebnis der ersten Stufe) durch eine Kompensationsmaßnahme (i.e. Gegenmaßnahme) in eine zulässige Lösung (i.e. (vollständige) Kompensationslösung) zu verwandeln.

Ein Beispiel ist die Formulierung des erweiterten einfachen zweidimensionalen stochastischen linearen Optimierungsproblem in diesem Kapitel als ein Kompensationsproblem.

Seine Lösung besteht (dann) aus einer Entscheidung der ersten Stufe und Kompensations-maßnahmen. Das Ergebnis der ersten Stufe ist eine Belegung der Entscheidungsvariablen (i.e. x_1 und x_2). Diese Belegung kann für eine (später bekannte) tatsächlich auftretende Parameterbelegung (i.e. von ω_1, ω_2 und u) unzulässig sein, indem eine Restriktion verletzt wird. Eine Kompensationsmaßnahme beseitigt eine solche Restriktionsverletzung, wodurch (Straf-)Kosten (in der erweiterten Zielfunktion) anfallen. Je höher die Strafkosten sind, desto weniger Kompensationsmaßnahmen treten auf. Sehr hohe Strafkosten bewirken sogar, dass durch eine Entscheidung auf der ersten Stufe die Entscheidungsvariablen so belegt werden, dass bei allen möglichen Parameterbelegungen (von ω_1, ω_2 und u) jede Restriktion erfüllt ist – also dass eine zulässige Lösung vorliegt –, wie beim „worst case"-Problem für die Zulässigkeit. Sehr kleine oder sogar keine Strafkosten maximieren den Einsatz von Kompensationsmaßnahmen, so dass durch eine Entscheidung auf der ersten Stufe die Ent-scheidungsvariablen sogar so belegt werden, dass diese Belegung für keine der möglichen zufälligen Parameterbelegungen zulässig ist, wie beim „best case"-Problem für die Zuläs-sigkeit. Konkret führt dies zur Belegung $(0, 0)$.

Tab. 4.14 Optimale vollständige Kompensationslösung bei Verbräuchen an Spezialflüssigkeit durch den Auftrag 5 von 1 Liter (l) bis 12 l

Verbrauch an Spezial-flüssigkeit (Auftrag 5)	Entscheidung auf 1. Stufe	Kompensati-onsmaßnahme	Kompensa-tionslösung	Gesamt-verspätung
1 – 4 l	(6, 5)	(3, 2, 1, 4)	(6, 5, 3, 2, 1, 4)	30 ZE
5 l	(6, 5)	(3, 2, 1, T, 4)	(6, 5, 3, 2, 1, T, 4)	31 ZE
6 – 7 l	(6, 5)	(3, 4, T, 1, 2)	(6, 5, 3, 4, T, 1, 2)	32 ZE
8 – 12 l	(6, 5)	(T, 1, 2, 3, 4)	(6, 5, T, 1, 2, 3, 4)	37 ZE

Tab. 4.15 Optimale Lösung der Korrekturprobleme zu den Verbräuchen an Spezialflüssigkeit von Auftrag 5 von 1 Liter (l) bis 13 l

Verbrauch an Spezial-flüssigkeit (Auftrag 5)	Optimale Lösung	Gesamtverspätung	zulässig für Verbräuche an Spezialflüssigkeit (Auftrag 5)
1 – 4 l	(1, 2, 3, 4, 5, 6)	28 ZE	1 bis 4 l
5 l	(6, 5, 3, 2, 1, T, 4)	31 ZE	1 bis 5 l
6 – 7 l	(6, 5, 3, 4, T, 1, 2)	32 ZE	1 bis 7 l
8 – 12 l	(6, 5, T, 1, 2, 3, 4)	37 ZE	1 bis 12 l
13 l	(1, 2, 3, 4, 6, T, 5)	39 ZE	1 bis 13 l

Eine solche Steuerung von Entscheidungen auf der ersten Stufe und Kompensationsmaßnahmen durch Strafkosten tritt bei der Formulierung der Belegungsplanung mit stochastischem Verbrauch als ein Kompensationsproblem nicht auf. Dennoch ist das prinzipielle Vorgehen das gleiche: Auch in diesem Fall besteht seine Lösung ebenfalls aus einer Entscheidung der ersten Stufe und Kompensationsmaßnahmen. Es ist eine unvollständige Entscheidung auf der ersten Stufe erlaubt. Verbrauchsspezifische Kompensationsmaßnahmen vervollständigen den Plan; i.e. legen die restliche Permutation bzw. -en fest. Dadurch entstehen, beispielsweise bei den zufälligen Verbräuchen von 11, 31, 51, 71 und 91, Lösungen, die nach dem tatsächlich auftretenden Verbrauch durch den Auftrag 5 unterschiedlich sind; diese sind in Tab. 4.11 angegeben.

Alternativ zu diesem Vorgehen könnte die endliche Menge an möglichen Permutationen im Hinblick auf alle auftretenden zufälligen Einflüsse (i.e. Verbräuche) bewertet werden. Eine Lösung (dieses Optimierungsproblems) besteht darin, die beste dieser Permutationen zu bestimmen; hierbei handelt es sich um einen Spezialfall des im Abschn. 4.6.2 noch zu erläuternden Chance-Constrained-Ansatzes, der in der Literatur als Fat-Solution-Ansatz bezeichnet wird. Nach den obigen Ergebnissen bewirkt dieser Ansatz, für fast alle betrachteten Mengen an zufälligen Verbräuchen, höhere Gesamtverspätungen. Es sei angemerkt, dass in der Ausarbeitung über die (Bedarfs-)Unsicherheit bei der Produktionsprogrammplanung im Kap. 6 eine Fallstudie sowohl durch den Fat-Solution-Ansatz als auch über die Formulierung als Kompensationsproblem gelöst wird und beide Lösungen verglichen werden.

4.6.2   Chance Constrained

Chance Constrained ist eine Alternative zur Kompensation, die ebenfalls eine Lösung bestimmt, aber Unzulässigkeiten anders behandelt. Sie schließt durch eine Relaxation von Restriktionen einen Teil des zufälligen Einflusses aus. Bei gemeinsamen oder simultanen Chance-Constrained-Problemen, s. z. B. Scholl in Scholl (2001), muss eine zulässige Lösung mit einer gegebenen Wahrscheinlichkeit (α) sämtliche Restriktionen des Optimierungsproblems erfüllen. Stattdessen wird bei separierten Chance-Constrained-Problemen gefordert, dass jede einzelne Restriktion mit einer restriktionsspezifischen Wahrscheinlichkeit durch eine Lösung erfüllt sein muss.

Die Formulierung als Chance-Constrained-Problem wird nun an dem zweidimensionalen stochastischen linearen Optimierungsproblem aus Abschn. 4.1 gezeigt. Dazu seien die Wahrscheinlichkeiten α, α_1 und α_2 gegeben. Werden seine beiden Restriktionen durch die beiden Restriktionen

$$P\{\omega_1 \, x_1 + 1 \, x_2 \geq 15\} \geq \alpha_1 \text{ und}$$
$$P\{1 \, x_1 + \omega_2 \, x_2 \geq 24\} \geq \alpha_2$$

ersetzt, so entsteht ein separiertes Chance-Constrained-Problem. Werden diese (beiden) Restriktionen durch

$$P\{\omega_1\, x_1 + 1\, x_2 \geq 15,\, 1\, x_1 + \omega_2\, x_2 \geq 24\} \geq \alpha$$

ersetzt, so entsteht ein gemeinsames Chance-Constrained-Problem.

Es sei angemerkt, dass bei $\alpha = 1$ – wie auch bei $\alpha_1 = 1$ sowie $\alpha_2 = 1$ – das ursprüngliche stochastische zweidimensionale lineare Optimierungsproblem vorliegt.

Angenommen, die Restriktionen sind von der Form $g_i(x, \xi) \leq 0$, wobei x ein Vektor mit deterministischen Variablen ist, und ξ ist ein Vektor mit zufälligen Variablen. Dann entsteht durch die Relaxation $P(g_i(x, \xi) \leq 0) \leq \alpha$ kein Chance-Constrained-Problem, da es die Erfüllung von keiner Restriktion erlaubt und es eine maximale Anzahl an Restriktionen zu erfüllen erlaubt. Es ist somit stets die Relaxation $P(g_i(x, \xi) \leq 0) \geq \alpha$ zu verwenden, da diese sicherstellt, dass eine Mindestanzahl an Restriktionen zu erfüllen ist, bzw., mit anderen Worten, diese nur einen Teil der Restriktionen, nämlich ungünstige, relaxiert; wie das übernächste Beispiel noch zeigen wird, können verschiedene zulässige Lösungen unterschiedliche Restriktionen erfüllen – dies erklärt die sehr hohe Komplexität dieser Problemklasse. Mit $\alpha = 1$ sind alle Restriktionen zu erfüllen, und ein solches Problem wird in der Literatur als ein Fat-Solution-Problem bezeichnet.

Anhand der folgenden Veränderung des zweidimensionalen stochastischen linearen Optimierungsproblems aus Abschn. 4.1 wird dieses Konzept näher erläutert. Gegenüber dem Ausgangsproblem wird in den beiden Restriktionen auf den zufälligen Einfluss auf die beiden Koeffizienten der beiden Entscheidungsvariablen verzichtet, indem der eine Parameter ω_1 auf 1 und der andere Parameter ω_2 auf 8 gesetzt wird; ferner wird die (bisherige) Zielfunktion maximiert. Lediglich die neue Restriktion $x_1 \leq u$ unterliegt einem Zufallseinfluss. Nach dem Prinzip des Chance Constrained erfolgt eine Relaxation.

Parameter:
u gleichverteilte ganze Zahlen von 3 bis 12.
α Wahrscheinlichkeit.

Variablen:
$x_1 \in \mathbb{R}$.
$x_2 \in \mathbb{R}$.

$$\max 10 \cdot x_1 + 14 \cdot x_2$$

unter den Restriktionen:

$1\, x_1 + 1\, x_2 \geq 15$	1. Restriktion.
$1\, x_1 + 8\, x_2 \geq 24$	2. Restriktion.
$P(x_1 \leq u) \geq \alpha$	3. Restriktion.
$x_1, x_2 \geq 0$	Nichtnegativität.

Der Lösungsraum zu diesem Optimierungsproblem ist in der folgenden Abb. 4.14 angegeben.

Eine Erfüllung der Restriktionen $x_1 \leq u$ für $u \in \{3, 4, 5, 6, 7, 8, 9, 10, 11, 12\}$ von wenigstens 40 % – also $P(x_1 \leq u) \geq 0.4$ – wird erreicht, wenn die Erfüllung der Restriktionen $x_1 \leq 12$, $x_1 \leq 11$, $x_1 \leq 10$ und $x_1 \leq 9$ garantiert wird. Dies ist durch die deterministische Restriktion $x_1 \leq 9$ möglich. (Es sei betont, dass die Erfüllung jeder anderen Kombination von vier Restriktionen aus den Restriktionen $x_1 \leq u$ für $u \in \{3, 4, 5, 6, 7, 8, 9, 10, 11, 12\}$ impliziert, dass mindestens eine weitere Restriktion ebenfalls zwingend erfüllt wird.) Entsprechend wird ein, in diesem Sinne, Erfüllungsgrad von 70 % durch die Restriktion $x_1 \leq 6$ erreicht. Mit der Restriktion $x_1 \leq 3$ ist die Erfüllung von allen Restriktionen garantiert, mit der Restriktion $x_1 \leq 12$ lediglich diese Restriktion ($x_1 \leq 12$) und mit der Restriktion $x_1 \leq 13$ ist die Verletzung von allen Restriktionen erlaubt. Allerdings zeigt sich in der Abb. 4.14, dass diese Restriktion nicht gleichbedeutend damit ist, dass keine Restriktion zu erfüllen ist, und zwar so, als gäbe es nur die Restriktionen 1 und 2. In diesem Fall ist nämlich der Schnittpunkt der beiden Restriktionen 1 und 2 die optimale Lösung. Weiterhin kann die Restriktion durch eine andere ersetzt werden. Dazu muss die rechte Seite lediglich hoch genug sein. 14 (und damit $x_1 \leq 14$) erfüllt beispielsweise diese Bedingung.

Über folgende Umformungen können diese und alle anderen Werte berechnet werden: $P(x_1 \leq u) \geq \alpha \Leftrightarrow 1 - P(u \leq x_1 - 1) \geq \alpha \Leftrightarrow 1 - \Phi(x_1 - 1) \geq \alpha \Leftrightarrow 1 - \alpha \geq \Phi(x_1 - 1) \Leftrightarrow x_1 \leq \Phi^{-1}(1 - \alpha) + 1$. Für die Randwerte $\alpha = 0$ und $\alpha = 1$ gilt diese Formel nach den gerade vorgestellten Überlegungen eben nicht. Wie bereits erläutert wurde, lässt sich dies

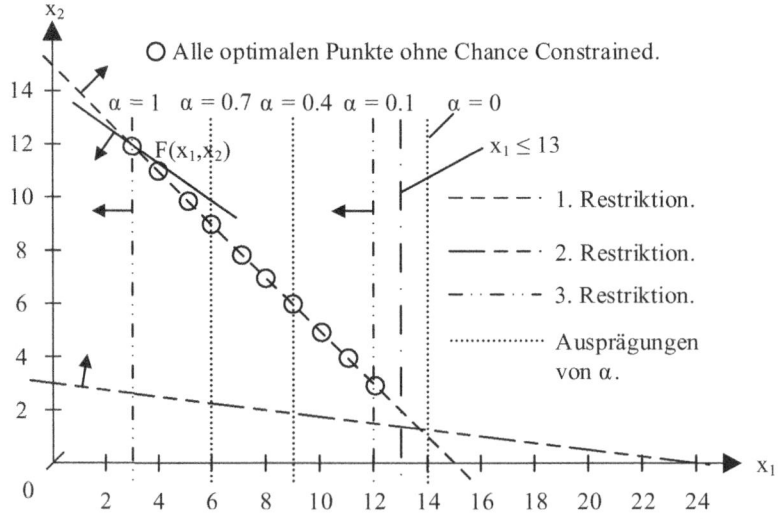

Abb. 4.14 Mögliche Geraden (Lösungsräume) und Lösungen zum zweidimensionalen linearen Chance-Constrained-Problem

korrigieren, indem im Fall von $\alpha = 0$ $\Phi^{-1}(0) = 2$ gesetzt wird und im Fall von $\alpha = 1$ wird $\Phi^{-1}(1) = 13$ gesetzt.

Damit lässt sich diese Restriktion $P(x_1 \leq u) \geq \alpha$ für $\alpha \in [0, 1]$ mit $\Phi^{-1}(0) = 2$ sowie $\Phi^{-1}(1) = 13$ durch die deterministische Restriktion $x_1 \leq \Phi^{-1}(1 - \alpha) + 1$ ersetzen. Beispielsweise wird dann $P(x_1 \leq u) \geq 0.4$ durch $x_1 \leq \Phi^{-1}(1 - 0.4) + 1 = \Phi^{-1}(0.6) + 1 = 8 + 1 = 9$ ersetzt. Die optimale Lösung ergibt sich, wie aus Abb. 4.14 erkennbar, durch den Schnittpunkt der Begrenzungsgeraden zu den Restriktionen 1 und 3; in dem Bereich, indem eine 3. Restriktion überhaupt auftritt, liegt die Begrenzungsgerade zur Restriktion 1 oberhalb der Begrenzungsgeraden zur Restriktion 2. Damit ist $x_1 = \Phi^{-1}(1 - \alpha) + 1$ und, durch Einsetzen in die Gerade zur Restriktion 1, ist $x_2 = 15 - \Phi^{-1}(1 - \alpha) - 1$. Die Einsetzung in die Zielfunktion führt zu: $10 \cdot (\Phi^{-1}(1 - \alpha) + 1) + 14 \cdot (15 - \Phi^{-1}(1 - \alpha) - 1)$ $= 206 - 4 \cdot \Phi^{-1}(1 - \alpha)$, wobei $\alpha = 0$ und $\alpha = 1$ auszuschließen sind. Beispielsweise ergibt sich für $\alpha = 0.4$ ein optimaler Wert von 174. Beim Randpunkt $\alpha = 0$ ist die Verletzung von allen Restriktionen erlaubt und die Lösung ergibt sich ohne die 3. Restriktion, also durch die Restriktionen 1. und 2. Beim anderen Randpunkt $\alpha = 1$ ist die Erfüllung von allen Restriktionen garantiert und die Lösung ergibt sich durch $x_1 = 3$ und damit $x_2 = 15 - 3 = 12$ mit dem Zielfunktionswert von $210 - 4 \cdot x_1 = 210 - 4 \cdot 3$; dies wird durch $\Phi^{-1}(0) = 2$ nicht erreicht.

Eine solche Überführung in ein deterministisches Optimierungsproblem gelingt stets für Restriktionen, bei denen lediglich auf der rechten Seite ein Zufallseinfluss vorliegt. Dabei treten für einen Vektor x mit deterministischen Variablen und einer zufälligen Variablen u zwei Fälle auf, nämlich $P(g(x) \leq u) \geq \alpha$ und $P(g(x) \geq u) \geq \alpha$. Beide Fälle lassen sich wie folgt lösen:

(a) $P(g(x) \leq u) \geq \alpha$. Das oben angegebene Vorgehen gilt für diskrete Verteilungen für die Werte von u. Bei einer kontinuierlichen Verteilung (für die Werte von u) ist beim Invertieren der Ungleichung in der ersten Umformung kein „$- 1$" einzufügen. (Bei einer diskreten Verteilung ist dies notwendig, da jeder einzelne Wert eine Wahrscheinlichkeit hat.) Es gilt:

- für eine diskrete Verteilung für die Werte von u:
  $P(g(x) \leq u) \geq \alpha \left[\Leftrightarrow 1 - P(u \leq g(x) - 1) \geq \alpha \Leftrightarrow 1 - \Phi(g(x) - 1) \geq \alpha \Leftrightarrow 1 - \alpha \geq \Phi(g(x) - 1) \right]$
  $\Leftrightarrow g(x) \leq \Phi^{-1}(1 - \alpha) + 1$, wobei $\Phi^{-1}(0)$ so zu setzen ist, dass mit $g(x) \leq \Phi^{-1}(1 - \alpha) + 1$ alle Restriktionen $g(x) \leq u$ erfüllt sind, und $\Phi^{-1}(1)$ ist so zu setzen, dass mit $g(x) \leq \Phi^{-1}(1 - \alpha) + 1$ die Restriktionen (quasi) nicht existieren.
- für eine kontinuierliche Verteilung für die Werte von u:
  $P(g(x) \leq u) \geq \alpha \left[\Leftrightarrow 1 - P(u \leq g(x)) \geq \alpha \Leftrightarrow 1 - \Phi(g(x)) \geq \alpha \Leftrightarrow 1 - \alpha \geq \Phi(g(x)) \right]$
  $\Leftrightarrow g(x) \leq \Phi^{-1}(1 - \alpha)$, wobei $\Phi^{-1}(0)$ so zu setzen ist, dass mit $g(x) \leq \Phi^{-1}(1 -$

$\alpha) + 1$ alle Restriktionen $g(x) \leq u$ erfüllt sind, und $\Phi^{-1}(1)$ ist so zu setzen, dass mit $g(x) \leq \Phi^{-1}(1 - \alpha) + 1$ die Restriktionen (quasi) nicht existieren.

(b) $P(g(x) \geq u) \geq \alpha$. In diesem Fall existiert eine einheitliche Formel sowohl für eine diskrete als auch für eine kontinuierliche Verteilung für die Werte von u. Die Umformungen lauten:

$$P(g(x) \geq u) \geq \alpha \left[\Leftrightarrow P(u \leq g(x)) \geq \alpha \Leftrightarrow \Phi(g(x)) \geq \alpha \right]$$

$\Leftrightarrow g(x) \geq \Phi^{-1}(\alpha)$, wobei $\Phi^{-1}(0)$ so zu setzen ist, so dass mit $g(x) \geq \Phi^{-1}(\alpha)$ alle Restriktionen $g(x) \geq u$ erfüllt sind, und $\Phi^{-1}(1)$ ist so zu setzen, dass mit $g(x) \geq \Phi^{-1}(\alpha)$ die Restriktionen (quasi) nicht existieren.

Bereits das Vorliegen von wenigen zufällige Parametern, beim stochastischen zweidimensionalen linearen Optimierungsproblem aus Abschn. 4.1, verschärft das zu lösende Problem substantiell. Zur Demonstration werden folgende zufällige Parameterwerte verwendet:

(1) $P((\omega_1, \omega_2) = (3, 2)) = 0.15$,
(2) $P((\omega_1, \omega_2) = (\frac{3}{2}, 7)) = 0.4$,
(3) $P((\omega_1, \omega_2) = (\frac{5}{2}, 6)) = 0.3$ sowie
(4) $P((\omega_1, \omega_2) = (1, 8)) = 0.15$,

und es wird ein gemeinsames Chance-Constrained-Problem mit $\alpha \in [0.8, 0.9]$ betrachtet; also ist $P\{\omega_1 x_1 + 1 x_2 \geq 15, 1 x_1 + \omega_2 x_2 \geq 24\} \geq \alpha$.

Der Lösungsraum besteht aus allen Punkten, die die Restriktionen $\omega_1 \cdot x_1 + 1 \cdot x_2 \geq 15$ und $1 \cdot x_1 + \omega_2 \cdot x_2 \geq 24$ mit allen oder einem Teil der vier Belegungen von (ω_1, ω_2) erfüllen, so dass die Summe der Wahrscheinlichkeiten von diesen ausgewählten Belegungen mindestens 0.8 ist. Dazu ist es zwingend erforderlich, dass die Belegungen (2) und (3) ausgewählt werden. Zusätzlich ist noch eine der beiden anderen Belegungen (1) und (4) auszuwählen. Dieser Lösungsraum ist in der Abb. 4.15 eingezeichnet. Die Berücksichtigung der Belegungen (2), (3) sowie (1) bildet das Teilproblem TP-I und die Berücksichtigung der Belegungen (2), (3) sowie (4) bildet das Teilproblem TP-II. Die optimale Lösung vom Teilproblem TP-I ist der Punkt 1 in der Abb. 4.15. Er ist der Schnittpunkt der Begrenzungsgeraden zu den Restriktionen $\frac{3}{2} x_1 + 1 x_2 \geq 15$ und $1 x_1 + 2 x_2 \geq 24$ und lautet (3, 10.5) mit dem Zielfunktionswert 177. Die optimale Lösung vom Teilproblem TP-II ist der Punkt 2 in der Abb. 4.15. Er ist der Schnittpunkt der Begrenzungsgeraden zu den Restriktionen $1 x_1 + 1 x_2 \geq 15$ und $1 x_1 + 6 x_2 \geq 24$ und lautet (13.2, 1.8) mit dem Zielfunktionswert 157.2. Da dieser Zielfunktionswert kleiner als der von dem Teilproblem TP-I ist, ist er zugleich das Gesamtoptimum.

Dieses Beispiel deutet nur die Schwierigkeiten an, die bei der Lösung von Chance-Constrained-Problemen auftreten. Insbesondere haben die beiden Teilprobleme (TP-I und TP-II) konvexe Lösungsräume. Diese für lineare Optimierungsprobleme charakteristische Eigenschaft besitzt das Gesamtproblem in diesem Beispiel und auch im allgemeinen Fall

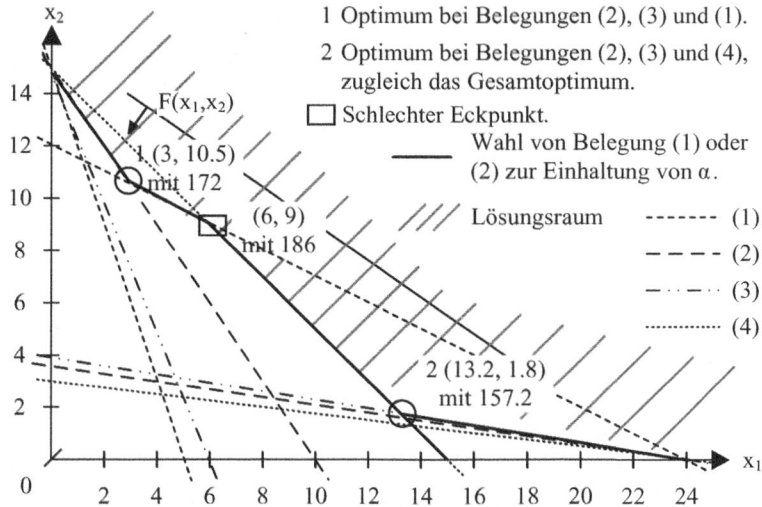

Abb. 4.15 Lösungsraum und Lösung vom zweidimensionalen stochastischen linearen gemeinsamen Chance-Constrained-Problem

jedoch nicht. Folglich existiert für ein festes α in der Regel kein äquivalentes deterministisches lineares Optimierungsproblem. Dies ist ein struktureller Nachteil gegenüber der Formulierung (eines stochastischen linearen Optimierungsproblems) als Kompensationsproblem, da diese durch ein deterministisches lineares Optimierungsproblem approximiert, oftmals auch dargestellt werden kann; hierauf wird im Abschn. 4.7 über die Darstellung von Kompensationsproblemen noch näher eingegangen. Deswegen ist es plausibel, dass Chance-Constrained-Probleme in der Literatur als sehr schwierig eingestuft werden. Ihre, nach der Literatur als erfolgreich eingestufte, Lösungsverfahren formulieren deterministische Äquivalente für wahrscheinliche Restriktionen und nutzen deren Eigenschaften zum Ausschluss von wenig erfolgversprechenden Lösungen beim Durchsuchen des Lösungsraums. Mehrere Forscher haben die strukturellen Eigenschaften von Chance-Constrained-Problemen untersucht. Ausgehend von den Überlegungen dazu in den Sammelbänden von Prékopa (1995), Kall und Mayer (2011) und Ruszczynski und Shapiro (2003) dürfte sich auch die neuere Literatur erschließen lassen.

Eine grundsätzliche Schwierigkeit bei dem Chance-Constrained-Vorgehen zur Behandlung von Unzulässigkeit einer Lösung zeigt sich bei der Belegungsplanung mit stochastischem Verbrauch aus Abschn. 4.2. Die Lösung einer Formulierung als Chance-Constrained-Problem bestimmt einen Belegungsplan mit minimaler mittlerer Verspätung, der für die (tatsächlich) auftretenden Verbräuche an Spezialflüssigkeit durch den Auftrag 5 mit einer sehr hohen Wahrscheinlichkeit zulässig ist. Eine solche sehr hohe Wahrscheinlichkeit beträgt üblicherweise 90 % oder 95 %. Der Verbrauch an Spezialflüssigkeit durch den Auftrag 5 ist 1 Liter (l) oder 5 l (s. das Ausgangsproblem), und zwar mit einer Wahrscheinlichkeit von jeweils 50 %. Ist der Belegungsplan nur für einen Verbrauch von 1 l, aber nicht für einen von 5 l zulässig, so beträgt die Wahrscheinlichkeit für die Zulässigkeit lediglich 50 %. Folglich muss jede optimale Chance-Constrained-Lösung sowohl für den Verbrauch von 1 l als auch für den von 5 l zulässig sein. Nach den (in den letzten Abschnitten vorgestellten) Ergebnissen zur Belegungsplanung mit stochastischem Verbrauch ist die Permutation $(6, 5, 3, 2, 1, T, 4)$ eine solche optimale Lösung mit einer Gesamtverspätung von 31 Zeiteinheiten (ZE) (s. Tab. 4.5). Würde von der optimalen Lösung für einen Verbrauch von 1 l ausgegangen, nämlich von der Permutation $(1, 2, 3, 4, 5, 6)$, und diese für einen Verbrauch von 1 l und 5 l zu der Permutation $(1, 2, 3, 4, 5, T, 6)$ korrigiert, so betrüge die erwartete Gesamtverspätung 37 ZE (statt 31 ZE).

Diese Lösung ist identisch mit der bei der Formulierung als Kompensationsproblem für einen Verbrauch an Spezialflüssigkeit durch den Auftrag 5 von 5 l. Bei einem Verbrauch von 1 l kann die Kompensationsproblem-Lösung nach Tab. 4.11 auf den Tankauftrag verzichten, es wird dann also die Permutation $(6, 5, 3, 2, 1, 4)$ mit einer Gesamtverspätung von 30 Zeiteinheiten (ZE) verwendet. In diesem möglichen Verzicht auf den Tankauftrag liegt der strukturelle Unterschied zwischen beiden Ansätzen. Dass der Kompensations-Ansatz in vielen Fällen vorteilhaft ist, möge dieses Beispiel und das folgende belegen; bei diesem Beispiel ist die erwartete Gesamtverspätung von 30.5 ZE nur etwas (um 1.61 %) besser. Es wird die bereits im Abschn. 4.6.1 zur Kompensation vorgestellte Erweiterung der Belegungsplanung um die zusätzlichen Verbräuche an Spezialflüssigkeit von 3 l, 7 l und 9 l durch den Auftrag 5 betrachtet. Aufgrund der Gleichverteilung aller fünf Verbräuche und einer Zulässigkeit von 90 % ist eine Chance-Constrained-Lösung, wie zuvor, eine Permutation, die für alle Verbräuche zulässig ist und eine minimale erwartete Gesamtverspätung hat. Nach den Ergebnissen zur Belegungsplanung mit stochastischem Verbrauch ist die Permutation $(6, 5, T, 1, 2, 3, 4)$ eine solche optimale Lösung mit einer erwarteten Gesamtverspätung von 37 ZE (s. Tab. 4.10). Beim Kompensationsproblem werden demgegenüber die in Tab. 4.11 angegebenen (Kompensations-)Lösungen durchgeführt und sie verursachen eine geringere erwartete Gesamtverspätung von 32 ZE; i.e. eine Verbesserung um 13.51 %.

Die folgenden weiteren Betrachtungen mögen zur Vertiefung dienen. Dürfte dieses Chance-Constrained-Problem den Verbrauch von 9 l ausschließen (für die Zulässigkeit), so hat es, nach den Ergebnissen zur Belegungsplanung mit stochastischem Verbrauch, damit es für einen Verbrauch von 7 l zulässig ist, eine optimale Lösung mit einer erwarteten Gesamtverspätung von 32 Zeiteinheiten (ZE) und damit die gleiche Lösungsgüte wie das Kompensationsproblem; konkret ist es die Permutation $(6, 5, 3, 4, T, 1, 2)$, s. auch die Tab. 4.15. Wird statt einer Gleichverteilung von derjenigen ausgegangen, bei der die Verbräuche an Spezialflüssigkeit von 1 l, 3 l, 5 l, 7 l und 9 l – in dieser Reihenfolge – die Wahrscheinlichkeiten von 5 %, 30 %, 30 %, 30 % und 5 % haben, so hat das Chance-Constrained-Problem, bei dem eine Lösung für 5 % der Verbräuche nicht zulässig zu sein braucht (und damit für den Verbrauch von 9 l), – weiterhin – eine erwartete Gesamtverspätung von 32 ZE und das Kompensationsproblem hat eine erwartete Gesamverspätung von $0.05 \cdot 30 \, \text{ZE} + 0.3 \cdot 30 \, \text{ZE} + 0.3 \cdot 31 \, \text{ZE} + 0.3 \cdot 32 \, \text{ZE} + 0.05 \cdot 37 \, \text{ZE} = 31.25 \, \text{ZE}$. Betragen die Wahrscheinlichkeiten für die Verbräuche an Spezialflüssigkeit von 1 l, 3 l, 5 l, 7 l und 9 l – in dieser Reihenfolge – nun 10 %, 25 %, 30 %, 25 % und 10 %, so hat das Chance-Constrained-Problem, bei dem eine Lösung für 10 % der Verbräuche nicht zulässig zu sein braucht (und damit für den Verbrauch von 9 l), – weiterhin – eine erwartete Gesamverspätung von 32 ZE und das Kompensationsproblem hat eine erwartete Gesamtverspätung von $0.1 \cdot 30$ ZE $+ 0.25 \cdot 30$ ZE $+ 0.3 \cdot 31$ ZE $+ 0.25 \cdot 32$ ZE $+ 0.1 \cdot 37$ ZE $= 31.5$ ZE.

Nun wird die Fall betrachtet, bei dem alle (ganzzahligen) Verbräuche an Spezialflüssigkeit durch den Auftrag 5 auftreten (also 1 l bis 13 l). Eine Lösung die stets zulässig ist (also für jeden Verbrauch) – und damit eine Fat-Solution-Lösung ist –, ist die Permutation $(1, 2, 3, 4, 6, T, 5)$ mit der erwarteten Gesamtverspätung von 39 Zeiteinheiten (ZE) (s. auch die Tab. 4.15). Diese Lösung hat die gleiche erwartete Gesamtverspätung wie die Kompensationslösung von 39 ZE. Muss eine Permutation für den Verbrauch von 13 l nicht zulässig sein (i.e. das entsprechende Chance-Constrained-Problem schließt den Verbrauch von 13 l aus), aber für alle anderen möglichen Verbräuche (muss sie zulässig sein), was bei einer Poisson-Verteilung der Verbräuche durchaus realistisch ist, so hat, wie oben begründet – s. dazu auch die Tab. 4.15, die Chance-Constrained-Lösung eine erwartete Gesamtverspätung von 37 ZE.

Nach diesem Vergleich von Kompensationslösungen und Chance-Constrained-Lösungen zu verschiedenen Varianten der Belegungsplanung mit stochastischem Verbrauch, ist es plausibel, dass der Kompensationsansatz dem Chance-Constrained-Ansatz häufig überlegen ist. Danach ist zu erwarten, dass oftmals unrealistisch große Bereiche des zufälligen Bereichs unberücksichtigt bleiben müssen, damit eine optimale Chance-Constrained-Lösung bessere Zielfunktionswerte als eine Kompensationslösung hat. Fallen beispielsweise sehr hohe Kosten für selten auftretende Spezialfälle an, so ist deren Ausschluss bei einer optimalen Lösung auch gerechtfertigt. Dies ist bei beiden Ansätzen möglich - oftmals beim Kompensationsansatz sogar methodisch einfacher. Ein weiterer Vorteil für den Kompensationsansatz besteht darin, dass (vollständige) Kompensationslösungen spezifisch für unterschiedliche zufällige Einflüse sein können. Dadurch lässt sich vermuten, dass die Lösung von einem Kompensationsproblem den anderen in diesem Buch vorgestellten Verfahren überlegen ist; dieser Eindruck wird noch durch die Fallstudien verstärkt, die in dem Kap. 5 über spezielle Eigenschaften von Kompensationsproblemen und in der Ausarbeitung über die Bedarfsunsicherheit bei der Produktionsprogrammplanung im Kap. 6 vorgestellt werden. Da es sich bei dieser Vermutung um eine generelle Einschätzung in der Literatur handelt, werden in den Büchern und auch wissenschaftlichen Zeitschriftartikeln sowie in Vorträgen auf Konferenzen zur stochastischen Optimierung primär Kompensationsprobleme behandelt, und zwar solche, die im Abschn. 4.7 dargestellt sind. Bereits das Beispiel zur Belegungsplanung zeigt, dass die Transformation in ein Kompensationsproblem nicht eindeutig ist. In dem Kap. 5 über spezielle Eigenschaften von Kompensationsproblemen werden zu Problemen mit Unsicherheit verschiedene Präzisierungen von Kompensationsproblemen vorgestellt und analysiert.

4.7   Darstellung von Kompensationsproblemen

Formulierungen von Kompensationsproblemen wurden anhand des zweidimensionalen stochastischen linearen Optimierungsproblems in Abschn. 4.1 schrittweise entwickelt. Eine allgemeine Formulierung von Kompensationsproblemen wird auf ein einperiodisches Bestandsmanagementmodell (in der Literatur oftmals unter der Bezeichnung Zeitungsjungenproblem diskutiert) angewendet und dieses wird dadurch gelöst. Alle Formulierungen verallgemeinern die bereits im Abschn. 4.6.1 über die Einführung von Kompensationsproblemen vorgestellte Formulierung.

Zur einfachen Nachvollziehbarkeit der Erläuterungen wird das hier betrachtete (einfache) Optimierungsproblem aus Abschn. 4.1 nun wiederholt: Es enthält zwei unsichere Koeffizienten ω_1 und ω_2, die durch einen Zufallsvektor ξ bzw. $\xi(\omega)$ beschrieben werden. Die dabei möglichen Ereignisse (i.e. die möglichen Belegungen der Koeffizienten) sind in der Menge Ω zusammengefasst; damit besteht $\xi(\omega) = (\omega_1, \omega_2)$ aus den unsicheren Belegungen der Koeffizienten. Der Zufallsvektor ist eine zweidimensionale Zufallsvariable. Beide Zufallsvariablen sind auf dem gleichen Wahrscheinlichkeitsraum $(\Omega, \mathcal{A}, P)$ definiert und folgen einer stetigen oder diskreten Gleichverteilung. Das Problem lautet insgesamt:

Parameter:

ω_1 gleichverteilt im Intervall $[1, 3]$.
ω_2 gleichverteilt im Intervall $[2, 8]$.

Variablen:

$x_1 \in \mathbb{R}$.
$x_2 \in \mathbb{R}$.

$$\min 10 \cdot x_1 + 14 \cdot x_2$$

unter den Restriktionen:

$\omega_1 \, x_1 + \ 1 \, x_2 \geq 15$	1. Restriktion.
$1 \, x_1 + \omega_2 \, x_2 \geq 24$	2. Restriktion.
$x_1, x_2 \geq 0$	Nichtnegativität.

Folgende Verallgemeinerung von diesem linearen Optimierungsproblem wird weiter betrachtet:

Lineares Optimierungsproblem mit zufälligen Restriktionen

$$\min \quad c^{\mathsf{T}} x$$

s. t. $Ax = b$

$\quad\quad T(\omega)x = h(\omega) \quad \forall\, \omega \in \Omega$

$\quad\quad x \geq 0,$

wobei gilt – in der üblichen Weise: $x \in \mathbb{R}^{n_1}$ ist der Vektor der Entscheidungsvariablen, $c \in \mathbb{R}^{n_1}$ ist der Koeffizientenvektor der Zielfunktion, $A \in \mathbb{R}^{m_1 \times n_1}$ ist die Koeffizientenmatrix der Restriktionen und $b \in \mathbb{R}^{m_1}$ ist der Vektor der Restriktionseinschränkungen. Die Unsicherheit wird durch einen Zufallsvektor ξ bzw. $\xi(\omega)$ beschrieben, wobei dieser Zufallsvektor eine mehrdimensionale Zufallsvariable ist und alle darin enthaltenen Zufallsvariablen auf dem gleichen Wahrscheinlichkeitsraum $(\Omega, \mathcal{A}, P)$ definiert sind; Ω besteht aus den möglichen Ereignissen und ist der (mehrdimensionale) Merkmalsraum von eben diesem Wahrscheinlichkeitsraum $(\Omega, \mathcal{A}, P)$. $T(\omega) \in \mathbb{R}^{m_2 \times n_1}$ ist die Koeffizientenmatrix der Restriktionen mit einem zufälligen Einfluss und $h(\omega) \in \mathbb{R}^{m_2}$ ist der Vektor der Restriktionseinschränkungen mit einem zufälligen Einfluss. (Wegen der Abweichung zur Normalform eines linearen Optimierungsproblems: Ohne Beschränkung der Allgemeinheit wird auf den Summanden z_0 in der Zielfunktion verzichtet.)

Für das obige Beispiel führen Schlupfvariablen (z_1 und z_2) zu den Restriktionen:

$$\begin{bmatrix} \omega_1\, x_1 + \quad 1\, x_2 \geq 15 \\ 1\, x_1 + \omega_2\, x_2 \geq 24 \end{bmatrix} \Leftrightarrow \begin{bmatrix} \omega_1\, x_1 + \quad 1\, x_2 - z_1 = 15 \\ 1\, x_1 + \omega_2\, x_2 - z_2 = 24 \end{bmatrix}.$$

Durch

$$\min \ (10, 14, 0, 0) \begin{pmatrix} x_1 \\ x_2 \\ z_1 \\ z_2 \end{pmatrix}$$

s. t. $\begin{pmatrix} \omega_1 & 1 & -1 & 0 \\ 1 & \omega_2 & 0 & -1 \end{pmatrix} \begin{pmatrix} x_1 \\ x_2 \\ z_1 \\ z_2 \end{pmatrix} = \begin{pmatrix} 15 \\ 24 \end{pmatrix} \quad \forall \begin{pmatrix} \omega_1 \\ \omega_2 \end{pmatrix} \in \Omega$

$x \geq 0$

ist das obige Beispiel in die gerade angegebene Form transformiert worden; also liegt ein neuer Vektor von Entscheidungsvariablen vor, nämlich $x^N = \begin{pmatrix} x_1 \\ x_2 \\ z_1 \\ z_2 \end{pmatrix}$, und die Matrizen

lauten $T(\omega) = \begin{pmatrix} \omega_1 & 1 & -1 & 0 \\ 1 & \omega_2 & 0 & -1 \end{pmatrix}$ und $h(\omega) = \begin{pmatrix} 15 \\ 24 \end{pmatrix}.$

Wie im Abschn. 4.6.1 über die Einführung von Kompensationsproblemen erläutert wurde, wird eine Lösung durch eine Entscheidung für jede Entscheidungsvariable bestimmt – also im Beispiel durch eine konkrete Belegung von x_1 und x_2. Diese Lösung darf durch eine Kompensation bzw. Kompensationsmaßnahme verändert werden, und zwar nachdem das zufällige Ereignis (ω) eingetreten ist – also im Beispiel eine konkrete Belegung von ω_1 und ω_2 bekannt ist. Im allgemeinen Fall gibt es bei einem linearen Optimierungsproblem mit zufälligen Restriktionen Belegungen von x (x^B), durch die bei (beim Eintreten von) einem bestimmten zufälligen Ereignis ω $T(\omega) \cdot x^B \neq h(\omega)$ ist. Dadurch ist x^B eine unzulässige Lösung. Wie beim Konzept der Schlupfvariablen (s. den Kap. 2 über grundlegende Resultate der linearen Optimierung) lässt sich eine Ungleichung zwischen $T(\omega) \cdot x^B$ und $h(\omega)$ in eine Gleichung umwandeln, indem die Abweichung auf die linke Seite der Restriktion aufaddiert oder von ihr abgezogen wird. Eine solche Korrektur ist eine (der, wie oben gesagt wurde, erlaubten) Kompensationsmaßnahme(n) zur Behandlung von Unsicherheit und verursacht zusätzliche Kosten, also Strafkosten. Eine Möglichkeit diese Strafkosten in die Zielfunktion zu integrieren, besteht darin, (die Absolutwerte von) solche(n) Abweichungen mit einem Strafkostensatz zu gewichten und als Summand in die Zielfunktion aufzunehmen. Dann lautet diese (neue) Zielfunktion, mit $s(\omega) = h(\omega) - T(\omega) \cdot x$ – eben für eine noch nicht bekannte Belegung von x – und $t(\omega) = T(\omega) \cdot x - h(\omega)$ sowie den (Vektoren an) Strafkostensätzen $k_+(\omega)$ und $k_-(\omega)$, $c^T x + k_+^T(\omega) \cdot s(\omega) + k_-^T(\omega) \cdot t(\omega)$. Mit dieser Zielfunktion und den um die Kompensationsmaßnahme $s(\omega) - t(\omega)$ korrigierten Restriktionen ergibt sich das folgende Optimierungsproblem:

$$\min \ (c^T x + k_+^T(\omega) \cdot s(\omega) + k_-^T(\omega) \cdot t(\omega))$$
$$\text{s. t.} \ \ Ax = b$$
$$\qquad T(\omega)x + s(\omega) - t(\omega) = h(\omega) \ \ \forall \ \omega \in \Omega$$
$$\qquad x \geq 0,$$

wobei, neben den beim letzten Problem erläuterten Bezeichnungen, $s(\omega)$ der Koeffizientenvektor für die positive Korrektur von $T(\omega)$ mit dem Kostenvektorsatz $k_+(\omega)$ und $t(\omega)$ der Koeffizientenvektor für die negative Korrektur von $T(\omega)$ mit dem Kostenvektorsatz $k_-(\omega)$ sind.

Bei dem Beispiel ist die Abweichung der linken Seite jeder Restriktion gegenüber der stets konstanten rechten Seite zu betrachten. Wegen der „$\geq$"-Beziehung in allen Restriktionen ist ausschließlich eine zu kleine linke Seite zu kompensieren, und zwar durch eine Erhöhung (von $y_1(\omega_1)$ im Fall der 1. Restriktion und von $y_2(\omega_2)$ im Fall der 2. Restriktion); wegen $\omega_1 \, x_1 + 1 \, x_2 - z_1 + y_1(\omega_1) = 15$ und $1 \, x_1 + \omega_2 \, x_2 - z_2 + y_2(\omega_2) = 24$ ist für dieses Beispiel $s(\omega) = (y_1(\omega_1), y_2(\omega_2))^T$ und $t(\omega)$ entfällt (oder ist gleich $(0, 0)^T$). Ferner wird lediglich der Kostenvektorsatz $k_+(\omega)$ benötigt, der beispielsweise $(2, 1)^T$ für alle möglichen Belegungen der Koeffizienten (aus Ω) ist.

Diese Kompensationsmaßnahmen (i.e. Abweichungen) beim (obigen) allgemeinen Optimierungsproblem – i.e. $s(\omega) - t(\omega)$ – lassen sich durch das Produkt aus einem Vektor der Entscheidungsvariablen für die Kompensation bzw. Kompensationsmaßnahmen $y(\omega)$

und einer konstanten Kompensationskoeffizientenmatrix W ausdrücken. Im Beispiel ist $y(\omega) = \begin{pmatrix} y_1(\omega_1) \\ y_2(\omega_2) \end{pmatrix}$ und W ist $\begin{pmatrix} 1 & 0 \\ 0 & 1 \end{pmatrix}$.

Das allgemeine Kompensationsproblem hat nun (insgesamt) die folgende Form:

Kompensationsproblem mit einer beliebigen (mehrdimensionalen) Verteilung

$$\begin{aligned} \min \quad & c^{\mathsf{T}}x + E_\xi(K^{\mathsf{T}}Y) \\ \text{s.t.} \quad & Ax = b \\ & T(\omega)x + Wy(\omega) = h(\omega) \quad \forall\, \omega \in \Omega \\ & x,\, y(\omega) \geq 0 \quad \forall\, \omega \in \Omega, \end{aligned}$$

wobei gilt – in der üblichen Weise: $x \in \mathbb{R}^{n_1}$ ist der Vektor der Entscheidungsvariablen, $c \in \mathbb{R}^{n_1}$ ist der Koeffizientenvektor der Zielfunktion, $A \in \mathbb{R}^{m_1 \times n_1}$ ist die Koeffizientenmatrix der Restriktionen und $b \in \mathbb{R}^{m_1}$ ist der Vektor der Restriktionseinschränkungen. Die Unsicherheit wird durch einen Zufallsvektor ξ bzw. $\xi(\omega)$ beschrieben, wobei dieser Zufallsvektor eine mehrdimensionale Zufallsvariable ist und alle darin enthaltenen Zufallsvariablen auf dem gleichen Wahrscheinlichkeitsraum $(\Omega, \mathcal{A}, P)$ definiert sind; Ω besteht aus den möglichen Ereignissen und ist der (mehrdimensionale) Merkmalsraum von eben diesem Wahrscheinlichkeitsraum $(\Omega, \mathcal{A}, P)$. $T(\omega) \in \mathbb{R}^{m_2 \times n_1}$ ist die Koeffizientenmatrix der Restriktionen mit einem zufälligen Einfluss, $y(\omega) \in \mathbb{R}^{n_2}_+$ ist der Vektor der Entscheidungsvariablen für die Kompensation bzw. Kompensationsmaßnahmen, die eine Zufallsvariable Y bildet, W ist die Kompensationsmatrix $W \in \mathbb{R}^{m_2 \times n_2}$, $k(\omega) \in \mathbb{R}^{n_2}$ ist der Kompensationskostenvektorsatz, der eine Zufallsvariable K bildet, und $h(\omega) \in \mathbb{R}^{m_2}$ ist der Vektor der Restriktionseinschränkungen mit einem zufälligen Einfluss. Die Kompensationsmatrix W ist deterministisch und für alle konkreten Werte des Merkmalsraums Ω gleich, weswegen von fester Kompensation gesprochen wird.

In einem Problem der obigen Form wird häufig statt der Summe an Strafkosten der Erwartungswert der Strafkosten in der Zielfunktion verwendet. Dies erfolgt auch in diesem Buch. Für Alternativen wie dem α-Quantil, dem Minimum-Kriterium oder dem Minimax-Kriterium sei auf Herrmann (2015) verwiesen. Unter „Risk and Utility Functionals" sind weitere Alternativen in Pflug und Pichler (2014) beschrieben.

Wie das Beispiel zur Belegungsplanung mit stochastischem Verbrauch aus Abschn. 4.2 andeutet, ist das Konzept der Kompensation nicht auf die Behandlung von Unzulässigkeit beschränkt; dennoch ist es nahezu der Regelfall und begründet seine Bestandteile wie Strafkosten in meinen Augen sehr klar. Zu einer tatsächlich auftretenden Unsicherheit kann eine individuelle Entscheidung gefällt werden. Zur Anschauung diene das weiter oben betrachtete Beispiel, bei dem eine zu geringe Produktionskapazität zu einer nicht erlaubten Nichtlieferfähigkeit führt, die durch einen Zukauf bei einem Lieferanten kompensiert wird. Die Kosten für den Zukauf sind eben die Strafkosten. In einem Unternehmen könnte ein Kundenauftrag (grundsätzlich) durch eine eigene Produktion oder durch einen Zukauf erfüllt werden. Eine Unzulässigkeit läge nicht vor. Weitere Beispiele befinden sich in dem Kap. 5 über spezielle

Eigenschaften von Kompensationsproblemen und in dem Abschn. 4.8 über verschiedene Kompensationen bei einer Losbildung mit stochastischen Bedarfen.

Bei dieser Formulierung handelt es sich um eine, die bereits 1955 von Dantzig (1955) und Beale (1955) angegeben worden sind. In der Literatur wie beispielsweise bei Kall und Wallace (1994), Birge und Louveaux (2011) oder Schade (2012) wird generell ein stochastisches Optimierungsproblem als ein Kompensationsproblem aufgefasst. Dies ist auch aus den Überlegungen zu Optimierungsansätzen im Kap. 4, vor allem zur Kompensation in Abschn. 4.6.1 und zu Chance Constrained in Abschn. 4.6.2 plausibel. Neben dieser einfachen Variante gibt es auch noch erweiterte, s. beispielsweise Birge und Louveaux (2011).

Eine alternative Formulierung des obigen Kompositionsproblems ergibt sich dadurch, dass die erwarteten Kosten für die Kompensationsmaßnahmen (in der Zielfunktion) um die zufälligen Restriktionen erweitert werden, nämlich:

$$\mathcal{Q}(x) = E_\xi \left(\min_{y(\omega) \in Y} \{k(\omega)^T \cdot y(\omega); \, T(\omega) \cdot x + W \cdot y = h(\omega) \, \forall \, \omega \in \Omega\} \right).$$

Alternative Darstellung eines Kompensationsproblems mit einer beliebigen (mehrdimensionalen) Verteilung

$$\min \quad c^T x + \mathcal{Q}(x)$$
$$\text{s.t.} \quad Ax = b$$
$$\qquad x \geq 0,$$

mit $\mathcal{Q}(x) = E_\xi Q(x, \xi)$ und $Q(x, \xi(\omega)) = \min_{y(\omega) \in Y} \{k(\omega)^T \cdot y(\omega); \, T(\omega) \cdot x + W \cdot y = h(\omega)\}$.

Diese Formulierung zeigt auch die prinzipielle Arbeitsweise von Kompensationsproblemen. Dies ist in der Abb. 4.16 dargestellt. Für alle möglichen zufälligen Einflussfaktoren (i.e. aus dem (mehrdimensionalen) Merkmalsraum Ω) wird eine Grundlösung (x) ermittelt, die, nachdem einer der möglichen zufälligen Einflussfaktoren tatsächlich (und konkret) vorliegt – also ein bestimmtes ω aus Ω zeitlich später eingetreten ist –, durch eine Kompensationsmaßnahme ($y(\omega)$) verändert werden darf. Dadurch wird zeitlich später eine weitere Entscheidung gefällt, nämlich die Festlegung einer Kompensationsmaßnahme. In diesem Sinne, und vor allem unter der Beachtung, dass es sich um ein zu lösendes Gesamtproblem handelt, wird in der Literatur auch von 1. Stufe gesprochen, mit der die Kosten $c^T x$ festgelegt werden und in der die Restriktionen $Ax = b$ (mit $x \geq 0$) einzuhalten sind. In der 2. Stufe werden die Kosten $\mathcal{Q}(x)$ bestimmt und die Restriktionen $T(\omega)x + Wy(\omega) = h(\omega)$ ($\forall \, \omega \in \Omega$) sind einzuhalten, und durch diese Restriktionen wird die Beziehung zwischen 1. und 2. Stufe beschrieben – eben durch die Festlegung von x und $y(\omega)$.

In dieser Darstellungsform wird nun ein einperiodisches Bestandsmanagementmodell formuliert. Es beschreibt üblicherweise die Lagerung eines Gutes, das schnell altert (z. B. eine Zeitung oder auch Modeartikel wie Badeanzüge), schnell verdirbt (z. B. Obst oder Gemüse), nur einmal gelagert wird (wie Ersatzteile für eine auslaufende Produktionsserie) oder dessen Zukunft nach einer Planungsperiode ungewiss ist (z. B. weil es vom Markt genommen wird). Bei vielen anderen Produkten kann der Entscheidungsträger zu jeder Zeit

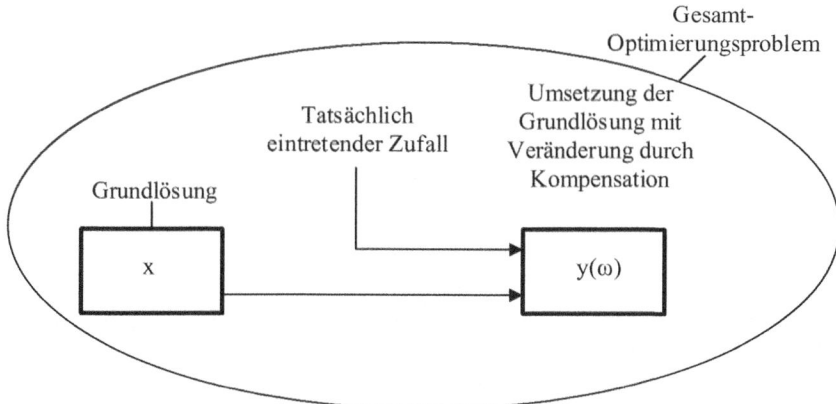

Abb. 4.16 Arbeitsweise eines Kompensationsproblems

erneut bestellen, wodurch ein Mehrperiodenmodell vorliegt. Beispielsweise wird in Herrmann (2009) sowohl das einperiodische als auch das mehrperiodische Bestandsmanagement ausführlich diskutiert.

Als einperiodisches Bestandsmanagement wird ein Zeitungsverkäufer (Zeitungsstandbesitzerproblem bzw. üblicherweise als „Newsvendor Problem" oder Zeitungsjungenproblem bezeichnet) betrachtet; eine allgemeinere Behandlung vom einperiodischen Bestandsmanagement findet sich in Herrmann (2009). Ein Zeitungsverkäufer entscheidet am Morgen eines Tages die Anzahl an zu bestellenden Zeitungen für die Erfüllung der Nachfrage dieses Tages. Zeitungen, die am Morgen bestellt werden, werden noch vor dem Verkaufsbeginn geliefert. Die Lieferung erfolgt also ohne Zeitverzug. Zeitungen, die während des Tages nicht verkauft werden, können am Folgetag nicht mehr verkauft werden. Jede Zeitung kostet b €, hat einen Verkaufspreis von v € und einen Rückgabepreis von r €. Alle anderen Kosten sind von der Bestellmenge unabhängig und daher nicht entscheidungsrelevant.

Die unsichere Nachfrage wird durch eine Zufallsvariable D beschrieben, die auf einem Wahrscheinlichkeitsraum $(\Omega_D, \Sigma_D, P_D)$ definiert ist; Ω_D besteht aus den möglichen Bedarfen (dies sind die möglichen Ereignisse) und ist der Merkmalsraum von eben diesem Wahrscheinlichkeitsraum $(\Omega_D, \Sigma_D, P_D)$. Diese Zufallsvariable folgt einer bestimmten Verteilung, die stetig, z. B. normalverteilt, oder auch diskret sein kann. Zu einer Bestellmenge q und einer konkreten Nachfrage d beträgt der Umsatz $v \cdot q$, wenn alle Zeitungen verkauft werden (also $q \leq d$), und der Umsatz beträgt $v \cdot d + r \cdot (q - d)$, wenn ein Teil der Zeitungen $(q - d)$ zurückgegeben werden (also $q \geq d$).

Mit $Q(q, d) = \begin{cases} v \cdot q & \text{, falls } q \leq d \\ v \cdot d + r \cdot (q - d) & \text{, falls } q \geq d \end{cases}$ beträgt der

zu erwartende Umsatz $\mathcal{Q}(q) = E_D Q(q, D))$.

Deswegen ist $-b \cdot q + \mathcal{Q}(q)$ der zu erwartende Gewinn und die zu maximierende Zielfunktion.

Damit lautet das Optimierungsproblem zusammengefasst:

$$\max_{q \in \mathbb{R}} \; -b \cdot q + \mathcal{Q}(q),$$

wobei $\mathcal{Q}(q) = E_D Q(q, D)$ mit $Q(q,d) = \begin{cases} v \cdot q & \text{, falls } q \leq d \\ v \cdot d + r \cdot (q - d) & \text{, falls } q \geq d \end{cases}$ ist.

Eine optimale Lösung besteht somit aus einer Bestellmenge q, die festgelegt wird, bevor eine Nachfrage tatsächlich eintritt. Nachdem eine Nachfrage tatsächlich eingetreten ist, erfolgen zwei Reaktionen im Sinne von Maßnahmen: Ist die Nachfrage kleiner als die Bestellmenge, so werden $(q-d)$ Zeitungen zurückgegeben, wodurch nur noch ein reduzierter Umsatz von $r \cdot (q-d)$, statt $v \cdot (q-d)$, realisiert wird. Ist sie größer, so ist mindestens ein Kunde abzuweisen – an ihn kann keine Zeitung verkauft werden; in diesem Fall wird auf einen möglichen Umsatz von $v \cdot (d-q)$ verzichtet, was, in der Literatur, als Opportunitätskosten bezeichnet wird. Beides stellt eine Kompensation einer Grundlösung, nämlich der Bestellmenge (q), dar. Damit liegt ein Kompensationsproblem für das Zeitungsjungenproblem vor.

Es sei angenommen, dass eine stetige Verteilung vorliegt und die Zufallsvariable D habe die Dichte φ_D. Da kein negativer Bedarf auftreten kann, sind alle Werte nichtnegativ. Dann kann $\mathcal{Q}(q)$ umgeformt werden zu:

$$\mathcal{Q}(q) = E_D Q(q, D) = \int_0^\infty Q(q, d) \cdot \varphi_D(d) \, dd$$

$$= \int_0^q (v \cdot d + r \cdot (q - d)) \cdot \varphi_D(d) \, dd + \int_q^\infty v \cdot q \cdot \varphi_D(d) \, dd$$

$$= (v - r) \cdot \int_0^q d \cdot \varphi_D(d) \, dd + r \cdot q \cdot \int_0^q \varphi_D(d) \, dd + v \cdot q \cdot \int_q^\infty \varphi_D(d) \, dd.$$

Mit

$$\int_0^q \varphi_D(d) \, dd = \int_{-\infty}^q \varphi_D(d) \, dd = \Phi_D(q) \text{ und } \int_q^\infty \varphi_D(d) \, dd = 1 - \int_{-\infty}^q \varphi_D(d) \, dd = 1 - \Phi_D(q)$$

gilt:

$$\mathcal{Q}(q) = (v - r) \cdot \int_0^q d \cdot \varphi_D(d) \, dd + r \cdot q \cdot \Phi_D(q) + v \cdot q \cdot (1 - \Phi_D(q)).$$

Zur Lösung kann das Vorgehen in Herrmann (2009) übertragen werden. Eine Alternative wird hier vorgestellt, wobei betont sei, dass Teile des erwähnten Vorgehens in Herrmann (2009) auch bei diesem Ansatz anzuwenden sind. Zunächst kann, beispielsweise nach Kurt und Luh (1983), das verbleibende Integral durch ein Lebesque-Stieltjes-Integral ersetzt werden:

$$\int_0^q d \cdot \varphi_D(d)\, dd = \int_0^q d\, d\Phi_D(d).$$

Ferner ist, beispielsweise nach Kurt und Luh (1983),

$$\int_0^q d\, d\Phi_D(d) = d \cdot \Phi_D(d)\Big|_0^q - \int_0^q \Phi_D(d)\, dd = q \cdot \Phi_D(q) - \int_0^q \Phi_D(d)\, dd.$$

(Es sei betont, dass die in Kurt und Luh (1983) jeweils genannten Voraussetzungen erfüllt sind.)

Eingesetzt in den zu maximierenden Umsatz ergibt:

$$
\begin{aligned}
\mathcal{Q}(q) =& (v - r) \cdot \int_0^q d \cdot \varphi_D(d)\, dd + r \cdot q \cdot \Phi_D(q) + v \cdot q \cdot (1 - \Phi_D(q)) \\[2mm]
=& (v - r) \cdot \left(q \cdot \Phi_D(q) - \int_0^q \Phi_D(d)\, dd \right) + r \cdot q \cdot \Phi_D(q) + v \cdot q \cdot (1 - \Phi_D(q)) \\[2mm]
=& (v - r) \cdot q \cdot \Phi_D(q) - (v - r) \cdot \int_0^q \Phi_D(d)\, dd + r \cdot q \cdot \Phi_D(q) + v \cdot q \cdot (1 - \Phi_D(q)) \\[2mm]
=& v \cdot q \cdot \Phi_D(q) - r \cdot q \cdot \Phi_D(q) + r \cdot q \cdot \Phi_D(q) + v \cdot q - v \cdot q \cdot \Phi_D(q)) \\[1mm]
& - (v - r) \cdot \int_0^q \Phi_D(d)\, dd \\[2mm]
=& v \cdot q - (v - r) \cdot \int_0^q \Phi_D(d)\, dd.
\end{aligned}
$$

Wie bei der Lösung des Einperiodenbestandsmanagementproblems in Herrmann (2009) lässt sich nachweisen, dass die Funktion $-(-b \cdot q + \mathcal{Q}(q))$ konvex ist. Dadurch kann auf das resultierende Minimierungsproblem die Karush-Kuhn-Tucker-Bedingung, s. z. B. Herrmann (2009), angewendet werden; es sei angemerkt, dass in Herrmann (2009) ausgenutzt wird, dass ein Minimierungsproblem mit einer Variablen vorliegt und wegen der Konvexität der Zielfunktion die erste Ableitung nach q gleich 0 zu setzen ist – das hier durchgeführte Vorgehen ist auch für den allgemeinen Fall einer mehrdimensionalen Variable q anwendbar.

Da keine Restriktionen existieren, bedeutet die Karush-Kuhn-Tucker-Bedingung, s. z.B. Herrmann (2009), dass q^{opt} genau dann eine optimale Lösung ist, wenn gilt:

$$\nabla - (-b \cdot q^{opt} + \mathcal{Q}(q^{opt})) = 0$$
$$\Leftrightarrow -(-b + v - (v - r) \cdot \Phi_D(q^{opt})) = 0$$
$$\Leftrightarrow \Phi_D(q^{opt}) = \frac{v - b}{v - r}.$$

Also berechnet sich die optimale Lösung durch: $q^{opt} = \Phi_D^{-1}\left(\frac{v-b}{v-r}\right)$.

D sei nun eine diskrete Zufallsvariable. ($P(D = d)$ ist die Wahrscheinlichkeit dafür, dass die Zufallsvariable D den Wert d annimmt und die Verteilungsfunktion ($\Phi_D(d)$) berechnet sich durch $\Phi_D(d) = P(D \leq d) = \sum_{d_i \leq D} P(D = d_i)$.) (Weiterhin ist $-(-b \cdot q + \mathcal{Q}(q))$ zu maximieren.) Wie bei der Lösung des Einperiodenbestandsmanagementproblems in Herrmann (2009) kann nachgewiesen werden, dass $-(-b \cdot q + \mathcal{Q}(q))$ (weiterhin) konvex ist. Damit kann, wie in Herrmann (2009), gezeigt werden, dass für eine optimale Lösung q^{opt} gilt: $\Phi_D(q^{opt} - 1) \leq \frac{v-b}{v-r} \leq \Phi_D(q^{opt})$.

Damit ist die optimale Lösung die kleinste ganze Zahl q^{opt} mit $\Phi_D(q^{opt}) \geq \frac{v-b}{v-r}$.

Eine Kombination aus einer diskreten und einer stetigen Verteilung ist ebenfalls für die Zufallsvariable D möglich. (Es sei angemerkt, dass dieses Zeitungsjungenproblem im Abschn. 4.9 verwendet werden wird und sich dort ein Zahlenbeispiel findet.)

Bei dem Kompensationsproblem handelt es sich eventuell (z. B. bedingt durch den Erwartungswert in der Zielfunktion) um ein nicht-lineares Optimierungsproblem in $\mathbb{R}^n$. Der Lösungsaufwand hängt von den Eigenschaften von $\mathcal{Q}(x)$ ab. In einigen Anwendungsfällen sind die Karush-Kuhn-Tucker-Bedingungen, s. z.B. Herrmann (2009), erfüllt und dann kann häufig eine analytische Lösung berechnet werden – wie beim gerade gelösten Zeitungsjungenproblem. Dennoch dürfte sich im Allgemeinen eine analytische Lösung nicht oder nur mit einem sehr hohen Aufwand finden lassen.

Ein Lösungsansatz besteht darin, die – aufgrund einer stetigen Verteilung – unendlich vielen Ausprägungen der Zufallsvariablen bzw. des Zufallsvektors durch endliche viele Ausprägungen zu approximieren. Dies ist oftmals dadurch möglich, indem zu einer Zufallsvariablen zufällig Zahlen zu der zugehörigen Verteilung gezogen werden; eine Approximation einer stetigen Verteilung wird im Abschn. 4.9 im Detail vorgestellt. In der Literatur werden solche Ausprägungen als Szenario bezeichnet, s. beispielsweise Claus et al. (2021). Solche Szenarien können unterschiedliche Wahrscheinlichkeiten haben, da sie in einem Zufallsexperiment unterschiedlich häufig gezogen werden. Es sei angenommen, dass S ($= \{1, ..., k\}$) Szenarien mit einer Wahrscheinlichkeit p_s ($\in [0, 1]$), $\forall s \in S$, vorliegen. Dann liegt ein endlicher (mehrdimensionaler) Merkmalsraum $\Omega = \{\omega_1, ..., \omega_s\}$ vor. Dadurch wird in der Zielfunktion zu einem Kompensationsproblem mit einer beliebigen (mehrdimensionalen) Verteilung der Term $E(K^T Y)$ durch die Summe $\sum_{s \in S} p_s k(\omega_s)^T y(\omega_s)$ ersetzt. Zusätzlich wird die Restriktion $T(\omega)x + W y(\omega) = h(\omega)$, $\forall \omega \in \Omega$, entsprechend, durch k Restriktionen der

Form $T(\omega_s)x + Wy(\omega_s) = h(\omega_s)$, $\forall\, s \in S$, ersetzt. Ein solches Kompensationsproblem hat im Allgemeinen die folgende Darstellung.

Kompensationsproblem mit einer beliebigen diskreten (mehrdimensionalen) Verteilung

$$\min\ c^\mathsf{T}x + \sum_{s\in S} p_s k(\omega_s)^\mathsf{T} y(\omega_s)$$

s.t. $Ax \leq b$

$T(\omega_1)x + Wy(\omega_1) = h(\omega_1)$

$\vdots$

$T(\omega_k)x + Wy(\omega_k) = h(\omega_k)$

$x, y(\omega_1), \ldots, y(\omega_k) \geq 0,$

wobei $k \in \mathbb{N}$ die Anzahl der Szenarien ist, $S = \{1, ..., k\}$ die Menge der Szenarien ist, $p_s \in [0, 1]$ die Eintrittswahrscheinlichkeit eines Szenarios s ist – und damit $\Omega = \{\omega_1, ..., \omega_s\}$ einen (mehrdimensionalen) Merkmalsraum von einem Wahrscheinlichkeitsraum $(\Omega, \mathcal{A}, P)$ bildet – und für die restlichen Größen das Gleiche wie bei einem Kompensationsproblem mit einer beliebigen Verteilung (s. o.) gilt.

Für das, oben wiederholte, zweidimensionale stochastische lineare Optimierungsproblem wird nun die zweidimensionale stetige Gleichverteilung ($\mathcal{U}[1, 3], \mathcal{U}[2, 8]$) durch eine diskrete Gleichverteilung approximiert. Dadurch liegen 21 (gleichverteilte) Szenarien vor, und zwar $(1, 2), ..., (1, 8), (2, 1), ..., (2, 8), (3, 2), ..., (3, 8)$. Es wird, der bereits oben verwendete, Kompensationskostenvektorsatz (k_1, k_2) für alle Szenarien verwendet. Dann lautet das Kompensationsproblem:

Parameter:

$S = \{$ $(1, 2), (1, 3), (1, 4), (1, 5), (1, 6), (1, 7), (1, 8),$
$(2, 2), (2, 3), (2, 4), (2, 5), (2, 6), (2, 7), (2, 8),$
$(3, 2), (3, 3), (3, 4), (3, 5), (3, 6), (3, 7), (3, 8)$ $\}.$

$$\begin{pmatrix} k_1 \\ k_2 \end{pmatrix} = \begin{pmatrix} 2 \\ 1 \end{pmatrix}.$$

Variablen:

$x_i \in \mathbb{R}$ für alle $1 \leq i \leq 2$.
$y_{i,s} \in \mathbb{R}$ für alle $1 \leq i \leq 2$ und $1 \leq s \leq |S|$.

max $F(x_i, y_{i,s})$

mit

$$F(x_i, y_{i,s}) = 10 \cdot x_1 + 14 \cdot x_2 + \sum_{s \in S} \frac{1}{|S|} \cdot (k_1 \cdot y_{1,s} + k_2 \cdot y_{2,s}) \text{ für alle } 1 \le i \le 2 \text{ und } 1 \le s \le |S|$$

unter den Restriktionen:

$\omega_1 x_1 + 1 x_2 + y_{1,s} \quad \ge 15 \text{ für alle } 1 \le s \le |S|$	1. Restriktion.
$1 x_1 + \omega_2 x_2 \quad + y_{2,s} \ge 24 \text{ für alle } 1 \le s \le |S|$	2. Restriktion.
$x_1 \ge 0 \text{ sowie } x_2 \ge 0$	Nichtnegativität.

Die Umsetzung dieses linearen Optimierungsproblems in ILOG ist im folgenden Listing 4.4 angegeben, und zwar als „mod"-Datei.

```
 1   // Parameter
 2   int S = ...;                    // Anzahl an Szenarien.
 3   range Szenario = 1..S;          // Szenarienindex.
 4   float w1[Szenario] = ...;       // Parameter für w1 je Szenario.
 5   float w2[Szenario] = ...;       // Parameter für w2 je Szenario.
 6   // Strafkosten für Kompensation für die 1. Restriktion.
 7   float k1 = ...;
 8   // Strafkosten für Kompensation für die 2. Restriktion.
 9   float k2 = ...;
10
11   // Entscheidungsvariablen
12   dvar float+ x1;                 // Zum Ausgangsproblem.
13   dvar float+ x2;                 // Zum Ausgangsproblem.
14   // Kompensation (Abweichung) für die 1. Restriktion.
15   dvar float+ y1[Szenario];
16   // Kompensation (Abweichung) für die 2. Restriktion.
17   dvar float+ y2[Szenario];
18
19   // Zielfunktion
20   minimize
21     10*x1 + 14*x2 + sum (s in 1..S) (k1*y1[s] + k2*y2[s]);
22
23   // Restriktionen
24   constraints{
25     forall (s in 1..S) {
26     w1[s]*x1 +  1*x2 + y1[s] >= 15;   // 1. Restriktion
27     1*x1   + w2[s]*x2 + y2[s] >= 24;   // 2. Restriktion
28   };
29
30   // Nichtnegativität ist in der Definition der
31   // Entscheidungsvariablen enthalten.
```

Listing 4.4 Kompensationsproblem zum einfachen zweidimensionalen stochastischen linearen Optimierungsproblem in ILOG.

Zur Lösung der Fallstudie in ILOG sind die Parameter als „dat"-Datei anzugeben, was durch das Listing 4.5 erfolgt.

```
1  // Parameterwerte für die beiden zufälligen Parameter
2  S = 21;
3  // Alle möglichen Szenarien:
4  //     1  2  3  4  5  6  7  8  9 10 11 12 13 14 15 16 17 18 19 20 21
5  w1 = [1, 1, 1, 1, 1, 1, 1, 2, 2, 2, 2, 2, 2, 2, 3, 3, 3, 3, 3, 3, 3]; // in [1,
       3]
6  w2 = [2, 3, 4, 5, 6, 7, 8, 2, 3, 4, 5, 6, 7, 8, 2, 3, 4, 5, 6, 7, 8]; // in [2,
       8]
7  k1 = 2;
8  k2 = 1;
```

Listing 4.5 Daten für das Kompensationsproblem zum einfachen zweidimensionalen stochastischen linearen Optimierungsproblem in ILOG.

Bei diesen Parametern, vor allem durch den Kompensationskostenvektorsatz von $(2, 1)$, ist 181.5 der optimale Zielfunktionswert, der angenommen wird bei der Grundlösung von $(x_1, x_2) = (10.5, 4.5)$, deren Kosten 168 betragen, sowie echt positiven Kompensationen in Höhe von jeweils 4.5 in den Szenarien 1, 8 und 15 (ausschließlich) bei der 2. Restriktion. Bei einer Verringerung des Kompensationskostenvektorsatzes auf $(1, 0.5)$ ist 173.7 der optimale Zielfunktionswert, der angenommen wird bei der Grundlösung von $(x_1, x_2) = (4.2, 6.6)$, deren Kosten 134.4 betragen, sowie den folgenden echt positiven Kompensationen: über 4.2 für die 1. Restriktion und in den Szenarien $1 - 7$ sowie über 6.6 für die 2. Restriktion und in den Szenarien 1, 8 und 15. Demgegenüber führt ein Kompensationskostenvektorsatz von $(1, 2)$ zu einem optimalen Zielfunktionswert von 186, der angenommen wird bei der Grundlösung von $(x_1, x_2) = (6, 9)$, deren Kosten 186 betragen, und die für jedes Szenario ohne Kompensation verwendet wird.

In der Regel wird in diesem Buch auf die in diesem Kapitel verwendete umfangreiche Angabe der Unsicherheit verzichtet und sich auf die Angabe einer Zufallsvariable, ihrer Verteilung und einer Ausprägung von ihr beschränkt; hierbei handelt es sich um das in der Literatur übliche Vorgehen.

4.8   Verschiedene Kompensationen für ein stochastisches Losgrößenproblem

Wie die bisherigen Betrachtungen belegen, besteht die zentrale Eigenschaft von Kompensationsproblemen in der Durchführung einer Kompensationsmaßnahme nach dem Eintreten eines zufälligen Ereignisses. Anhand des Losgrößenproblems mit stochastischem Bedarf wird demonstriert, dass unterschiedliche Kompensationsmaßnahmen nicht nur möglich sein können, sondern diese auch die Lösungsgüte sehr stark beeinflussen können.

Tab. 4.16 Zwei Folgen von Bedarfen an Edelpralinen über drei aufeinanderfolgende Wochen mit Eintrittswahrscheinlichkeiten

Bedarfszenarien	1. Woche	2. Woche	3. Woche	Eintrittswahrscheinlichkeit
1	200 Edelpralinen	250 Edelpralinen	220 Edelpralinen	$\frac{1}{2}$
2	200 Edelpralinen	150 Edelpralinen	210 Edelpralinen	$\frac{1}{2}$

Eine Confiserie in München mit einer hohen Anzahl an anspruchsvollen Kunden kreierte eine Edelpraline, die ausschließlich in den nächsten drei (aufeinanderfolgenden) Wochen verkauft werden soll. Da solche Sonderkreationen bisher sehr begehrt waren, erwartet die Confiserie, dass die in der Tab. 4.16 angegebenen beiden Bedarfsszenarien gleichverteilt auftreten werden. Für die Fertigung sind aufwendige Vorarbeiten – u. a. für die Verzierung – erforderlich, weswegen für jede Produktionsmenge, i.e. Los, hohe Rüstkosten über 1000 Geldeinheiten (GE) anfallen. Demgegenüber sind die Lagerkosten mit 3 GE je ME und Woche moderat. Ist eine Edelpraline im Verkauf nicht vorrätig, so fallen Kosten über 6 GE je Edelpraline und Woche für den entgangenen Gewinn an. Zu den Kostensätzen sei angemerkt, dass ihre relativen Unterschiede entscheidend sind (und es sich beispielsweise auch um ein Vielfaches von Cent handeln kann). Es steht genug Kapazität zur Verfügung, so dass auch 700 Edelpralinen (also mehr als maximal verkauft werden können) zu Beginn einer beliebigen Woche so produziert werden können, dass diese für den Verkauf in der jeweiligen Woche uneingeschränkt zur Verfügung stehen. Gesucht sind Produktionsmengen (Lose) in jeder der drei Wochen mit möglichst geringen Kosten.

Zur Bildung eines Kompensationsproblems nach Abschn. 4.7 (über die Darstellung von Kompensationsproblemen) sind eine Grundlösung und Kompensationsmaßnahmen festzulegen. Als Grundlösung bieten sich feste Lose für die drei Wochen an – also unabhängig von den tatsächlich eintretenden Bedarfen. Dann tritt (zwangsläufig) beim Eintreten von (wenigstens) einem Bedarfsszenario in (wenigstens) einer Woche ein Lagerbestand oder ein Fehlbestand auf. In beiden Fällen handelt es sich um eine Kompensationsmaßnahme mit Kompensationskosten aufgrund der oben genannten Kostensätze.

Dieses Kompensationsproblem wird nach dem im Abschn. 4.7 (über die Darstellung von Kompensationsproblemen) vorgestellten Vorgehen entwickelt. Zunächst ist die unsichere Nachfrage durch einen Zufallsvektor ξ bzw. $\xi(\omega)$ zu beschreiben. In diesem Fall lediglich dadurch, dass in jeder der drei Wochen t zwei Bedarfsszenarien d_t^1 und d_t^2 existieren. Der Vollständigkeit halber sei daran erinnert, s. Abschn. 4.7, dass dieser Zufallsvektor eine mehrdimensionale Zufallsvariable ist und alle darin enthaltenen Zufallsvariablen auf dem gleichen Wahrscheinlichkeitsraum $(\Omega, \mathcal{F}, \mathbb{P})$ definiert sind. Diese beiden Bedarfsszenarien spiegeln dabei die Ereignisse in Ω wieder.

Die vom Zufall unabhängige Grundlösung in Form einer festen Produktionsmenge je Woche führt zu den drei vom Zufall – i.e. von den beiden Bedarfsszenarien – unabhängigen

Entscheidungsvariablen q_1, q_2 und q_3. Zur Bestimmung der Rüstkosten existieren drei, ebenfalls vom Zufall unabhängige Entscheidungsvariablen γ_1, γ_2 und γ_3. Die durch die tatsächlich eintretenden (zufälligen) Bedarfe verursachten Kompensationen in Form von Lagerbeständen und Fehlbeständen führen zu den vom Zufall in Form der beiden Szenarien abhängigen Variablen $y_1^{sz}(\omega)$, $y_2^{sz}(\omega)$ und $y_3^{sz}(\omega)$, für $sz = 1$ und $sz = 2$, im Fall von Lagerbeständen und den Variablen $B_1^{sz}(\omega)$, $B_2^{sz}(\omega)$ und $B_3^{sz}(\omega)$, für $sz = 1$ und $sz = 2$, im Fall von Fehlbeständen. Die Parameter erklären sich durch die obige Aufgabenstellung mit Ausnahme der großen Zahl M, die für die weiter unten erläuterte Rüstbedingung benötigt wird.

Die Zielfunktion besteht aus den Kosten für die Grundlösung, die nur durch die (wochenpezifischen) Lose bestimmt sind. Da ein Los ausschließlich Rüstkosten verursacht, bestimmen diese seine Kosten. Die zu einer festen Grundlösung (q) beim Eintreten einer der beiden Bedarfszenarien durchgeführten Kompensation in Form von Lagerbeständen (y) oder Fehlbeständen (B), verursacht Kosten, deren Erwartungswert zu minimieren ist; diese hängen nur von (q) ab.

Durch die Restriktionen werden die zu einer Grundlösung (q) zulässigen Belegungen aller Entscheidungsvariablen bestimmt. Dadurch hängt die Zielfunktion ausschließlich von q ab. Die Lagerbilanzgleichungen, die Lager- und Fehlanfangsbestände von (jeweils) 0 und die Nichtnegativitätsbedingungen bestimmen alle erlaubten Lager- und Fehlbestände. Die Minimierung ihrer Kosten bewirkt möglichst geringe Werte. Durch eine Lagerbilanzgleichung wird der Bedarf in der aktuellen Woche gedeckt durch das Los in der aktuellen Woche plus dem verfügbaren Bestand am Ende der Vorwoche. Nicht verkaufte Edelpralinen und noch benötige Edelpralinen bilden den übriggebliebenen (Lager- oder Fehl-) Bestand in der aktuellen Woche. Die Rüstbedingung zur Woche t setzt zu einem echt positivem q_t die Rüstvariable (γ_t) auf 1; das dazu notwendige M muss mindestens so hoch wie das größte mögliche Los sein und dies ist durch das Maximum aus der Summe der kumulierten Bedarfe der beiden Szenarien begrenzt, die vor der Lösung des Problems bekannt und konstant sind. Liegt in einer Woche t kein echt positives Los vor, so sind Belegungen von 0 und 1 für die (entsprechende) Rüstvariable zulässig. Die Minimierung der Rüstkosten bewirkt, dass die (zu modellierende) Belegung von 0 erzwungen wird.

Insgesamt entsteht das folgende (Szenarien-)Problem 1 zur Produktion von Edelpralinen:

Parameter:

d_t^{sz} Unsichere Nachfrage in Woche t beim Szenario sz $\forall\, 1 \leq t \leq 3, \forall\, 1 \leq sz \leq 2$.

p_{sz} Eintrittswahrscheinlichkeit von Szenario sz $\forall\, 1 \leq sz \leq 2$.

h Lagerkostensatz.

b Fehlbestandskostensatz.

K Rüstkostensatz.

M Große Zahl.

$Y0$ Lageranfangsbestand von 0.

$B0$ Anfangsfehlbestand von 0.

Variablen:

q_t Losgröße in der Woche t $\forall\, 1 \leq t \leq 3$.

$y_t^{sz}(\omega)$ Lagerbestand in der Woche t beim Szenario sz $\forall\, 0 \leq t \leq 3, \forall\, 1 \leq sz \leq 2$.

$B_t^{sz}(\omega)$ Fehlbestand in der Woche t beim Szenario sz $\forall\, 0 \leq t \leq 3, \forall\, 1 \leq sz \leq 2$.

γ_t Binäre Rüstvariable der Woche t

mit
$$\gamma_t = \begin{cases} 1, & \text{falls } q_t > 0 \\ 0, & \text{falls } q_t = 0 \end{cases} \quad \forall\, 1 \leq t \leq 3.$$

Sei $q = (q_1, q_2, q_3)$, $\gamma = (\gamma_1, \gamma_2, \gamma_3)$, $y = (y^1, y^2)$ mit $y^1 = (y_1^1, y_2^1, y_3^1)$ und $y^2 = (y_1^2, y_2^2, y_3^2)$ sowie $B = (B^1, B^2)$ mit $B^1 = (B_1^1, B_2^1, B_3^1)$ und $B^2 = (B_1^2, B_2^2, B_3^2)$.

min Z(q)

mit

$$Z(q) = \sum_{t=1}^{3} (K \cdot \gamma_t) + \mathcal{Q}(q)$$

und

$$\mathcal{Q}(q) = E_\xi \min_{y, B} \sum_{t=1}^{3} (h \cdot y_t^{sz} + b \cdot B_t^{sz})$$

$$= \sum_{sz=1}^{2} p_{sz} \cdot \min_{y^{sz}, B^{sz}} \sum_{t=1}^{3} (h \cdot y_t^{sz} + b \cdot B_t^{sz})$$

unter den Restriktionen:

Lagerbilanzgleichung:

$$q_t + (y_{t-1}^{sz} - B_{t-1}^{sz}) - (y_t^{sz} - B_t^{sz}) = d_t^{sz} \quad \forall\, 1 \leq t \leq 3, \forall\, 1 \leq sz \leq 2.$$

Rüstbedingung:
$$q_t - M \cdot \gamma_t \leq 0 \quad \forall\, 1 \leq t \leq 3.$$

Initialisierung des Lageranfangsbestands und des Anfangsfehlbestands:

$$y_0^{sz} = Y0 \text{ und } B_0^{sz} = B0 \quad \forall\, 1 \leq sz \leq 2.$$

Nichtnegativität:
$$q_t, y_t^{sz}, b_t^{sz} \geq 0 \quad \forall\, 1 \leq t \leq 3, \forall\, 1 \leq sz \leq 2.$$

Binäre Variablen:
$$\gamma_t \in \{0, 1\} \quad \forall\, 1 \leq t \leq 2.$$

Die Umsetzung dieses stochastischen linearen Optimierungsproblems in ILOG ist im folgenden Listing 4.6 angegeben, und zwar als „mod"-Datei.

```
1   // Parameter:
2   range Szenario = 1..2;          // Szenarienindex.
3
4   range Time = 1..3;             // Index einer Woche.
5
6   float p[Szenario] = ...;       // Wahrscheinlichkeiten
7                                  // der Szenarien.
8   int d[Szenario][Time] = ...;   // Bedarfsmengen.
9   float b = ...;                 // Fehlbestandskostensatz.
10  float h = ...;                 // Lagerkostensatz.
11  float K = ...;                 // Rüstkostensatz.
12  int M = ...;                   // Große Zahl.
13  int Y0 = ...;                  // Lageranfangsbestand.
14  int B0 = ...;                  // Anfangsfehlbestand.
15
16  // Entscheidungsvariablen:
17  dvar int+ q[Time];             // Losgrößen.
18  dvar int+ y[Szenario][0..3];   // Lagerbestand.
19  dvar int+ B[Szenario][0..3];   // Fehlbestand.
20  dvar int+ gamma[Time] in 0..1; // Binäre Rüstvariable.
21
22  // Zielfunktion:
23  minimize
24    sum(t in Time)K * gamma[t] +
25    sum(sz in Szenario)
26    p[sz] * sum(t in Time)(h * y[sz][t] + b * B[sz][t]);
27
28  // Restriktionen:
29  constraints {
30  // Lagerbilanzgleichungen:
31  forall (sz in Szenario, t in Time){
32    q[t] + y[sz][t-1] - y[sz][t] - B[sz][t-1] + B[sz][t]
33    == d[sz][t];
34  }
35
36  // Rüstbedingung:
37  forall (t in Time)
38    q[t] - M * gamma[t] <= 0;
39
```

```
40    // Initialisierung Lageranfangsbestand:
41    forall(sz in Szenario){
42      y[sz][0] == Y0;
43    }
44
45    // Lagerendbestand:
46    forall(sz in Szenario)
47      y[sz][3] >= 0;
48
49    // Initialisierung Anfangsfehlbestand:
50    forall(sz in Szenario){
51      B[sz][0] == B0;
52    }
53
54    // Nichtnegativität:
55    forall (sz in Szenario, t in Time){
56      y[sz][t] >= 0;
57    }
58
59    forall (sz in Szenario, t in Time){
60      B[sz][t] >= 0;
61    }
62
63    forall (t in Time){
64      q[t] >= 0;
65    }
66    };
```

Listing 4.6 Modellfile zum Problem 1 zur Produktion von Edelpralinen in ILOG.

Zur Lösung der Fallstudie in ILOG sind die Parameter als „dat"-Datei anzugeben, was durch das Listing 4.7 erfolgt.

```
1    // Große Zahl:
2    M = 10000;
3
4    // Wahrscheinlichkeiten der Szenarien:
5    p = [0.5, 0.5];
6
7    // Nachfragemengen:
8    d= #[
9    1: [200, 250, 220]
10   2: [200, 150, 210]
11   ]#;
12
13   // Fehlbestandskostensatz:
14   b = 6;
15
16   // Lagerkostensatz:
17   h = 3;
18
```

```
19  // Rüstkostensatz:
20  K = 1000;
21
22  // Anfangslagerbestand:
23  Y0 = 0;
24
25  // Anfangsfehlbestand:
26  B0 = 0;
```

Listing 4.7 Daten für das Problem 1 zur Produktion von Edelpralinen in ILOG.

Die Ausführung in ILOG liefert dann eine optimale Lösung. Deren Lose, Kompensationsmaßnahmen, in Form von Lager- und Fehlbeständen, sowie Gesamtkosten sind in Tab. 4.17 angegeben.

Die optimale Lösung vermeidet ein Rüsten in der letzten Woche; eine Produktion in jeder Stufe würde Gesamtkosten von mindestens 3000 Geldeinheiten (GE) verursachen. Dazu werden Lagerbestände in der zweiten Woche aufgebaut. Nur für das erste Bedarfsszenario tritt in der letzten Woche zusätzlich eine Nichtlieferfähigkeit auf.

Zu solchen konstanten von den tatsächlich eintretenden Bedarfsszenarien unabhängigen Losen je Woche gibt es folgende Alternative. Es wird ein sogenanntes Bestellniveau je Woche festgelegt. Ist für ein eintretendes Bedarfsszenario dieses Bestellniveau als Lagerbestand zu Beginn einer Woche (bzw. am Ende der Vorwoche) vorhanden, so wird nicht produziert. Anderenfalls wird durch einen Produktionsauftrag der Lagerbestand bis zu diesem Bestellniveau aufgefüllt. Durch die Anwendung dieser Bestellregel ergeben sich szeniospezifische Losgrößen. Die Erweiterung des obigen Problems erfordert spezielle Modellie-

Tab. 4.17 Optimale Lösung von Problem 1 zur Produktion von Edelpralinen

Lose in den einzelnen Wochen:

	1. Woche	2. Woche	3. Woche
Losgröße	200 Edelpralinen	360 Edelpralinen	0 Edelpralinen

Szenariospezifischer Lagerbestand am Ende einer Woche:

	1. Woche	2. Woche	3. Woche
Bedarfsszenario 1	0 Edelpralinen	110 Edelpralinen	0 Edelpralinen
Bedarfsszenario 2	0 Edelpralinen	210 Edelpralinen	0 Edelpralinen

Szenariospezifischer Fehlbestand am Ende einer Woche:

	1. Woche	2. Woche	3. Woche
Bedarfsszenario 1	0 Edelpralinen	0 Edelpralinen	110 Edelpralinen
Bedarfsszenario 2	0 Edelpralinen	0 Edelpralinen	0 Edelpralinen

Gesamtkosten: 2810 Geldeinheiten.

Tab. 4.18 Optimale Lösung von Problem 2 zur Produktion von Edelpralinen

Bestellniveau in den einzelnen Wochen:

	1. Woche	2. Woche	3. Woche
Bestellniveau	350 Edelpralinen	0 Edelpralinen	220 Edelpralinen

Szenariospezifischer Lose in den einzelnen Wochen:

	1. Woche	2. Woche	3. Woche
Bedarfsszenario 1	350 Edelpralinen	0 Edelpralinen	320 Edelpralinen
Bedarfsszenario 2	350 Edelpralinen	0 Edelpralinen	220 Edelpralinen

Szenariospezifischer Lagerbestand am Ende einer Woche:

	1. Woche	2. Woche	3. Woche
Bedarfsszenario 1	150 Edelpralinen	0 Edelpralinen	0 Edelpralinen
Bedarfsszenario 2	150 Edelpralinen	0 Edelpralinen	10 Edelpralinen

Szenariospezifischer Fehlbestand am Ende einer Woche:

	1. Woche	2. Woche	3. Woche
Bedarfsszenario 1	0 Edelpralinen	100 Edelpralinen	0 Edelpralinen
Bedarfsszenario 2	0 Edelpralinen	0 Edelpralinen	0 Edelpralinen

Gesamtkosten: 2765 Geldeinheiten.

rungstechniken, die den Rahmen dieses Buchs sprengen, weswegen keine Angabe zu diesem (Szenarien-)Problem 2 erfolgt. Tab. 4.18 enthält zu der optimalen Lösung die Bestellniveaus, die Lose, die Kompensationsmaßnahmen, in Form von Lager- und Fehlbeständen, sowie die Gesamtkosten.

Gegenüber der optimalen Lösung von Problem 1 wird in den Wochen 1 und 3, statt 1 und 2, gerüstet. Unterschiede liegen bei den Lager- und Fehlbeständen vor. Da die beiden Bedarfsszenarien gleich wahrscheinlich sind, ist es ausreichend die kumulierten Lager- und Fehlbestände zu berechnen. Konkret treten Einsparungen bei Problem 2 gegenüber Problem 1 von 10 Edelpralinen sowohl bei den kumulierten Lagerbeständen als auch bei den kumulierten Fehlbeständen auf – und zwar konkret im Fall von Lagerbeständen statt 320 Edelpralinen im Problem 1 nun 310 Edelpralinen im Problem 2 und im Fall von Fehlbeständen statt 110 Edelpralinen im Problem 1 nun 100 Edelpralinen im Problem 2. Dies impliziert eine Kostenreduktion von $0.5 \cdot 10 \cdot 3$ GE bei den kumulierten Lagerbeständen sowie von $0.5 \cdot 10 \cdot 6$ GE bei den kumulierten Fehlbeständen, so dass durch Problem 2 insgesamt die Gesamtkosten um 45 GE geringer sind.

Das Vorgehen in Problem 2 ist motiviert durch die optimale Lösung des Zeitungsjungenproblems; eine Lösung befindet sich im Abschn. 4.7. Beim Zeitungsjungenproblem wird eine Periode unterstellt. Bei mehreren Perioden (so wie hier in Form von Wochen), könnte in jeder Periode ein eigenes Zeitungsjungenproblem gelöst werden. Demgegenüber sind in Problem 2 nicht nur die Bedarfe der nächsten Woche, sondern zu Planungsbeginn die Bedarfe in allen drei Wochen bekannt; m.a.W. die beiden Bedarfsszenarien sind zu Planungsbeginn vollständig bekannt. Wie im Kap. 5 über spezielle Eigenschaften von Kompensationsproblemen noch aufgezeigt werden wird, hat die Länge des Planungshorizonts einen signifikanten Einfluss auf das Planungsergebnis. Konkret bewirkt ein Planungshorizont von einer Woche, dass für die erste Woche das Zeitungsjungenproblem aus dem Abschn. 4.7 vorliegt. Da bei beiden Bedarfsszenarien der Bedarf in der ersten Woche 200 Edelpralinen beträgt, ist ein Bestellniveau von 200 Edelpralinen die optimale Lösung; also kleiner als die 350 Edelpralinen in der optimalen Lösung von Problem 2. (Der Vollständigkeit halber sei angemerkt, dass 200 Edelpralinen die Lösung von Problem 1 für die erste Woche ist. Die Produktionsmenge über 360 Edelpralinen in der zweiten Woche (in der Lösung von Problem 1) reicht für die beiden Wochen 2 und 3. Das Zeitungsjungenproblem (aus Abschn. 4.7 mit Rüstkosten und keinen Produktionskosten für ein Los) bestimmt für die zweite Woche eine Produktionsmenge über 250 Edelpralinen.) Für die weiteren Wochen kann genauso verfahren werden. Dabei kann am Ende einer Woche ein Lagerbestand auftreten. Für das Zeitungsjungenproblem in der nachfolgenden Woche ist dies ein Anfangslagerbestand. In der Literatur darf beim allgemeinen Zeitungsjungenproblem ein Anfangslagerbestand vorliegen (ein Anwendungsfall ist ein Bierstand für ein bestimmtes Volksfest und es stellt sich heraus, nach der Annahme von diesem Auftrag, dass noch Bier vorhanden ist, welches bei diesem einen Bierstand verkauft werden kann). Wie die Lösungen in Herrmann (2009) sowie Neumann und Morlock (2002) belegen, ist es ab einer gewissen Höhe des Anfangslagerbestands kostengünstiger, auf eine Produktion bzw. Bestellung zu verzichten. Dadurch besteht eine optimale Lösung aus einem Bestellpunkt und einem Bestellniveau sowie der Bestellregel, dass durch einen Produktionsauftrag das Lager bis zu diesem Bestellniveau aufgefüllt wird, sofern der Anfangslagerbestand unterhalb des Bestellpunkts liegt. Dieses Vorgehen ist auch beim mehrperiodigen Bestandsmanagement optimal – allerdings ist die Bestimmung der periodenspezifischen Bestellpunkte und (periodenspezifischen) Bestellniveaus sehr viel aufwendiger (es sind auch Fehlbestände am Periodenende möglich). Eine entsprechende Erweiterung von Problem 2 führt zu Problem 3 – wegen den noch anspruchsvolleren Modellierungstechniken wird auch hier auf seine Angabe verzichtet. Tab. 4.19 enthält zu der optimalen Lösung die Bestellpunkte, die Bestellniveaus, die Lose, die Kompensationsmaßnahmen, in Form von Lager- und Fehlbeständen, sowie die Gesamtkosten.

Die Einführung von Bestellpunkten reduziert die Anzahl an Produktionsaufträgen. Bezogen auf die beiden Bedarfsszenarien gab es bisher vier Produktionsaufträge und nun sind es drei. Dies bewirkt einerseits eine Kostenreduktion um $0.5 \cdot 1 \cdot 1000$ GE – also um 500 GE – und andererseits ist deutlich mehr zu lagern. Der kumulierte Lagerbestand steigt um 290 Edelpralinen – und zwar konkret statt 310 Edelpralinen im Problem 2 nun 600 Edelpralinen im Problem 3; wiederum darf sich auf die kumulierten Bestände beschränkt werden, da beide Bedarfsszenarien gleich wahrscheinlich sind. Demgegenüber erhöht sich der kumulierte Fehlbestand lediglich um 10 Edelpralinen. Dies impliziert eine Kostenerhöhung von $0.5 \cdot 290 \cdot 3$ GE $= 435$ GE bei den kumulierten Lagerbeständen sowie von $0.5 \cdot 10 \cdot 6$ GE

Tab. 4.19 Optimale Lösung von Problem 3 zur Produktion von Edelpralinen

Bestellpunkt und -niveau in den einzelnen Wochen:

	1. Woche	2. Woche	3. Woche
Bestellpunkt	1 Edelpraline	0 Edelpralinen	1 Edelpraline
Bestellniveau	450 Edelpralinen	0 Edelpralinen	220 Edelpralinen

Szenariospezifische Lose in den einzelnen Wochen:

	1. Woche	2. Woche	3. Woche
Bedarfszenario 1	450 Edelpralinen	0 Edelpralinen	220 Edelpralinen
Bedarfszenario 2	450 Edelpralinen	0 Edelpralinen	0 Edelpralinen

Szenariospezifischer Lagerbestand am Ende einer Woche:

	1. Woche	2. Woche	3. Woche
Bedarfszenario 1	250 Edelpralinen	0 Edelpralinen	0 Edelpralinen
Bedarfszenario 2	250 Edelpralinen	100 Edelpralinen	0 Edelpralinen

Szenariospezifischer Fehlbestand am Ende einer Woche:

	1. Woche	2. Woche	3. Woche
Bedarfszenario 1	0 Edelpralinen	0 Edelpralinen	0 Edelpralinen
Bedarfszenario 2	0 Edelpralinen	0 Edelpralinen	110 Edelpralinen

Gesamtkosten: 2730 Geldeinheiten.

$= 30$ GE bei den kumulierten Fehlbeständen. Dadurch beträgt die Gesamtkostenreduktion insgesamt 500 GE $-$ 465 GE $=$ 35 GE.

Da die beiden Probleme 2 und 3 nicht explizit angegeben worden sind, und damit eine Überprüfung der Lösungen durch eine eigene Implementierung (durch einen Leser) nicht möglich ist, möge folgende Analyse beispielhaft belegen, dass jede Lösung von Problem 2 höhere Gesamtkosten als die angegebene Lösung von Problem 3 besitzt und dass die angegebenen Lösungen optimal sind. Wird in der Lösung von Problem 3 das Bestellniveau erhöht, so kann nach dem Vorgehen beim Problem 2 (i.e. der dort verwendeten Bestellregel) erreicht werden, dass ein Los in der dritten Woche nicht benötigt wird. Allerdings übersteigen die dann erforderlichen zusätzlichen kumulierten Lager- und Fehlbestandskosten die eingesparten Rüstkosten von $0.5 \cdot 1000$ GE, also 500 GE. Wird nämlich in der optimalen Lösung von Problem 3 auf das Los in der dritten Woche verzichtet, so treten zusätzliche Fehlbestandskosten über $0.5 \cdot 220 \cdot 6$ GE $= 660$ GE auf; die Gesamtkosten betragen nun 2730 GE $+ (660$ GE $- 500$ GE$) = 2890$ GE. Eine Erhöhung des Bestellniveaus um 1 Edelpraline in der ersten Woche bewirkt eine Lagerbestandserhöhung von 1 Edelpraline je Bedarfsszenario in den Wochen 1 und 2, wodurch Kosten von $1 \cdot 3 \cdot 2$ GE $= 6$ GE anfallen. Zugleich reduziert es die Fehlbestände in der dritten Woche um 1 Edelpraline (von 220 Edelpralinen bei Bedarfsszenario 1, da in der Woche 3 nicht produziert wird). Die dadurch eingesparten Kosten betragen $1 \cdot 6$ GE $= 6$ GE. Eine Verbesserung ist also nicht erreichbar.

Diese drei Probleme unterscheiden sich strukturell in der Festlegung der Produktionszeitpunkte und der Produktionsmengen. Sie realisieren die von Bookbinder und Tan 1988 in
Bookbinder und Tan (1988) vorgeschlagenen drei Vorgehensweisen zur Losgrößenplanung
bei stochastischer Nachfrage. Ihre charakteristischen Eigenschaften wurden in der Literatur,
wie in Bookbinder und Tan (1988) und Tempelmeier (2012), intensiv analysiert. Die folgende Analyse orientiert sich an diesen Arbeiten und basiert auf eigenen Simulationsstudien,
die in Herrmann (2020) näher erläutert sind.

- „Static Uncertainty"– fixierte Produktionszeitpunkte und fixierte Losgrößen (i.e. Problem 1):
  Die Grundlösung legt bereits alle Produktionsperioden und in diesen die Produktionsmengen fest. Dieser Produktionsplan wird unabhängig von der tatsächlich eintreffenden
  Nachfrage umgesetzt – allerdings wird er gegebenenfalls durch die oben genannten Kompensationen modifiziert.
  Das Ergebnis sind planbare Kapazitätsbelastungen und insbesondere tritt keine Planungsnervosität auf. Dies ist für die (kapazitätsorientierte) Einsatzplanung – u. a. von Mitarbeitern – in der Produktion notwendig. Eigene Simulationsstudien, s. Herrmann (2020),
  belegen, dass im Vergleich zu den anderen beiden Strategien dieses Vorgehen in der Regel
  die höchsten Kosten verursacht.
- „Static Dynamic Uncertainty"– fixierte Produktionszeitpunkte und variable Losgrößen
  (i.e. Problem 2):
  Die Grundlösung bestimmt für jede Periode ein (periodenspezifisches) Bestellniveau.
  Die tatsächlich auftretende Nachfrage bestimmt auf die folgende Weise die Produktionsmengen. Zu einer Produktionsperiode t mit einem Bestellniveau S_t (> 0) beträgt die
  Produktionsmenge ($S_t - L_{(t-1)}$), sofern $S_t > L_{(t-1)}$ gilt, wobei L_t der Lagerbestand am
  Ende der Periode t, einschließlich einem möglichen Fehlbestand, ist. Zusätzlich sind die
  oben genannten Kompensationen erlaubt.
  Da die Produktionsmengen von der tatsächlich auftretenden Nachfrage abhängen, kann
  deren Festlegung als eine Kompensationsmaßnahme aufgefasst werden.
  In der Literatur werden die Perioden mit echt positiven Bestellniveaus als Produktionsperioden bezeichnet. Ganz genau genommen ignoriert dies die Produktionsbedingung
  ($S_t > L_{(t-1)}$), die impliziert, dass die Grundlösung tatsächlich nur Perioden bestimmt,
  in denen sicher nicht produziert wird – es sei betont, dass auch hier eine Abhängigkeit
  von der tatsächlich auftretenden Nachfrage vorliegt und es sich damit, streng genommen,
  um eine Kompensationsmaßnahme handelt.
  Eigene Simulationsstudien, s. Herrmann (2020), belegen, dass gegenüber dem „Static
  Uncertainty"-Ansatz im Allgemeinen
  – (wie oben bereits gesagt) geringere Gesamtkosten auftreten.
  – die Variabilität der Kapazitätsbelastung deutlich höher ist (und es tritt Planungsner-
    vosität auf).

Dadurch wird die, oben angesprochene, (kapazitätsorientierte) Einsatzplanung deutlich erschwert bzw. ist sogar unmöglich.

- „Dynamic Uncertainty"– variable Produktionszeitpunkte und variable Losgrößen (i.e. Problem 3):

  Die Grundlösung bestimmt weder Produktionszeitpunkte noch Produktionsmengen im Detail, sondern die Grenzen für die folgende Produktionsregel: Ist zu Beginn einer Periode der vorhandene (Lager-)Bestand unterhalb eines bestimmten Werts (dem Bestellpunkt), so wird dieser durch einen Produktionsauftrag bis zu einem bestimmten Wert (dem Bestellniveau) aufgefüllt. (I.e. für jede Periode t werden der oben genannte Bestellpunkt s_t und das Bestellniveau S_t bestimmt.) Zusätzlich sind die oben genannten Kompensationen erlaubt.

  Damit hängen sowohl die Produktionszeitpunkte als auch die Produktionsmengen von der tatsächlich auftretenden Nachfrage ab, weswegen deren Festlegung als eine Kompensationsmaßnahme aufgefasst werden kann.

  Nach der Literatur – in Herrmann (2009) befindet sich eine detaillierte Analyse und die maßgebliche Literatur ist dort genannt – ist dieses Verfahren, dass als (s, S)-Bestellpolitik bezeichnet wird (im Bestandsmanagement), kostenoptimal, sofern lineare Lager- und Fehlbestandskosten sowie konstante Rüstkosten vorliegen und bekannt sind.

  Eigene Simulationsstudien, s. Herrmann (2020), belegen, dass gegenüber den beiden anderen Ansätzen die Variabilität der Kapazitätsbelastung (wie auch die Planungsnervosität) deutlich höher ist; sogar beim obigen Beispiel ist dies zu beobachten. Dadurch können, im Allgemeinen, die Kapazitätsbelastungen in den einzelnen Perioden so wenig vorhergesagt werden, dass die, oben angesprochene, (kapazitätsorientierte) Einsatzplanung nicht zuverlässig durchführbar ist.

Es sei betont, dass alternative Ansätze in der Literatur vorgeschlagen wurden, beispielsweise 2004 den von Kingsmann und Tarim, s. Kingsman und Tarim (2004), die weitere Kompensationen verwenden. Wegen des hohen Rechenzeitbedarfs der (s, S)-Bestellpolitik (im Bestandsmanagement), dürfte kein laufzeiteffizientes Lösungsverfahren von Problem 3 und wohl auch von Problem 2 für den allgemeinen Fall existieren. Für Problem 1 beschrieb Vargas in 2009, s. Vargas (2009), ein effizientes Lösungsverfahren, das auf dem „kürzesten Wege"-Ansatz basiert. Seitens der Forschung löst eine kapazitätsorientierte Losgrößenplanung die oben angesprochene kapazitätsorientierte Einsatzplanung. Diese und ihre Erweiterung um stochastische Bedarfe ist eine aktuelle Forschungsfrage.

Bereits das obige einfache Beispiel zeigt, dass die unterschiedlichen Kompensationsmaßnahmen, in den vorgestellten drei Problemen, die Lösungsgüte beeinflussen. Eigene Simulationsstudien, s. Herrmann (2020), belegen einen, im Allgemeinen, signifikanten Einfluss. Deswegen stellt die geeignete Wahl von Kompensationsmaßnahmen eine sehr wichtige Teilaufgabe bei der Lösung von Kompensationsproblemen dar.

4.9 Approximation einer stetigen Verteilung

Bei stochastischen Optimierungsproblemen treten stetige Verteilungen, wie beispielsweise eine Normalverteilung, auf; es sei angemerkt, dass Bedarfe von Kunden oftmals normalverteilt sind, s. hierzu beispielsweise Tempelmeier (2003), Herrmann (2009) und Herrmann (2011), so dass Probleme in der operativen Produktionsplanung und -steuerung oftmals normalverteilte Verteilungen enthalten. Dadurch liegt kein lineares Optimierungsproblem in Normalform vor. Wie im Abschn. 4.7 über die Darstellung von Kompensationsproblemen erläutert wurde, kann die Normalform erreicht werden, indem jede solche stetige Verteilung durch eine diskrete Verteilung aus Szenarien approximiert wird. Anhand einer eindimensionalen Verteilung werden im Folgenden zwei Möglichkeiten vorgestellt. So kann eine gewisse Anzahl an normalverteilten zufälligen Zahlen, eben die Szenarien, gezogen werden. Jede Ziehung hat die gleiche Wahrscheinlichkeit, aber eine Zahl kann mehrfach gezogen werden, wodurch sich ihre Wahrscheinlichkeit entsprechend erhöht. Beispielsweise kann das zufällige Ziehen der Zahlen 1, 2, 3, 4, 5 und 6, die alle die gleiche Wahrscheinlichkeit von $\frac{1}{6}$ haben, durch das wiederholte Werfen eines Würfels (mit diesen Ziffern als Beschriftung) erfolgen. Wurde der Würfel N-mal geworfen, so liegt eine Folge (von Zahlen) mit Mittelwert E_N und Varianz Var_N vor. Bei einem idealen Würfel konvergiert E_N gegen 3.5 und die Var_N gegen $2.91\overline{6}$. In (Microsoft) Excel ist ein Zufallsgenerator für verschiedene Verteilungen implementiert. In dieser Arbeit werden zwei Varianten unter Verwendung von Excel verwendet. Als Alternative wird die sogenannte deskriptive Szenarienerzeugung eingesetzt. An einem einfachen stochastischen Optimierungsproblem, nämlich dem Zeitungsjungenproblem, werden die unterschiedlichen Konvergenzgeschwindigkeiten aufgezeigt.

Für die Excel-basierte Szenarienerzeugung wird zum einen der Zufallsgenerator in (Microsoft-)Excel für Normalverteilungen verwendet. Da es laut der Literatur schwierig ist, für eine Normalverteilung einen (solchen) idealen Zufallsgenerator zu programmieren, wird zusätzlich ein Verfahren verwendet, welches unter „Zwölferregel" in Winkler (2011) erläutert wurde. Bei dieser wird die Summe s aus 12 zufälligen und voneinander unabhängigen Zahlen, die aus einer [0, 1] gleichverteilten Grundgesamtheit gezogen werden, gebildet. Eine Folge von so gezogenen Zahlen bildet eine Häufigkeitsverteilung, die annähernd normalverteilt ist, und zwar mit einem Erwartungswert von 6 und einer Standardabweichung von 1; es sei angemerkt, dass $\sum_{i=1}^{12} X_i$, wobei die X_1, ..., X_{12} auf [0, 1] gleichverteilte Zufallsvariablen sind, gebildet wird und die Annäherung an $\mathcal{N}(6, 1)$ durch den zentralen Grenzwertsatz, s. z. B. Hübner (2003), motiviert ist. Nach der üblichen Transformation einer beliebigen (Verteilungsfunktion zu einer) Normalverteilung $\mathcal{N}(\mu, \sigma^2)$ (i.e. mit Erwartungswert von μ und Standardabweichung von σ) in eine Standardnormalverteilung(sfunktion) $\mathcal{N}(0, 1)$ ist $(s-6) \cdot \sigma + \mu$ eine zufällige Ziehung einer beliebigen Normalverteilung $\mathcal{N}(\mu, \sigma^2)$ (beachte: s ist eine Ziehung nach der Zwölferregel).

Die deskriptive Szenarienerzeugung wurde von Saliby entwickelt und erstmalig 1990 in Saliby (1990) publiziert. Sie versucht, eine Verteilungsfunktion mit einer gegebenen Anzahl an Szenarien möglichst gut zu approximieren. Das Vorgehen wird anhand der Verteilungs-funktion zur $\mathcal{N}(120, 5^2)$-Verteilung erläutert, die in der folgenden Abb. 4.17 angegeben ist. Zu ihrer Approximation durch 5 Szenarien wird das Intervall [0, 1] gleichmäßig in 5 Teilintervalle zerlegt und deren Mittelpunkte ergeben 5 Punkte, die sich durch die Formel $U(i) = (i - 0, 5)/5$ berechnen lassen und in der Tab. 4.20 angegeben sind. Die gesuchten Werte berechnen sich durch $x_i = \Phi^{-1}_{\mathcal{N}(120,5^2)}(U(i))$, für alle $1 \leq i \leq 5$, und sind ebenfalls in der Tab. 4.20 wie auch in der Abb. 4.17 angegeben.

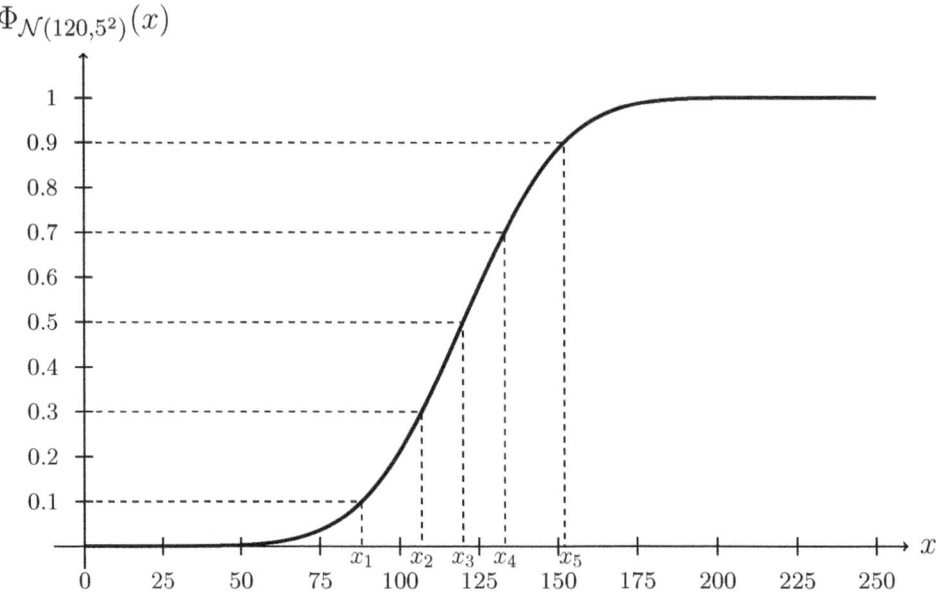

Abb. 4.17 Approximation der Verteilungsfunktion einer $\mathcal{N}(120, 5^2)$-Verteilung mit fünf Szenarien durch die deskriptive Szenarienerzeugung

Tab. 4.20 5 Szenarien durch die deskriptive Szenarienerzeugung zu einer $\mathcal{N}(120, 5^2)$-Verteilung

Index i	$U(i) = (i - 0.5)/n$	$x = \Phi^{-1}_{\mathcal{N}(120,5^2)}(U(i))$
1	0.10	87.9612109
2	0.30	106.889987
3	0.50	120.000000
4	0.70	133.110013
5	0.90	152.038789

Für den allgemeinen Fall sei eine Verteilungsfunktion Φ gegeben. n Szenarien berechnen sich dann durch

$$\Phi^{-1}\left(\frac{i-0.5}{n}\right) \text{ für alle } 1 \leq i \leq n.$$

Diese drei Approximationen werden auf den Verkauf von naturtrüben biologischen Apfelsaft angewendet. Dieser Apfelsaft wird von dem Biobauern Voigt aus seiner Apfelernte hergestellt und in seinem Hofladen verkauft. Für die Herstellung von einem Liter Apfelsaft benötigt der Biobauer 1 kg Äpfel, welche er für 2 € je kg unverarbeitet verkaufen könnte. Die Zerkleinerung der Äpfel erfolgt über einen bereits vollständig abgeschriebenen Häcksler der keine weiteren Kosten verursacht. Für die Abfüllung besitzt er keine eigene Abfüllanlage, sondern darf einmal pro Woche am Montag Vormittag eine kleine Abfüllanlage einer Genossenschaft in unmittelbarer Nähe für 2.05 € je Flasche mitbenutzen. Da der naturtrübe Apfelsaft nur eine geringe Haltbarkeit von 8 Tagen besitzt, sollte der Biobauer nach Benutzen der Anlage nur soviel Apfelsaft abgefüllt haben, wie er in einer Woche von Montag bis Freitag verkaufen kann. Nach den bisherigen Verkäufen werden im Mittel 1000 Flaschen Apfelsaft mit jeweils einem Liter Inhalt zu einen Preis von 5 € pro Flasche verkauft und die Nachfrage ist normalverteilt mit einer Standardabweichung von 25 Flaschen pro Woche. Die Flaschen, die innerhalb dieser 5 Tage nicht verkauft werden, werden am Samstag zu einem Preis von 1 € je Flasche auf dem Wochenmarkt angeboten. Diese haben den Vermerk „sehr kurze Haltbarkeit" und werden in der Regel immer komplett verkauft.

Damit liegt das bereits im Abschn. 4.7 über die Darstellung von Kompensationsproblemen vorgestellte und gelöste Zeitungsjungenproblem vor. Mit den Herstellungskosten (b) von 2.05 € je Flasche, dem (regulären) Verkaufspreis (v) von 5 € pro Flasche im Hofladen und dem Verkaufspreis (r) – i.e. Rückgabepreis – von 1 € für jede nur noch kurzzeitig haltbare Flasche auf dem Wochenmarkt sowie dem normalverteilten Bedarf (D) von $\mathcal{N}(1000, 25^2)$ lautet die optimale Bestellmenge, die in der Literatur auch mit S bezeichnet wird, s. Abschn. 4.7:

$$S_{opt} = \Phi^{-1}_{\mathcal{N}(1000,25^2)}\left(\frac{v-b}{v-r}\right).$$

Mit der (üblichen) Transformation der Verteilungsfunktion zu einer beliebigen Normalverteilung $\mathcal{N}(\mu, \sigma^2)$ in eine Standardnormalverteilungsfunktion $\mathcal{N}(0, 1)$ ergibt sich:

$$S_{opt} = 25 \cdot \Phi^{-1}_{\mathcal{N}(0,1)}(0.7375) + 1000$$
$$= 25 \cdot 0.635657013697583 + 1000 = 1015.89142534244,$$

so dass 1015.89142534244 Flaschen herzustellen sind. Natürlich stellt der Biobauer ganze Flaschen her. Diese Zahl dient im Folgenden als die zu erreichende Kennzahl für die Beurteilung der vorgestellten drei Approximation.

Für die Anwendung der Approximationen wird das Zeitungsjungenproblem als ein lineares Optimierungsproblem formuliert, bei dem der Bedarf eben durch Szenarien beschrieben wird. Wie im Abschn. 4.7 über die Darstellung von Kompensationsproblemen schon begründet wurde, handelt es sich um ein Kompensationsproblem, bei dem eine Grundlösung, nämlich die Bestellmenge (S), kompensiert werden darf, indem zu viel hergestellte Flaschen an Apfelsaft auf dem Wochenmarkt zu einem deutlich geringeren Preis verkauft werden. Die Maximierung des Gewinns – aus Umsatz minus Herstellungskosten – bewirkt möglichst geringe Rückgabemengen. Durch eine Lagerbilanzgleichung und dadurch dass ein Verkauf auf dem Wochenmarkt weniger attraktiv ist, wird ein szenariospezifischer Bedarf exakt gedeckt; alternativ wäre auch die Einführung einer szenariospezifischen Fehlmenge (Sf^{sz}) möglich, wobei dann $S - Sr^{sz} + Sf^{sz} = d^{sz}$ die szenariospezifische Lagerbilanzgleichung wäre.

Insgesamt entsteht das folgende Szenarien-Modell zur Herstellung von Flaschen an Apfelsaft bzw. zum Zeitungsjungenproblem:

Parameter:

Sz Anzahl an Szenarien   ($1 \leq sz \leq Sz$).
d^{sz} Nachfragemenge je Szenario sz $\forall\, 1 \leq sz \leq Sz$.
b Herstellungskosten.
v Verkaufspreis.
r Rückgabepreis.

Variablen:

S Grundbestellmenge.
Sr^{sz} Rückgabemenge beim Szenario sz $\forall\, 1 \leq sz \leq Sz$.

$$\max\ -b \cdot S + \sum_{sz=1}^{Sz} \left(v \cdot (S - Sr^{sz}) + r \cdot Sr^{sz} \right)$$

unter den Restriktionen:

$S - Sr^{sz} \leq d^{sz}\ \ \forall\, 1 \leq sz \leq Sz$ Lagerbilanzgleichungen.
$S, Sr^{sz} \geq 0\ \ \forall\, 1 \leq sz \leq Sz$ Nichtnegativitätsbedingungen.

Die Umsetzung dieses linearen Optimierungsproblems in ILOG ist im folgenden Listing 4.8 angegeben, und zwar als „mod"-Datei.

```
1   // Parameter
2    int Sz = ...;              // Anzahl an Szenarien.
3    range Szenario = 1..Sz;    // Szenarienindex.
4
```

```
5    float d[Szenario] = ...;        // Nachfragemenge je Szenario.
6    float b =...;                   // Herstellungskosten.
7    float v = ...;                  // Verkaufspreis.
8    float r = ...;                  // Rückgabepreis.
9
10   // Entscheidungsvariablen
11   dvar float S;                   // Grundbestellmenge.
12   dvar float Sr[Szenario];        // Rückgabemenge pro Szenario.
13
14   // Zielfunktion
15   maximize
16     (−b ∗ S +
17     1/Sz ∗ sum(sz in Szenario) (v ∗ (S − Sr[sz]) + r ∗ Sr[sz]));
18
19   // Restriktionen
20   constraints{
21     // Lagerbilanzgleichung:
22     forall (sz in Szenario)
23       S − Sr[sz] <= d[sz];
24
25     // Nichtnegativität
26     S >= 0;
27     forall (sz in Szenario)
28       Sr[sz] >= 0;
29   };
```

Listing 4.8 ILOG-Modell zur Herstellung von naturtrübem biologischem Apfelsaft.

Ein Beispiel mit den Bedarfen (an Flaschen) 967.9612109, 986.8899872, 1000, 1013.110013 und 1032.038789 wird über das folgende Datenfile im Listing 4.9 gelöst und hat eine optimale Bestellmenge von 1013.11 Flaschen.

```
1    // Anzahl Szenarien
2    Sz = 5;
3
4    // Nachfragemengen (Zufallsvariablen)
5    // Zufaelliges Sampling nach Normalverteilung
6    // Erwartungswert = 1000; Standardabweichung = 25
7    d = [
8    967.9612109
9    986.8899872
10   1000
11   1013.110013
12   1032.038789
13   ];
14
15   // Produktions− oder Einkaufskosten
16   b = 2.05;
17
```

```
18   // Verkaufspreis
19   v = 5;
20
21   // Rückgabepreis
22   r = 1;
```

Listing 4.9 Beispieldaten für das ILOG-Modell zur Herstellung von Apfelsaft.

Für verschiedene Anzahlen an Szenarien wurde das Szenarien-Modell zur Herstellung von Flaschen an Apfelsaft gelöst. Bei den beiden Excel-basierten Erzeugungen von Szenarien wurden für jede feste Anzahl n an zu verwendenden Szenarien 20 mal n Szenarien gezogen. Von den dazugehörenden n optimalen Lösungen wurde der Mittelwert der Bestellmengen gebildet und als Lösung verwendet (von n Szenarien mit dieser Erzeugungsmethode). Dadurch wurde der Einfluss von zufällig schlechten Ziehungen reduziert. (Es sei daran erinnert, dass dies bei der deskriptiven Szenarienerzeugung nicht auftreten kann, da die Szenarien durch einen vom Zufall unabhängigen Algorithmus berechnet werden.) Die Ergebnisse befinden sich in der Tab. 4.21.

Wegen der schlechteren Werte durch Excel werden im Folgenden die Ergebnisse durch die deskriptive Szenarienerzeugung und durch die Zwölferregel, und zwar mit einer Ziehung aus einer stetigen Gleichverteilung über [0, 1] in Excel, bestimmt. Diese sind in der Tab. 4.22 angegeben.

In der folgenden Abb. 4.18 sind diese Bestellmengen einschließlich der bei der Durchführung von 20 Berechnungen zu einer Szenarienanzahl auftretenden minimalen und maximalen Abweichungen dargestellt.

Diese Ergebnisse belegen die auch in der Literatur diskutierte Beobachtung, s. auch Herrmann (2018), dass viele Ziehungen von Zufallszahlen notwendig sind, um typische Charakteristika einer Normalverteilung, wie Mittelwert und Varianz, näherungsweise zu erreichen. Die deskriptive Szenarienerzeugung nach Saliby, s. Saliby (1997), bewirkt eine signifikante Verbesserung. Dennoch ist weiterhin die Anzahl der erforderlichen Szenarien (i.e. Werte) sehr hoch. Liegt ein Problem mit mehreren Perioden (und Produkten) vor, so steigt die benötigte Anzahl an Szenarien exponentiell an. Mit Reduktionstechniken lässt sie sich verringern. Pflug und Pichler stellen in Pflug und Pichler (2014) eine Reihe von Verfahren zur Szenarienerzeugung vor und analyisieren diese. Sie weisen, wie auch Wallace in verschiedenen Beiträgen, u. a. auf Tagungen, wie in Kall und Wallace (1994) und King und Wallace (2013), darauf hin, dass eine Nichtberücksichtigung des konkreten Problems zu schlechten Szenarien führt.

Tab. 4.21 Bestellmengen zu den drei Approximationen mit ihren Abweichungen vom Optimum bei der Apfelsaft-Herstellung

Anzahl an Szenarien	Deskriptive Szenarienerzeugung		Excel-Normalverteilung		Zwölferregel (mit Excel)	
	Bestellmenge	Abweichung von S_{opt}	Bestellmenge	Abweichung von S_{opt}	Bestellmenge	Abweichung von S_{opt}
5	1013.1100	−2.7814	1027.1322	11.3822	1012.4624	−3.4290
10	1016.8622	0.9708	1010.4465	−5.3035	1018.1467	2.2553
25	1016.0836	0.1922	1007.1615	−8.5885	1018.67048	2.7791
50	1015.3203	−0.5711	1012.9145	−2.8355	1014.5749	−1.3165
100	1015.7002	−0.1913	1020.3093	4.5593	1016.2439	0.3526
250	1015.9298	0.0384	1017.4548	1.7048	1015.6583	−0.2332
500	1015.8531	−0.0383	1018.8684	3.1184	1016.06882	0.1774
1000	1015.8914	≈ 0	1015.8250	0.075	1016.3458	0.4544
5000	1015.8914	≈ 0	1018.0127	2.2627	1016.1139	0.2225

Tab. 4.22 Gegenüberstellung der durch die deskriptive Szenarienerzeugung und die Zwölferregel bestimmten Bestellmengen bei der Apfelsaft-Herstellung

Szenarien	Deskriptiv	Abw. zu S_{opt}	Zwölferregel	Abw. zu S_{opt}
5	1013.110013	−2.78141234243958	1012.462404	−3.42902134243957
10	1016.862244	0.970818657560471	1018.146723	2.25529765756039
15	1018.197832	2.30640665756039	1014.901996	−0.989429342439507
25	1016.083635	0.192209657560397	1018.670485	2.77905965756042
50	1015.320325	−0.571100342439536	1014.574896	−1.31652934243959
75	1016.083635	0.192209657560397	1014.546922	−1.34450334243957
100	1015.70015	−0.191275342439553	1016.243988	0.352562657560384
250	1015.929792	0.0383666575604593	1015.658266	−0.233159342439535
500	1015.853096	−0.0383293424395106	1016.068824	0.177398657560389
750	1015.929792	0.0383666575604593	1016.05453	0.163104657560439
1000	1015.891425	0.00000034244	1016.345765	0.454339657560467
1500	1015.90421	0.0127846575604735	1016.010679	0.119253657560421
2500	1015.883757	−0.00766834243961512	1016.308341	0.416915657560048
5000	1015.891425	0.00000034244	1016.11395	0.222254657560484
7500	1015.893982	0.00255665756048984	1016.038638	0.147212657560431
10000	1015.89526	0.00383465756044643	1016.041817	0.150391657560476
15000	1015.891425	0.00000034244	1016.065926	0.174500657560429
25000	1015.891425	0.00000034244	1016.052255	0.160829657560384
50000	1015.892192	0.000766657560461681	1016.081028	0.189602657560386
75000	1015.891425	0.00000034244	1016.079041	0.1876156575604
100000	1015.891809	0.000383657560405481	1016.090065	0.19863965756042
150000	1015.891681	0.000255657560038759	1016.0368	0.145374657560041
250000	1015.891579	0.000153657560417741	1016.079218	0.187792657560408
500000	1015.891502	0.0000766576	1016.088654	0.197228657560458

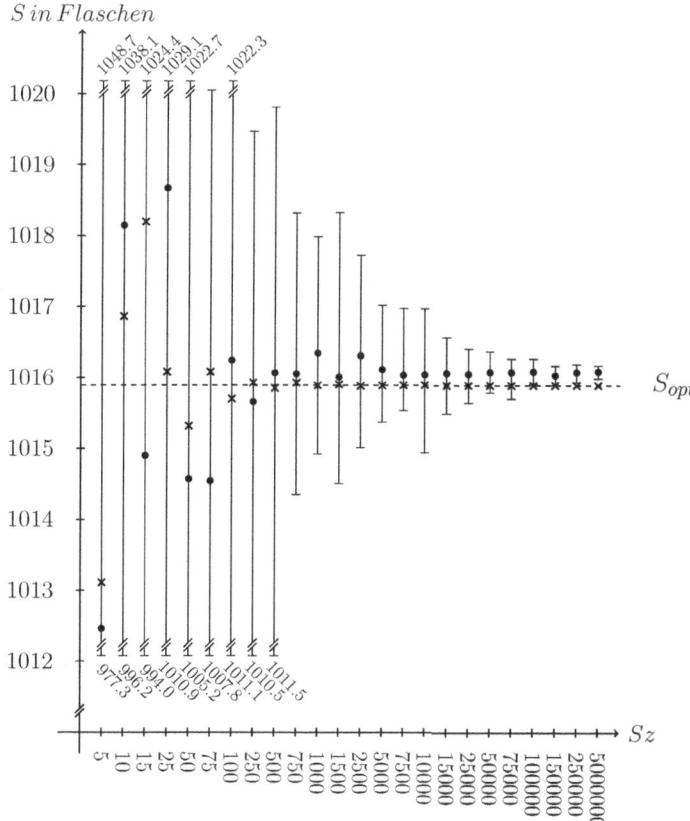

Abb. 4.18 Darstellung der durch die Zwölferregel bestimmten Bestellmengen •, zusammen mit ihrem Minimum ⊥ und ihrem Maximum ⊤, sowie der durch die deskriptiven Szenarienerzeugung berechneten Bestellmengen × bei der Herstellung von naturtrübem biologischem Apfelsaft. (Aus platztechnischen Gründen erfolgte bei einigen Reichweiten eine Stauchung in der Zeichnung.)

Spezielle Eigenschaften von Kompensationsproblemen

5

5.1 Implementierbarkeitsbedingung bei Kompensationsproblemen

Die bisher behandelten Kompensationsprobleme ermitteln (im Kern) für alle möglichen zufälligen Einflussfaktoren eine Grundlösung, die, nachdem einer der möglichen zufälligen Einflussfaktoren tatsächlich (und konkret) vorliegt, durch eine Kompensationsmaßnahme verändert werden darf. Ein nachgelagertes Problem könnte auf die gleiche Weise gelöst werden; oftmals tritt ein solches nachgelagertes Problem zeitlich später auf. Werden beide Probleme als ein Problem interpretiert, so liegt ein Kompensationsproblem mit mehreren Stufen vor. Bei solchen Problemen sind sogenannte Implementierbarkeitsbedingungen erforderlich. An einer einfachen Fallstudie, welche für diese Fragestellung allgemeingültig ist, wird ein Kriterium hergeleitet, bei welchen Problemstellungen eine Implementierbarkeitsbedingung erforderlich ist, und es wird ein Verfahren angegeben, welches eine solche bestimmt.

In der Fallstudie deckt ein Unternehmen einen Kundenbedarf (d) an einem Produkt für eine Periode. Beispiele sind ein Weihnachtsbaumverkäufer oder ein Händler, der leicht verderbliche oder saisonale Produkte verkauft, so dass nur eine Bestellung erfolgt; ein weiteres Beispiel ist die (Bade-)Mode. Aufgrund einer Bestellung erfolgt eine Bedarfsdeckung für eine Periode. Um diese einperiodische Bedarfsdeckung so einfach wie möglich zu halten, sei unendliche Kapazität angenommen – mit anderen Worten: jeder, beliebig hohe, Bedarf wird gedeckt. Die Herstellung von einer Mengeneinheit (ME) verursacht Kosten (c) von 5 Geldeinheiten (GE). Mangels einer Alternative ist die Herstellung des kompletten Kundenbedarfs die optimale Lösung, bei der Kosten anfallen von $5 \cdot d$ GE.

Nun sei angenommen, dass der Kundenbedarf zufällig ist und durch eine Zufallsvariable D beschrieben wird. Konkret beträgt dieser 1500 ME mit einer Wahrscheinlichkeit (p) von 0.6 und 500 ME mit einer Wahrscheinlichkeit von 0.4. Statt selbst zu produzieren, kann das Unternehmen nicht produzierte Mengeneinheiten bei einem Zulieferer zukaufen, wodurch Fehlmengenkosten (f) von 8 GE je ME entstehen. Das Unternehmen entscheidet sich, eine Produktionsmenge (x) vor dem Eintreffen eines zufälligen Bedarfs festzulegen; zum Zeitpunkt der Entscheidungsfindung ist bekannt, welche zufälligen Bedarfe möglich sind. Liegt ein konkreter Kundenbedarf (d) (tatsächlich) vor, so wird dieser durch x sowie einem Zukauf von $x^+(d)$ gedeckt; da ein Zukauf vermieden wird, erfolgt dieser genau dann, wenn der Bedarf d durch die Produktionsmenge x nicht gedeckt wird – also eine Fehlmenge von d − x vorliegt. Damit wird wie bei einem Kompensationsproblem vorgegangen – mit dem Zukauf als Kompensationsmaßnahme.

Das dazugehörende stochastische lineare Optimierungsproblem lautet für den allgemeinen Fall:

Unkapazitiertes einperiodisches stochastisches Produktionsplanungsproblem

Parameter:

c Kapazitätskosten.
f Kosten für zugekaufte Mengen (Fehlmengen).
D Zufallsvariable (D) zu den Kundenbedarfen (-i. e. -mengen).
d (Konkrete) Ausprägung von D (i. e. ein konkret auftretender Kundenbedarf).

Variablen:

x Produktionsmenge.
$x^+(d)$ Zugekaufte Menge beim (Kunden-)Bedarf von d.

$$\min c \cdot x + E_D(f \cdot x^+(d))$$

unter den Restriktionen:
$$x + x^+(d) \geq d \quad \forall d \qquad \qquad \text{(Kunden-)Bedarfsdeckung.}$$
$$x, x^+(d) \geq 0 \quad \forall d \qquad \qquad \text{Nichtnegativität.}$$

Nun wird der oben genannte konkrete Kundenbedarf über 1500 ME mit einer Wahrscheinlichkeit (p) von 0.6 und über 500 ME mit einer Wahrscheinlichkeit von 0.4 betrachtet, wodurch zwei Szenarien (1 und 2) vorliegen. Dadurch lautet das obige stochastische lineare Optimierungsproblem als Szenarien-Modell:

Unkapazitiertes einperiodisches stochastisches Produktionsplanungsproblem mit zwei Bedarfen

Variablen:

x Produktionsmenge.
x_1^+ Zugekaufte Menge beim Bedarf von 1500 ME mit einer Wahrscheinlichkeit von 0.6.

x_2^+ Zugekaufte Menge beim Bedarf von 500 ME mit einer Wahrscheinlichkeit von 0.4.

$$\min F(x, x_1^+, x_2^+)$$
mit

$$F(x, x_1^+, x_2^+) = 5 \, \frac{\text{GE}}{\text{ME}} \cdot x + 0.6 \cdot (8 \, \frac{\text{GE}}{\text{ME}} \cdot x_1^+) + 0.4 \cdot (8 \, \frac{\text{GE}}{\text{ME}} \cdot x_2^+)$$

unter den Restriktionen:

$x + x_1^+ \geq 1500$ ME $\qquad$ Abdeckung des Bedarfs über 1500 ME (Szenario 1).
$x + x_2^+ \geq 500$ ME $\qquad$ Abdeckung des Bedarfs über 500 ME (Szenario 2).
$x \geq 0$ ME, $x_1^+ \geq 0$ ME sowie $x_2^+ \geq 0$ ME $\qquad$ Nichtnegativität.

Mit dem ILOG-Modellfile im folgenden Listing 5.1 wird dieses Problem der einperiodischen Bedarfsdeckung mit zwei Bedarfen durch ILOG gelöst. In diesem Modellfile wird gegenüber der obigen Formulierung statt der Variablen x_i^+, für $i = 1, 2$, die Variable y_{2i} verwendet; 2 steht für die zweite Stufe (beim Kompensationsproblem).

```
1    // Entscheidungsvariablen
2    dvar int+ x1;    // Produktion in der (einen) Periode.
3    dvar int+ y21;   // Zugekaufte Menge in der Periode bei einem
4                     // Bedarf von 1500 ME (Szenario 1).
5    dvar int+ y22;   // Zugekaufte Menge in der Periode bei einem
6                     // Bedarf von 500 ME (Szenario 2).
7
8    // Zielfunktion
9    minimize
10     5*x1 + 0.6*(8*y21) + 0.4*(8*y22);
11
12   // Restriktionen
13     constraints {
14     // Erfüllen des Kundenbedarfs in der Periode:
15     x1 + y21 >= 1500;  // bei 1500 ME (Szenario 1).
16     x1 + y22 >= 500;   // bei 500 ME (Szenario 2).
17     };
```

Listing 5.1 Kompensationsproblem zur Lösung der einperiodischen Bedarfsdeckung mit zwei Bedarfen.

Die optimale Lösung produziert 500 ME – und damit den in 40 % der Fälle auftretenden Bedarf. In 60 % der Fälle sind dadurch 1000 ME zuzukaufen. Dadurch betragen die (minimalen) Gesamtkosten $5 \, \frac{\text{GE}}{\text{ME}} \cdot 500$ ME $+ 0.6 \cdot (8 \, \frac{\text{GE}}{\text{ME}} \cdot 1000$ ME$) = 7300$ GE.

Ein Zukauf wird vermieden, sofern folgender zufälliger Bedarf vorliegt: 2000 ME mit einer Wahrscheinlichkeit von 0.7 und 1500 ME mit einer Wahrscheinlichkeit von 0.3. Das entsprechend geänderte Kompensationsproblem hat als optimale Lösung eine

Produktionsmenge von 2000 ME, so dass kein Zukauf erforderlich ist; das Unternehmen ist damit stets lieferfähig. Die (minimalen) Gesamtkosten betragen $5 \frac{\text{GE}}{\text{ME}} \cdot 2000 \text{ ME} = 10000 \text{ GE}$.

Diese beiden (voneinander) unabhängigen Probleme können durch eines dargestellt werden, indem bei unterschiedlichen Variablennamen und Parameternamen in den einzelnen Problemen alle Variablen, Parameter und Restriktionen verwendet werden und die Zielfunktion die Summe der beiden einzelnen Zielfunktionen ist. Dies erfolgt nun, und es wird – um ein sehr einfaches Problem zu verwenden – unterstellt, dass beide Perioden den gleichen zufälligen Bedarf haben. Das Gesamtproblem lautet nun:

Zwei unabhängige unkapazitierte einperiodische stochastische Produktionsplanungsprobleme mit jeweils zwei identischen Bedarfen

Variablen:

$x1$ Produktionsmenge für das erste Problem.

$x1_1^+$ Zugekaufte Menge beim Bedarf von 1500 ME mit einer Wahrscheinlichkeit von 0.6 für das erste Problem.

$x1_2^+$ Zugekaufte Menge beim Bedarf von 500 ME mit einer Wahrscheinlichkeit von 0.4 für das erste Problem.

$x2$ Produktionsmenge für das zweite Problem.

$x2_1^+$ Zugekaufte Menge beim Bedarf von 1500 ME mit einer Wahrscheinlichkeit von 0.6 für das zweite Problem.

$x2_2^+$ Zugekaufte Menge beim Bedarf von 500 ME mit einer Wahrscheinlichkeit von 0.4 für das zweite Problem.

$$\min F(x1, x1_1^+, x1_2^+, x12, x2_1^+, x2_2^+)$$
mit
$$F(x1, x1_1^+, x1_2^+, x12, x2_1^+, x2_2^+)$$

$$= 5 \frac{\text{GE}}{\text{ME}} \cdot x1 + 0.6 \cdot (8 \frac{\text{GE}}{\text{ME}} \cdot x1_1^+) + 0.4 \cdot (8 \frac{\text{GE}}{\text{ME}} \cdot x1_2^+)$$
$$+ 5 \frac{\text{GE}}{\text{ME}} \cdot x2 + 0.6 \cdot (8 \frac{\text{GE}}{\text{ME}} \cdot x2_1^+) + 0.4 \cdot (8 \frac{\text{GE}}{\text{ME}} \cdot x2_2^+)$$

unter den Restriktionen:

Abdeckung des Bedarfs für das erste Problem:

$x1 + x1_1^+ \geq 1500 \text{ ME}$ Abdeckung des Bedarfs über 1500 ME (Szenario 1).

$x1 + x1_2^+ \geq 500 \text{ ME}$ Abdeckung des Bedarfs über 500 ME (Szenario 2).

Abdeckung des Bedarfs für das zweite Problem:

$x2 + x2_1^+ \geq 1500 \text{ ME}$ Abdeckung des Bedarfs über 1500 ME (Szenario 1).

$x2 + x2_2^+ \geq 500$ ME   Abdeckung des Bedarfs über 500 ME (Szenario 2).

$x1 \geq 0$ ME, $x1_1^+ \geq 0$ ME, $x1_2^+ \geq 0$ ME,   Nicht-

$x2 \geq 0$ ME, $x2_1^+ \geq 0$ ME sowie $x2_2^+ \geq 0$ ME   negativität.

Da beide Perioden den gleichen zufälligen Bedarf haben, haben folglich die beiden Perioden die gleiche Lösung. Damit lautet die Gesamtlösung: eine Produktionsmenge von 500 ME in jeder der beiden Perioden – mit einer Lieferfähigkeit für den in 40 % der Fälle auftretenden Bedarf und in den restlichen 60 % der Fälle sind 1000 ME zuzukaufen – und die (minimalen) Gesamtkosten betragen $2 \cdot (5 \frac{GE}{ME} \cdot 500$ ME $+ 0.6 \cdot (8 \frac{GE}{ME} \cdot 1000$ ME$)) = 2 \cdot 7300$ GE $=$ 14600 GE.

Wird unterstellt, was der Regelfall ist, dass diese beiden Perioden direkt aufeinanderfolgen, dann hat dieses Kompensationsproblem mehrere Stufen, nämlich eine für jede dieser beiden aufeinanderfolgenden Perioden 1 und 2. Auf diese Weise können auch solche Probleme für n Perioden zu einem Gesamtproblem zusammengeführt werden, wodurch ein Problem mit n Stufen – jede dieser n Perioden ist eine Stufe – entsteht. Es wird von mehrstufigen Kompensationsproblemen gesprochen. Die Problemformulierung stimmt mit der eines unkapazitierten einperiodischen stochastischen Produktionsplanungsproblems überein, wobei das, zu dem gerade genannten Gesamtproblem, äquivalente Problem darin besteht, dass das Problem zur Periode 1 als Erstes und das zur Periode 2 (unmittelbar) danach zu lösen ist.

Eine neue Problemformulierung entsteht, indem jede mögliche Bedarfskombination – also z. B. 1500 ME in Periode 1 und 500 ME in Periode 2 – als ein Szenario dargestellt wird. Dadurch entstehen 4 Szenarien, die einen sogenannten Szenarienbaum, der in der Abb. 5.1 dargestellt ist, bilden. Zu den beiden Szenarien (i. e. Bedarfen) in Periode 1 treten (die gleichen) Bedarfe in Periode 2 auf. Wie bisher ergeben sich für Periode 2 im Fall von Szenario 1 in Periode 1 – i. e. von 1500 ME – wieder zwei Restriktionen aus einer Produktionsmenge ($x21$) und einer zugekauften Menge ($x21_1^+$) zur Deckung des Bedarfs von 1500 ME (i. e. Szenario 1 in Periode 2) sowie einer zugekauften Menge ($x21_2^+$) zur Deckung des Bedarfs von 500 ME (i. e. Szenario 2 in Periode 2). Entsprechend ergibt sich im Fall von Szenario 2 in Periode 1 – i. e. von 500 ME – eine Produktionsmenge ($x31$) und eine zugekaufte Menge ($x31_1^+$) zur Deckung des Bedarfs von 1500 ME (i. e. Szenario 1 in Periode 2) sowie einer zugekauften Menge ($x31_2^+$) zur Deckung des Bedarfs von 500 ME (i. e. Szenario 2 in Periode 2). Dies erklärt die Restriktionen und Variablen im weiter unten angegebenen linearen Optimierungsproblem. Die Restriktionen zur Abdeckung des Bedarfs für die zweite Periode werden also verdoppelt – für jedes Szenario in Periode 1 gibt es eine solche Gruppe an Restriktionen (i. e. eine zu 1500 ME und eine zu 500 ME). Dadurch werden statt einer Produktionsmenge (i. e. zu $x2$ im vorhergehenden Problem) zwei Produktionsmengen bestimmt (i. e. zu $x21$ und $x31$ beim weiter unten angegebenen Problem), und zwar die eine beim Bedarf von 1500 ME in Periode 1 und die andere beim Bedarf von 500 ME in Periode 1. Mit den Wahrscheinlichkeiten dieser beiden Bedarfe in Periode 1 (von 0.6 beim Bedarf von 1500 ME und 0.4 beim Bedarf von 500 ME) gehen ihre

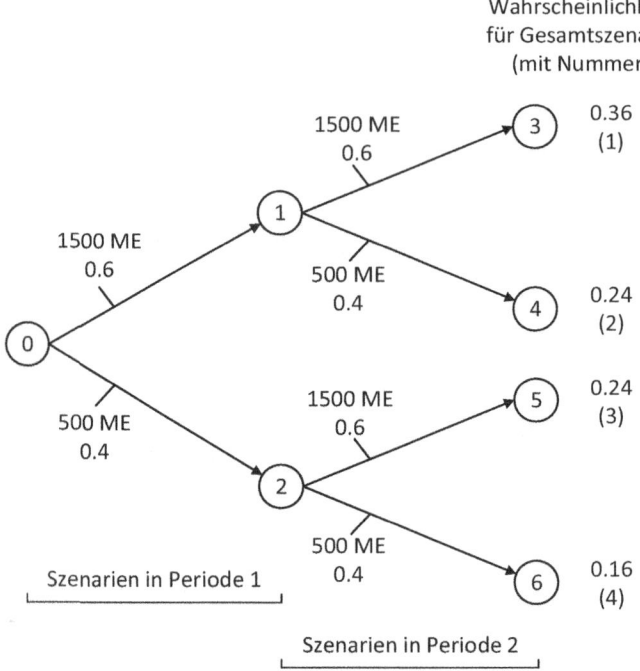

Abb. 5.1 (Szenario-)Baum mit allen möglichen Bedarfen, einschließlich ihrer Wahrscheinlichkeiten, zur konkreten Bedarfsdeckung von zwei unabhängigen Perioden; mit ME für Mengeneinheiten

(Einzel-)Kosten in die Gesamt-Kosten ein. Dies erklärt die Zielfunktion im weiter unten angegebenen linearen Optimierungsproblem.

Zwei über einen Szenarienbaum verbundene unabhängige unkapazitierte einperiodische stochastische Produktionsplanungsprobleme mit zwei identischen Bedarfen

Variablen:

$x1$ Produktionsmenge in Periode 1.
$x1_1^+$ Zugekaufte Menge in Periode 1 zu Szenario 1 in Periode 1.
$x1_2^+$ Zugekaufte Menge in Periode 1 zu Szenario 2 in Periode 1.
$x21$ Produktionsmenge in Periode 2 zu Szenario 1 in Periode 1.

Zugekaufte Menge in Periode 2 zu Szenario 1 in Periode 1:

$x21_1^+$ Zu Szenario 1 in Periode 2; Szenario 1 (insgesamt).
$x21_2^+$ Zu Szenario 2 in Periode 2; Szenario 2 (insgesamt).
$x31$ Produktionsmenge in Periode 2 zu Szenario 1 in Periode 1.

Zugekaufte Menge in Periode 2 zu Szenario 2 in Periode 1:

$x31_1^+$ Zu Szenario 1 in Periode 2; Szenario 3 (insgesamt).
$x31_2^+$ Zu Szenario 2 in Periode 2; Szenario 4 (insgesamt).

min $F(x1, x1_1^+, x1_2^+, x21, x21_1^+, x21_2^+, x31, x31_1^+, x31_2^+)$
mit
$F(x1, x1_1^+, x1_2^+, x21, x21_1^+, x21_2^+, x31, x31_1^+, x31_2^+)$

$$= 5 \frac{\text{GE}}{\text{ME}} \cdot x1 + 0.6 \cdot (8 \frac{\text{GE}}{\text{ME}} \cdot x1_1^+) + 0.4 \cdot (8 \frac{\text{GE}}{\text{ME}} \cdot x1_2^+)$$
$$+ 0.6 \cdot (5 \frac{\text{GE}}{\text{ME}} \cdot x21 + 0.6 \cdot (8 \frac{\text{GE}}{\text{ME}} \cdot x21_1^+) + 0.4 \cdot (8 \frac{\text{GE}}{\text{ME}} \cdot x21_2^+))$$
$$+ 0.4 \cdot (5 \frac{\text{GE}}{\text{ME}} \cdot x31 + 0.6 \cdot (8 \frac{\text{GE}}{\text{ME}} \cdot x31_1^+) + 0.4 \cdot (8 \frac{\text{GE}}{\text{ME}} \cdot x31_2^+))$$

unter den Restriktionen:

Abdeckung des Bedarfs für das erste Problem:
$x1 + x1_1^+ \geq 1500$ ME   Abdeckung des Bedarfs über 1500 ME (Szenario 1).
$x1 + x1_2^+ \geq 500$ ME   Abdeckung des Bedarfs über 500 ME (Szenario 2).

Abdeckung des Bedarfs für das zweite Problem zu Szenario 1 in Periode 1:
$x21 + x21_1^+ \geq 1500$ ME Abdeckung des Bedarfs über 1500 ME; Szenario 1 (insgesamt).
$x21 + x21_2^+ \geq 500$ ME   Abdeckung des Bedarfs über 500 ME; Szenario 2 (insgesamt).

Abdeckung des Bedarfs für das zweite Problem zu Szenario 2 in Periode 1:
$x31 + x31_1^+ \geq 1500$ ME Abdeckung des Bedarfs über 1500 ME; Szenario 3 (insgesamt).
$x31 + x31_2^+ \geq 500$ ME   Abdeckung des Bedarfs über 500 ME; Szenario 4 (insgesamt).

$x1 \geq 0$ ME, $x1_1^+ \geq 0$ ME, $x1_2^+ \geq 0$ ME, $x21 \geq 0$ ME, $x21_1^+ \geq 0$ ME,   Nicht-
$x21_2^+ \geq 0$ ME, $x31 \geq 0$ ME, $x31_1^+ \geq 0$ ME sowie $x31_2^+ \geq 0$ ME   negativität.

Die einzelnen Gesamtszenarien haben die in Abb. 5.1 angegebenen Wahrscheinlichkeiten. Zu Gesamtszenario 1 gehören die Belegungen der Variablen $x_1, x1_1^+, x21$ und $x21_1^+$. Ihre Kosten gehen mit der Wahrscheinlichkeit von 0.36 in die Gesamtkosten ein. Bei Gesamtszenario 2 sind es die Variablen $x_1, x1_1^+, x21$ und $x21_2^+$ mit einer Wahrscheinlichkeit von 0.24, bei Gesamtszenario 3 sind es die Variablen $x_1, x1_2^+, x31$ und $x31_1^+$ mit einer Wahrscheinlichkeit von 0.24 und bei Gesamtszenario 4 sind es die Variablen $x_1, x1_2^+, x31$ und $x31_2^+$ mit einer Wahrscheinlichkeit von 0.16. Damit ergibt sich für die Zielfunktion:

$$F(x1, x1_1^+, x1_2^+, x21, x21_1^+, x21_2^+, x31, x31_1^+, x31_2^+)$$

$$= 0.36 \cdot (5\, \frac{\text{GE}}{\text{ME}} \cdot x1 + 8\, \frac{\text{GE}}{\text{ME}} \cdot x1_1^+ + 5\, \frac{\text{GE}}{\text{ME}} \cdot x21 + 8\, \frac{\text{GE}}{\text{ME}} \cdot x21_1^+)$$

$$+ 0.24 \cdot (5\, \frac{\text{GE}}{\text{ME}} \cdot x1 + 8\, \frac{\text{GE}}{\text{ME}} \cdot x1_2^+ + 5\, \frac{\text{GE}}{\text{ME}} \cdot x21 + 8\, \frac{\text{GE}}{\text{ME}} \cdot x21_2^+)$$

$$+ 0.24 \cdot (5\, \frac{\text{GE}}{\text{ME}} \cdot x1 + 8\, \frac{\text{GE}}{\text{ME}} \cdot x1_1^+ + 5\, \frac{\text{GE}}{\text{ME}} \cdot x31 + 8\, \frac{\text{GE}}{\text{ME}} \cdot x31_1^+)$$

$$+ 0.16 \cdot (5\, \frac{\text{GE}}{\text{ME}} \cdot x1 + 8\, \frac{\text{GE}}{\text{ME}} \cdot x1_2^+ + 5\, \frac{\text{GE}}{\text{ME}} \cdot x31 + 8\, \frac{\text{GE}}{\text{ME}} \cdot x31_2^+).$$

Mit einem Ausmultiplizieren ergibt sich die folgende Form, in der die beiden Perioden klar erkennbar sind – eine Zusammenfassung der Koeffizienten (u. a. von $x21$ und $x31$) liefert die Zielfunktion des zuletzt (vollständig) angegebenen Optimierungsproblems:

$$F(x1, x1_1^+, x1_2^+, x21, x21_1^+, x21_2^+, x31, x31_1^+, x31_2^+)$$

$$= 5\, \frac{\text{GE}}{\text{ME}} \cdot x1 + 0.6 \cdot (8\, \frac{\text{GE}}{\text{ME}} \cdot x1_1^+) + 0.4 \cdot (8\, \frac{\text{GE}}{\text{ME}} \cdot x1_2^+)$$

$$+ 0.36 \cdot (5\, \frac{\text{GE}}{\text{ME}} \cdot x21 + 8\, \frac{\text{GE}}{\text{ME}} \cdot x21_1^+) + 0.24 \cdot (5\, \frac{\text{GE}}{\text{ME}} \cdot x21 + 8\, \frac{\text{GE}}{\text{ME}} \cdot x21_2^+)$$

$$+ 0.24 \cdot (5\, \frac{\text{GE}}{\text{ME}} \cdot x31 + 8\, \frac{\text{GE}}{\text{ME}} \cdot x31_1^+) + 0.16 \cdot (5\, \frac{\text{GE}}{\text{ME}} \cdot x31 + 8\, \frac{\text{GE}}{\text{ME}} \cdot x31_2^+).$$

Nun erhält jedes Szenario in allen Perioden seine eigenen Variablen. Beim Gesamtszenario 1 führt dies zu den Variablen $x11$, $x11^+$, $x21$ und $x21^+$ anstelle der Variablen x_1, $x1_1^+$, $x21$ und $x21_1^+$. Entsprechend lauten die Variablen beim Gesamtszenario 2 $x12$, $x12^+$, $x22$ und $x22^+$ (statt x_1, $x1_1^+$, $x21$ und $x21_2^+$), beim Gesamtszenario 3 $x13$, $x13^+$, $x23$ und $x23^+$ (statt x_1, $x1_2^+$, $x31$ und $x31_1^+$) sowie beim Gesamtszenario 4 $x14$, $x14^+$, $x24$ und $x24^+$ (statt x_1, $x1_2^+$, $x31$ und $x31_2^+$). Durch diese Ersetzung der Variablen entsteht ein neues lineares Optimierungsproblem. Damit es mit dem ursprünglichen übereinstimmt, müssen die neuen Variablen die gleichen Werte wie die alten Variablen besitzen. Das neue Problem weicht von dem bisherigen ausschließlich bei den Restriktionen zur Abdeckung des Bedarfs ab – durch die Variablen-Ersetzung stimmen beide Zielfunktionen überein. Bereits für die erste Periode sind die vier Gesamtszenarien zu berücksichtigen. Zunächst wird die erste Periode betrachtet. Da ein (zweistufiges) Kompensationsproblem vorliegt, wird weiterhin eine (einzige) Produktionsmenge bestimmt, weswegen durch die drei Produktionsmengen-restriktionen $x11 = x12$, $x12 = x13$ und $x13 = x14$ zur Periode 1 erzwungen wird, dass die Werte der entsprechende Entscheidungsvariablen $x11$, $x12$, $x13$, und $x14$ identisch sind – und damit, wie gewünscht, erreicht wird, dass diese den gleichen Wert wie die Variable x_1 im alten Problem haben. Für jedes der vier Gesamtszenarien wird eine Restriktion für die Bestimmung der zuzukaufenden Menge in Periode 1 benötigt. Es gibt zwei Paare von Szenarien, die einen gemeinsam Bedarf in der ersten Periode habe und sich nur (bzw. erst) in der zweiten Periode unterscheiden. Dies korreliert mit dem Szenarienbaum in Abb. 5.1.

Folglich ist jede der beiden bisherigen Restriktionen zu verdoppeln (um eine Restriktion für die Bestimmung der zuzukaufenden Menge für jedes der vier Gesamtszenarien in der ersten Periode zu erhalten). Damit sich die Kompositionsmaßnahme durch eine solche Verdoppelung nicht verändert, ist für die Verdoppelung der Restriktion $x1 + x1_1^+ \geq 1500$ zu den beiden Restriktionen $x11 + x11^+ \geq 1500$ und $x12 + x12^+ \geq 1500$ die Restriktion $x11^+ = x12^+$ einzubauen. Eine solche Restriktion – i. e. $x11^+ = x12^+$ – wird in der Literatur als Implementierbarkeitsbedingung bezeichnet; so auch in dem nachfolgend angegebenen Optimierungsproblem. Nach diesem Optimierungsproblem wird auf Implementierbarkeitsbedingungen noch näher eingegangen. Für die andere Alternative ergibt sich die Implementierbarkeitsbedingung $x13^+ = x14^+$ – wie auch die entsprechenden restlichen Restriktionen, s. das nachfolgend angegebenen Optimierungsproblem. Nun wird die zweite Periode betrachtet. Das bisherige lineare Optimierungsproblem hat bereits eine Restriktion für jedes der vier Gesamtszenarien. Lediglich die Variablen sind nach der oben angegebenen Ersetzung zu ändern – i. e. für ein i in $\{1, 2, 3, 4\}$ ändert sich in der i-ten Restriktion nur die linke Seite, und zwar zu $x2i + x2i^+$. Da es beim bisherigen linearen Optimierungsproblem lediglich zwei Variablen für die Produktionsmengen gibt, nämlich $x21$ anstelle von $x21$ und $x22$ sowie $x31$ anstelle von $x23$ und $x24$, wird, im neuen Problem (s. u.), durch die beiden zusätzlichen Restriktionen $x21 = x22$ und $x23 = x24$ die gleiche Einschränkung des zulässigen Raums erzwungen – und damit, wie gewünscht, erreicht, dass diese die gleichen Werte wie die Variablen $x21$ und $x31$ im alten Problem haben. Gegenüber dem letzten Problem werden die Variablen zu den (potentiellen) Kompensationsmaßnahmen lediglich umbenannt – diese sind bereits spezifisch zu den vier Gesamtszenarien. Folglich ist nun keine Implementierbarkeitsbedingung erforderlich. Das neue lineare Optimierungsproblem lautet nun wie folgt.

Unkapazitiertes zweiperiodisches stochastisches Produktionsplanungsproblem mit unabhängigen Perioden aus zwei identischen Bedarfen

Variablen:

$x11$ Produktionsmenge in Periode 1 zu Szenario 1 (insgesamt).
$x12$ Produktionsmenge in Periode 1 zu Szenario 2 (insgesamt).
$x13$ Produktionsmenge in Periode 1 zu Szenario 3 (insgesamt).
$x14$ Produktionsmenge in Periode 1 zu Szenario 4 (insgesamt).
$x11^+$ Zugekaufte Menge in Periode 1 zu Szenario 1 (insgesamt).
$x12^+$ Zugekaufte Menge in Periode 1 zu Szenario 2 (insgesamt).
$x13^+$ Zugekaufte Menge in Periode 1 zu Szenario 3 (insgesamt).
$x14^+$ Zugekaufte Menge in Periode 1 zu Szenario 4 (insgesamt).
$x21$ Produktionsmenge in Periode 2 zu Szenario 1 (insgesamt).
$x22$ Produktionsmenge in Periode 2 zu Szenario 2 (insgesamt).
$x23$ Produktionsmenge in Periode 2 zu Szenario 3 (insgesamt).
$x24$ Produktionsmenge in Periode 2 zu Szenario 4 (insgesamt).

$x21^+$　Zugekaufte Menge in Periode 2 zu Szenario 1 (insgesamt).

$x22^+$　Zugekaufte Menge in Periode 2 zu Szenario 2 (insgesamt).

$x23^+$　Zugekaufte Menge in Periode 2 zu Szenario 3 (insgesamt).

$x24^+$　Zugekaufte Menge in Periode 2 zu Szenario 4 (insgesamt).

$$\min \; F(x11, x11^+, x12, x12^+, x13, x13^+, x14, x14^+,$$
$$x21, x21^+, x22, x22^+, x23, x23^+, x24, x24^+)$$

mit

$$F(x11, x11^+, x12, x12^+, x13, x13^+, x14, x14^+, x21, x21^+, x22, x22^+, x23, x23^+, x24, x24^+)$$

$$= 0.36 \cdot (5\,\frac{\text{GE}}{\text{ME}} \cdot x11 + 8\,\frac{\text{GE}}{\text{ME}} \cdot x11^+ + 5\,\frac{\text{GE}}{\text{ME}} \cdot x21 + 8\,\frac{\text{GE}}{\text{ME}} \cdot x21^+)$$
$$+\, 0.24 \cdot (5\,\frac{\text{GE}}{\text{ME}} \cdot x12 + 8\,\frac{\text{GE}}{\text{ME}} \cdot x12^+ + 5\,\frac{\text{GE}}{\text{ME}} \cdot x22 + 8\,\frac{\text{GE}}{\text{ME}} \cdot x22^+)$$
$$+\, 0.24 \cdot (5\,\frac{\text{GE}}{\text{ME}} \cdot x13 + 8\,\frac{\text{GE}}{\text{ME}} \cdot x13^+ + 5\,\frac{\text{GE}}{\text{ME}} \cdot x23 + 8\,\frac{\text{GE}}{\text{ME}} \cdot x23^+)$$
$$+\, 0.16 \cdot (5\,\frac{\text{GE}}{\text{ME}} \cdot x14 + 8\,\frac{\text{GE}}{\text{ME}} \cdot x14^+ + 5\,\frac{\text{GE}}{\text{ME}} \cdot x24 + 8\,\frac{\text{GE}}{\text{ME}} \cdot x24^+)$$

unter den Restriktionen:

Abdeckung des Bedarfs für das erste Problem:

$x11 + x11^+ \geq 1500$ ME　Abdeckung des Bedarfs über 1500 ME; Szenario 1 (insgesamt).

$x12 + x12^+ \geq 1500$ ME　Abdeckung des Bedarfs über 1500 ME; Szenario 2 (insgesamt).

$x13 + x13^+ \geq 500$ ME　　Abdeckung des Bedarfs über 500 ME; Szenario 3 (insgesamt).

$x14 + x14^+ \geq 500$ ME　　Abdeckung des Bedarfs über 500 ME; Szenario 4 (insgesamt).

Abdeckung des Bedarfs für das zweite Problem:

$x21 + x21^+ \geq 1500$ ME　Abdeckung des Bedarfs über 1500 ME; Szenario 1 (insgesamt).

$x22 + x22^+ \geq 500$ ME　　Abdeckung des Bedarfs über 500 ME; Szenario 2 (insgesamt).

$x23 + x23^+ \geq 1500$ ME　Abdeckung des Bedarfs über 1500 ME; Szenario 3 (insgesamt).

$x24 + x24^+ \geq 500$ ME　　Abdeckung des Bedarfs über 500 ME; Szenario 4 (insgesamt).

$x11 = x12 = x13 = x14$　Identische Produktionsmengen in Periode 1 für alle Szenarien.

$x11^+ = x12^+$　　　　1. Implementierbarkeitsbedingung für Periode 1 zu Szenarien 1 und 2.

$x13^+ = x14^+$　　　　2. Implementierbarkeitsbedingung für Periode 1 zu Szenarien 3 und 4.

$x21 = x22$　　　　　Identische Produktionsmengen in Periode 2 für die Szenarien 1 und 2.

$x23 = x24$　　　　　Identische Produktionsmengen in Periode 2 für die Szenarien 3 und 4.

$x11 \geq 0$ ME, $x11^+ \geq 0$ ME, $x12 \geq 0$ ME, $x12^+ \geq 0$ ME,　　　　　Nicht-

$x13 \geq 0$ ME, $x13^+ \geq 0$ ME, $x14 \geq 0$ ME, $x14^+ \geq 0$ ME,　　　　　nega-

$x21 \geq 0$ ME, $x21^+ \geq 0$ ME, $x22 \geq 0$ ME, $x22^+ \geq 0$ ME,   tivi-
$x23 \geq 0$ ME, $x23^+ \geq 0$ ME, $x24 \geq 0$ ME sowie $x24^+ \geq 0$ ME   tät.

Nun sei angenommen, dass das letzte Optimierungsproblem vorliegt. Dann lösen die Implementierbarkeitsbedingungen das folgende Grundproblem, nachdem erst am Ende des Planungszeitraums feststeht, welches Gesamtszenario tatsächlich realisiert wurde. So sind zu einem festgelegten Szenario in Periode 1, z. B. 500 ME, sowohl die Realisierung des Gesamtszenarios aus 500 ME in Periode 1 und 1500 ME in Periode 2 als auch die Realisierung des Gesamtszenarios aus 500 ME in Periode 1 und 500 ME in Periode 2 möglich. Diese beiden Gesamtszenarien (mit der Nummerierung der Gesamtszenarien somit die Gesamtszenarien 3 und 4; s. die Abb. 5.1) können in Periode 1 nicht unterschieden werden. Da ein Szenario in einer Periode (im Beispiel in Periode 1) stets eine (oder keine) Kompensationsmaßnahme besitzt, müssen beide Szenarien in dieser Periode (im Beispiel in Periode 1) die gleiche Kompensationsmaßnahme besitzen. Dies wird durch die Restriktion $x13^+ = x14^+$ erreicht. Genauso erfordern die Gesamtszenarien 1 und 2 die gleiche Kompensationsmaßnahme in Periode 1, weswegen die Restriktion $x11^+ = x12^+$ im letzten Problem enthalten ist.

Zur Lösung dieser Grundproblematik wurden von Wets (1989) sowie von Rockafellar und Wets (1991) in Implementierbarkeitsbedingungen eingeführt. Ihre Formulierung basiert auf Stufen, die in dieser Fallstudie den Perioden entsprechen (dass im Allgemeinen ein Unterschied zwischen Stufen und Perioden besteht, wird im nachfolgenden Abschn. 5.2 analysiert), und für jede Stufe gibt es Szenarien, die in dieser Fallstudie den (Perioden-) Bedarfen entsprechen, und die, wie in dieser Fallstudie, durch einen (Szenarien-)Baum verbunden sind, s. für diese Fallstudie die Abb. 5.1, wodurch jedes Gesamtszenario im Szenarienbaum eine Folge von Knoten ist – z. B. im Fall von Gesamtszenario 3 sind es im Szenarienbaum in Abb. 5.1 die Knoten 0, 2 und 5. Diese Implementierbarkeitsbedingung besagt nun, dass die Kompensationsmaßnahmen für zwei Szenarien in einer Stufe t gleich sein müssen, sofern beide Szenarien bis zu dieser Stufe t (einschließlich) übereinstimmen, also im Szenarienbaum bis zu Stufe t die gleichen Knoten haben.

Für die Anwendung der Implementierbarkeitsbedingung von Wets (1989) sowie von Rockafellar und Wets (1991) auf diese Fallstudie seien zunächst die beiden Gesamtszenarien 3 und 4 betrachtet: Beide (Gesamtszenarien 3 und 4) haben bis zur Periode 1 den Knoten 2 und den Knoten 0 gemeinsam, wobei letzterer keinen Einfluss hat, da dazu keine Kompensationsmaßnahme existiert (er ist ein künstlicher Knoten, um einen Baum zu erhalten). Nach dieser Implementierbarkeitsbedingung müssen ihre Kompensationsmaßnahmen in Periode 1 übereinstimmen. Dadurch müssen die (Belegungen der) beiden Variablen $x13^+$ und $x14^+$ gleich sein, wodurch die Restriktion $x13^+ = x14^+$ erforderlich ist – die im obigen Optimierungsproblem angegeben ist. Auf die gleiche Art und Weise bewirkt diese Implementierbarkeitsbedingung zu den Gesamtszenarien 1 und 2 die andere (Implementierbarkeits-) Restriktion im obigen Optimierungsproblem – i. e. $x11^+ = x12^+$. Die anderen Kombinationen von Gesamtszenarien, nämlich 1 und 3, 1 und 4, 2 und 3 sowie 2 und 4, haben keinen gemeinsamen Knoten – außer den künstlichen Knoten 0 (zu dem keine Kompensationsmaßnahme existiert) – und führen folglich zu keiner Restriktion, wodurch sich durch diese Formulierung der Implementierbarkeitsbedingung genau die im obigen Optimierungsproblem angegebenen (Implementierbarkeits-)Restriktionen ergeben.

Für die Erweiterung dieser Fallstudie auf T Perioden ($T > 0$) und SD (Gesamt-) Szenarien ($SD > 0$) zu einem unkapazitierten mehrperiodischen stochastischen Produktionsplanungsproblem mit unabhängigen Perioden bieten sich perioden- und szenariospezifische Entscheidungsvariablen an; wie bisher ist ein Szenario ein Tupel von T Bedarfen, das für jede Periode einen Bedarf enthält. Dadurch ergeben sich für alle Perioden t mit $1 \leq t \leq T$ und alle Szenarien sd mit $1 \leq sd \leq SD$ die Produktionsmengen $x_{t,sd}$ sowie die Kompensationsmaßnahmen $x^+_{t,sd}$. Jede Periode t und jedes Szenario sd hat einen Bedarf $d_{t,sd}$. Es entspricht einem Pfad im Szenarienbaum von der Wurzel, z. B. der Knoten 0 in Abb. 5.1, zu seinen Blättern, z. B. der Knoten 5 in Abb. 5.1 – eben für (Gesamt-)Szenario 3. Für dieses Beispiel aus den 2 Perioden und 4 Szenarien ergibt sich die folgende Matrix $(D = (d_{t,sd})^{T,SD}_{t=1,sd=1})$ für die Bedarfe: $D = \begin{pmatrix} 1500 & 1500 & 500 & 500 \\ 1500 & 500 & 1500 & 500 \end{pmatrix}$. Die Wahrscheinlichkeiten für alle Szenarien lässt sich durch den Parametervektor $P = (0.36, 0.24, 0.24, 0.16)$ abbilden.

Zur Übertragung der Implementierbarkeitsbedingung auf die perioden- und szenariospezifischen Kompensationsvariablen, wird die obige Formulierung der Implementierbarkeitsbedingung verwendet, wobei jede Periode eine Stufe ist. Danach haben die Kompensationsvariablen zu zwei Szenarien sd_1 und sd_2, nämlich $x^+_{t,sd1}$ und $x^+_{t,sd2}$, in einer Periode t den gleichen Wert, sofern die Bedarfe dieser beiden Szenarien sd_1 und sd_2 bis zu dieser Periode t (einschließlich) gleich sind, also $d_{t',sd1} = d_{t',sd2}$ für alle $1 \leq t' \leq t$ gilt. Anderenfalls sind beliebige Belegungen der Kompensationsvariablen erlaubt. Dass diese Implementierbarkeitsbedingung durch die folgende beiden Restriktion bewirkt wird, wird im Anschluss begründet.

- $x^+_{t,sd1} - x^+_{t,sd2} \leq M \cdot \sum\limits_{t'=1}^{t} (d_{t',sd1} - d_{t',sd2})^2$ und

- $x^+_{t,sd2} - x^+_{t,sd1} \leq M \cdot \sum\limits_{t'=1}^{t} (d_{t',sd1} - d_{t',sd2})^2$,

und zwar für alle Szenarien $sd1$ und $sd2$ mit $1 \leq sd1, sd2 \leq SD$ sowie alle Perioden t mit $1 \leq t \leq T$.

Stimmen die Bedarfe der beiden Szenarien sd_1 und sd_2 bis zu der Periode t (einschließlich) überein, so sind die beiden Summen auf den rechten Seiten gleich 0, so dass die Belegungen der beiden Kompensationsvariablen zu diesen beiden Szenarien in dieser Periode t übereinstimmen müssen. Unterscheiden sich die beiden Szenarien, so gibt es eine Periode t', in der die beiden Szenarien unterschiedliche Bedarfe haben, so dass die beiden Summen auf den rechten Seiten größer 0 sind. Dass in diesem Fall die rechten Seiten in den beiden

Restriktionen nicht zu einschränkend sind, ergibt sich aus dem Folgenden. Weil Kompensationsmaßnahmen Kosten verursachen, ist eine Kompensationsmaßnahme in einer Periode durch den Bedarf in dieser Periode limitiert und insbesondere ist diese durch das Maximum der Periodenbedarfe (MP) limitiert. Da die Bedarfe für eine Ausprägung des linearen Optimierungsproblems (fest vorgegebene) Werte sind, ist für diese vorgegebenen Bedarfe diese Grenze MP eine Konstante. Deswegen gibt es für fest vorgegebene Bedarfe eine Konstante M, so dass die rechten Seiten in den beiden Restriktionen – bei einer positiven Summe – größer als MP sind – und damit nicht zu einschränkend sind.

Jeder Knoten in einem Szenario-Baum repräsentiert den Status einer Planung bis zum Ende einer Periode (t). Die Szenarien bis zu dem direkten Folgeknoten einschließlich unterscheiden sich ausschließlich in dem Bedarf für die (Folge-)Periode $t + 1$. Für diese Periode ($t + 1$) liegt eine Ausprägung des oben angegebenen unkapazitierten einperiodischen stochastischen Produktionsplanungsproblems vor (in der Fallstudie aus zwei identischen Bedarfen). Seine Lösung ist eine (einzige) Produktionsmenge. Sie ist die Belegung der Variablen $x_{t+1,sd}$ zu allen Szenarien sd mit $1 \leq sd \leq SD$, die sich in allen Perioden von 1 bis t nicht unterscheiden. Weil auch die Produktionsmengen Kosten verursachen, ist eine Produktionsmenge genauso wie eine Kompensationsmaßnahme in einer Periode durch den Bedarf in dieser Periode limitiert. Deswegen können die erforderlichen Restriktionen wie bei den Implementierungsbedingungen gebildet werden. Der einzige Unterschied besteht darin, dass Szenarien mit identischen Periodenbedarfen bis zur Periode t identische Belegungen der Entscheidungsvariablen zu Produktionsmengen in der Folgeperiode ($t + 1$) erzwingen. Die Restriktionen lauten daher:

- $x_{t+1,sd1} - x_{t+1,sd2} \leq M \cdot \sum_{t'=1}^{t} (d_{t',sd1} - d_{t',sd2})^2$ und

- $x_{t+1,sd2} - x_{t+1,sd1} \leq M \cdot \sum_{t'=1}^{t} (d_{t',sd1} - d_{t',sd2})^2,$

und zwar für alle Szenarien $sd1$ und $sd2$ mit $1 \leq sd1, sd2 \leq SD$. Dabei sind alle Perioden t bis zur Periode ($T - 1$) zu berücksichtigen. Damit die Produktionsmengen in der ersten Periode übereinstimmen, wird eine künstliche Periode 0 eingefügt, die einen Bedarf von 0 in jedem Szenario hat. Also sind alle Perioden t mit $0 \leq t \leq (T - 1)$ zu betrachten.

Dies führt zu dem folgenden linearen Optimierungsproblem:

Unkapazitiertes mehrperiodisches stochastisches Produktionsplanungsproblem mit unabhängigen Perioden

Parameter:

T Anzahl an Perioden.

Sd Anzahl an Bedarfsszenarien.

M Große Zahl.

$d_{t,sd}$ Bedarf für Periode t zu Szenario sd $\forall$ $1 \leq t \leq T$ und $\forall$ $1 \leq sd \leq Sd$.

p_{sd} Wahrscheinlichkeit für das Eintreten von Szenario sd $\forall\ 1 \leq sd \leq Sd$.

Variablen:

$x_{t,sd}$ Produktionsmenge in Periode t zu Szenario sd $\forall\ 1 \leq t \leq T$ und $\forall\ 1 \leq sd \leq Sd$.
$x_{t,sd}^{+}$ zugekaufte Menge in Periode t zu Szenario sd $\forall\ 1 \leq t \leq T$ und $\forall\ 1 \leq sd \leq Sd$.

$$\min \sum_{sd=1}^{Sd} \sum_{t=1}^{T} p_{sd} \cdot (5 \cdot x_{t,sd} + 8 \cdot x_{t,sd}^{+})$$

unter den Restriktionen:

$$x_{t,sd} + x_{t,sd}^{+} \geq d_{t,sd} \quad \forall\ 1 \leq t \leq T \text{ und } \forall\ 1 \leq sd \leq Sd \qquad \text{Erfüllen des Kundenbedarfs.}$$

$$x_{t+1,sd1} - x_{t+1,sd2}$$
$$\leq M \cdot \sum_{t'=1}^{t} (d_{t',sd1} - d_{t',sd2})^2 \quad \forall\ 0 \leq t \leq T-1 \text{ und } \forall\ 1 \leq sd1,\ sd2 \leq Sd$$
$$x_{t+1,sd2} - x_{t+1,sd1}$$
$$\leq M \cdot \sum_{t'=1}^{t} (d_{t',sd1} - d_{t',sd2})^2 \quad \forall\ 0 \leq t \leq T-1 \text{ und } \forall\ 1 \leq sd1,\ sd2 \leq Sd$$

Produktions-

mengen-

restrik-

tionen.

$$x_{t,sd1}^{+} - x_{t,sd2}^{+}$$
$$\leq M \cdot \sum_{t'=1}^{t} (d_{t',sd1} - d_{t',sd2})^2 \quad \forall\ 1 \leq t \leq T \text{ und } \forall\ 1 \leq sd1,\ sd2 \leq Sd$$
$$x_{t,sd2}^{+} - x_{t,sd1}^{+}$$
$$\leq M \cdot \sum_{t'=1}^{t} (d_{t',sd1} - d_{t',sd2})^2 \quad \forall\ 1 \leq t \leq T \text{ und } \forall\ 1 \leq sd1,\ sd2 \leq Sd$$

Implementiebar-

keits-

restrik-

tionen.

$$x_{t,sd}^{+} \geq 0 \text{ und } x_{t,sd} \geq 0 \quad \forall\ 1 \leq t \leq T \text{ und } \forall\ 1 \leq sd \leq Sd \qquad \text{Nichtnegativität.}$$

Die Umsetzung dieses linearen Optimierungsproblems in ILOG ist im folgenden Listing 5.2 angegeben, und zwar als „mod"-Datei.

```
1    int T = ...;   // Anzahl an Perioden.
2    range Intervall = 1..T;
3    range Intervall0 = 0..T;
4    int Sd = ...;   // Anzahl an Szenarien.
5    range ScnDemand = 1..Sd;
6    int M = ...;   // Große Zahl.
7    int d[Intervall0][ScnDemand] =...;   // Kundenbedarf.
8    float p[ScnDemand] =...;
9    // Entscheidungsvariablen:
```

```
10   // Produktionsmenge je Periode:
11   dvar int+ x0[Intervall][ScnDemand];
12   // Zugekaufte Menge in Periode t zu Szenario sd:
13   dvar int+ xplus[Intervall][ScnDemand];
14   // Zielfunktion:
15   minimize
16   sum(sd in ScnDemand)
17     (sum(t in Intervall) p[sd] * (5 * x0[t][sd] + 8 * xplus[t][sd]));
18   // Restriktionen:
19   constraints {
20     // Erfüllen des Kundenbedarfs in Periode t für Szenario sd:
21     forall (t in Intervall, sd in ScnDemand) {
22       x0[t][sd] + xplus[t][sd] >= d[t][sd];
23     };
24     // Produktionsmengenbedingungen:
25     forall (t in Intervall, sd1 in ScnDemand, sd2 in ScnDemand) {
26       x0[t][sd1] − x0[t][sd2] <= M*(sqrt(pow(d[t−1][sd1]−d[t−1][sd2],2)));
27       x0[t][sd2] − x0[t][sd1] <= M*(sqrt(pow(d[t−1][sd1]−d[t−1][sd2],2)));
28     };
29     // Implementierbarkeitsbedinungen:
30     forall (t in Intervall, sd1 in ScnDemand, sd2 in ScnDemand) {
31       xplus[t][sd1] − xplus[t][sd2] <= M*(sum (t1 in 1 .. t) (d[t1][sd1]−d[t1][sd2])
              *(d[t1][sd1]−d[t1][sd2]));
32       xplus[t][sd2] − xplus[t][sd1] <= M*(sum (t1 in 1 .. t) (d[t1][sd1]−d[t1][sd2])
              *(d[t1][sd1]−d[t1][sd2]));
33     };
34   };
```

Listing 5.2 Modellfile zum unkapazitierten mehrperiodischen stochastischen Produktionsplanungsproblem mit unabhängigen Perioden in ILOG.

Zur Lösung der Fallstudie in ILOG sind die Parameter als „dat"-Datei anzugeben, was durch das Listing 5.3 erfolgt.

```
1    T = 2;
2    Sd = 4;
3    M = 10000;  // Große Zahl.
4    // Perioden− und szenariospezifische Bedarfe:
5    d = #[
6          0: [   0,    0,    0,    0]
7          1: [1500, 1500,  500,  500]
8          2: [1500,  500, 1500,  500]
9       ]#;
10   // Wahrscheinlichkeit je Szenario:
11   p = #[
12         1: 0.36
13         2: 0.24
```

```
14        3: 0.24
15        4: 0.16
16     ]#;
```

Listing 5.3 Daten zum unkapazitierten mehrperiodischen stochastischen Produktionsplanung-sproblem mit unabhängigen Perioden in ILOG.

In diesem letzten linearen Optimierungsproblem sind die Formulierungen der Implementierbarkeitsbedingungen und der Produktionsmengenrestriktionen so ähnlich, dass sich die Frage stellt, ob es sich bei den Produktionsmengenrestriktionen auch um Implementierbarkeitsbedingungen handelt. Folgende Überlegungen belegen, dass zwischen beiden ein struktureller Unterschied besteht.

In dieser Fallstudie, bzw. in seiner allgemeinen Version, erfolgt in jeder Periode, beginnend mit der ersten, folgender Ablauf: Es wird etwas produziert, und zwar nach dem Grundplan für diese Periode – der durch die Produktionsmengenvariablen beschrieben ist. Dann tritt der Bedarf für diese Periode ein. Um diesen zu decken, wird, sofern erforderlich, eine Kompensationsmaßnahme durchgeführt. Möglich ist, dass die Produktion fest vorgegeben ist, beispielsweise könnte ein Produktionssystem vorhanden sein, das noch abzubezahlen ist und deswegen den ganzen Tag produzieren muss. Damit wären die Produktionsmengen des unkapazitierten mehrperiodischen stochastischen Produktionsplanungsproblems mit unabhängigen Perioden extern vorgegeben. Die Kompensationsmaßnahmen sind (bedarfs-)szenarienspezifisch und werden so gewählt, dass ihre (Gesamt-)Kosten so gering wie möglich sind. Zwar können mehrere unterschiedliche Bedarfsszenarien die gleichen Kompensationsmaßnahmen haben, sogar eine für alle ist möglich, aber die Gesamtkosten ergeben sich dadurch, indem für jedes mögliche Szenario seine Kosten für eine (etwaige) Kompensationsmaßnahme ermittelt wird und diese aufsummiert werden.

Bei dieser Fallstudie werden mit und ohne Implementierbarkeitsbedingungen (exakt) die gleichen Ergebnisse erzielt. Verantwortlich dafür ist, dass Entscheidungen in einer Periode keinen Einfluss auf Entscheidungen in einer Folgeperiode haben. Ein solcher Einfluss liegt vor, wenn ein Lagerbestand in einer Periode in einer Folgeperiode verwendet werden kann.

Um dies zu berücksichtigen sind in das Problem Lagerbestände am Ende einer Periode t für ein Szenario sd einzufügen ($I_{t,sd}$). Die Lagerbilanzgleichung lautet dann: $x_{t,sd} + x^+_{t,sd} + I_{t-1,sd} - I_{t,sd} = d_{t,sd}$, und zwar für alle Szenarien sd mit $1 \leq sd \leq SD$ sowie alle Perioden t mit $1 \leq t \leq T$ und der erforderliche Lageranfangsbestand ist $I_{0,sd}$. Mit dem (einheitlichen) Lagerhaltungskostensatz (h) wird die Zielfunktion um die perioden- und szenariospezifischen Lagerhaltungskosten von $h \cdot I_{t,sd}$ erweitert. Durch Lagerbestände ist die Restriktion zur Erfüllung des Kundenbedarfs, nämlich: $x_{t,sd} + x^+_{t,sd} \geq d_{t,sd}$ zu erweitern zu $x_{t,sd} + x^+_{t,sd} + I_{t-1,sd} \geq d_{t,sd}$, und zwar für alle Szenarien sd mit $1 \leq sd \leq SD$ sowie alle Perioden t mit $1 \leq t \leq T$. Die extern vorgegebene Produktionsmenge sei weiterhin konstant für alle Szenarien in jeder Periode. Eine Kompensationsmaßnahme für eine Periode t (2 beispielsweise) kann nicht eine (oder mehrere) Periode(n) ganz oder teilweise vorgezogen werden (in Periode 1 beispielsweise), da dann Lagerkosten anfallen, die bei der Kompensationsmaßnahme in Periode t nicht anfallen würden. Lagerbestände entstehen somit nur, wenn der Bedarf kleiner als die konstante extern vorgegebene Produktionsmenge ist. Deswegen werden bei dieser Fallstudie ebenfalls bei diesen beiden Vorgehensweisen (exakt) die gleichen Ergebnisse erzielt.

Unterschiede ergeben sich, wenn das Bestellen einer zuzukaufenden Menge mit Bestellkosten (K^e) verbunden ist. Sind diese hoch, so ist eine einmalige Bestellung für zwei Perioden günstiger als eine Bestellung in jeder der beiden Perioden. Zur Integration von szenario-spezifischen Bestellungen werden perioden- und szenariospezifische Bestellvariablen $\gamma^e_{t,sd}$ eingeführt, die für eine Periode t und ein Szenario sd 1 ist, wenn in dieser Periode und in diesem Szenario ein Zukauf – also eine Kompensationsmaßnahme – erfolgt, anderenfalls hat sie den Wert 0. Wie nachfolgend begründet wird, wird dies durch die Restriktion $x^+_{t,sd} - M^e \cdot \gamma^e_{t,sd} \leq 0 \; \forall \; 1 \leq t \leq T$ und $\forall \; 1 \leq sd \leq Sd$ erreicht, wobei M^e mindestens so hoch wie die kumulierten Bedarfe ist. Eine solche Konstante kann für eine konkrete Ausprägung des Optimierungsproblems angegeben werden. Dann sind die Bedarfe konkret bekannt sowie konstant, und M^e kann gleich $T \cdot Sd \cdot D_{max}$ gesetzt werden, wobei D_{max} der höchste Bedarf ist, der in einer Periode und einem Szenario auftritt. Dadurch ist M^e eine Konstante. Ist $x^+_{t,sd} > 0$, so ist die Restriktion nur für $\gamma^e_{t,sd} = 1$ erfüllt. Ist jedoch $x^+_{t,sd} \leq 0$, erfüllen $\gamma^e_{t,sd} = 1$ und $\gamma^e_{t,sd} = 0$ die Restriktion. Der gewünschte Wert von 0 für $\gamma^e_{t,sd}$ wird durch die zu minimierenden Kosten von $K^e \cdot \gamma^e_{t,sd}$ bewirkt, um die die (zu minimierende) Zielfunktion erweitert wird. Dadurch ergibt sich – einschließlich der oben erwähnten Lagerhaltungskosten – die neue Zielfunktion: $\sum^{Sd}_{sd=1} \sum^{T}_{t=1} p_{sd} \cdot (5 \cdot x_{t,sd} + 8 \cdot x^+_{t,sd} + h \cdot I_{t,sd} + K \cdot \gamma^e_{t,sd})$. Dies so erweiterte Problem führt zum unkapazitierten mehrperiodischen stochastischen Produktionsplanungsproblem mit abhängigen Perioden. Wie diese Betrachtung bereits zeigt, und im nachfolgenden Abschn. 5.2 über Stufen versus Perioden vertieft werden wird, sind nicht die Perioden, sondern die Stufen entscheidend, weswegen auf eine Angabe an dieser Stelle verzichtet wurde und es im Abschn. 5.2 als unkapazitiertes mehrstufiges stochastisches Produktionsplanungsproblem mit abhängigen Stufen vollständig, einschließlich der ILOG Implementierung, angegeben wird.

Mit einem Bestellkostensatz von 3000 Geldeinheiten (GE), einem Lagerkostensatz von 1 GE je Mengeneinheiten (ME) und Periode, einem Produktionsmengenkostensatz von 5 GE, einem Kostensatz für eine zugekaufte ME von 8 GE (i. e. Kompensationsmaßnahmenkostensatz), einer einheitlichen Produktionsmenge von 1000 ME je Szenario und Periode sowie den bisher verwendeten Bedarfsszenarien, die im Szenarienbaum in Abb. 5.1 angegeben sind, ergeben sich die in den beiden folgenden Tab. 5.1 und 5.2 angegebenen Lösungen. Das hohe (einheitliche) Produktionsprogramm von 1000 ME (in beiden Perioden) und die niedrigen Bedarfe in der ersten Periode bei den beiden Szenarien 3 und 4 (von jeweils 500 ME) bewirkt, dass für diese beiden Szenarien (3 und 4) kein Zukauf (i. e. keine Kompensationsmaßnahme) erforderlich ist. Da die Bedarfe in der ersten Periode bei den beiden Szenarien 1 und 2 (von jeweils 1500 ME) über dem Produktionsprogramm (von 1000 ME) liegen, sind Zukäufe (i. e. Kompensationsmaßnahmen) in der ersten Periode notwendig. Szenario 2 benötigt in Periode 1 einen Zukauf über 500 ME. In der zweiten Periode ist kein Zukauf erforderlich. Szenario 1 benötigt in der ersten und in der zweiten Periode einen Zukauf über 500 ME.

Tab. 5.1 Lösung des unkapazitierten mehrperiodischen stochastischen Produktionsplanungsproblem mit abhängigen Perioden mit Implementierbarkeitsbedingung in Mengeneinheiten (ME) und Geldeinheiten (GE) sowie Gesamtkosten von 17200 GE

| | | Szenario (mit Wahrscheinlichkeit) | | | |
		1 (0.36)	2 (0.24)	3 (0.24)	4 (0.16)
Periode 1	Produktionsmenge [ME]	1000	1000	1000	1000
	Zuzukaufende Menge [ME]	500	500	0	0
	Bestellvorgang	1	1	0	0
	Lagerbestand am Periodenende [ME]	0	0	500	500
	Gesamtkosten [GE]	4320	2880	1320	880
Periode 2	Produktionsmenge [ME]	1000	1000	1000	1000
	Zuzukaufende Menge [ME]	500	0	0	0
	Bestellvorgang	1	0	0	0
	Lagerbestand am Periodenende [ME]	0	500	0	1000
	Gesamtkosten [GE]	4320	1320	1200	960
Gesamtkosten über alle Perioden [GE]		8640	4200	2520	1840

Da beide Szenarien (1 und 2) in der ersten Periode den gleichen Bedarf haben, haben sie nach der Implementierbarkeitsbedingung in der ersten Periode die gleiche zuzukaufende Menge (über 500 ME). In der zweiten Periode ist keine Implementierbarkeitsbedingung zu erfüllen, weswegen dann ihre jeweilige minimale zuzukaufende Menge verwendet wird. Für Szenario 1, allein betrachtet, ist es jedoch preiswerter, bereits in der ersten Periode 1000 ME zuzukaufen und dadurch eine Bestellung einzusparen – die zusätzlichen Lagerkosten für 500 ME von 500 GE sind kleiner als die Kosten für einen (zweiten) Bestellvorgang von 3000 GE, wobei zu beachten ist, dass diese Einsparung mit der Gewichtung der Wahrscheinlichkeit von Szenario 1 (von 0.36) in die Gesamtkosten eingeht (also 900 GE beträgt). Ohne Implementierbarkeitsbedingung wird diese Lösung bestimmt.

Verantwortlich für diese unterschiedlichen Ergebnisse ist: Im Fall ohne Implementierbarkeitsbedingung werden für die Festlegung einer szenariospezifischen Kompensationsmaßnahme, z. B. für (Gesamt-)Szenario 1, beide Perioden zusammen betrachtet – und zwar als eigenes Optimierungsproblem. Im Fall mit Implementierbarkeitsbedingung wird eine szenariospezifische Kompensationsmaßnahme für die erste Periode festgelegt, die nur von der

Tab. 5.2 Lösung des unkapazitierten mehrperiodischen stochastischen Produktionsplanungsproblem mit abhängigen Perioden ohne Implementierbarkeitsbedingung in Mengeneinheiten (ME) und Geldeinheiten (GE) sowie Gesamtkosten von 16 300 GE (wird fortgesetzt)

		Szenario (mit Wahrscheinlichkeit)			
		1 (0.36)	2 (0.24)	3 (0.24)	4 (0.16)
Periode 1	Produktionsmenge [ME]	1000	1000	1000	1000
	Zuzukaufende Menge [ME]	1000	500	0	0
	Bestellvorgang	1	1	0	0
	Lagerbestand am Periodenende [ME]	500	0	500	500
	Gesamtkosten [GE]	5940	2880	1320	880
Periode 2	Produktionsmenge [ME]	1000	1000	1000	1000
	Zuzukaufende Menge [ME]	0	0	0	0
	Bestellvorgang	0	0	0	0
	Lagerbestand am Periodenende [ME]	0	500	0	1000
	Gesamtkosten [GE]	1800	1320	1200	960
Gesamtkosten über alle Perioden [GE]		7740	4200	2520	1840

dann bekannten Information – also dem Bedarf (in der ersten Periode) – abhängt, und mit dieser Festlegung wird eine szenariospezifische Kompensationsmaßnahme für die zweite Periode festgelegt. In beiden Fällen sind (dem linearen Optimierungsproblem) alle möglichen Szenarien bekannt. Im ersten Fall bilden beide Perioden eine Stufe, im anderen Fall bildet die erste Periode die erste Stufe und die zweite Periode die zweite Stufe. Gäbe es weitere Perioden, so könnten diese im ersten Fall eine zweite Stufe bilden. Nach der Formulierung der Implementierbarkeitsbedingung von Wets (1989) und Rockafellar und Wets (1991) gibt es in diesem (ersten) Fall Implementierbarkeitsbedingungen, und zwar für die erste Stufe. Daher liegt ein Unterschied zwischen Perioden und Stufen vor, auf den im folgenden Abschn. 5.2 im Detail eingegangen wird. Ferner unterscheiden sich somit Implementierbarkeitsbedingungen strukturell von Produktionsmengenbedingungen.

Eine Kompensationsmaßnahme belegt mehrere (Entscheidungs-)Variablen. Im Beispiel besteht die Kompensationsmaßnahme Zukauf aus der zuzukaufenden Menge (selbst), den Bestellkosten sowie den Lagerkosten; es sei angemerkt, dass diese Entscheidungsvariablen in der Literatur als szenarioabhängig umzusetzende Entscheidungsvariablen bezeichnet werden. Die zuzukaufende Menge bestimmt die Kompensationsmaßnahme vollständig und damit insbesondere die anderen Entscheidungsvariablen – i. e. $\gamma^e_{t,sd}$ und $I_{t,sd}$ (s.o.). Deswegen bewirken die Implementierbarkeitsbedingungen zu den Entscheidungsvariablen für die zuzukaufende Menge, dass die erforderlichen Implementierbarkeitsbedingungen für die anderen Entscheidungsvariablen (i. e. für die Bestell- und Lagerkosten) implizit erfüllt sind. In der Literatur werden solche redundanten Implementierbarkeitsbedingungen oftmals angegeben.

In einer Reihe von Publikationen wird keine Implementierbarkeitsbedingung benötigt, da sich entweder die Szenarien bis zu jeder Periode (im Allgemeinen: Stufe) unterscheiden oder eine Kompensationsmaßnahme lediglich der Bewertung der Höhe von Unzulässigkeiten dient und somit nicht umgesetzt werden muss – i. e. die Bewertung erfolgt auf der Basis, dass über das tatsächliche Eintreten eines zufälligen Einflusses mehr (konkret) bekannt ist. Ferner kann eine explizite Formulierung der Implementierbarkeitsbedingungen durch die sogenannte kompakte Formulierung der Entscheidungsvariablen umgangen werden. Eine detaillierte Beschreibung dieses Ansatzes findet sich unter anderem in Alfieri und Brandimarte (2005) und soll an dieser Stelle nicht weiter vertieft werden.

5.2   Stufen versus Perioden bei Kompensationsproblemen

Bei vielen Problemen, gerade bei denjenigen in der operativen Produktionsplanung und -steuerung, wie beispielsweise der Festlegung einer Produktionsmenge für die nächsten 10 Tage, werden Entscheidungen für aufeinanderfolgende Perioden gefällt, im Beispiel könnte ein Planungsintervall von 10 Tagen existieren und jeder Tag wäre eine Periode. Für die Umsetzung des Grundprinzips von Kompensationsproblemen, nämlich der Ermittlung einer Grundlösung für alle möglichen zufälligen Einflussfaktoren, die, nachdem eine der möglichen zufälligen Einflussfaktoren tatsächlich (und konkret) vorliegt, durch eine Kompensationsmaßnahme verändert werden darf, gibt es dann verschiedene Möglichkeiten. Bei dem Beispiel einer Produktionsplanung über 10 Tage besteht eine Möglichkeit darin, dass eine Produktionsentscheidung für die erste Periode gefällt wird. Danach wird der tatsächlich auftretende Bedarf für die erste Periode bekannt. Durch eine Kompensationsmaßnahme, wie eine Produktionserhöhung (oder eine externe Produktion oder ein Zukauf von Produkten), in der ersten Periode, darf die Produktionsentscheidung (im weiteren Sinne, genauer die Lösung als Ganzes) verändert werden. Als Nächstes wird eine Produktionsentscheidung für die zweite Periode gefällt. Danach wird der tatsächlich auftretende Bedarf für die zweite Periode bekannt und wiederum darf die Produktionsentscheidung (durch eine Kompensationsmaßnahme) verändert werden. Dieses Vorgehen wird bis zur zehnten Periode einschließlich wiederholt. Dadurch entsteht eine Gesamtlösung. Es wird ein Kompensationsproblem formuliert, dessen Lösung mit dieser Gesamtlösung übereinstimmt, und so wird für jede alternative Vorgehensweise verfahre. Eine zweite (alternative) Vorgehensweise besteht darin, dass erneut eine Produktionsentscheidung für die erste Periode gefällt wird. Danach wird der tatsächlich auftretende Bedarf für die erste Periode bekannt und wiederum darf die Produktionsentscheidung (durch eine Kompensationsmaßnahme) verändert werden. Als Nächstes wird eine Produktionsentscheidung für die Perioden 2 bis 5 (einschließlich) gefällt. Danach wird der tatsächlich auftretende Bedarf in den Perioden 2 bis 5 bekannt. Durch eine der oben genannten Kompensationsmaßnahmen darf nun für jede dieser vier Perioden die Produktionsentscheidung verändert werden. Im letzten Planungsschritt wird eine Produktionsentscheidung für die Perioden 6 bis 10 gefällt und diese darf nach dem Auftreten des tatsächlichen Bedarfs in den Perioden 6 bis 10 (wiederum durch eine Kompensationsmaßnahme) verändert werden. In beiden Vorgehensweisen besteht der Planungszeitraum aus 10 Perioden. In der zweiten Vorgehensweise sind zum einen die Perioden 2 bis 5 zusammengefasst und zum andern die Perioden 6 bis 10. Jede dieser Zusammenfassungen wird als Stufe bezeichnet. Dadurch hat die zweite Vorgehensweise drei Stufen: die erste Stufe besteht aus der Periode 1, die zweite Stufe besteht aus den Perioden 2 bis 5 und schließlich besteht die dritte Stufe aus den Perioden 6 bis 10. Da bei der ersten Vorgehensweise keine solche Zusammenfassung von Perioden vorliegt, bildet die i-te Periode (für alle $1 \leq i \leq 10$) die i-te Stufe. Dies ist der eine Extremfall und beim anderen (quasi umgekehrten) Extremfall bilden alle Perioden eine Stufe.

Bei jeder dieser Vorgehensweisen wird ein Kompensationsproblem je Stufe gebildet, z. B. 10 bei der ersten (obigen) Vorgehensweise und 3 bei der zweiten, und, wie oben erläutert wurde, bilden diese Einzel-Kompensationsprobleme ein Gesamtkompensationsproblem. Diese einzelnen Kompensationsprobleme können unabhängig voneinander sein oder ein Problem verwendet das Ergebnis der Vorstufe, so dass die Probleme voneinander abhängen. Zu dem ersten Fall wurde im Abschnitt über Implementierbarkeitsbedingungen, i. e. Abschn. 5.1, ein Problem für eine einfache Produktionsplanung angegeben – es sei betont, dass dort primär Perioden betrachtet wurden, obwohl der Begriff „Stufe" bereits (informell) eingeführt worden war. Dort wurde dieses Problem so erweitert, dass der zweite Fall abgedeckt wird, also die Probleme je Periode voneinander abhängen, allerdings wurde auf seine zusammenhängende Angabe dort verzichtet. Seine allgemeine Form für Stufen, nämlich das unkapazitierte mehrstufige stochastische Produktionsplanungsproblem mit abhängigen Stufen wird im Weiteren verwendet und vollständig angegeben, wozu im Wesentlichen die im Abschn. 5.1 über Implementierbarkeitsbedingungen angegebene Implementierbarkeitsbedingung für Perioden auf Stufen zu erweitern sind. An dem Problem wird der Einfluss unterschiedlich großer Stufen (als Anzahl aufeinanderfolgender Perioden) auf die Lösungsgüte analysiert. Dies umfasst und vertieft die im Abschn. über Implementierbarkeitsbedingungen, i. e. Abschn. 5.1, vorgestellte Analyse. Gerade in der industriellen Anwendung wird statt der Lösung eines solchen mehrstufigen Kompensationsproblems eine Folge von einstufigen Kompensationsproblemen gelöst. Der dadurch entstehende Verlust an Lösungsgüte wird ebenfalls an diesem Problem aufgezeigt.

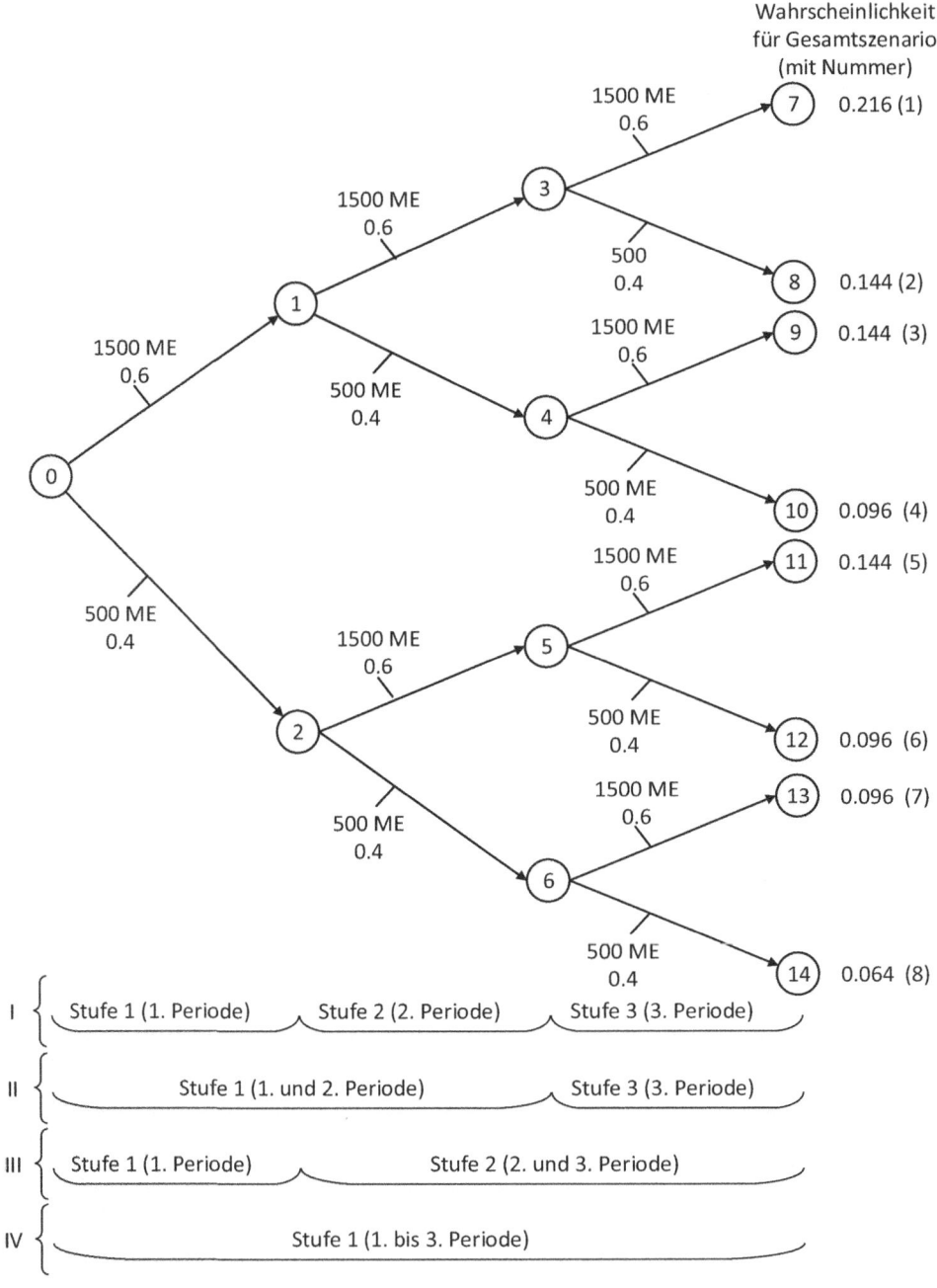

Abb. 5.2 Alle möglichen Stufen zu einem vollständigen (Szenario-)Baum mit (genau) zwei Bedarfen je Periode – einschließlich Wahrscheinlichkeiten (je Periode und für je Gesamtszenario); mit ME für Mengeneinheiten

- Jede der drei Perioden bildet eine Stufe, s. I in Abb. 5.2, mit 2 Szenarien je Stufe.
- Die ersten beiden Perioden bilden eine Stufe und die dritte Periode bildet eine zweite Stufe, s. II in Abb. 5.2, mit vier Szenarien in Stufe 1, wie beispielsweise das Szenario aus 500 ME in Periode 1 und 1500 ME in Periode 2, und zwei Szenarien in Stufe 2.
- Die erste Periode bildet eine Stufe und die beiden letzten Perioden bilden eine zweite Stufe, s. III in Abb. 5.2, mit zwei Szenarien in Stufe 1 und vier Szenarien in Stufe 2, wie beispielsweise das Szenario aus 500 ME in Stufe 1 sowie bei Stufe 2 das Szenario aus 1500 ME in Periode 2 und 500 ME in Periode 3.
- Alle drei Perioden bilden eine Stufe, s. IV in Abb. 5.2, mit acht Szenarien in dieser einen Stufe, wie beispielsweise das Szenario aus 1500 ME in Periode 1, 1500 ME in Periode 2 und 1500 ME in Periode 3.

Für diese Analyse und zugleich für die Herleitung des unkapazitierten mehrstufigen stochastischen Produktionsplanungsproblem mit abhängigen Stufen ist das folgende einfache unkapazitierte stochastische Produktionsplanungsproblem aus drei voneinander abhängigen Perioden ausreichend; es handelt sich um das im Abschn. 5.1 über Implementierbarkeitsbedingungen diskutierte Problem, welches hier nur soweit wiederholt wird, wie dies für diese Untersuchung erforderlich ist. Es gibt genau zwei Bedarfe in jeder Periode, und zwar 1500 Mengeneinheiten (ME) mit einer Wahrscheinlichkeit von 60 % und 500 ME mit einer Wahrscheinlichkeit von 40 %. Bei drei Perioden führt dies zu dem in Abb. 5.2 angegebenen Szenarienbaum mit acht Gesamtszenarien, einschließlich ihren Wahrscheinlichkeiten. Folgende vier Kombinationen von Stufen sind möglich:

Für diese verschiedenen Kombinationen von Stufen werden nun die einzelnen Kompensationsprobleme je Stufe als Teil eines Gesamtkompensationsproblems analysiert. Kompensationsprobleme ermitteln, wie im Abschn. 4.7 über die Darstellung von Kompensationsproblemen erläutert wurde, für alle möglichen zufälligen Einflussfaktoren eine Grundlösung, die, nachdem einer der möglichen zufälligen Einflussfaktoren tatsächlich (und konkret) vorliegt, durch eine Kompensationsmaßnahme verändert werden darf. Wie im Abschn. 5.1 über Implementierbarkeitsbedingungen erläutert worden ist, ist bei diesem Produktionsplanungsproblem eine Grundlösung eine Produktionsmenge und eine Kompensationsmaßnahme ist eine zugekaufte Menge zur Deckung einer Fehlmenge (eine Überproduktion am Periodenende könnte verkauft werden). Ohne Beschränkung der Allgemeinheit dieser Analyse darf eine solche Grundlösung für alle Zufallseinflüsse konstant sein und als (externer) Parameter vorgegeben werden; dies ist in dem Abschn. 5.1 über Implementierbarkeitsbedingungen ausführlich diskutiert worden. Zur Vereinfachung dieser Analyse wird hiervon Gebrauch gemacht. Deswegen können sich die Kompensationsprobleme nur in den Kompensationsmaßnahmen unterscheiden. Nach dem Abschn. 5.1 über Implementierbarkeitsbedingungen werden diese durch die Implementierungsbedingung eingeschränkt, nach der die Kompensationsmaßnahmen für zwei Szenarien in einer Stufe t gleich sein müssen, sofern beide Szenarien bis zu dieser Stufe t (einschließlich) übereinstimmen. Deswegen könnten sich die einzelnen Kombinationen von Stufen in der Anzahl an identischen Kompensationsmaßnahmen unterscheiden. Da es sich bei den Kompensationsmaßnahmen (wieder) um die Belegungen der Kompensations-Variablen (nach der Terminologie im Abschn. 5.1 eben um die

Variablen) $x_{t,s}^+$, $\forall\, 1 \leq t \leq T$ (hier ist $T = 3$) und $\forall\, 1 \leq s \leq Sd$ (hier ist $Sd = 8$) handelt, wird die minimale Anzahl an identischen Belegungen dieser Kompensationsvariablen zu den einzelnen Kombinationen von Stufen verglichen. Dazu wird zu einer Kombination von Stufen für jede Kombination aus Periode und Gesamtszenario eine Nummer vergeben und in die entsprechende Teiltabelle in der Tab. 5.3 eingetragen. Identische Nummern bedeuten, dass die Belegungen der dazugehörenden Kompensationsvariablen übereinstimmen müssen. Zunächst wird das Vorliegen von einer Stufe aus den Perioden 1 bis 3 betrachtet. Nach der Implementierbarkeitsbedingung müssen die Kompensationsmaßnahmen für zwei Szenarien in der Stufe 1 gleich sein, sofern beide Szenarien bis zu dieser Stufe 1 (einschließlich) übereinstimmen. Da alle acht (Gesamt-)Szenarien verschieden sind, darf für jedes der acht (Gesamt-)Szenarien eine (individuelle) Kompensationsmaßnahme erstellt werden, so dass alle 24 Kompensationsvariablen voneinander abweichen dürfen. Daher haben die dazugehörenden 24 Felder in der entsprechenden Teiltabelle in der Tab. 5.3 die Nummern 1 bis 24. Mit anderen Worten dürfen in diesem Fall die beiden Kompensationsvariablen an jeder Verzweigung im Szenarionbaum in Abb. 5.2 individuelle (gesamt-)szenariospezifische Belegungen haben – also sind im Knoten 0 (in der Abb. 5.2) acht unterschiedliche Kompensationsmaßnahmen möglich und in jedem seiner beiden direkten Nachfolger sind vier unterschiedliche Kompensationsmaßnahmen möglich sowie bei deren beiden direkten Nachfolgern sind jeweils noch zwei unterschiedliche Kompensationsmaßnahmen möglich. Bildet nun die erste Periode die erste Stufe, so müssen nach der Implementierbarkeitsbedingung die vier von den acht (Gesamt-)Szenarien mit 1500 ME in der ersten Periode für die erste Periode die gleiche Kompensationsmaßnahme besitzen. Entsprechend gibt es genau eine zweite Kompensationsmaßnahme für die restlichen vier (Gesamt-)Szenarien (mit 500 ME in der ersten Periode). Deswegen sind in den beiden Teiltabellen in der Tab. 5.3, zu den Kombinationen von Stufen, bei denen die erste Stufe aus der erste Periode besteht, jeweils in Periode 1 nur zwei verschiedene Werte eingetragen, nämlich eine 1 für die (Gesamt-)Szenarien 1 bis 4 und eine 2 für die (Gesamt-)Szenarien 5 bis 8. Bildet zusätzlich die zweite Periode die zweite Stufe, so ist diese Überlegung sowohl auf die (Gesamt-)Szenarien 1 bis 4 als auch auf die (Gesamt-)Szenarien 5 bis 8 (separat) anzuwenden. Die erneute Anwendung dieser Überlegung führt dazu, dass für jede dieser beiden Mengen an (Gesamt-)Szenarien zwei identische Kompensationsmaßnahmen für die zweite Stufe erforderlich sind. So gibt es, beispielsweise, bei den (Gesamt-)Szenarien 1 bis 4 eine Kompensationsmaßnahme für die beiden (Gesamt-)Szenarien 1 und 2 sowie eine Kompensationsmaßnahme für die beiden (Gesamt-)Szenarien 3 und 4. Daher sind zu der Kombination von Stufen, bei der jede Periode eine (eigene) Stufe bildet, in der Tab. 5.3 in der Periode 2 vier verschiedene Werte eingetragen. Diese Überlegung erklärt zugleich, warum in dieser Teiltabelle in Periode 3 acht verschiedene Werte eingetragen sind. Der Fall, bei der die 1. Stufe aus der 1. Periode besteht und die 2. Stufe aus der 2. bis 3. Periode besteht, bedeutet, wie bereits erläutert, zunächst, dass für die beiden Kompensationsvariablen an der ersten Verzweigung im Szenarionbaum in Abb. 5.2 nur zwei unterschiedliche Kompensationsmaßnahmen möglich sind, was zu einer 1 in Periode 1 für die (Gesamt-)Szenarien 1 bis 4 führt und zu einer 2 in Periode 1 für die (Gesamt-)Szenarien

Tab. 5.3 Erlaubte Abweichungen der Kompensationsvariablen zu allen möglichen Kombinationen von Stufen des dreiperiodigen Szenarienbaums in Abb. 5.2 durch unterschiedliche Nummern

Stufe 1 (1. bis 3. Periode)								Stufe 1 (1. Periode), Stufe 2 (2. Periode), und Stufe 3 (3. Periode)							
Gesamtszenario								Gesamtszenario							
1	2	3	4	5	6	7	8	1	2	3	4	5	6	7	8
1	2	3	4	5	6	7	8	1	1	1	1	2	2	2	2
9	10	11	12	13	14	15	16	9	9	11	11	13	13	15	15
17	18	19	20	21	22	23	24	17	18	19	20	21	22	23	24

(Periode: 1, 2, 3)

Stufe 1 (1. Periode) und Stufe 2 (2. bis 3. Periode)								Stufe 1 (1. bis 2. Periode) und Stufe 2 (3. Periode)							
Gesamtszenario								Gesamtszenario							
1	2	3	4	5	6	7	8	1	2	3	4	5	6	7	8
1	1	1	1	2	2	2	2	1	1	3	3	5	5	7	7
9	10	11	12	13	14	15	16	9	9	11	11	13	13	15	15
17	18	19	20	21	22	23	24	17	18	19	20	21	22	23	24

(Periode: 1, 2, 3)

5 bis 8 führt. Die zweite Stufe bedeutet (wie bei der oben angegebenen Überlegung zu der Kombination von Stufen, bei der die Perioden 1 bis 3 die eine Stufe bilden), dass für jedes (Teil-)Szenario in den Perioden 2 und 3, wie z. B. 1500 ME in Periode 2 und 500 ME in Periode 3, eine (individuelle) Kompensationsmaßnahme erstellt werden darf, was mit unterschiedlichen Werten in der entsprechenden Teiltabelle in der Tab. 5.3 korreliert. Für den letzten Fall, bei dem die 1. Stufe aus der 1. und 2. Periode besteht und die 2. Stufe aus der 3. Periode, ergeben sich erforderliche gleiche Belegungen von Kompensationsvariablen durch die folgende Überlegung. Im Szenarienbaum, s. die Abb. 5.2, haben die beiden Knoten zu den beiden (Gesamt-)Szenarien 5 und 6, nämlich die Knoten 11 und 12, einen gemeinsamen Vorgänger, nämlich den Knoten 5 zu dem Szenario aus 500 ME in Periode 1 und 1500 ME in Periode 2. Deswegen haben die beiden (Gesamt-)Szenarien 5 und 6 in den Perioden 1 und 2 die gleichen Kompensationsmaßnahmen, was mit den entsprechenden Werten in der Tab. 5.3 korreliert. Auf die Paare aus den (Gesamt-)Szenarien 1 und 2, 3 und 4 sowie 7 und 8 trifft das Gleiche zu, wodurch sich die Einträge in der Tab. 5.3 ergeben. In der 2. Stufe liegen wieder 8 individuelle Szenarien vor, was die entsprechenden Einträge in dieser Teiltabelle erklärt. Dass unterschiedliche Belegungsmöglichkeiten auch angenommen werden, wird weiter unten an zwei Beispielen demonstriert.

Es sei betont, dass die in Tab. 5.3 genannten Unterschiede nur für den Szenarienbaum in Abb. 5.2 gelten. Eine andere Struktur liegt bei den im oberen Teil der Tab. 5.4 angegebenen Periodenbedarfe vor – in dem unteren Teil der Tab. 5.4 sind die Wahrscheinlichkeiten für einzelne Periodenbedarfe angegeben. Dann liegt tatsächlich statt des Szenarienbaums in

Tab. 5.4 Bedarfsszenarien für einen Szenarienbaum mit unterschiedlichen Verzweigungsgraden

Periodenbedarfe in Mengeneinheiten: Gesamtszenario								
	1	2	3	4	5	6	7	8
Periode 1	500	500	500	500	550	550	550	550
Periode 2	500	500	1000	1000	500	500	500	500
Periode 3	500	500	1000	500	500	500	650	550

Wahrscheinlichkeiten für die Periodenbedarfe: Gesamtszenario								
	1	2	3	4	5	6	7	8
Periode 1	0.6	0.6	0.6	0.6	0.4	0.4	0.4	0.4
Periode 2	0.6	0.6	0.4	0.4	0.6	0.6	0.4	0.4
Periode 3	0.6	0.4	0.6	0.4	0.6	0.4	0.6	0.4

Abb. 5.2 der in Abb. 5.3 vor. Damit könnte eine Umsetzung der in Tab. 5.3 angegebenen Einträge als Implementierbarkeitsbedingung zu falschen Ergebnissen führen. Dies tritt bei diesen Periodenbedarfen – i. e. in Tab. 5.4 – und den Parametern aus dem unten angegebenen Beispiel auf, sofern für die Grund-Produktionsmenge in jeder Periode und für jedes Szenario einheitlich 500 ME produziert werden. In diesem Fall sind die so ermittelten Kosten bei der Kombination II von Stufen nach der Abb. 5.2 um 330 Geldeinheiten zu gering (i. e. zu gut).

Dies gerade untersuchte Problem ist, wie am Anfang von diesem Abschnitt erläutert wurde, ein Beispiel für ein unkapazitiertes mehrstufiges stochastisches Produktionsplanungsproblem mit abhängigen Stufen. Wie ebenfalls ebendort erläutert wurde, sind seine Restriktionen bereits im Abschnitt über Implementierbarkeitsbedingungen, i. e. Abschn. 5.1, angegeben worden, wobei allerdings auf seine zusammenhängende Angabe dort verzichtet wurde, und vor allem ist hier noch die im Abschn. 5.1 über Implementierbarkeitsbedingungen angegebene Implementierbarkeitsbedingung für Perioden auf Stufen zu erweitern ist und es sind ferner die Produktionsmengerestriktionen entsprechend zu erweitern. Hierzu wird zunächst (mit den Parametern und Variablen des weiter unten vollständig angegebenen unkapazitierten mehrstufigen stochastischen Produktionsplanungsproblems mit abhängigen Stufen) die Implementierbarkeitsbedingung für Perioden im Abschn. 5.1 (über Implementierbarkeitsbedingungen) wiederholt:

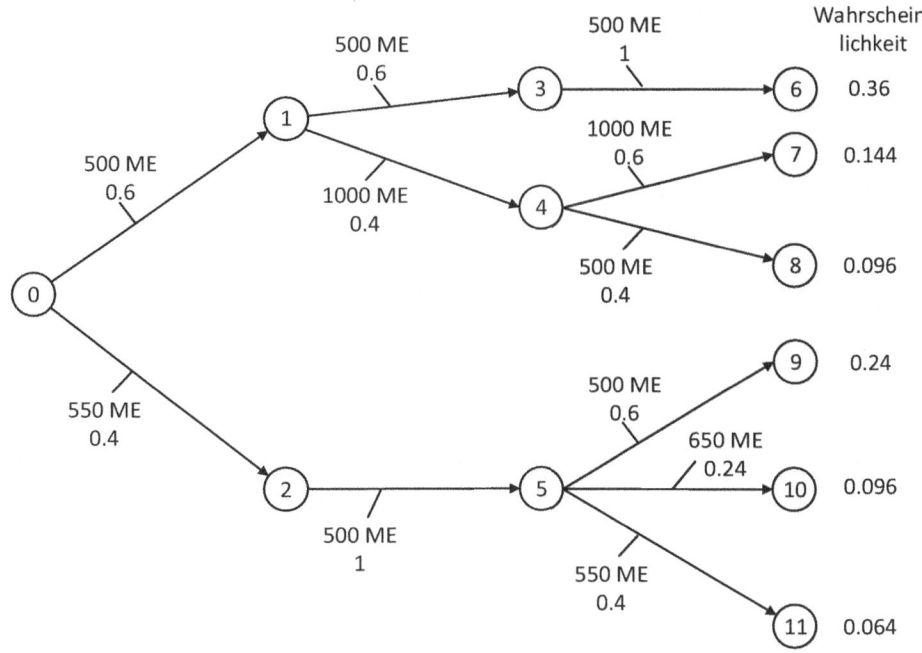

Abb. 5.3 Szenarienbaum zu Bedarfsszenarien in Tab. 5.4 (unter den Mengeneinheiten (ME) befindet sich ihre jeweilige Wahrscheinlichkeit); ME für Mengeneinheiten

$$x_{t,sd1}^{+} - x_{t,sd2}^{+}$$

$$\leq M \cdot \sum_{t'=1}^{t} (d_{t',sd1} - d_{t',sd2})^2 \quad \forall\, 1 \leq t \leq T \text{ und } \forall\, 1 \leq sd1,\, sd2 \leq Sd$$

$$x_{t,sd2}^{+} - x_{t,sd1}^{+}$$

$$\leq M \cdot \sum_{t'=1}^{t} (d_{t',sd1} - d_{t',sd2})^2 \quad \forall\, 1 \leq t \leq T \text{ und } \forall\, 1 \leq sd1,\, sd2 \leq Sd$$

Implementierbar-

keits-

restrik-

tionen.

Ist jede einzelne Periode eine einzelne Stufe, so ist damit die von Wets (1989) und Rockafellar und Wets (1991) präzisierte Implementierbarkeitsbedingung umgesetzt, nach der die Kompensationsmaßnahmen für zwei Szenarien in einer Stufe n gleich sein müssen, sofern beide Szenarien bis zu dieser Stufe n (einschließlich) übereinstimmen. Für den allgemeinen Fall werden die Stufen durch ein Tupel (ts) beschrieben, bei dem stets die letzte Periode einer Stufe angegeben ist. Besteht beispielsweise die erste Stufe 1 aus den ersten beiden Perioden und die Stufe 2 aus der dritten Periode, so ist ts das Tupel $(2, 3)$. Aus Initialisierungsgründen wird eine künstliche 0-te Stufe eingefügt. Somit bedeutet das Tupel $(2,3)$ mit anderen Worten: die Anzahl an Stufen (TS) ist zwei und die erste Stufe $ts(1)$ geht von Periode 1 bis Periode 2 einschließlich und die zweite Stufe $ts(2)$ geht von Periode 3 bis Periode 3 einschließlich. Mit der künstlichen nullten Stufe $ts(0)$, die von Periode 0 bis Periode 0 einschließlich geht, besteht die Stufe n aus den Perioden $ts(n-1)+1$ bis $ts(n)$

– also im Beispiel hat die erste Stufe die Perioden $ts(1-1)+1=1$ bis $ts(1)=2$ und die zweite Stufe die Perioden $ts(2-1)+1=3$ bis $ts(2)=3$. Da für die Gleichheit von zwei Szenarien bis zu einer Stufe n (einschließlich) alle Bedarfe der Perioden von 1 bis zur letzten Periode von Stufe n, also $ts(n)$, übereinstimmen müssen, bleibt die rechte Seite der obigen Restriktionen unverändert, allerdings ist t durch $ts(n)$ zu ersetzten. Die Gleichheit von zwei Kompensationsmaßnahmen zu zwei Szenarien in einer Stufe n aus mehreren Perioden, z. B. zur Stufe 1 aus den beiden Perioden 1 und 2, bedeutet, dass die Kompensationsmaßnahmen zu den einzelnen Perioden in dieser Stufe n übereinstimmen müssen, also im Beispiel müssen die jeweils beiden Kompensationsmaßnahmen in den Periode 1 und 2 übereinstimmen. Dann muss die linke Seite für alle Perioden in der Stufe n 0 sein – i. e. also für die Perioden $ts(n-1)+1$ bis $ts(n)$. Dies ist die weiter unten im Problem angegebene Formulierung für die Implementierbarkeitsrestriktionen.

Nun werden die Produktionsmengenrestriktionen für Perioden aus dem Abschn. 5.1 über Implementierbarkeitsbedingungen auf Stufen erweitert. Genauso bei der entsprechenden Erweiterung der Implementierbarkeitsbedingungen werden diese zunächst (mit den Parametern und Variablen des weiter unten vollständig angegebenen unkapazitierten mehrstufigen stochastischen Produktionsplanungsproblems mit abhängigen Stufen) wiederholt:

$$x_{t+1,sd1} - x_{t+1,sd2}$$
Produktions-

$$\leq M \cdot \sum_{t'=1}^{t} (d_{t',sd1} - d_{t',sd2})^2 \quad \forall\, 0 \leq t \leq T-1 \text{ und } \forall\, 1 \leq sd1,\ sd2 \leq Sd$$
mengen-

$$x_{t+1,sd2} - x_{t+1,sd1}$$
restrik-

$$\leq M \cdot \sum_{t'=1}^{t} (d_{t',sd1} - d_{t',sd2})^2 \quad \forall\, 0 \leq t \leq T-1 \text{ und } \forall\, 1 \leq sd1,\ sd2 \leq Sd$$
tionen.

Die rechte Seite stimmt mit der bei den Implementierbarkeitsrestriktionen (für Perioden als Stufen) überein, so dass diese im (neuen) Problem ebenfalls übereinstimmen. Die linke Seite weicht von der bei den Implementierbarkeitsrestriktionen (für Perioden als Stufen) dadurch ab, dass eine um 1 höhere Periode verwendet wird – also statt Periode t die Periode $t+1$. Dadurch ist im (neuen) Problem ebenfalls eine um 1 höhere Stufe (i. e. statt Stufe n nun Stufe $n+1$) zu verwenden. Alternativ zur Unterscheidung der Stufen auf den linken Seiten der Implementierbarkeits- und der Produktionsmengenrestriktionen können sich auch die Stufen auf den (jeweiligen) rechten Seiten unterscheiden; konkret um eine um 1 kleinere obere Grenze – i. e. statt $ts(n)$ nun $ts(n-1)$. Diese Alternative ist in der weiter unten im Problem angegebenen Formulierung für die Produktionsmengenrestriktionen verwendet worden. (Diese alternative Darstellung ist nach Auffassung des Autors einfacher.)

Dies führt nun insgesamt zu dem folgenden linearen Optimierungsproblem. Es sei an die Ausführungen am Ende des vorhergehenden Abschn. 5.1 (über Implementierbarkeitsbedingungen) erinnert, wonach die Implementierbarkeitsrestriktionen lediglich für die zuzukaufenden Mengen anzugeben sind (die für die Bestellzustände und Lagerbestände sind redundant).

Unkapazitiertes mehrstufiges stochastisches Produktionsplanungsproblem mit abhängigen Stufen

Parameter:

T Anzahl an Perioden.

TS Anzahl an Stufen.

Sd Anzahl an Bedarfsszenarien.

M Große Zahl für Kompensations- und Produktionsmengenrestriktionen.

Me Große Zahl für Bestellmengenrestriktionen.

$d_{t,sd}$ Bedarf für Periode t im Szenario sd $\forall$ $1 \leq t \leq T$ und $\forall$ $1 \leq sd \leq Sd$.

p_{sd} Wahrscheinlichkeit für das Eintreten von Szenario sd $\forall$ $1 \leq sd \leq Sd$.

$I0$ Lageranfangsbestand für jedes Szenario.

h Lagerkostensatz.

K^e Bestellkostensatz.

$cx0$ Kostensatz für Grund-Produktionsplan.

cxE Kostensatz für eine zuzukaufende Mengeneinheit.

Variablen:

$x_{t,sd}$ Produktion (Entscheidung) in Periode t zu Szenario sd $\forall$ $1 \leq t \leq T$ und $\forall$ $1 \leq sd \leq Sd$.

$x_{t,sd}^+$ Zuzukaufende Menge in Periode t zu Szenario sd $\forall$ $1 \leq t \leq T$ und $\forall$ $1 \leq sd \leq Sd$.

$I_{t,sd}$ Lagerbestand am Ende einer Periode t zu Szenario sd $\forall$ $0 \leq t \leq T$ und $\forall$ $1 \leq sd \leq Sd$.

$\gamma_{t,sd}^e$ Bestellzustand in Periode t zu Szenario sd $\forall$ $1 \leq t \leq T$ und $\forall$ $1 \leq sd \leq Sd$.

$$\min \sum_{sd=1}^{Sd} \sum_{t=1}^{T} p_{sd} \cdot (cx0 \cdot x_{t,sd} + cxE \cdot x_{t,sd}^+ + h \cdot I_{t,sd} + K^e \cdot \gamma_{t,sd}^e)$$

unter den Restriktionen:

$x_{t,sd} + x_{t,sd}^+ + I_{t-1,sd}$ Erfüllen des
$\geq d_{t,sd}$ $\forall$ $1 \leq t \leq T$ und $\forall$ $1 \leq sd \leq Sd$ Kundenbedarfs.

$x_{t,sd} + x_{t,sd}^+ + I_{t-1,sd} - I_{t,sd}$ Lagerbilanz-
$= d_{t,sd}$ $\forall$ $1 \leq t \leq T$ und $\forall$ $1 \leq sd \leq Sd$ gleichungen.
$I_{0,sd} = I0$ $\forall$ $1 \leq sd \leq Sd$ Lageranfangsbestände.

$x_{i,sd1} - x_{i,sd2} \leq M \cdot \sum_{t'=1}^{ts(n-1)} (d_{t',sd1} - d_{t',sd2})^2$ $\forall$ $1 \leq sd1, sd2 \leq Sd$ sowie   Pro-

$\forall$ $ts(n-1)+1 \leq i \leq ts(n)$ und $\forall$ $1 \leq n \leq TS$ duktionsmengen-

$x_{i,sd2} - x_{i,sd1} \leq M \cdot \sum_{t'=1}^{ts(n-1)} (d_{t',sd1} - d_{t',sd2})^2$ $\forall$ $1 \leq sd1, sd2 \leq Sd$ sowie   restrik-

$\forall$ $ts(n-1)+1 \leq i \leq ts(n)$ und $\forall$ $1 \leq n \leq TS$ tionen.

$$x_{i,sd1}^{+} - x_{i,sd2}^{+} \leq M \cdot \sum_{t'=1}^{ts(n)} (d_{t',sd1} - d_{t',sd2})^2 \quad \forall\, 1 \leq sd1,\ sd2 \leq Sd \text{ sowie}$$

$\forall\, ts(n-1) + 1 \leq i \leq ts(n)$ und $\forall\, 1 \leq n \leq TS$

Imple-

mentier-

$$x_{i,sd2}^{+} - x_{i,sd1}^{+} \leq M \cdot \sum_{t'=1}^{ts(n)} (d_{t',sd1} - d_{t',sd2})^2 \quad \forall\, 1 \leq sd1,\ sd2 \leq Sd \text{ sowie}$$

$\forall\, ts(n-1) + 1 \leq i \leq ts(n)$ und $\forall\, 1 \leq n \leq TS$

barkeits-

restriktionen.

$$x_{t,sd}^{+} - M^e \cdot \gamma_{t,sd}^{e} \leq 0 \quad \forall\, 1 \leq t \leq T \text{ und } \forall\, 1 \leq sd \leq Sd$$

Bestellrestriktionen.

$$x_{t,sd}^{+} \geq 0,\ x_{t,sd} \geq 0, \quad \forall\, 1 \leq t \leq T \text{ und } \forall\, 1 \leq sd \leq Sd$$

$$I_{t,sd} \geq 0 \text{ und} \quad \forall\, 0 \leq t \leq T \text{ und } \forall\, 1 \leq sd \leq Sd$$

$$\gamma_{t,sd}^{e} \in \{0, 1\} \quad \forall\, 1 \leq t \leq T \text{ und } \forall\, 1 \leq sd \leq Sd$$

Nicht-

negati-

vität.

Die Umsetzung dieses linearen Optimierungsproblems in ILOG ist im folgenden Listing 5.4 angegeben, und zwar als „mod"-Datei.

```
1   // Parameter:
2   int T = ...; // Anzahl an Perioden.
3   int TS = ...; // Anzahl an Stufen.
4   range Intervall = 1..T;
5   range Intervall0 = 0..T;
6   range Stufen = 1..TS;
7   range Stufen0 = 0..TS;
8   int ts[Stufen0] = ...; // Einzelne Stufen.
9   int Sd = ...;
10  range ScnDemand = 1..Sd;
11  // Große Zahl für Kompensations– und
12  // Produktionsmengenrestriktionen:
13  int M = ...;
14  int MB = ...; // Große Zahl für Bestellmengenrestriktionen.
15  int I0 = 0; // Anfangslagerbestand.
16  int cx0 = ...; // Kostensatz für Grund–Produktionsplan.
17  int cxE = ...; // Kostensatz für eine zuzukaufende Mengeneinheit.
18  int h = ...; // Kostensatz für Lagerhaltung.
19  int se = ...; // Kostensatz für Bestellungen.
20  // Bedarf je Periode und Szenario
21  int d[Intervall0][ScnDemand] =...;
22  float p[ScnDemand] =...;
23  // Entscheidungsvariablen:
24   // Produktion:
25   dvar int+ x0[Intervall][ScnDemand];
26   // Zuzukaufende Menge in Periode t zu Szenario sd:
27   dvar int+ xplus[Intervall][ScnDemand];
28   // Lagerbestand am Ende der Periode t:
29   dvar float I[Intervall0][ScnDemand];
30   // Binaere Bestellvariable für Zukauf:
31   dvar boolean re[Intervall][ScnDemand];
32  // Zielfunktion:
33  minimize
34  sum(sd in ScnDemand)
```

```
35      (sum(t in Intervall) p[sd] * (cx0 * x0[t][sd] + cxE * xplus[t][sd] + h * I[t]
36          [sd] + se * re[t][sd]));
37  // Restriktionen:
38  constraints {
39      // Erfüllen des Kundenbedarfs in Periode t für Szenario sd:
40      forall (t in Intervall, sd in ScnDemand) {
41      x0[t][sd] + xplus[t][sd] + I[t−1][sd] >= d[t][sd];
42      };
43      // Lagerbilanzgleichungen:
44      // Initialisierung:
45      forall (sd in ScnDemand) {
46      I[0][sd] == I0;
47      };
48      // Periodenspezifisch (und szenarienspezifisch):
49      forall (t in Intervall, sd in ScnDemand) {
50      x0[t][sd] + xplus[t][sd] + I[t−1][sd] − I[t][sd] == d[t][sd];
51      };
52      // Nichtnegativitätsbedingung der Bestände:
53      forall (t in Intervall, sd in ScnDemand) {
54          I[t][sd] >= 0;
55      };
56      // Produktionsmengenbedingungen (perioden−
57      // und szenarienspezifisch):
58      forall (n in Stufen, sd1 in ScnDemand, sd2 in ScnDemand) {
59          forall (i in (ts[n−1]+1 .. ts[n])) {
60          x0[i][sd1] − x0[i][sd2] <= M*(sum (t1 in 0 .. ts[n−1]) (d[t1][sd1]−d[t1][sd2])*(d[t1][sd1]−
61              d[t1][sd2]));
61          x0[i][sd2] − x0[i][sd1] <= M*(sum (t1 in 1 .. ts[n−1]) (d[t1][sd1]−d[t1][sd2])*(d[t1][sd1]−
                d[t1][sd2]));
62          };
63      };
64  // Bestellmengenbedingungen (für Zukauf):
65      forall (t in Intervall, sd in ScnDemand)
66          xplus[t][sd] − MB*re[t][sd] <= 0;
67      // Implementierbarkeitsbedinungen für Zukauf:
68      forall (n in Stufen, sd1 in ScnDemand, sd2 in ScnDemand) {
69      forall (i in (ts[n−1]+1 .. ts[n])) {
70      xplus[i][sd1] − xplus[i][sd2] <= M*(sum (t1 in 1 .. ts[n]) (d[t1][sd1]−d[t1]
71          [sd2])*(d[t1][sd1]−d[t1][sd2]));
72      xplus[i][sd2] − xplus[i][sd1] <= M*(sum (t1 in 1 .. ts[n]) (d[t1][sd1]−d[t1]
73          [sd2])*(d[t1][sd1]−d[t1][sd2]));
74      };
75      };
76  };
```

Listing 5.4 ILOG-Modell zum unkapazitierten mehrstufigen stochastischen Produktions-planungsproblem mit abhängigen Stufen.

Im Folgenden werden zwei Fallstudien I und II angegeben. Beide verwenden die in Abb. 5.2 angegebenen Periodenbedarfe, einen Produktionsmengenkostensatz von 5 Geldeinheiten (GE), einen Kostensatz für eine zugekaufte Menge (Kompensationsmaßnahmenkostensatz) von 8 GE, einen Bestellmengenkostensatz von 3000 GE und einen Lagerkostensatz von 1 GE je Mengeneinheiten (ME) und Periode. Bei der ersten Fallstudie (I) wird eine feste Produktionsmenge (von einheitlich 1000 ME) verwendet. Alle (anderen) Parameter zur Lösung der beiden Fallstudien in ILOG sind im folgenden Listing 5.5 als „dat"-Datei angegeben, wobei nur für eine der möglichen Kombinationen aus Stufen nach Abb. 5.2 das entsprechende Tupel *ts* angegeben ist, nämlich für die Kombination IV von Stufen, bei der eine Stufe aus allen 3 Perioden besteht. Für jede dieser möglichen Kombinationen ist in einer der Tab. 5.5, 5.6, 5.7 und 5.8 die jeweilige Lösung für die Fallstudie I angegeben. Eine solche besteht aus perioden- und szenariospezifischen Produktionsmengen, zugekauften Mengen (Kompensationsmaßnahmen), einschließlich ihrer Bestellvorgangsstati, und Lagerbeständen jeweils in ME sowie die dabei anfallenden Kosten in Geldeinheiten (GE).

```
 1  T = 3;                  // Anzahl an Perioden.
 2  TS = 1;                 // Anzahl an Stufen.
 3  ts = [0,3];             // Perioden je Stufe.
 4  Sd = 8;
 5  // Große Zahl für Kompensations– und Produktionsmengen–
 6  // restriktionen:
 7  M = 10000;
 8  MB = 10000;             // Große Zahl für Bestellkosten.
 9  cx0 = 5;                // Kostensatz für Grund–Produktionsplan.
10  cxE = 8;                // Kostensatz für Zukauf.
11  h = 1;                  // Kostensatz für Lagerhaltung.
12  sc = 3000;              // Kostensatz für Bestellvorgang.
13  // Periodenbedarfe:
14  d = #[
15       0: [   0,    0,    0,    0,    0,    0,    0,    0]
16       1: [1500, 1500, 1500, 1500,  500,  500,  500,  500]
17       2: [1500, 1500,  500,  500, 1500, 1500,  500,  500]
18       3: [1500,  500, 1500,  500, 1500,  500, 1500,  500]
19     ]#;
20  // Szenario–Wahrscheinlichkeiten:
21  p = #[
22       1: 0.216
23       2: 0.144
24       3: 0.144
25       4: 0.096
26       5: 0.144
27       6: 0.096
28       7: 0.096
29       8: 0.064
30     ]#;
```

Listing 5.5 Daten zu den beiden Fallstudien I und II in ILOG.

Nach der Erläuterung von Tab. 5.3 sind die erlaubten zuzukaufenden Mengen (i. e. Kompensationsmaßnahmen) bezogen auf die Gesamtszenarien unterschiedlich. Am meisten spezifisch ist eine einzige Stufe, da für jedes Gesamtszenario eine individuelle Bestellmenge je Periode möglich ist; also sind 24 individuelle Bestellmengen-Folgen möglich. Am wenigsten spezifisch ist der andere (Extrem-)Fall, bei dem jede Periode eine Stufe bildet, und dann sind, nach Tab. 5.3, 14 individuelle Bestellmengen-Folgen möglich. In dieser Reihenfolge sind diese Fälle in Abb. 5.2 als Kombinationen IV (von Stufen) und I dargestellt. Bei der Kombination II (in dieser Abb. 5.2) sind 16 individuelle Bestellmengen-Folgen möglich und bei der Kombination III sind es 18. Zur Vermeidung von Missverständnissen sei betont, dass diese Anzahlen (an Bestellmengen-Folgen) nicht mit der Anzahl an Bestellvorgängen bzw. Bestellvariablen im Problem übereinstimmen (müssen), da die Bestellvariablen periodenspezifisch sind und es sich nicht um die aufgrund der Implementierbarkeitsbedingungen minimalen Anzahlen handelt. Weniger spezifische Zukaufmöglichkeiten (i. e. individuelle Bestellmengen-Folgen) erhöhen die Wahrscheinlichkeit für die Lagerung einer zugekauften Mengeneinheit. Im Einzelnen lauten die kumulierten Lagerbestände in den Kombinationen I bis IV von Stufen in Abb. 5.2 – in dieser Reihenfolge – 9000 ME, 10000 ME, 9500 ME und 11000 ME. Es sei daran erinnert, dass die einzelnen (Gesamt-)Szenarien mit ihren Wahrscheinlichkeiten zu gewichten sind, und deswegen die Lagerkosten diese Mengeneinheiten multipliziert mit dem Produkt aus dem Lagerkostensatz und der Eintrittswahrscheinlichkeit (der jeweiligen Mengeneinheit) sind. Die restlichen Abweichungen zwischen den in den Tab. 5.5, 5.6, 5.7 und 5.8 angegeben Gesamtkosten ergeben sich aus den unterschiedlichen Anzahlen an Bestellungen; i. e. 8 Bestellungen bei Kombination I, 6 Bestellungen bei Kombination II, 7 Bestellungen bei Kombination III und 5 Bestellungen bei Kombination IV – wiederum mit der jeweiligen Eintrittswahrscheinlichkeit (im obigen Sinne) gewichtet.

Eine andere Reihenfolge der Gesamtkosten zu den vier Kombinationen aus Stufen in Abb. 5.2 hat die Fallstudie II, bei der die einzelnen Grundpläne bzw. Produktionsmengen je Stufe maximal spezifisch zu den Gesamtszenarien sein dürfen; i. e. sie werden nicht endogen, also als externer Parameter, vorgegeben, sondern sind Teil des Lösungsraums. Die Parameterdatei für die Lösung dieses Problems mit ILOG ergibt sich mit dieser Änderung aus der zur Fallstudie I. Für jede dieser möglichen Kombinationen ist in einer der Tab. 5.9, 5.10, 5.11 und 5.12 die jeweilige Lösung für diese Fallstudie (II) angegeben; die Tabellen sind genauso geordnet wie bei der Fallstudie I. Eine solche besteht aus perioden- und szenarienspezifischen Produktionsmengen, zugekauften Mengen (Kompensationsmaßnahmen), einschließlich ihrer Bestellvorgangsstati, und Lagerbeständen jeweils in Mengeneinheiten sowie die dabei anfallenden Kosten in Geldeinheiten (GE).

In diesem Fall liefert nicht die Zusammenfassung aller Perioden zu einer Stufe die geringsten Kosten, sondern diejenige, bei der jede Periode eine Stufe bildet. Darüber hinaus ist sogar die Reihenfolge der einzelnen Probleme – aufgrund der einzelnen Kombinationen von Stufen – bezogen auf die Gesamtkosten gegenüber derjenigen in Fallstudie I umgekehrt; in Fallstudie I lauten die Kombinationen von Stufen mit monoton ansteigenden Kosten IV, II, III und I und im nun betrachteten Fall I, III, II und IV. Verantwortlich dafür ist, dass es in Fallstudie II zu jeder Stufe eine gemeinsame Produktionsmenge – und zwar als Grundlösung – für alle Perioden dieser Stufe gibt. Dadurch gibt es bei einer Stufe (aus den drei

Tab. 5.5 Lösung der Fallstudie (I) mit fester Produktionsmenge (von einheitlich 1000 Mengeneinheiten (ME)) und einer Stufe aus allen 3 Perioden (also Kombination IV von Stufen in Abb. 5.2) in Mengeneinheiten (ME) und Geldeinheiten (GE) sowie mit Gesamtkosten von 23748 GE

		Szenario (mit Wahrscheinlichkeit)							
		1 (0.216)	2 (0.144)	3 (0.144)	4 (0.096)	5 (0.144)	6 (0.096)	7 (0.096)	8 (0.064)
Periode 1	Produktionsmenge [ME]	1000	1000	1000	1000	1000	1000	1000	1000
	Kompensationsmaßnahme [ME]	1500	1000	500	500	0	0	0	0
	Bestellvorgang	1	1	1	1	0	0	0	0
	Lagerbestand am Periodenende [ME]	1000	500	0	0	500	500	500	500
	Gesamtkosten [GE]	4536	2376	1728	1152	792	528	528	352
Periode 2	Produktionsmenge [ME]	1000	1000	1000	1000	1000	1000	1000	1000
	Kompensationsmaßnahme [ME]	0	0	0	0	0	0	0	0
	Bestellvorgang	0	0	0	0	0	0	0	0
	Lagerbestand am Periodenende [ME]	500	0	500	500	0	0	1000	1000
	Gesamtkosten [GE]	1188	720	792	528	720	480	576	384
Periode 3	Produktionsmenge [ME]	1000	1000	1000	1000	1000	1000	1000	1000
	Kompensationsmaßnahme [ME]	0	0	0	0	500	0	0	0
	Bestellvorgang	0	0	0	0	1	0	0	0
	Lagerbestand am Periodenende [ME]	0	500	0	1000	0	500	500	1500
	Gesamtkosten [GE]	1080	792	720	576	1728	528	528	416
Gesamtkosten über alle Perioden [GE]		6804	3888	3240	2256	3240	1536	1632	1152

Tab. 5.6 Lösung der Fallstudie (I) mit fester Produktionsmenge (von einheitlich 1000 Mengeneinheiten (ME)) sowie der 1. Stufe aus der Periode 1 und der 2. Stufe aus den Perioden 2 und 3 (also Kombination III von Stufen in Abb. 5.2) in Mengeneinheiten (ME) und Geldeinheiten (GE) sowie mit Gesamtkosten von 24540 GE

| | | Szenario (mit Wahrscheinlichkeit) | | | | | | | |
		1 (0.216)	2 (0.144)	3 (0.144)	4 (0.096)	5 (0.144)	6 (0.096)	7 (0.096)	8 (0.064)
Periode 1	Produktionsmenge [ME]	1000	1000	1000	1000	1000	1000	1000	1000
	Kompensationsmaßnahme [ME]	500	500	500	500	0	0	0	0
	Bestellvorgang	1	1	1	1	0	0	0	0
	Lagerbestand am Periodenende [ME]	0	0	0	0	500	500	500	500
	Gesamtkosten [GE]	2592	1728	1728	1152	792	528	528	352
Periode 2	Produktionsmenge [ME]	1000	1000	1000	1000	1000	1000	1000	1000
	Kompensationsmaßnahme [ME]	1000	500	0	0	0	0	0	0
	Bestellvorgang	1	1	0	0	0	0	0	0
	Lagerbestand am Periodenende [ME]	500	0	500	500	0	0	0	0
	Gesamtkosten [GE]	3564	1728	792	528	720	480	576	384
Periode 3	Produktionsmenge [ME]	1000	1000	1000	1000	1000	1000	1000	1000
	Kompensationsmaßnahme [ME]	0	0	0	0	500	0	0	0
	Bestellvorgang	0	0	0	0	1	0	0	0
	Lagerbestand am Periodenende [ME]	0	500	500	1000	0	500	500	1500
	Gesamtkosten [GE]	1080	792	720	576	1728	528	528	416
Gesamtkosten über alle Perioden [GE]		7236	4248	3240	2256	3240	1536	1632	1152

Tab. 5.7 Lösung der Fallstudie (I) mit fester Produktionsmenge (von einheitlich 1000 Mengeneinheiten (ME)) sowie der 1. Stufe aus den Perioden 1 und 2 und der 2. Stufe aus der Periode 3 (also Kombination II von Stufen in Abb. 5.2) in Mengeneinheiten (ME) und Geldeinheiten (GE) sowie mit Gesamtkosten von 24180 GE

		Szenario (mit Wahrscheinlichkeit)							
		1 (0.216)	2 (0.144)	3 (0.144)	4 (0.096)	5 (0.144)	6 (0.096)	7 (0.096)	8 (0.064)
Periode 1	Produktionsmenge [ME]	1000	1000	1000	1000	1000	1000	1000	1000
	Kompensationsmaßnahme [ME]	1000	1000	500	500	0	0	0	0
	Bestellvorgang	1	1	1	1	0	0	0	0
	Lagerbestand am Periodenende [ME]	500	500	0	0	500	500	500	500
	Gesamtkosten [GE]	3564	2376	1728	1152	792	528	528	352
Periode 2	Produktionsmenge [ME]	1000	1000	1000	1000	1000	1000	1000	1000
	Kompensationsmaßnahme [ME]	0	0	0	0	0	0	0	0
	Bestellvorgang	0	0	0	0	0	0	0	0
	Lagerbestand am Periodenende [ME]	0	0	500	500	0	0	1000	1000
	Gesamtkosten [GE]	1080	720	792	528	720	480	576	384
Periode 3	Produktionsmenge [ME]	1000	1000	1000	1000	1000	1000	1000	1000
	Kompensationsmaßnahme [ME]	500	0	0	0	500	0	0	0
	Bestellvorgang	1	0	0	0	1	0	0	0
	Lagerbestand am Periodenende [ME]	0	500	0	1000	0	500	500	1500
	Gesamtkosten [GE]	2592	792	720	576	1728	528	528	416
	Gesamtkosten über alle Perioden [GE]	7236	3888	3240	2256	3240	1536	1632	1152

Tab. 5.8 Lösung der Fallstudie (I) mit fester Produktionsmenge (von einheitlich 1000 Mengeneinheiten (ME)) sowie der 1. Stufe aus der Periode 1, der 2. Stufe aus der Periode 2 und der 3. Stufe aus der Periode 3 (also Kombination I von Stufen in Abb. 5.2) in Mengeneinheiten (ME) und Geldeinheiten (GE) sowie mit Gesamtkosten von 25080 GE

		Szenario (mit Wahrscheinlichkeit)							
		1 (0.216)	2 (0.144)	3 (0.144)	4 (0.096)	5 (0.144)	6 (0.096)	7 (0.096)	8 (0.064)
Periode 1	Produktionsmenge [ME]	1000	1000	1000	1000	1000	1000	1000	1000
	Kompensationsmaßnahme [ME]	500	500	500	500	0	0	0	0
	Bestellvorgang	1	1	1	1	0	0	0	0
	Lagerbestand am Periodenende [ME]	0	0	0	0	500	500	500	500
	Gesamtkosten [GE]	2592	1728	1728	1152	792	528	528	352
Periode 2	Produktionsmenge [ME]	1000	1000	1000	1000	1000	1000	1000	1000
	Kompensationsmaßnahme [ME]	500	500	0	0	0	0	0	0
	Bestellvorgang	1	1	0	0	0	0	0	0
	Lagerbestand am Periodenende [ME]	0	0	500	500	0	0	1000	1000
	Gesamtkosten [GE]	2592	1728	792	528	720	480	576	384
Periode 3	Produktionsmenge [ME]	1000	1000	1000	1000	1000	1000	1000	1000
	Kompensationsmaßnahme [ME]	500	0	0	0	500	0	0	0
	Bestellvorgang	1	0	0	0	1	0	0	0
	Lagerbestand am Periodenende [ME]	0	500	0	1000	0	500	500	1500
	Gesamtkosten [GE]	2592	792	720	576	1728	528	528	416
Gesamtkosten über alle Perioden [GE]		7776	4248	3240	2256	3240	1536	1632	1152

Tab. 5.9 Lösung der Fallstudie (II) mit variabler Produktionsmenge und einer Stufe aus allen 3 Perioden (also Kombination IV von Stufen in Abb. 5.2) in Mengeneinheiten (ME) und Geldeinheiten (GE) sowie mit Gesamtkosten von 21492 GE

		Szenario (mit Wahrscheinlichkeit)							
		1 (0.216)	2 (0.144)	3 (0.144)	4 (0.096)	5 (0.144)	6 (0.096)	7 (0.096)	8 (0.064)
Periode 1	Produktionsmenge [ME]	1500	1500	1500	1500	1500	1500	1500	1500
	Kompensationsmaßnahme [ME]	0	0	0	0	0	0	0	0
	Bestellvorgang	0	0	0	0	0	0	0	0
	Lagerbestand am Periodenende [ME]	0	0	0	0	1000	1000	1000	1000
	Gesamtkosten [GE]	1620	1080	1080	720	1224	816	816	544
Periode 2	Produktionsmenge [ME]	1500	1500	1500	1500	1500	1500	1500	1500
	Kompensationsmaßnahme [ME]	0	0	0	0	0	0	0	0
	Bestellvorgang	0	0	0	0	0	0	0	0
	Lagerbestand am Periodenende [ME]	0	1000	1000	1000	1000	1000	2000	2000
	Gesamtkosten [GE]	1620	1080	1224	816	1224	816	912	608
Periode 3	Produktionsmenge [ME]	1000	500	500	500	500	500	500	500
	Kompensationsmaßnahme [ME]	0	0	0	0	0	0	0	0
	Bestellvorgang	1	0	0	0	0	0	0	0
	Lagerbestand am Periodenende [ME]	0	0	0	1000	0	0	0	1000
	Gesamtkosten [GE]	2916	360	360	336	360	336	336	288
	Gesamtkosten über alle Perioden [GE]	6156	2520	2664	1872	2808	1968	2064	1440

Tab. 5.10 Lösung der Fallstudie (II) mit variabler Produktionsmenge sowie der 1. Stufe aus der Periode 1 und der 2. Stufe aus den Perioden 2 und 3 (also Kombination III von Stufen in Abb. 5.2) in Mengeneinheiten (ME) und Geldeinheiten (GE) sowie mit Gesamtkosten von 20420 GE

		Szenario (mit Wahrscheinlichkeit)							
		1 (0.216)	2 (0.144)	3 (0.144)	4 (0.096)	5 (0.144)	6 (0.096)	7 (0.096)	F8 (0.064)
Periode 1	Produktionsmenge [ME]	1500	1500	1500	1500	1500	1500	1500	1500
	Kompensationsmaßnahme [ME]	0	0	0	0	0	0	0	0
	Bestellvorgang	0	0	0	0	0	0	0	0
	Lagerbestand am Periodenende [ME]	0	0	0	0	1000	1000	1000	1000
	Gesamtkosten [GE]	1620	1080	1080	720	1224	816	816	544
Periode 2	Produktionsmenge [ME]	1500	1500	1500	1500	500	500	500	500
	Kompensationsmaßnahme [ME]	0	0	0	0	0	0	0	0
	Bestellvorgang	0	0	0	0	0	0	0	0
	Lagerbestand am Periodenende [ME]	0	0	1000	1000	0	0	1000	1000
	Gesamtkosten [GE]	1620	1080	1224	816	360	240	336	224
Periode 3	Produktionsmenge [ME]	500	500	500	500	500	500	500	500
	Kompensationsmaßnahme [ME]	1000	0	0	0	1000	0	0	0
	Bestellvorgang	1	0	0	0	1	1	0	0
	Lagerbestand am Periodenende [ME]	0	0	0	1000	0	1000	1000	2000
	Gesamtkosten [GE]	2916	360	360	336	1944	240	240	224
	Gesamtkosten über alle Perioden [GE]	6156	2520	2664	1872	3528	1296	1392	992

Tab. 5.11 Lösung der Fallstudie (II) mit variabler Produktionsmenge sowie der 1. Stufe aus den Perioden 1 und 2 und der 2. Stufe aus der Periode 3 (also Kombination II von Stufen in Abb. 5.2) in Mengeneinheiten (ME) und Geldeinheiten (GE) sowie mit Gesamtkosten von 20580 GE

		Szenario (mit Wahrscheinlichkeit)							
		1 (0.216)	2 (0.144)	3 (0.144)	4 (0.096)	5 (0.144)	6 (0.096)	7 (0.096)	8 (0.064)
Periode 1	Produktionsmenge [ME]	1500	1500	1500	1500	1500	1500	1500	1500
	Kompensationsmaßnahme [ME]	0	0	0	0	0	0	0	0
	Bestellvorgang	0	0	0	0	0	0	0	0
	Lagerbestand am Periodenende [ME]	0	0	0	0	1000	1000	1000	1000
	Gesamtkosten [GE]	1620	1080	1080	720	1224	816	816	544
Periode 2	Produktionsmenge [ME]	1500	1500	1500	1500	1500	1500	1500	1500
	Kompensationsmaßnahme [ME]	0	0	0	0	0	0	0	0
	Bestellvorgang	0	0	0	0	0	0	0	0
	Lagerbestand am Periodenende [ME]	0	0	1000	1000	1000	1000	2000	2000
	Gesamtkosten [GE]	1620	1080	1224	816	1224	816	912	608
Periode 3	Produktionsmenge [ME]	1500	1500	500	500	500	500	0	0
	Kompensationsmaßnahme [ME]	0	0	0	0	0	0	0	0
	Bestellvorgang	0	0	0	0	0	0	0	0
	Lagerbestand am Periodenende [ME]	1000	1000	0	1000	0	1000	500	1500
	Gesamtkosten [GE]	1620	1224	360	336	360	336	48	96
Gesamtkosten über alle Perioden [GE]		4860	3384	2664	1872	2808	1968	1776	1248

Tab. 5.12 Lösung der Fallstudie (II) mit variabler Produktionsmenge sowie der 1. Stufe aus der Periode 1, der 2. Stufe aus der Periode 2 und der 3. Stufe aus der Periode 3 (also Kombination I von Stufen in Abb. 5.2) in Mengeneinheiten (ME) und Geldeinheiten (GE) sowie mit Gesamtkosten von 19700 GE

		Szenario (mit Wahrscheinlichkeit)							
		1 (0.216)	2 (0.144)	3 (0.144)	4 (0.096)	5 (0.144)	6 (0.096)	7 (0.096)	8 (0.064)
Periode 1	Produktionsmenge [ME]	1500	1500	1500	1500	1500	1500	1500	1500
	Kompensationsmaßnahme [ME]	0	0	0	0	0	0	0	0
	Bestellvorgang	0	0	0	0	0	0	0	0
	Lagerbestand am Periodenende [ME]	0	0	0	0	1000	1000	1000	1000
	Gesamtkosten [GE]	1620	1080	1080	720	1224	816	816	544
Periode 2	Produktionsmenge [ME]	1500	1500	1500	1500	500	500	500	500
	Kompensationsmaßnahme [ME]	0	0	0	0	0	0	0	0
	Bestellvorgang	0	0	0	0	0	0	0	0
	Lagerbestand am Periodenende [ME]	0	0	1000	1000	0	0	0	0
	Gesamtkosten [GE]	1620	1080	1224	816	360	240	336	224
Periode 3	Produktionsmenge [ME]	1500	1500	500	500	1500	1500	500	500
	Kompensationsmaßnahme [ME]	0	0	0	0	0	0	0	0
	Bestellvorgang	0	0	0	0	0	0	0	0
	Lagerbestand am Periodenende [ME]	0	1000	0	1000	0	1000	0	1000
	Gesamtkosten [GE]	1620	1224	360	336	1080	816	240	224
Gesamtkosten über alle Perioden [GE]		4860	3384	2664	1872	2664	1872	1392	992

Perioden), also der Kombination IV (nach Abb. 5.2), genau eine Produktionsmenge. Bei der Kombination III sind es zwei Produktionsmengen, bei der Kombination II sind es drei Produktionsmengen und bei der Kombination I sind es vier Produktionsmengen. Dabei steigt die kumulierte Produktionsmenge nicht mit der Zunahme an Kosten an. Geringere Kosten werden durch eine Kombination aus Vermeidung von Kompensationsmaßnahmen und Lagerkosten erreicht. Dies wird durch eine Nutzung der höheren Flexibiltät bei den Produktionsmengen ermöglicht.

Wie erwähnt, wird gerade in der industriellen Praxis statt der Lösung eines mehrstufigen Kompensationsproblems eine Folge von einstufigen Kompensationsproblemen gelöst. Bezogen auf die Abb. 5.2 bedeutet dies, dass zunächst das Problem (I), welches durch die Knoten 0, 1 und 2 gebildet wird, gelöst wird. Mit der Lösung von Problem (I) werden zum einen das Problem (II), welches durch die Knoten 1, 3 und 4 gebildet wird, und zum anderen das Problem (III), welches durch die Knoten 2, 5 und 6 gebildet wird, gelöst. Entsprechend werden mit der Lösung von Problem (II) das Problem (IV), welches durch die Knoten 3, 7 und 8 gebildet wird, und zum anderen das Problem (V), welches durch die Knoten 4, 9 und 10 gebildet wird, gelöst. Schließlich werden genauso die beiden verbleibenden einstufigen Probleme, welche im einen Fall durch die Knoten 5, 11 und 12 und im anderen Fall durch die Knoten 6, 13 und 14 gebildet werden, basierend auf der Lösung von Problem (III) gelöst. Im Detail verwendet jedes nachgelagerte Problem die durch die Lösung des jeweiligen vorgelagerten Problems bewirkten Lagerbestände, wodurch ein iterative Planung vorliegt. Für die Bedarfe in Abb. 5.2 liefert diese iterative Planung das gleiche Ergebnis wie das mehrstufige Kompensationsproblem. Einen Unterschied liefert bereits die Änderung, bei der die Bedarfe in der letzten Periode einheitlich 1500 Mengeneinheiten (ME) betragen. Dann lauten die Gesamtkosten beim mehrstufigen Kompensationsproblem 25580 Geldeinheiten (GE) gegenüber 26480 GE bei dem iterativen Vorgehen. Damit ein Problem betrachtet wird, bei dem weiterhin jedes einstufige Problem aus zwei Bedarfen besteht, sind die Bedarfe in der letzten Periode entweder 1600 ME oder 1400 ME, und zwar konkret in den Szenarien 1, 3, 5 und 7 in Abb. 5.2 1600 ME und in den (restlichen) Szenarien 2, 4, 6 und 8 eben 1400 ME. In der folgenden Tab. 5.13 sind für die eben eingeführten Probleme I bis VII die Lösungen – aus perioden- und szenariospezifischen Produktionsmengen, zugekauften Mengen (Kompensationsmaßnahmen), einschließlich ihrer Bestellvorgangsstati, und Lagerbeständen jeweils in Mengeneinheiten – einschließlich der dabei anfallenden Kosten in Geldeinheiten (GE) angegeben. Zur besseren Vergleichbarkeit enthält die darauffolgende Tab. 5.14 die Gesamt-Lösung in der bisherigen Darstellung. Das Ergebnis bei der Interpretation als mehrstufiges Kompensationsproblem, bei dem jede Periode eine Stufe bildet, ist in Tab. 5.15 angegeben. (Auch hier ergeben sich die Parameterdateien für die Anwendung von ILOG wie zuvor.) Verantwortlich für die unterschiedlichen Gesamtkosten ist eine Einsparung von Bestellungen, nämlich 8 beim dreistufigen Kompensationsproblem statt 11 beim iterativen Vorgehen. Dabei verursachen die Einsparungen an Bestellungen höhere Zukäufe und Lagerbestände – nämlich 5400 ME und 8000 ME beim dreistufigen Kompensationsproblem sowie 5100 ME und 6100 ME beim iterativen Vorgehen; dabei handelt es sich um kumulierte Werte ohne Berücksichtigung der Wahrscheinlichkeit ihres Auftretens.

Tab. 5.13 Lösung der Fallstudie durch eine iterative Planung mit fester Produktionsmenge in Mengeneinheiten (ME) und Geldeinheiten (GE) sowie mit Gesamtkosten von 27129.6 GE – aus Platzgründen wurde auf die Angabe vom Bestellvorgang, der bei einer echt positiven Kompositionsmaßnahme anfällt, verzichtet

Periode 1

Problem	I	
Szenario (mit Wahrscheinlichkeit)	1 (0.6)	2 (0.4)
Produktionsmenge [ME]	1000	1000
Kompensationsmaßnahme [ME]	500	0
Lagerbestand am Periodenende [ME]	0	500
Gesamtkosten [GE]	7200	2200

Periode 2

Problem	II		III	
Szenario (mit Wahrscheinlichkeit)	1 (0.36)	2 (0.24)	3 (0.24)	4 (0.16)
Produktionsmenge [ME]	1000	1000	1000	1000
Kompensationsmaßnahme [ME]	500	0	0	0
Lagerbestand am Periodenende [ME]	0	500	0	1000
Gesamtkosten [GE]	4320	1320	1200	960

Periode 3

Problem	IV		V		VI		VII	
Szenario (mit Wahrscheinlichkeit)	1 (0.216)	2 (0.144)	3 (0.144)	4 (0.096)	5 (0.144)	6 (0.096)	7 (0.096)	8 (0.064)
Produktionsmenge [ME]	1000	1000	1000	1000	1000	1000	1000	1000
Kompensationsmaßnahme [ME]	600	400	100	0	600	400	0	0
Lagerbestand am Periodenende [ME]	0	0	0	100	0	0	400	600
Gesamtkosten [GE]	2764.8	1612.8	1267.2	489.6	1843.2	1075.2	518.4	358.4
Gesamtkosten über alle Perioden [GE]	14284.8	5132.8	2467.2	1449.6	1843.2	1075.2	518.4	358.4

Tab. 5.14 Lösung der Fallstudie durch eine iterative Planung mit fester Produktionsmenge in Mengeneinheiten (ME) und Geldeinheiten (GE) sowie mit Gesamtkosten von 27129.6 GE – in der bisherigen Darstellung

		Szenario (mit Wahrscheinlichkeit)							
		1 (0.216)	2 (0.144)	3 (0.144)	4 (0.096)	5 (0.144)	6 (0.096)	7 (0.096)	8 (0.064)
Periode 1	Produktionsmenge [ME]	1000	1000	1000	1000	1000	1000	1000	1000
	Kompensationsmaßnahme [ME]	500	500	500	500	0	0	0	0
	Bestellvorgang	1	1	1	1	0	0	0	0
	Lagerbestand am Periodenende [ME]	0	0	0	0	500	500	500	500
	Gesamtkosten [GE]	2592	1728	1728	1152	792	528	528	352
Periode 2	Produktionsmenge [ME]	1000	1000	1000	1000	1000	1000	1000	1000
	Kompensationsmaßnahme [ME]	500	500	0	0	0	0	0	0
	Bestellvorgang	1	1	0	0	0	0	0	0
	Lagerbestand am Periodenende [ME]	0	0	500	500	0	0	1000	1000
	Gesamtkosten [GE]	2592	1728	792	528	720	480	576	384
Periode 3	Produktionsmenge [ME]	1000	1000	1000	1000	1000	1000	1000	1000
	Kompensationsmaßnahme [ME]	600	400	100	100	600	400	400	600
	Bestellvorgang	1	1	1	0	1	1	0	0
	Lagerbestand am Periodenende [ME]	0	0	0	100	0	0	400	600
	Gesamtkosten [GE]	2764.8	1612.8	1267.2	489.6	1843.2	1075.2	518.4	358.4
Gesamtkosten über alle Perioden [GE]		7948.8	5068.8	3787.2	2169.6	3355.2	2083.2	1622.4	1094.4

Tab. 5.15 Lösung des dreistufigen Kompensationsproblems zu der Fallstudie mit fester Produktionsmenge – jede Periode ist eine Stufe – in Mengeneinheiten (ME) und Geldeinheiten (GE) sowie mit Gesamtkosten von 26250.4 GE

		Szenario (mit Wahrscheinlichkeit)							
		1 (0.216)	2 (0.144)	3 (0.144)	4 (0.096)	5 (0.144)	6 (0.096)	7 (0.096)	8 (0.064)
Periode 1	Produktionsmenge [ME]	1000	1000	1000	1000	1000	1000	1000	1000
	Kompensationsmaßnahme [ME]	600	600	600	600	0	0	0	0
	Bestellvorgang	1	1	1	1	0	0	0	0
	Lagerbestand am Periodenende [ME]	100	100	100	100	500	500	500	500
	Gesamtkosten [GE]	2786.4	1857.6	1857.6	1238.4	792	528	528	352
Periode 2	Produktionsmenge [ME]	1000	1000	1000	1000	1000	1000	1000	1000
	Kompensationsmaßnahme [ME]	1000	1000	0	0	0	0	0	0
	Bestellvorgang	1	1	0	0	0	0	0	0
	Lagerbestand am Periodenende [ME]	600	600	600	600	0	0	0	0
	Gesamtkosten [GE]	3585.6	2390.4	806.4	537.6	720	480	576	384
Periode 3	Produktionsmenge [ME]	1000	1000	1000	1000	1000	1000	1000	1000
	Kompensationsmaßnahme [ME]	0	0	0	0	600	400	0	0
	Bestellvorgang	0	0	0	0	1	1	0	0
	Lagerbestand am Periodenende [ME]	0	200	0	200	0	0	400	400
	Gesamtkosten [GE]	1728	748.8	720	499.2	1843.2	1075.2	518.4	345.6
	Gesamtkosten über alle Perioden [GE]	8100	4996.8	3384	2275.2	3355.2	2083.2	1622.4	1081.6

(Bedarfs-)Unsicherheit bei der Produktionsprogrammplanung

Unsicherheit tritt in der industriellen Praxis vielfach auf, und lineare Optimierungsprobleme werden vielfach für die Produktionsprogrammplanung vorgeschlagen. Die wichtigste Unsicherheit ist die über den tatsächlich eintretenden zukünftigen Bedarf. Zu ihrer Berücksichtigung gibt es viele, seitens der Forschung, vorgeschlagene und auch analysierte Ansätze, die teilweise in der industriellen Praxis eingesetzt werden. Die Planung des Produktionsprogramms lässt sich, auch unter industriellen Randbedingungen, optimal lösen. Sie basiert vor allem auf Kundenbedarfen, die zum Planungszeitpunkt oftmals nicht vollständig vorliegen und sich im Laufe der Zeit ändern können. Deswegen ist die Kombination von Bedarfsunsicherheit und Produktionsprogrammplanung günstig, um stochastische Optimierungsprobleme für eine, auch unter industriellen Randbedingungen, bedeutende Problemklasse zu konzipieren und zu analysieren.

Für eine umfassendere Behandlung dieses Themas werden zunächst (im Abschn. 6.1) die Aufgaben der Produktionsprogrammplanung im Rahmen der operativen Produktionsplanung und -steuerung vorgestellt. Die als aggregierte Gesamtplanung bezeichnete Variante aggregiert alle Produkte in der Regel zu einem Produkt. In der hier betrachteten Hauptproduktionsprogrammplanung werden mehrere (aggregierte) für den Verkauf bestimmte Produkte betrachtet und berücksichtigt, dass deren Komponenten auf unterschiedlichen Produktionssystemen (je nach Aggregationsgrad z. B. Werke) zu produzieren sind. Anhand eines Beispiels werden für ein Grundproblem der deterministischen Hauptproduktionsprogrammplanung die Parameter und die zu bestimmenden Größen (Variablen im Optimierungsproblem) eingeführt. Dem schließt sich die formale Definition des in der Literatur etablierten deterministischen linearen Optimierungsproblem zur Hauptproduktionsprogrammplanung an. Das genannte Beispiel wird um unsicheren Bedarf erweitert und dadurch entstehende Fehlmengen und Verspätungen werden aufgezeigt.

Den Schwerpunkt dieses Kapitels bilden ein Kompensationsproblem und ein Fat-Solution-Problem. Die verwendeten Konkretisierungen im Detail – vor allem im Hinblick auf verschiedene Kompensationsarten – werden im Abschn. 6.2 erläutert. Durch umfangrei-

F. Herrmann, *Lineare Optimierung unter Unsicherheit*,
https://doi.org/10.1007/978-3-658-34581-5_6

che Simulationsexperimente werden das deterministische Problem und die beiden stochastischen Probleme (in den beiden Abschn. 6.3 und 6.4) verglichen.

Alternativ werden bereits seit längerem mehrere Lösungsansätze in der industriellen Praxis eingesetzt und auch wissenschaftlich analysiert. Von diesen konventionellen Ansätzen wird die Verwendung von Sicherheitsbeständen im deterministischen Problem (im Abschn. 6.5) und eine rollende Anwendung des deterministischen Problems (im Abschn. 6.6) vorgestellt und simulativ untersucht.

6.1   Hauptproduktionsprogrammplanung

Die Hauptproduktionsprogrammplanung, s. Claus et al. (2021), plant Produktionsmengen und Zusatzkapazitäten, beispielsweise in Form von Überstunden oder zusätzlichen Mitarbeitern, so, dass für einen längeren Zeitraum in der Zukunft vorhandene und prognostizierte Kundenaufträge für Endprodukte termingerecht bei minimalen Kosten produziert werden; im hier betrachteten Grundproblem werden nur Lagerkosten und Kosten für Zusatzkapazitäten berücksichtigt. Da Produktionssysteme oftmals aus mehreren hundert Maschinen bestehen und sich Endprodukte aus mehreren tausend Teilen zusammensetzen können, erfolgt aus Laufzeitgründen eine Beschränkung auf Aggregationen von Maschinen zu Produktionssegmenten, bei denen es sich um Engpässe handelt. Für die Kapazitätsbeanspruchung der Endprodukte in den Produktionssegmenten werden, z. B. mit Hilfe von Vergangenheitsdaten, pauschale Werte ermittelt und bei der Planung verwendet (in Form von Kapazitätsbelastungsfaktoren).

6.1.1   Beispiel zur Hauptproduktionsprogrammplanung

Die Aufgabe der Hauptproduktionsprogrammplanung soll anhand eines einfachen Beispiels verdeutlicht werden. Die im Folgenden erläuterten Größen sind in Tab. 6.1 angegeben. Um das Durcharbeiten des Problems im nächsten Abschnitt zu erleichtern, enthält diese Tabelle auch die im Problem verwendeten Parameter. Es wird ein Endprodukt verkauft, das in einem Produktionssegment gefertigt wird. Es werden vier Perioden mit den in Tab. 6.1 angegebenen Periodenbedarfen betrachtet. Pro Periode steht so viel Normalkapazität zur Verfügung, dass damit maximal 15 Mengeneinheiten (ME) des Endproduktes hergestellt werden können – der Verzicht auf Zusatzkapazität dient der Vereinfachung (des Beispiels). Es ist kein Anfangslagerbestand (zu Beginn von Periode 1) verfügbar. Die Planung findet in der Periode 1 für den Zeitraum von (allen) vier Perioden statt. Da keine Zusatzkapazität verfügbar ist, vermeidet eine optimale Lösung auftretenden Lagerbestand (durch eine Vorausproduktion). Der Lagerkostensatz je ME (für das Endprodukt) ist für jede Periode einheitlich (und muss echt positiv sein). Dann ist ein Lagerbestand von 1 ME in Periode 1 und von 2 ME in Periode 2 erforderlich, um den Bedarf termingerecht zu decken. Die erforderlichen Produktionsmengen sind in Tab. 6.1 angegeben.

Tab. 6.1 Beispiel zur Hauptproduktionsprogrammplanung; mit ME für Mengeneinheiten

Periode	Periode 1	Periode 2	Periode 3	Periode 4
Eingabeparameter für die Hauptproduktionsprogrammplanung				
Bedarfsmengen ($d_{k,t}$) [ME]	10	14	17	14
Max. Kapazitäten ($b_{j,t} + U_{j,t}^{max}$) [ME]	15	15	15	15
Ermitteltes Produktionsprogramm durch die Hauptproduktionsprogrammplanung				
Produktionsmengen ($x_{k,t}$) [ME]	11	15	15	14
Bestand ($I_{k,t}$) [ME]	1	2	0	0
Benötigte Zusatzkapazität ($U_{j,t}$) [ME]	0	0	0	0

6.1.2 Optimierungsproblem zur Hauptproduktionsprogrammplanung

Das in dieser Arbeit verwendete Optimierungsproblem HPPLAN zur Hauptproduktionsprogrammplanung entstammt aus Claus et al. (2021) und Günther und Tempelmeier (2012) und wird im Folgenden vorgestellt.

Zunächst wird auf die Aufgaben und die Zielsetzung des Optimierungsproblems näher eingegangen; dabei werden die Parameter und Variablen zur einfacheren Nachvollziehbarkeit der formalen Beschreibung des Optimierungsproblems bereits genannt. Es werden K Produkte ($1 \leq k \leq K$) betrachtet, die auf J Produktionssegmenten ($1 \leq j \leq J$) produziert werden. Es wird ein Planungszeitraum mit einer Länge von T Perioden von einer Startperiode (T_{Start}) bis zu einer Endperiode (T_{End}) betrachtet ($T_{Start} \leq t \leq T_{End}$). Das Optimierungsproblem bestimmt die Produktionsmengen $x_{k,t}$ für jedes Endprodukt (k) und jede Periode (t), die resultierenden Lagerbestände $I_{k,t}$ für jedes Endprodukt (k) und jede Periode (t), sowie die benötigten Zusatzkapazitäten $U_{j,t}$ für jedes Produktionssegment (j) und jede Periode (t). Die ermittelten Produktionsmengen müssen ausreichen, um die Bedarfe $d_{k,t}$ für jedes Endprodukt (k) und jede Periode (t) bis zum Ende der Periode (t) zu decken – es sei angemerkt, dass das Endprodukt k in der Periode t (teilweise) produziert werden darf. Dabei müssen die verfügbaren Normalkapazitäten $b_{j,t}$ und Zusatzkapazitäten $U_{j,t}^{max}$ jeweils für jedes Produktionssegment (j) und jede Periode (t) eingehalten werden. Die Inanspruchnahme von Zusatzkapazitäten führt, wie die Lagerung aufgrund von Vorausproduktion, zu zusätzlichen Kosten ($h_k, u_{j,t}$), die in die Zielfunktion eingehen. Ein Produkt wird in einem Produktionssystem gefertigt und hat in der Regel eingehende Komponenten, die im Allgemeinen in anderen Produktionssystemen gefertigt werden. Die dadurch hervorgerufene Belastung wird auf eine vereinfachte Art und Weise berücksichtigt, indem für jedes Endprodukt durch einen sogenannten Kapazitätsbelastungsfaktor abgeschätzt wird, welche Kapazität er auf den einzelnen Produktionssystemen für eine Mengeneinheit benötigt. Im Detail ist dieses Konzept in Günther und Tempelmeier (2012) erläutert worden, s. auch Claus et al. (2021). Dabei wird unterstellt, dass das Endprodukt in Periode 0 auf einem Produktionssystem gefertigt wird. Eingehende Komponenten (k) werden z (Vorlauf-) Perioden vor dieser Periode 0, die später durch eine reale Periode t ersetzt wird, also in Periode $t - z$, auf dem Produktionssegment j gefertigt und verbrauchen je Mengeneinheit die in dem (genannten) Kapazitätsbelastungsfaktor ($f_{j,k,z}$) angegebene Kapazität.

Für eine rollende Planung, s. auch Claus et al. (2021), wird das Planungsintervall dynamisch verschoben; es beginnt in (Planungs-)Periode T_{Start} und endet in (Planungs-)Periode T_{End}. Wegen der Durchlaufzeiten Z_k (für Produkt k) – bestimmt durch die Belastungen der Produktionssegmente durch die Kapazitätsbelastungsfaktoren – bewirken die Produktionsmengen $x_{k,t}$ auch im Intervall $[T_{Start} - Z_k, T_{Start} - 1]$ Kapazitätsbelastungen. Diese resultieren aus Produktionsaufträgen für das Endprodukt und dessen Komponenten – s. auch die Erläuterung der Kapazitätsbelastungsfaktoren. Werden die Produktionsmengen zu Beginn des Planungsintervalls, also in Periode T_{Start}, geändert, so müssten folglich auch Produktionsaufträge vor Periode T_{Start} geändert werden. Da diese Produktionsaufträge jedoch in der Regel bereits freigegeben wurden (oftmals wurde sogar mit der Produktion in der Fertigung bereits begonnen), ist eine Änderung nicht mehr möglich. Um solche Änderungen zu verhindern, wird die Planung für den Planungszeitraum $[T_{Start}, T_{End}]$ nicht in Periode T_{Start} durchgeführt, sondern bereits F (mit $F \geq Z^{max} = \max\{Z_k; 1 \leq k \leq K\}$) Perioden früher. Dieser Zeitraum wird als gefrorener Horizont bezeichnet. Durch die Planung des aktuellen Planungsintervalls (i.e. $[T_{Start}, T_{End}]$) wie auch vorhergehender Planungsintervalle (wodurch bereits gefrorene Produktionsmengen vorliegen) entstehen Kapazitätsbelastungen im gefrorenen Horizont (durch eingeplante Planaufträge). Daher sind die gefrorenen Zusatzkapazitäten ($Uinit_{j,t}$) sowie die gefrorenen Produktionsmengen ($xinit_{j,t}$) in den Kapazitätsrestriktionen zu berücksichtigen (d. h. sie müssen ebenfalls die Restriktionen erfüllen).

Um statistisch signifikante Ergebnisse zu erhalten, werden (mehrere) rollende Planungen über einen sehr langen Horizont simuliert. Möglich ist, dass in einem (Einzel-)Planungsproblem der Kapazitätsbedarf höher als das Kapazitätsangebot ist, wodurch dies Planungsproblem nicht lösbar ist. Dann ist der Simulationslauf abzubrechen und neu aufzusetzen. Dies ist aufwendig. Stattdessen wird eine Unzulässigkeit zu gelassen, indem das Optimierungsproblem so relaxiert wird, dass bei jedem Kapazitätsbedarf eine zulässige Lösung existiert. Dazu wird die Verwendung einer fiktiven Zusatzkapazität $U_{j,t}^{\Delta}$ erlaubt. Damit diese nur in den Fällen, in denen zunächst keine zulässige Lösung von HPPLAN existiert, verwendet wird, verursacht ihre Verwendung in der Zielfunktion höhere Kosten als eine zulässige Lösung – dies wird durch die Multiplikation mit einer großen Zahl M erreicht. In den in diesem Buch vorgestellten Simulationen wie auch in denen von tatsächlichen Unternehmenssituationen wird eine komplette Planungshierarchie – aus Produktionsprogrammplanung, Materialbedarfsplanung bzw. mehrstufiger Losgrößenplanung und Ressourcenbelegungsplanung, die in Claus et al. (2021) und Herrmann und Manitz (2017) erläutert ist – simuliert. Dann ist es wegen der recht groben Abschätzung der Kapazitätsbedarfe (realistisch) möglich, dass auf den nachgelagerten Planungsebenen – i.e. der mehrstufigen Losgrößenplanung und Ressourcenbelegungsplanung – zulässige Lösungen gefunden werden können, obwohl diese die Kapazitätsrestriktionen von HPPLAN verletzen.

Die Zielfunktion und die Restriktionen ergeben sich aus dem Gesagten und werden zum besseren Verständnis hier kurz zusammengefasst. In der zu minimierenden Zielfunktion wird die Summe aus den Lagerhaltungskosten für die Endprodukte und den Kosten für die Verwendung von beiden Arten an Zusatzkapazitäten minimiert – zur Zusatzkapazität der zweiten Art sei an die obige Diskussion erinnert. Die Lagerbilanzgleichungen sorgen dafür, dass ein Kundenbedarf in einer Periode (t) jeweils aus dem Lagerbestand am Ende der Vorperiode ($t - 1$) und der Produktionsmenge in der Periode (t) gedeckt wird. Die Kapazitätsrestriktionen erzwingen, dass die Kapazitätsbelastung höchstens so groß ist, wie das Kapazitätsangebot einschließlich der verwendeten Zusatzkapazität – beide Arten an Zusatzkapazität sind erlaubt. Durch die Zusatzkapazitätsbegrenzungen wird die verfügbare (normale) Zusatzkapazität eingehalten – beliebig viel Zusatzkapazität der zweiten Art steht zur Verfügung (s. die obige Diskussion). Wie bereits erläutert, werden durch drei Mengen an Restriktionen die gefrorenen Produktionsmengen, die gefrorenen Anfangslagerbestände und die gefrorenen Zusatzkapazitäten übergeben. Offensichtlich (physisch) nicht mögliche negative Produktionsmengen, Bestände und Zusatzkapazitätsverbräuche werden durch die Nichtnegativitätsrestriktionen ausgeschlossen. Das Problem lautet nun insgesamt:

Deterministisches lineares Optimierungsproblem zur Hauptproduktionsprogrammplanung (HPPLAN)

Parameter:

J	Anzahl an Produktionssegmenten ($1 \leq j \leq J$).
K	Anzahl an Endprodukten ($1 \leq k \leq K$).
T_{Start}	Erste Periode des Planungsintervalls.
T_{End}	Letzte Periode des Planungsintervalls.
F	Länge des gefrorenen Horizontes.
Z_k	Anzahl der Vorlaufperioden für Produkt k ($z = 0, 1, ..., Z_k$).
Z^{max}	Maximale Anzahl der Vorlaufperioden aller Endprodukte.
$b_{j,t}$	Produktionskapazität von Produktionssegmente j in Periode t.
$f_{j,k,z}$	Durch Produkt k je Mengeneinheit verursachte Kapazitätsbelastung in Produktionssegment j in der Vorlaufperiode z.
$U^{max}_{j,t}$	Maximale Zusatzkapazität in Produktionssegment j in Periode t.
$u_{j,t}$	Kosten für eine Einheit der Zusatzkapazität in Periode t.

M Bestrafungskosten für die 2. Zusatzkapazität (sehr große Zahl).

$Uinit_{j,t}$ Zusatzkapazität im gefrorenen Horizont.

$xinit_{k,t}$ Produktionsmenge im gefrorenen Horizont.

h_k Lagerkostensatz für Produkt k pro Mengeneinheit und Periode.

$d_{k,t}$ Kundenbedarf für Produkte k in Periode t.

$Iinit_k$ Anfangslagerbestand für Produkt k.

Variablen:

$U_{j,t}$ Verwendete Zusatzkapazität in Produktionssegment j in Periode t.

$U_{j,t}^{\Delta}$ Verwendete zweite Zusatzkapazität in Produktionssegment j in Periode t.

$x_{k,t}$ Produktionsmenge von Produkt k in Periode t.

$I_{k,t}$ Lagerbestand von Produkt k am Ende von Periode t.

$$\min \sum_{t=T_{Start}}^{T_{End}} \sum_{k=1}^{K} h_k \cdot I_{k,t} + \sum_{t=T_{Start}}^{T_{End}} \sum_{j=1}^{J} u_{j,t} \cdot U_{j,t} + \sum_{t=T_{Start}-F}^{T_{End}} \sum_{j=1}^{J} M \cdot U_{j,t}^{\Delta}$$

unter den Restriktionen:

$$x_{k,t} + I_{k,t-1} - d_{k,t}$$
$$= I_{k,t}$$
$\forall\ 1 \le k \le K$ und   Lagerbilanz-
$\forall\ T_{Start} - F \le t \le T_{End}$ gleichungen.

$$\sum_{k=1}^{K} \sum_{z=0}^{Z_k} f_{j,k,z} \cdot x_{k,t+z}$$
$$\le b_{j,t} + U_{j,t} + U_{j,t}^{\Delta}$$
$\forall\ T_{Start} - F \le t \le T_{End} - Z^{max}$ Kapazitäts-
und $\forall\ 1 \le j \le J$ restriktionen.

$$U_{j,t} \le U_{j,t}^{max}$$
$\forall\ 1 \le j \le J$ und   Zusatzkapazitäts-
$\forall\ T_{Start} - F \le t \le T_{End}$ begrenzung.

$$x_{k,t} = xinit_{k,t}$$
$\forall\ 1 \le k \le K$ und   Übergabe gefrorene
$\forall\ T_{Start} - F \le t \le T_{Start} - 1$ Produktionsmengen.

$$I_{k,T_{Start}-F-1} = Iinit_k$$
$\forall\ 1 \le k \le K$ Übergabe gefrorene

Anfangslagerbestände.

$$U_{j,t} = Uinit_{j,t}$$
$\forall\ 1 \le j \le J$ und   Übergabe gefrorene
$\forall\ T_{Start} - F \le t \le T_{Start} - 1$ Zusatzkapazitäten.

$$x_{k,t},\ I_{k,t},\ U_{j,t}\ \text{und}\ U_{j,t}^{\Delta} \ge 0$$
$\forall\ T_{Start} - F \le t \le T_{End}$,   Nicht-
$\forall\ 1 \le k \le K$ und $\forall\ 1 \le j \le J$ negativität.

6.1.3 Bedarfsunsicherheit bei der Hauptproduktionsprogrammplanung

Die Hauptproduktionsprogrammplanung wird auf der Basis zukünftiger Kundenbedarfe durchgeführt. Da sich diese auf die Zukunft beziehen, sind sie in den meisten Fällen nicht mit Sicherheit bekannt. Deshalb werden die Kundenbedarfe häufig mit Hilfe von Vergangenheitsdaten, eingegangener Kundenanfragen und bereits bestätigter Kundenaufträge prognostiziert. Eine genaue Vorhersage ist dabei umso schwieriger, je weiter die Planung in die Zukunft reicht.

Es wird deutlich, dass die Prognosewerte von den tatsächlichen Kundenbedarfen abweichen können. Die Konsequenz dieser Prognosefehler kann sein, dass die Kundenbedarfe höher sind, als bei der Planung angenommen wurde. In diesem Fall können Kundenaufträge unter Umständen nicht mehr termingerecht erfüllt werden. Wurde dagegen mit zu hohen Kundenbedarfen geplant, entstehen Lagerbestände und -kosten, die ebenfalls vermieden werden sollen. In dem vorgestellten Optimierungsproblem HPPLAN (siehe Abschn. 6.1.2) wird davon ausgegangen, dass die Kundenbedarfe ($d_{k,t}$) den tatsächlichen Werten entsprechen. Hinsichtlich dieser Werte wird eine optimale Lösung erstellt. Die Unsicherheit der Bedarfe wird im Optimierungsproblem nicht berücksichtigt.

6.1.4 Beispiel zur Bedarfsunsicherheit

Nun wird aufgezeigt, dass durch eine unzureichende Berücksichtigung der Bedarfs-unsicherheit im Optimierungsproblem HPPLAN Fehlmengen und Verspätungen bei den Kundenaufträgen auftreten können. Dazu wird das Beispiel aus Abschn. 6.1.1 verwendet; zur leichteren Nachvollziehbarkeit der folgenden Überlegungen enthält die folgende Tab. 6.2 die Problemparameter und eine optimalen Lösung (zu dem Beispiel). Es wird angenommen, dass der tatsächliche Bedarfsverlauf in den Perioden 3 und 4 von den Bedarfen, mit denen die Planung durchgeführt wird, abweichen. Konkret ist der tatsächliche Bedarf in Periode 3 um eine Mengeneinheiten (ME) höher (als bei der Planung angenommen wurde (18 ME statt 17 ME)) und in der Periode 4 ist der tatsächliche Bedarf um eine ME geringer (als bei der Planung angenommen wurde (13 ME statt 14 ME)), wobei die Summe der Bedarfe unverändert ist. Bei einer Produktion nach dem ermittelten Produktionsprogramm liegen 2 ME am Ende der Periode 2 im Lager und können zur Deckung des Bedarfs in der nächsten Periode genutzt werden. Mit der Produktionsmenge in der Periode 3 von 15 ME tritt eine Fehlmenge von einer ME (in Periode 3) auf. Durch eine Überproduktion gegenüber dem Nettobedarf in Periode 4 von 1 ME kann die Fehlmenge in der Periode 4 ausgeliefert werden. Dadurch liegt eine Verspätung von einer Periode vor.

Tab. 6.2 HPPLAN zum Auftreten einer Fehlmenge bei sich änderndem (unsicheren) Bedarf; mit ME für Mengeneinheiten

Periode	Periode 1	Periode 2	Periode 3	Periode 4
Eingabeparameter für HPPLAN				
Bedarfsmengen $(d_{k,t})$ [ME]	10	14	17	14
Max. Kapazitäten $(b_{j,t} + U_{j,t}^{max})$ [ME]	15	15	15	15
Ermitteltes Produktionsprogramm durch HPPLAN				
Produktionsmengen $(x_{k,t})$ [ME]	11	15	15	14
Bestand $(I_{k,t})$ [ME]	1	2	0	0
Benötigte Zusatzkapazität $(U_{j,t})$ [ME]	0	0	0	0
Tatsächlicher Bedarf und Produktionsergebnis				
Tatsächlicher Bedarf [ME]	10	14	18	13
Disponibler Bestand [ME]	1	2	−1	0
Fehlmengen [ME]	0	0	1	0

6.2 Stochastische Optimierungsprobleme

Es werden ein Kompensationsproblem und ein Fat-Solution-Problem konzipiert, analysiert und gegenübergestellt. Beide stochastische Optimierungsprobleme sind Erweiterungen des in Abschn. 6.1.2 eingeführten Optimierungsproblems HPPLAN. Genauso wie beim HPPLAN wird stets eine Lösung für einen kompletten Planungszeitraum (aus T Perioden) angegeben. Zufällig – und damit unsicher – sind die (Kunden-)Bedarfe in der Zukunft. In beiden Fällen wird dies durch endlich viele deterministische mehrperiodige (Bedarfs-)Szenarien und damit durch eine deterministische Verteilung approximiert. Das Fat-Solution-Problem bestimmt eine für alle Szenarien zulässige Lösung. Beim Kompensationsproblem wird eine Grundlösung – für alle T Perioden – ermittelt. Liegt der tatsächlich auftretende Bedarf – für alle T Perioden – vor, so darf diese Grundlösung durch eine Kompensationsmaßnahme verändert werden. Erlaubte Kompensationen sind eine Veränderung der Produktionsmenge und der Zusatzkapazität in jeder der T Perioden.

6.2.1 Erweiterung von HPPLAN zu einem Fat-Solution-Problem

Für die Erweiterung des Optimierungsproblems HPPLAN zu einem Fat-Solution-Problem, werden die Bedarfe $(d_{k,t})$ in HPPLAN durch S szenariospezifische Bedarfe $(d_{k,t}^s, s \in S)$ ersetzt. Da eine szenariounabhängige Produktionsmenge für jede Periode bestimmt wird, sind für jedes Bedarfsszenario (szenario-)spezifische Lagerbestände $(I_{k,t}^s)$ erforderlich.

Diese gehen in die Zielfunktion ein (statt der bisherigen Lagerkosten). Ihre Höhe wird durch szenariospezifische Lagerbilanzgleichungen bestimmt. Zur Vollständigkeit sei genannt, dass die szenariospezifischen Anfangslagerbestände zu initialisieren sind und die szenariospezifischen Lagerbestände nicht negativ sein dürfen. Das Problem lautet nun insgesamt:

Eat-Solution-Problem zur Hauptproduktionsprogrammplanung (FS-HPPLAN)

Parameter:

S Anzahl an Szenarien ($1 \leq s \leq S$).

J Anzahl an Produktionssegmenten ($1 \leq j \leq J$).

K Anzahl an Endprodukten ($1 \leq k \leq K$).

T_{Start} Erste Periode des Planungsintervalls.

T_{End} Letzte Periode des Planungsintervalls.

F Länge des gefrorenen Horizontes.

Z_k Anzahl der Vorlaufperioden für Produkt k ($z = 0, 1, ..., Z_k$).

Z^{max} Maximale Anzahl der Vorlaufperioden aller Endprodukte.

$b_{j,t}$ Produktionskapazität von Produktionssegmente j in Periode t.

$f_{j,k,z}$ Durch Produkt k je Mengeneinheit verursachte Kapazitätsbelastung in Produktionssegment j in der Vorlaufperiode z.

$U_{j,t}^{max}$ Maximale Zusatzkapazität in Produktionssegment j in Periode t.

$u_{j,t}$ Kosten für eine Einheit der Zusatzkapazität in Periode t.

M Bestrafungskosten für die 2. Zusatzkapazität (sehr große Zahl).

$Uinit_{j,t}$ Zusatzkapazität im gefrorenen Horizont.

$xinit_{k,t}$ Produktionsmenge im gefrorenen Horizont.

h_k Lagerkostensatz für Produkt k pro Mengeneinheit und Periode.

$d_{k,t}^s$ Kundenbedarf für Produkt k in Periode t für ein Szenario s.

$Iinit_k$ Anfangslagerbestand für Produkt k.

Variablen:

$U_{j,t}$ Verwendete Zusatzkapazität in Produktionssegment j in Periode t.

$U_{j,t}^{\Delta}$ Verwendete zweite Zusatzkapazität in Produktionssegment j in Periode t.

$x_{k,t}$ Produktionsmenge von Produkt k in Periode t.

$I_{k,t}^s$ Lagerbestand von Produkt k am Ende von Periode t für ein Szenario s.

$$\min \frac{1}{|S|} \sum_{1 \leq s \leq S} \left(\sum_{t=T_{Start}}^{T_{End}} \sum_{k=1}^{K} h_k \cdot I_{k,t}^s + \sum_{t=T_{Start}}^{T_{End}} \sum_{j=1}^{J} u_{j,t} \cdot U_{j,t} + \sum_{t=T_{Start}-F}^{T_{End}} \sum_{j=1}^{J} M \cdot U_{j,t}^{\Delta} \right)$$

unter den Restriktionen:

$$x_{k,t} + I^s_{k,t-1} - d^s_{k,t}$$ $\forall\, T_{Start} - F \leq t \leq T_{End},$ Lagerbilanz-

$$= I^s_{k,t}$$ $\forall\, 1 \leq k \leq K$ und $\forall\, 1 \leq s \leq S$ gleichungen.

$$\sum_{k=1}^{K} \sum_{z=0}^{Z_k} f_{j,k,z} \cdot x_{k,t+z}$$ $\forall\, T_{Start} - F \leq t \leq T_{End} - Z^{max}$ Kapazitäts-

$$\leq b_{j,t} + U_{j,t} + U^{\Delta}_{j,t}$$ und $\forall\, 1 \leq j \leq J$ restriktionen.

$$U_{j,t} \leq U^{max}_{j,t}$$ $\forall\, 1 \leq j \leq J$ und Zusatzkapazitäts-

$\forall\, T_{Start} - F \leq t \leq T_{End}$ begrenzung.

$$x_{k,t} = xinit_{k,t}$$ $\forall\, 1 \leq k \leq K$ Übergabe gefrorene

$\forall\, T_{Start} - F \leq t \leq T_{Start} - 1$ Produktionsmengen.

$$I^s_{k,T_{Start}-F-1} = Iinit_k$$ $\forall\, 1 \leq k \leq K$ und $\forall\, 1 \leq s \leq S$ Übergabe gefrorene
                                                               Anfangslagerbestände.

$$U_{j,t} = Uinit_{j,t}$$ $\forall\, 1 \leq j \leq J$ und Übergabe gefrorene

$\forall\, T_{Start} - F \leq t \leq T_{Start} - 1$ Zusatzkapazitäten.

$$x_{k,t}, I^s_{k,t} \geq 0,$$ $\forall\, 1 \leq k \leq K, \forall\, 1 \leq s \leq S,$ Nicht-

$$U_{j,t} \geq 0 \text{ und}$$ $\forall\, T_{Start} - F \leq t \leq T_{End}$ negati-

$$U^{\Delta}_{j,t} \geq 0$$ und $\forall\, 1 \leq j \leq J$ vität.

Zur Verdeutlichung der Funktionsweise des Optimierungsproblems FS-HPPLAN soll das Beispiel aus Abschn. 6.1.4 verwendet werden. Die möglichen Bedarfsverläufe werden durch drei Bedarfsszenarien (SZ1, SZ2 und SZ3) abgebildet. Die Planung findet in der Periode 1 für den Zeitraum von 4 Perioden statt und ist in Tab. 6.3 angegben.

Die optimale Lösung von FS-HPPLAN bestimmt die Produktionsmengen so, dass die Bedarfe aller Szenarien in jeder Periode gedeckt werden können. Bei ausreichend verfügbarer Kapazität ist die kumulierte Produktionsmenge jeweils so groß, wie der maximale kumulierte Bedarf aller Szenarien in der jeweiligen Periode. Szenario SZ3 hat in den vier Perioden jeweils den höchsten kumulierten Bedarf, so dass die Produktionsmengen in den vier Perioden jeweils den Bedarfsmengen von Szenario SZ3 entsprechen. Deswegen kann keine Fehlmenge auftreten, wenn der tatsächliche Bedarf mit demjenigen von einem der drei Bedarfsszenarien übereinstimmt. Durch den bei der Planung nicht berücksichtigten tatsächlichen Bedarf können keine Fehlmengen auftreten, da sein kumulierter Bedarfsverlauf den kumulierten Verlauf an Produktionsmengen nicht übersteigt. Gegenüber der Planung nach dem HPPLAN-Problem sind der tatsächliche Lagerbestand und somit die tatsächlichen Lagerkosten höher.

Tab. 6.3 Lösung zu einem FS-HPPLAN mit der Umsetzung des Ergebnisses bei einer tatsächlichen Nachfrage; mit ME für Mengeneinheiten

Periode	Periode 1	Periode 2	Periode 3	Periode 4
Eingabeparameter für FS-HPPLAN				
Bedarfe SZ1 ($d_{k,t}^1$) [ME]	10	14	17	14
Bedarfe SZ1 ($d_{k,t}^1$) kumuliert [ME]	10	24	41	55
Bedarfe SZ2 ($d_{k,t}^2$) [ME]	12	15	15	14
Bedarfe SZ2 ($d_{k,t}^2$) kumuliert [ME]	12	27	42	56
Bedarfe SZ3 ($d_{k,t}^3$) [ME]	14	15	15	13
Bedarfe SZ3 ($d_{k,t}^3$) kumuliert [ME]	14	29	44	57
Kapazitäten ($b_{j,t} + U_{j,t}^{max}$) [ME]	15	15	15	15
Ermitteltes Produktionsprogramm durch FS-HPPLAN				
Produktionsmengen ($x_{k,t}$) [ME]	14	15	15	13
Produktionsmengen ($x_{k,t}$) kum. [ME]	14	29	44	57
Benötigte Zusatzkapazität ($U_{j,t}$) [ME]	0	0	0	0
Bestand SZ1 ($I_{k,t}^1$) [ME]	4	5	3	2
Bestand SZ2 ($I_{k,t}^2$) [ME]	2	2	2	1
Bestand SZ3 ($I_{k,t}^3$) [ME]	0	0	0	0
Tatsächlicher Bedarf und Produktionsergebnis				
Tatsächlicher Bedarf [ME]	10	14	18	13
Tatsächlicher Bestand [ME]	4	5	2	2
Tatsächliche Fehlmengen [ME]	0	0	0	0

6.2.2 Erweiterung von HPPLAN zu einem Kompensationssproblem

Wie bei der Erweiterung des Optimierungsproblems HPPLAN zu einem Fat-Solution-Problem im Abschn. 6.2.1 werden auch bei der im Folgenden angegebenen Erweiterung zu einem Kompensationssproblem die Bedarfe ($d_{k,t}$) in HPPLAN durch S szenariospezifische Bedarfe ($d_{k,t}^s$, $s \in S$) ersetzt. Entsprechend der prinzipiellen Arbeitsweise wird beim Kompensationssproblem eine Grundlösung bzw. ein Grundproduktionsprogramm bzw. ein Basisproduktionsprogramm ($x_{k,t}^0$) – für alle T Perioden – einschließlich der dafür erforderlichen Zusatzkapazitäten ($U_{j,t}^0$) ermittelt. Liegt der tatsächlich auftretende Bedarf – für alle T Perioden – vor, so darf dieses Grundproduktionsprogramm – in jeder der T Perioden – durch Kompensationsproduktionsmengen ($x_{k,t}^{s+}, x_{k,t}^{s-}$) erhöht und verringert werden, wobei höhere und niedrigere Kompensationszusatzkapazitäten ($U_{j,t}^{s+}$, $U_{j,t}^{s-}$) erlaubt sind – die Produktionsmengen in einer solchen Grundlösung müssen folglich nicht so hoch sein, um, wie beim Fat-Solution-Problem, die Bedarfe aller Szenarien in jeder Periode zu erfüllen. Dadurch wird jedes Bedarfsszenario durch spezifische Produktionsmengen unter Nutzung von szenariospezifischen Zusatzkapazitäten gedeckt. Dies impliziert szenariospezifische Lagerbestände, deren Höhen, wie beim Fat-Solution-Problem, durch szenariospezifische Lagerbilanzgleichungen bestimmt werden, und deren Kosten (statt der bisherigen Lagerkosten in HPPLAN) in die Zielfunktion eingehen. Genauso – wie bei den Lagerkosten – sind die Kosten für die Zusatzkapazitäten in der Zielfunktion nun szenariospezifisch. Die Zielfunktion enthält Kosten für die genannten Kompensationen, die durch ihre Höhe und Kompensationskostensätze berechnet werden. Ansonsten werden im Kern bei den bisherigen Restriktionen die Produktionsmengen durch die um Kompensationen veränderten Produktionsmengen der Grundlösung – i.e. $x_{k,t}^0 + x_{k,t}^{s+} - x_{k,t}^{s-}$ – ersetzt, und entsprechend werden die Zusatzkapazitäten durch die um Kompensationszusatzkapazitäten veränderten Zusatzkapazitäten der Grundlösung – i.e. $U_{j,t}^0 + U_{j,t}^{s+} - U_{j,t}^{s-}$ – ersetzt. Möglicherweise stimmen zwei Bedarfsszenarien bis zu einer bestimmten Periode überein. Da Kompensationsmaßnahmen erst angewendet werden, wenn ein tatsächliche Bedarf vorliegt, müssen zwei Bedarfszenarien, die bis zu einer bestimmten Periode identisch sind, in diesen Perioden die gleichen Kompensationsmaßnahmen besitzen. Dies wird durch Implementierbarkeitsbedingungen erreicht, die im Abschnitt 5.1 im Detail erläutert worden sind. Im Problem wird dieses Konzept auf ähnliche Szenarien erweitert. Auf diese modifizierte Implementierbarkeitsbedingung wird im Anschluss an die Problemformulierung noch näher eingegangen. Zur Vollständigkeit sei genannt, dass die szenariospezifischen Anfangslagerbestände zu initialisieren sind und die szenariospezifischen Lagerbestände nicht negativ sein dürfen. Das Problem lautet nun insgesamt:

Kompensationsproblem zur Hauptproduktionsprogrammplanung T̲wo-S̲tage S̲tochastic-HPPLAN (TSS-HPPLAN)

Parameter:

S	Anzahl an Szenarien ($1 \leq s \leq S$).
J	Anzahl an Produktionssegmenten ($1 \leq j \leq J$).
K	Anzahl an Endprodukten ($1 \leq k \leq K$).
T_{Start}	Erste Periode des Planungsintervalls.
T_{End}	Letzte Periode des Planungsintervalls.
F	Länge des gefrorenen Horizontes.
Z_k	Anzahl der Vorlaufperioden für Produkt k ($z = 0, 1, ..., Z_k$).
Z^{max}	Maximale Anzahl der Vorlaufperioden aller Endprodukte.
$b_{j,t}$	Produktionskapazität von Produktionssegmente j in Periode t.
$f_{j,k,z}$	Durch Produkt k je Mengeneinheit verursachte Kapazitätsbelastung in Produktionssegment j in der Vorlaufperiode z.

$U_{j,t}^{max}$ Maximale Zusatzkapazität in Produktionssegment j in Periode t.

$u_{j,t}$ Kosten für eine Einheit der Zusatzkapazität in Periode t.

M Bestrafungskosten für die 2. Zusatzkapazität (sehr große Zahl).

$Uinit_{j,t}$ Zusatzkapazität im gefrorenen Horizont.

$Uinit_{j,t}^{s+}$,   Kompensationszusatzkapazität

$Uinit_{j,t}^{s-}$ im gefrorenen Horizont.

$xinit_{k,t}$ Produktionsmenge im gefrorenen Horizont.

$xinit_{k,t}^{s+}$,   Kompensationsproduktionsmenge

$xinit_{k,t}^{s-}$ im gefrorenen Horizont.

h_k Lagerkostensatz für Produkt k pro Mengeneinheit und Periode.

$d_{k,t}^{s}$ Kundenbedarf für Produkt k in Periode t für ein Szenario s.

$Iinit_k$ Anfangslagerbestand für Produkt k.

Δ^{lim} Abstand, bis zu dem die Bedarfe zweier Szenarien als gleich betrachtet werden.

c_t^x Kompensationskostensatz für jede Produktionsmenge – i.e. $x_{k,t}^{s+}$ und $x_{k,t}^{s-}$ – in Periode t.

c_t^u Kompensationskostensatz für jede Zusatzkapazität – i.e. $U_{j,t}^{s+}$ und $U_{j,t}^{s-}$ – in Periode t.

Variablen:

$U_{j,t}^0$ Zusatzkapazität der Grundlösung in Produktionssegment j in Periode t.

$U_{j,t}^{s+}, U_{j,t}^{s-}$:   Kompensationszusatzkapazität (Erhöhung ($+$) und Verringerung ($-$)) in Produktionssegment j in Periode t für ein Szenario s.

$U_{j,t}^{\Delta}$ Zweite Zusatzkapazität in Produktionssegment j in Periode t.

$x_{k,t}^0$ Produktionsmenge der Grundlösung für Produkt k in Periode t.

$x_{k,t}^{s+}, x_{k,t}^{s-}$ Kompensationsproduktionsmenge (Erhöhung ($+$) und Verringerung ($-$)) für Produkt k in Periode t für ein Szenario s.

$I_{k,t}^{s}$ Lagerbestand von Produkt k am Ende von Periode t für ein Szenario s.

$$\min \frac{1}{|S|} \sum_{1 \leq s \leq S} \sum_{t=T_{Start}}^{T_{End}} (z^s + c^s + e)$$

mit

$$z^s = \sum_{k=1}^{K} h_k \cdot I_{k,t}^{s} + \sum_{j=1}^{J} u_{j,t} \cdot (U_{j,t}^0 + U_{j,t}^{s+} - U_{j,t}^{s-}),$$

$$c^s = \sum_{k=1}^{K} c_t^x \cdot (x_{k,t}^{s+} + x_{k,t}^{s-}) + \sum_{j=1}^{J} c_t^u \cdot (U_{j,t}^{s+} + U_{j,t}^{s-}) \text{ und}$$

$$e = \sum_{j=1}^{J} M \cdot U_{j,t}^{\Delta}$$

unter den Restriktionen:

$$I_{k,t-1}^s + x_{k,t}^0 \qquad \forall\ T_{Start} - F \le t \qquad\qquad \text{Lager-}$$
$$+x_{k,t}^{s+} - x_{k,t}^{s-} - d_{k,t}^s \qquad \le T_{End},\ \forall\ 1 \le k \le K \qquad \text{bilanz-}$$
$$= I_{k,t}^s \qquad\qquad \text{und}\ \forall\ 1 \le s \le S \qquad \text{gleichungen.}$$

$$\sum_{k=1}^{K} \sum_{z=0}^{Z_k} f_{j,k,z} \cdot (x_{k,t+z}^0 \qquad \forall\ T_{Start} - F \le t \qquad \text{Kapazitäts-}$$
$$+x_{k,t+z}^{s+} - x_{k,t+z}^{s-}) \le b_{j,t} \qquad \le T_{End} - Z^{max},\ \forall\ 1 \le j \qquad \text{restrik-}$$
$$+U_{j,t}^0 + U_{j,t}^{s+} - U_{j,t}^{s-} + U_{j,t}^{\Delta} \qquad \le J\ \text{und}\ \forall\ 1 \le s \le S \qquad \text{tionen.}$$

$$U_{j,t}^0 + U_{j,t}^{s+} - U_{j,t}^{s-} \qquad \forall\ T_{Start} - F \le t \le T_{End}, \qquad \text{Zusatzkapazitäts-}$$
$$\le U_{j,t}^{max} \qquad \forall\ 1 \le j \le J\ \text{und}\ \forall\ 1 \le s \le S \qquad \text{begrenzung.}$$

$$x_{k,t}^0 = xinit_{k,t}, \qquad \forall\ T_{Start} - F \le t \le T_{Start} - 1, \qquad \text{Übergabe gefrorene}$$
$$x_{k,t}^{s+} = xinit_{k,t}^{s+}, \qquad \forall\ 1 \le s \le S\ \text{und} \qquad\qquad \text{(Kompensations-)}$$
$$x_{k,t}^{s-} = xinit_{k,t}^{s-} \qquad \forall\ 1 \le k \le K \qquad\qquad \text{Produktionsmengen.}$$

$$I_{k,T_{Start}-F-1}^s = Iinit_k \qquad \forall\ 1 \le k \le K\ \text{und} \qquad \text{Übergabe gefrorene}$$
$$\qquad\qquad\qquad \forall\ 1 \le s \le S \qquad\qquad \text{Anfangslagerbestände.}$$

$$U_{j,t}^0 = Uinit_{j,t}, \qquad \forall\ T_{Start} - F \le t \le T_{Start} - 1, \qquad \text{Übergabe gefrorene}$$
$$U_{j,t}^{s+} = Uinit_{j,t}^{s+}, \qquad \forall\ 1 \le s \le s \qquad\qquad \text{(Kompensations-)}$$
$$U_{j,t}^{s-} = Uinit_{j,t}^{s-} \qquad \forall\ 1 \le j \le J \qquad\qquad \text{Zusatzkapazitäten.}$$

| Identische Kompensations-produktionsmengen und -zusatzkapazitäten | Für alle zum Beginn eines Planungsintervalls ähn-lichen Bedarfsszenarien | Modifizierte Implementierbar-keitsbedingungen. |

$$x_{k,t}^0 + x_{k,t}^{s+} - x_{k,t}^{s-} \ge 0 \qquad \forall\ 1 \le k \le K\ \text{und} \qquad \text{Nichtnegative Pro-}$$
$$\qquad\qquad\qquad \forall\ 1 \le j \le J \qquad\qquad \text{duktionsmengen und}$$

$$U_{j,t}^0 + U_{j,t}^{s+} - U_{j,t}^{s-} \ge 0 \qquad \forall\ T_{Start} - F \le t \le T_{End} \qquad \text{Zusatzkapazitäten}$$

$$x_{k,t}^0, x_{k,t}^{s+}\ \text{und}\ x_{k,t}^{s-} \ge 0, \qquad \forall\ 1 \le k \le K, \forall\ 1 \le s \le S, \qquad \text{Nicht-}$$
$$U_{j,t}^0, U_{j,t}^{s+}\ \text{und}\ U_{j,t}^{s-} \ge 0, \qquad \forall\ 1 \le j \le J\ \text{und} \qquad\qquad \text{negati-}$$
$$I_{k,t}^s\ \text{und}\ U_{j,t}^{\Delta} \ge 0 \qquad \forall\ T_{Start} - F \le t \le T_{End} \qquad \text{vität.}$$

Nach den Betrachtungen in den Abschn. 5.1 über Implementierbarkeitsbedingungen und 5.2 über Stufen versus Perioden hängt die Implementierbarkeitsbedingung von der Verwendung des Problems (als Ganzes) ab. Folgende Argumentationskette möge als Begründung für die im Folgenden verwendeten Implementierbarkeitsbedingungen – nach Wets (1989) sowie von Rockafellar und Wets (1991) – genügen.

Es erfolgt folgende rollende (simulative) Planung: In einer Periode wird ein Planungsintervall über T-Perioden (i.e. $T_{Start} - F$ bis T_{End}) geplant. Eine Periode später erfolgt eine Neuplanung – wiederum über T-Perioden. Deswegen werden für die Implementierbarkeitsbedingungen zu einer Planung von TSS-HPPLAN die Bedarfe in der (Planungs-)Periode $T_{Start} - F$ als relevant angesehen. Sind diese bei zwei Szenarien für alle Produkte gleich, so soll die Kompensation dazu gleich sein. Da kein Unterschied zwischen den einzelnen Perioden des Planungsintervalls besteht, werden die einzelnen Kompensationsmaßnahmen in den T-Perioden des Planungsintervalls als eine einzige (Gesamt-)Kompensationsmaßnahme aufgefasst. Solche (Gesamt-)Kompensationsmaßnahmen zu zwei Szenarien sind gleich, wenn diese beiden für jede (einzelne) Periode des Planungsintervalls identischen Kompensationsproduktionsmengen und -zusatzkapazitäten besitzen.

Damit lauten die Implementierbarkeitsbedingungen:

$\forall\, s, s' \in \Omega$ mit $d^s_{k,T_{Start}-F} = d^{s'}_{k,T_{Start}-F}$ $\forall\, 1 \le k \le K$ gilt:

$$x^{s+}_{k,t} = x^{s'+}_{k,t},\ x^{s-}_{k,t} = x^{s'-}_{k,t}, \qquad\qquad \forall\, T_{Start} - F \le t \le T_{End},$$

$$U^{s+}_{j,t} = U^{s'+}_{j,t} \text{ und } U^{s-}_{j,t} = U^{s'-}_{j,t} \qquad\qquad\qquad \forall\, 1 \le j \le J.$$

Möglich ist, jede Periode als eine Stufe zu betrachten. Wie ein solches mehrstufiges Kompensationsproblem gebildet werden könnte und inwieweit es sich von diesem einstufigen unterscheidet, ergibt sich aus dem Abschn. 5.2, indem der Unterschied zwischen Perioden und Stufen an einer kleinen Fallstudie im Detail vorgestellt und analysiert worden ist.

Bei einem Kompensationsproblem mit einer endlichen Anzahl an deterministischen Szenarien wird davon ausgegangen, dass eines der bekannten Szenarien eintritt. Die grundsätzliche Arbeitsweise (vom TSS-HPPLAN) kann auch angewendet werden, sofern ein anderer Bedarf auftritt. Dann ist die Lösung nicht mehr kostenminimal. Eine solche Situation bedeutet, dass zur Planung nur eine Auswahl aller möglichen Szenarien verwendet wird. Dies ist beispielsweise realistisch, wenn der Aufwand zur Erhebung aller möglichen Szenarien zu hoch ist oder wenn eine im Prinzip unendlich große Menge möglicher Szenarien vorliegt, so dass die Laufzeit zur Lösung des TSS-HPPLAN zu hoch ist, oder wenn eine stetige Verteilung durch eine endliche Anzahl an deterministischen Szenarien approximiert wird, was im gleichnamigen Abschnitt 4.9 im Detail erläutert und analysiert wurde. Zur Vertiefung, gerade im Hinblick auf die grundsätzlichen Schwierigkeiten, sei auf das Buch von King und Wallace (2013) verwiesen. In den Simulationsuntersuchungen in den nächsten Abschnitten wird eine solche Situation unterstellt.

In solchen (erzeugten) Szenarien treten oftmals keine oder kaum identische Szenarien auf, aber viele, die ähnlich sind. Da es sich – in der Praxis – in der Regel um Prognosen handelt, die typischerweise fehlerbehaftet sind, ist es plausibel, dass – möglicherweise zufällig bedingte – Abweichungen zwischen zwei Szenarien nicht zu unterschiedlichen Kompensationsmaßnahmen führen. Hierzu soll die Implementierbarkeitsbedingung auf ähnliche Szenarien wirken. Als Maß für die Ähnlichkeit wird die Euklidische Distanz zwischen zwei Bedarfsszenarien $d_{k,t}^s$ und $d_{k,t}^{s'}$ in einer Periode t definiert durch:

$$\sqrt{\sum_{k=1}^{K}(d_{k,t}^s - d_{k,t}^{s'})^2}.$$

Zwei Bedarfsszenarien werden nun in einer Periode als identisch betrachtet, wenn ihre Euklidische Distanz (in dieser Periode) nicht größer als ein Grenzwert (Δ^{lim}) ist.

Damit lauten die modifizierten Implementierbarkeitsbedingungen:

$$\forall\, s,\, s' \in \Omega \text{ mit } \sqrt{\sum_{k=1}^{K}(d_{k,T_{Start}-F}^s - d_{k,T_{Start}-F}^{s'})^2} <= \Delta^{lim} \qquad \forall 1 \le k \le K \text{ gilt:}$$

$$x_{k,t}^{s+} = x_{k,t}^{s'+},\ x_{k,t}^{s-} = x_{k,t}^{s'-}, \qquad\qquad \forall\, T_{Start} - F \le t \le T_{End},$$

$$U_{j,t}^{s+} = U_{j,t}^{s'+} \text{ und } U_{j,t}^{s-} = U_{j,t}^{s'-} \qquad\qquad \forall\, 1 \le j \le J.$$

In den Abschn. 5.1 über Implementierbarkeitsbedingungen und 5.2 über Stufen versus Perioden wurden neben Implementierbarkeitsbedingung auch Produktionsmengenrestriktionen eingesetzt. Da in TSS-HPPLAN eine szenarionunabhängige Grundlösung über das ganze Planungsintervall erstellt wird, werden in diesem TSS-HPPLAN keine Produktionsmengenrestriktionen benötigt.

Beispiel zum Optimierungsproblem TSS-HPPLAN

Das Beispiel, welches in Abschn. 6.1.4 für das HPPLAN-Problem und im Abschn. 6.2.1 für das FS-HPPLAN-Problem verwendet wurde, wird nun auch zur Verdeutlichung des TSS-HPPLAN-Problems benutzt. Seine Lösung durch das TSS-HPPLAN-Problem hat die in der folgenden Tab. 6.4 angegebenen Ergebnisse.

Die Grundproduktionsmenge (14 Mengeneinheiten (ME)) ist in der ersten Periode so hoch, dass der maximale Szenarienbedarf gedeckt werden kann (SZ3: 14 ME). In den anderen Perioden sind für die Szenarien 1 und 3 Kompensationsmaßnahmen vorgesehen. Beispielsweise bedeutet die positive Kompensationsmaßnahme für die Produktionsmenge für Szenario SZ3 in der Periode 2 ($x_{k,2}^{3+} = 2$ ME), dass die Produktionsmenge des Basisplans in der Periode 2 ($x_{k,2}^0 = 13$ ME) zum Kompensationszeitpunkt um 2 ME erhöht wird, um damit den Bedarf von SZ3 in dieser Periode ($d_{k,2}^3 = 15$ ME) decken zu können. In diesem Beispiel werden für alle Szenarien individuelle Kompensationsmaßnahmen festgelegt, da sich die Szenarienbedarfe in der Periode 1 (SZ1: 10 ME, SZ2: 12 ME, SZ3: 14 ME) um mehr als $\Delta^{lim} = 0$ unterscheiden (Implementierbarkeitsbedingung). Durch die Kompensationsmaßnahmen treten bei der Umsetzung des Produktionsprogramms, wie beim FS-HPPLAN-Problem, keine Fehlmengen auf. Bei diesem Beispiel legt das FS-HPPLAN-Problem eine (um eine ME) größere kumulierte Produktionsmenge fest als das TSS-HPPLAN-Problem. Unterschiede zwischen diesen beiden Problemen werden im Folgenden analysiert.

Tab. 6.4 Lösung zu einem TSS-HPPLAN mit der Umsetzung des Ergebnisses bei einer tatsächlichen Nachfrage; mit ME für Mengeneinheiten und den Abkürzungen:
Komp.-Prod.-mengen: Kompensationsmaßnahmen für die Produktionsmengen.
Komp.-Zusatzkap.:　　 Kompensationsmaßnahmen für die Zusatzkapazitäten.

Periode	Periode 1	Periode 2	Periode 3	Periode 4
Eingabeparameter für TSS-HPPLAN				
Bedarfe SZ1 ($d_{k,t}^1$) [ME]	10	14	17	14
Bedarfe SZ2 ($d_{k,t}^2$) [ME]	12	15	15	14
Bedarfe SZ3 ($d_{k,t}^3$) [ME]	14	15	15	13
Max. Kapazitäten ($b_{j,t} + U_{j,t}^{max}$) [ME]	15	15	15	15
Ermitteltes Produktionsprogramm durch TSS-HPPLAN				
Grundproduktionsmengen ($x_{k,t}^0$) [ME]	14	13	15	14
Grundzusatzkapazitäten ($U_{j,t}^0$) [ME]	0	0	0	0
Bestand SZ1 ($I_{k,t}^1$) [ME]	4	2	0	0
Bestand SZ2 ($I_{k,t}^2$) [ME]	2	0	0	0
Bestand SZ3 ($I_{k,t}^3$) [ME]	0	0	0	0
Komp. Prod.-mengen SZ1 ($x_{k,t}^{1+}$) [ME]	0	0	0	0
Komp. Prod.-mengen SZ1 ($x_{k,t}^{1-}$) [ME]	0	1	0	0
Komp. Zusatzkap. SZ1 ($U_{j,t}^{1+}$) [ME]	0	0	0	0
Komp. Zusatzkap. SZ1 ($U_{j,t}^{1-}$) [ME]	0	0	0	0
Komp. Prod.-mengen SZ2 ($x_{k,t}^{2+}$) [ME]	0	0	0 d	0
Komp. Prod.-mengen SZ2 ($x_{k,t}^{2-}$) [ME]	0	0	0	0
Komp. Zusatzkap. SZ2 ($U_{j,t}^{2+}$) [ME]	0	0	0	0
Komp. Zusatzkap. SZ2 ($U_{j,t}^{2-}$) [ME]	0	0	0	0
Komp. Prod.-mengen SZ3 ($x_{k,t}^{3+}$) [ME]	0	2	0	0
Komp. Prod.-mengen SZ3 ($x_{k,t}^{3-}$) [ME]	0	0	0	1
Komp. Zusatzkap. SZ3 ($U_{j,t}^{3+}$) [ME]	0	0	0	0
Komp. Zusatzkap. SZ3 ($U_{j,t}^{3-}$) [ME]	0	0	0	0
Tatsächlicher Bedarf und Produktionsergebnis				
Tatsächlicher Bedarf [ME]	10	14	18	13
Disponibler Bestand [ME]	4	3	0	1
Fehlmengen [ME]	0	0	0	0

Nach den Betrachtungen im Abschn. 5.2 über Stufen versus Perioden existiert eine Erweiterung dieses zweistufigen Kompensationsproblems zu einem mehrstufigen. In Claus et al. (2021) ist dies für die sogenannte aggregierte Planung angegeben. Es behandelt das gleiche Problem, allerdings auf einer höheren Aggregationsstufe. Es ist diesem TSS-HHPLAN vergleichbar, aber es ist einfacher.

6.3   Vergleich HPPLAN, FS-HPPLAN und TSS-HPPLAN

Das deterministische Optimierungsproblem HPPLAN soll nun mit den beiden stochastischen Problemen FS-HPPLAN und TSS-HPPLAN im Rahmen einer rollenden, hierarchischen Planung verglichen werden. Diese Planung steht in einem in Tecnomatix Plant Simulation implementierten Simulationssystem, eben einem PPS-Simulator, zur Verfügung. In dem Simulationssystem kann jede Planungsebene durch ein Optimierungsproblem gelöst werden, wofür IBM ILOG CPLEX Optimization Studio (über eine Schnittstelle) an das Simulationssystem angebunden ist.

6.3.1   Simulationsexperiment

Das betrachtete Produktionssystem besteht aus den drei Produktionssegmenten *Montage*, *Fräsen* und *Bohren*, in denen sich jeweils genau eine Maschine befindet. Die Normalkapazität beträgt in allen Produktionssegmenten 5000 Zeiteinheiten (ZE). Zusätzlich dazu steht eine Zusatzkapazität von 10 ZE pro Periode zur Verfügung, bei deren Verwendung zusätzliche Kosten von 6 Geldeinheiten (GE) pro ZE anfallen.

Die Herstellung des Endprodukts *EP1* wird nun erläutert und ist in Abb. 6.1 visualisiert. *EP1* wird in einer linearen Produktionsstruktur über drei Produktionsstufen hergestellt, indem zunächst das Einzelteil *V2EP1*, dann die Baugruppe *V1EP1* und schließlich eben *EP1* produziert werden. Die Direktbedarfskoeffizienten sind einheitlich 1. Das Endprodukt und die Vorerzeugnisse werden an verschiedenen Produktionssegmenten gefertigt. Pro Mengeneinheit (ME) eines Erzeugnisses beträgt die Kapazitätsbelastung am jeweiligen Produktionssegment eine Zeiteinheit (ZE). Nach der Fertigstellung eines Produktes wird es eingelagert und steht zu Beginn der nächsten Periode für die weitere Bearbeitung bzw. zur Erfüllung von Kundenbedarfen zur Verfügung. Demnach beträgt die Herstellung des Endproduktes im Normalfall drei Perioden und verursacht insgesamt eine Kapazitätsbelastung von drei ZE in den Produktionssegmenten.

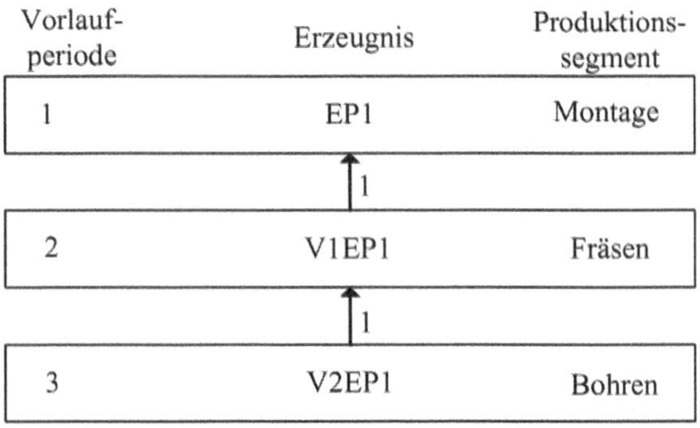

Abb. 6.1 Lineare Produktionsstruktur zu Endprodukt EP1

Vorlauf-periode	Erzeugnis	Produktions-segment
1	EP1	Montage
	↑ 1	
2	V1EP1	Fräsen
	↑ 1	
3	V2EP1	Bohren

Die (Simulation der) Planung erfolgt rollend mit einem Planungsabstand von einer Periode. Es wird ein hierarchisches Planungssystem, bestehend aus einer Hauptproduktions-programmplanung, einer Bedarfsplanung und einer Fertigungssteuerung (mit Auftragsfrei-gabe), betrachtet. Die Hauptproduktionsprogrammplanung wird jeweils mit einem der drei Optimierungsprobleme HPPLAN, FS-HPPLAN und TSS-HPPLAN durchgeführt. Der Planungszeitraum umfasst jeweils 100 Perioden. Da die Fertigung eines Endproduktes drei Perioden dauert, wird mit einem gefrorenen Horizont von drei Perioden geplant, damit bereits gestartete Produktionsaufträge nachträglich nicht mehr geändert werden.

Die Bedarfsplanung erfolgt mit dem Optimierungsproblem MLCLSP (multi-level capa-citated lotsizing problem), welches eine mehrstufige Erzeugnisstruktur mit beschränkten Kapazitäten berücksichtigt, s. z.B. Herrmann und Manitz (2017), Claus et al. (2021) oder Tempelmeier (2003). Die Planung erfolgt auf der Basis der Planprimärbedarfe aus der Haupt-produktionsprogrammplanung. Der Planungszeitraum beträgt ebenfalls 100 Perioden.

Die Auftragsfreigabe mit der Verfügbarkeitsprüfung findet jeweils zu Periodenbeginn statt. Der Freigabehorizont beträgt dabei null Perioden, so dass nur die Planaufträge betrach-tet werden, deren Freigabetermin in der aktuellen (Simulations-)Periode liegt.

Für die Herstellung der Erzeugnisse ist jeweils ein Arbeitsschritt an einer Maschine nötig. Die Bestimmung der Bearbeitungsreihenfolge der Arbeitsschritte an den Maschinen erfolgt nach der Prioritätsregel *First-in-First-out* (FIFO). (Es wird also immer der Arbeitsschritt an einer Maschine durchgeführt, der als Erstes eingetroffen ist.) Der Betrachtungszeitraum umfasst wiederum 100 Perioden. Die Bearbeitungszeiten und die Rüstzeiten der Arbeits-schritte sind in der folgenden Tab. 6.5 dargestellt:

Pro Periode trifft genau ein Kundenauftrag ein. Die Bedarfsmengen unterliegen dabei Schwankungen. Im Durchschnitt sind es ungefähr 5000 ME pro Periode und somit etwas weniger als die verfügbare Gesamtkapazität der Produktionssegmente pro Periode (jeweils 5010 (ZE)). Die Bedarfsmengen der Kundenaufträge werden im Simulationssystem mit einem Zufallsmechanismus erstellt, der auf einer Normalverteilung mit einem Erwartungs-wert von 5000 ME und einer Standardabweichung von 10 ME basiert. In der Abb. 6.2 sind die Kundenbedarfe und die verfügbaren Kapazitäten dargestellt.

Die Kundenaufträge werden immer nur vollständig oder nicht ausgeliefert. Das bedeutet, dass keine Teillieferungen erfolgen. Wenn der Lagerbestand in einer Periode nicht ausreicht,

Tab. 6.5 Arbeitsschritte mit Produktionssegmenten und Zeiten in Zeiteinheiten (ZE)

Erzeugnis	Produktions-segment	Arbeitsschritt	Maschine	Bearbeitungszeit [ZE]	Rüstzeit [ZE]
EP1	Montage	Montage	Montage 1	1	0
VP1EP1	Fräsen	Fräsen	Fräsen 1	1	0
VP2EP1	Bohren	Bohren	Bohren 1	1	0

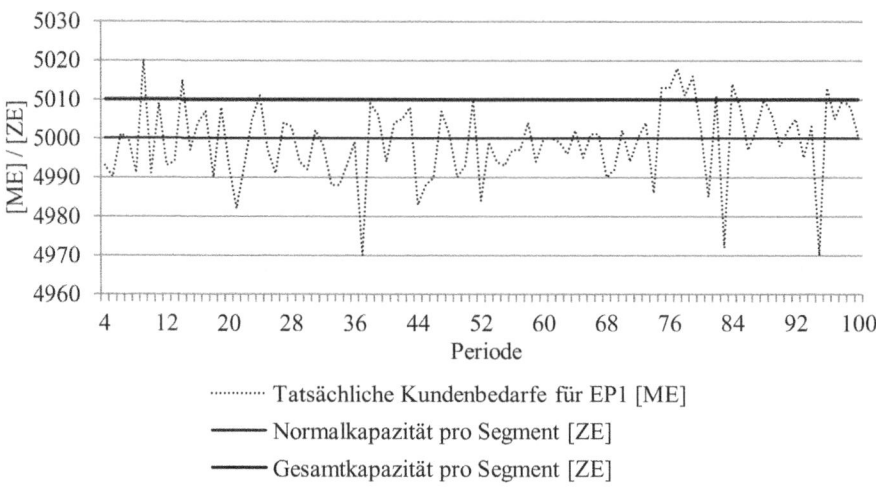

.... Tatsächliche Kundenbedarfe für EP1 [ME]

——— Normalkapazität pro Segment [ZE]

——— Gesamtkapazität pro Segment [ZE]

Abb. 6.2 Kapazitäten in Zeiteinheiten (ZE) und tatsächliche Kundenbedarfe in Mengeneinheiten (ME)

um den Kundenbedarf decken zu können, wird dieser in den folgenden Perioden bevorzugt erfüllt. Die bereits produzierte Menge wird bis zur Lieferung gelagert. Die Verspätung des Auftrags entspricht der Differenz aus dem realisierten und dem gewünschten Liefertermin (Periode). Wird ein Auftrag termingerecht erfüllt, ist die Verspätung 0.

$$V_{A_i} = max\{0, F_{A_i} - f_{A_i}\}$$

mit:

V_{A_i} Verspätung des Auftrags A_i [Perioden].
F_{A_i} Gewünschter Liefertermin des Auftrags A_i [Perioden].
f_{A_i} Realisierter Liefertermin des Auftrags A_i [Perioden].

Wenn ein Auftrag nicht rechtzeitig erfüllt werden kann, entsteht in der Periode eine Fehlmenge. Diese berechnet sich folgendermaßen:

$$FM_{k,t} = max\{0, R_{k,t} - h_{k,t}\}$$

mit:

$FM_{k,t}$ Fehlmenge für das Endprodukt k in Periode t in Mengeneinheiten (ME).
$R_{k,t}$ Summe der Kundenauftragsrückstände für Endprodukt k bis zur Periode t [ME].
$h_{k,t}$ Physischer Lagerbestand am Ende der Periode t für Endprodukt k [ME].

6.3.2   Simulationsergebnisse

Zunächst wird ein Simulationslauf durchgeführt, bei dem die Hauptproduktionsprogrammplanung mit dem Optimierungsproblem HPPLAN erfolgt. Nach der Simulation werden die Produktionsmengen, der Lagerbestand, die Anzahl der Verspätungen und die Fehlmengen ausgewertet. Anschließend wird die Simulation mit den beiden stochastischen Optimierungsproblemen FS-HPPLAN und TSS-HPPLAN wiederholt.

Beim ersten Simulationslauf wird zur Abbildung des stochastischen Einflusses bei den Bedarfen die Planung mit Bedarfswerten durchgeführt, die in einigen Perioden von den tatsächlichen Bedarfswerten abweichen. Der Bedarfsverlauf, mit dem die Planung durchgeführt wird, und der tatsächliche Bedarfsverlauf sind in der folgenden Abb. 6.3 gegenübergestellt.

Die Ergebnisse in Form von Anzahl an Verspätungen, Fehlmengen, gesamten Produktionsmengen (von Vorerzeugnissen und Endprodukten) und Lagerbestände (von Vorerzeugnissen und Endprodukten) sind in der Tab. 6.6 aufgelistet. Der Lagerbestand ist einmal mit und einmal ohne reservierten Bestand angegeben. Der Lagerbestand ohne Bestandsreservierungen ist dabei der Lagerbestand, der durch Vor- und Überproduktion entsteht. Wenn ein Kundenauftrag nicht vollständig erfüllt werden kann, wird die bereits produzierte Menge bis zur Lieferung gelagert. Dieser Bestand ist für den Auftrag reserviert und wird beim Lagerbestand mit reserviertem Bestand zusätzlich berücksichtigt.

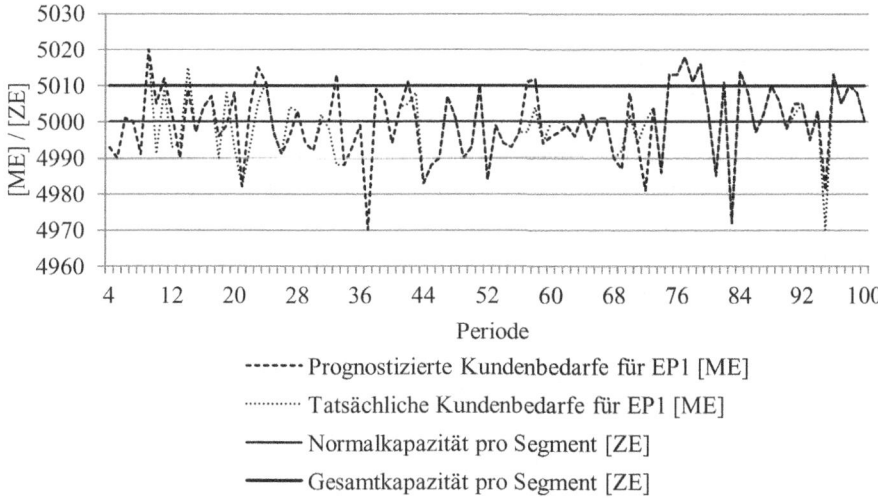

Abb. 6.3 Prognostizierte und tatsächliche Kundenbedarfe in Mengeneinheiten (ME) und Kapazitäten in Zeiteinheiten (ZE)

Tab. 6.6 Simulationsergebnisse mit Optimierungsproblem HPPLAN; mit ME für Mengeneinheiten

Produktionsmenge [ME]	1484766
Lagerbestand mit reserviertem Bestand [ME]	95759
Lagerbestand ohne reservierten Bestand [ME]	825
Kumulierte Verspätung aller Kundenaufträge [Perioden]	19
Fehlmenge [ME]	114

Der gerade durchgeführte Simulationslauf wird nun wiederholt. Die Hauptproduktions-programmplanung wird diesmal mit dem Optimierungsmodell FS-HPPLAN durchgeführt. Die Planung erfolgt mit Hilfe von drei Bedarfsszenarien. Die Bedarfswerte wurden, wie beim tatsächlichen Bedarfsverlauf, mit einem Zufallsmechanismus basierend auf einer Normalverteilung mit einem Erwartungswert von 5000 ME und einer Standardabweichung von 10 ME generiert. Die Bedarfsszenarien sind in der folgenden Abb. 6.4 dargestellt.

Für die gleichen Kennzahlen wie zuvor sind in der Tab. 6.7 die Ergebnisse aufgelistet. Schließlich wird für das Optimierungsproblem TSS-HPPLAN der (erste) Simulations-lauf wiederholt. Es werden die gleichen Bedarfsszenarien, wie bei der Planung mit dem FS-HPPLAN-Problem (siehe Abb. 6.4) verwendet. Für die gleichen Kennzahlen wie zuvor sind die Ergebnisse in der folgenden Tab. 6.8 dargestellt.

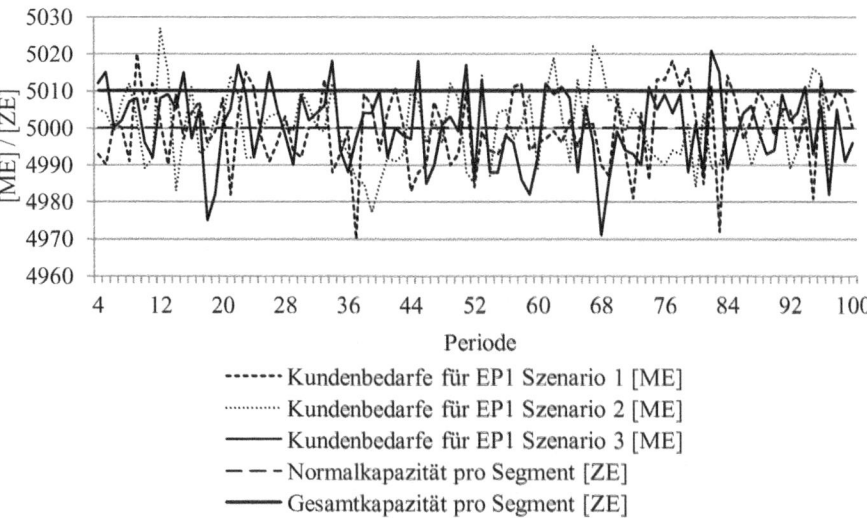

Abb. 6.4 Bedarfsszenarien in Mengeneinheiten (ME) und Kapazitäten in Zeiteinheiten (ZE)

Tab. 6.7 Simulationsergebnisse mit Optimierungsproblem FS-HPPLAN; mit ME für Mengeneinheiten

Produktionsmenge [ME]	1484768
Lagerbestand mit reserviertem Bestand [ME]	32519
Lagerbestand ohne reservierten Bestand [ME]	2502
Kumulierte Verspätung aller Kundenaufträge [Perioden]	6
Fehlmenge [ME]	50

Tab. 6.8 Simulationsergebnisse mit Optimierungsproblem TSS-HPPLAN; mit ME für Mengeneinheiten

Produktionsmenge [ME]	1484768
Lagerbestand mit reserviertem Bestand [ME]	22508
Lagerbestand ohne reservierten Bestand [ME]	2500
Kumulierte Verspätung aller Kundenaufträge [Perioden]	4
Fehlmenge [ME]	30

Diese Simulationsergebnisse zeigen, dass durch Planung mit den stochastischen Optimierungsproblemen FS-HPPLAN und TSS-HPPLAN die Verspätungen und die Fehlmengen deutlich reduziert werden können. Am geringsten sind diese beim TSS-HPPLAN-Problem. Mit den Verspätungen nehmen auch die Lagerbestände, bei denen die Bestandsreservierungen berücksichtigt werden, deutlich ab. Die Lagerbestände ohne die Bestandsreservierungen, die aufgrund von Vor- und Überproduktion entstehen, sind dagegen bei den stochastischen Problemen höher als beim Problem HPPLAN. Das bedeutet, dass die Verspätungen und die Fehlmengen bei den stochastischen Problemen unter anderem durch den Aufbau zusätzlicher Lagerbestände reduziert werden.

Aus diesem Grund bietet es sich an, auch beim HPPLAN-Problem einen zusätzlichen Lagerbestand zu erlauben. Zwei Vorgehensweisen werden im Abschn. 6.5 beschrieben und im Detail analysiert. Nun wird der Aufbau eines zusätzlichen Lagerbestands von 45 ME betrachtet – dies wird durch eine Restriktion bewirkt (diese ist im Abschn. 6.5 angegeben). Mit diesem erweiterten HPPLAN-Problem wird der Simulationslauf nun erneut durchgeführt. Für die gleichen Kennzahlen wie zuvor sind die Simulationsergebnisse in der folgenden Tab. 6.9 dargestellt. Danach wird gegenüber der Lösung des Fat-Solution-Problems (i.e. dem Optimierungsproblem FS-HPPLAN) zum einen eine um 1 ME geringere Fehlmenge und zum anderen eine um 1 geringere Anzahl an verspäteten Kundenaufträgen erreicht.

Tab. 6.9 Simulationsergebnisse mit dem HPPLAN-Problem mit dem Aufbau eines zusätzlichen Lagerbestands von 45 Mengeneinheiten (ME)

Produktionsmenge [ME]	1484883
Lagerbestand mit reserviertem Bestand [ME]	28873
Lagerbestand ohne reservierten Bestand [ME]	3863
Kumulierte Verspätung aller Kundenaufträge [Perioden]	5
Fehlmenge [ME]	49

Für jede der fünf Kennzahlen sind in einer der folgenden fünf Abb. 6.5, 6.6, 6.7, 6.8 und 6.9 die Ergebnisse der vier Simulationsläufe angegeben.

Die Simulationsergebnisse zeigen, dass, wie bei der Planung mit den stochastischen Problemen, auch durch die Planung mit dem HPPLAN-Problem einschließlich eines Aufbaus von einem zusätzlichen Lagerbestand die Verspätungen und die Fehlmengen reduziert werden können. Allerdings sind die Lagerbestände (ohne Bestandsreservierungen) deutlich höher als beim FS-HPPLAN-Problem und TSS-HPPLAN-Problem. Dies konnte auch bei weiteren Simulationsexperimenten (s. Herrmann und Manitz 2015) beobachtet werden, so dass im Allgemeinen deutlich mehr Lagerbestände und -kosten nötig sein dürften. Die beiden stochastischen Optimierungsproblemen FS-HPPLAN und TSS-HPPLAN stellen deswegen die bessere Vorgehensweise dar und werden daher im folgenden Abschn. 6.4 genauer untersucht.

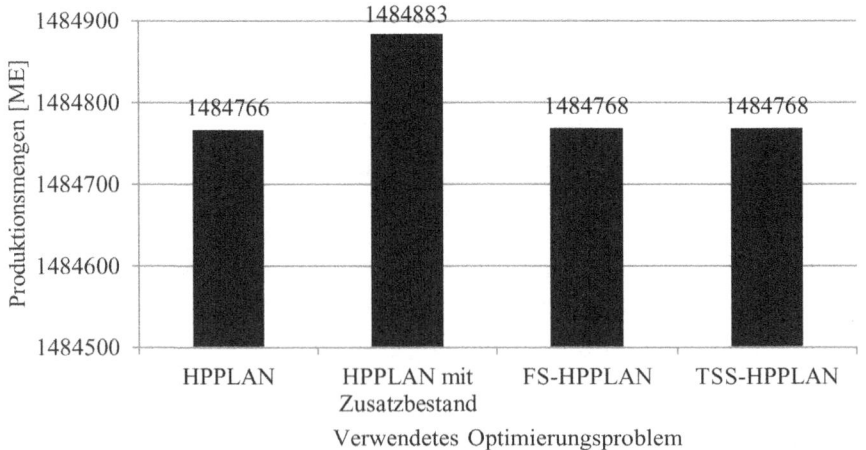

Abb. 6.5 Vergleich der Produktionsmengen; mit ME für Mengeneinheiten

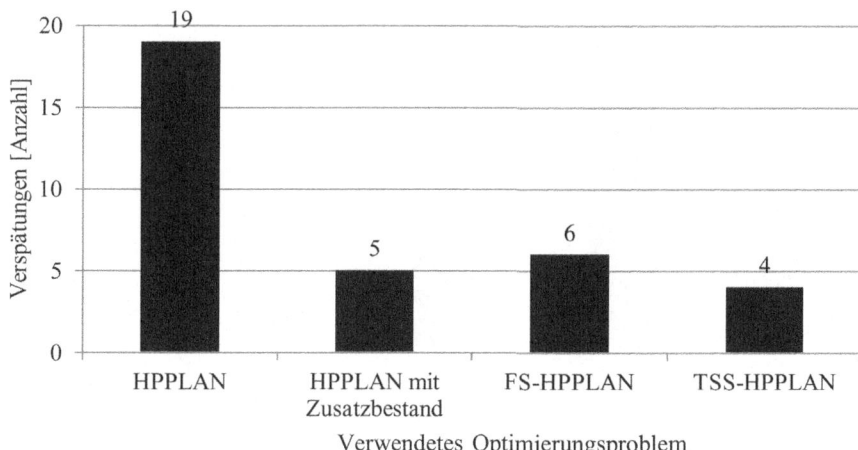

Abb. 6.6 Vergleich der Anzahl an verspäteter Kundenaufträge

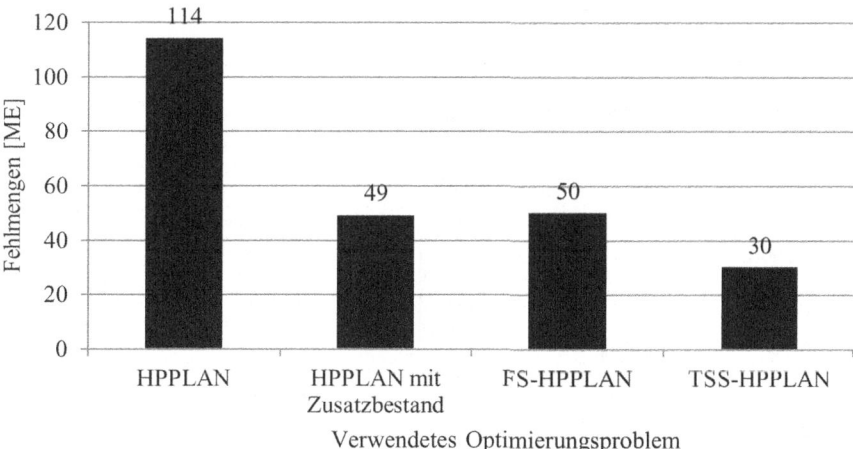

Abb. 6.7 Vergleich der Fehlmengen; mit ME für Mengeneinheiten

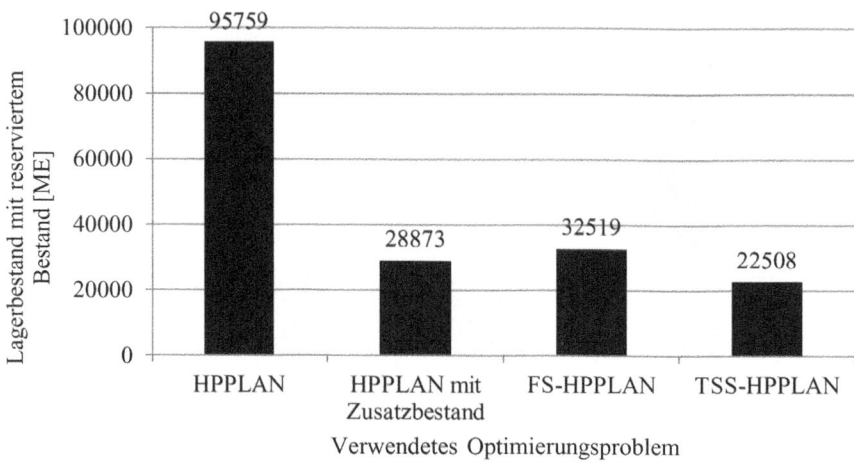

Abb. 6.8 Vergleich der Lagerbestände mit reservierten Bedarfen; mit ME für Mengeneinheiten

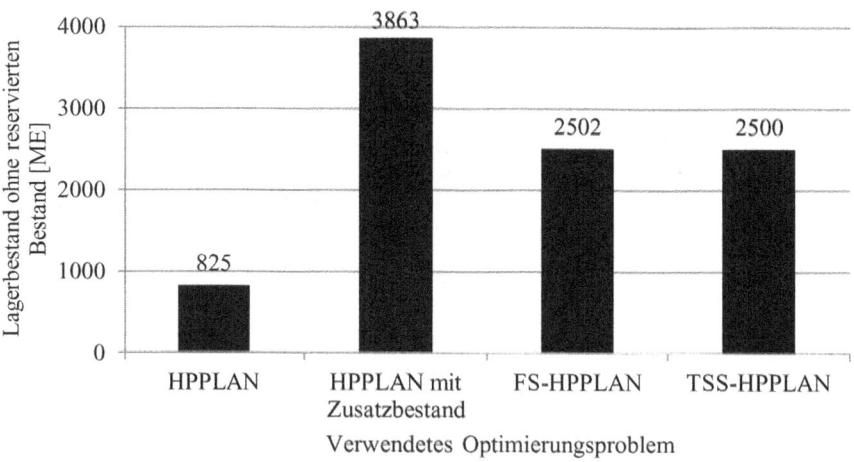

Abb. 6.9 Vergleich der Lagerbestände ohne reservierte Bedarfe; mit ME für Mengeneinheiten

6.4   Untersuchungen zu FS-HPPLAN und TSS-HPPLAN

Die Optimierungsprobleme FS-HPPLAN und TSS-HPPLAN, wie bereits dargestellt, sind Erweiterungen des deterministischen HPPLAN-Problems um die Berücksichtigung von Bedarfsszenarien. Im Folgenden werden die beiden Probleme mit und ohne rollende Planung verglichen und bezüglich der Auswirkung verschiedener Parametereinstellungen untersucht.

6.4.1 FS-HPPLAN versus TSS-HPPLAN

Vergleich ohne rollende Planungsumgebung
Die beiden stochastischen Optimierungsprobleme FS-HPPLAN und TSS-HPPLAN werden zunächst isoliert von einer rollenden, hierarchischen Planungsumgebung untersucht. In dem Beispiel wird ein Endprodukt betrachtet, das auf einem Produktionssegment mit einer verfügbaren Kapazität von 20 Mengeneinheiten (ME) pro Periode gefertigt wird. Das Produktionsprogramm wird auf der Basis von drei Bedarfsszenarien SZ1, SZ2 und SZ3 erstellt, die in den beiden Tab. 6.8 und 6.11 angegeben sind. Der Lagerkostensatz und der Kostensatz für die Zusatzkapazitäten betragen jeweils 5 Geldeinheiten (GE) je ME und Periode. Beim zweistufigen Kompensationsproblem fallen für jede Kompensationsmaßnahme ebenfalls 5 GE je ME und Periode an. Die Planung erfolgt jeweils in der Periode 1 für den gesamten Planungszeitraum (über 10 Perioden). Der Anfangslagerbestand beträgt 0 ME.

Es wird angenommen, dass der tatsächliche Bedarfsverlauf dem von Szenario SZ1 entspricht. Die Kundenaufträge werden immer nur vollständig oder nicht erfüllt.

Untersucht werden die Unterschiede in dem Grund- bzw. Basisproduktionsprogramm. Würden bei TSS-HPPLAN die Kompensationen umgesetzt, so können keine Fehlmengen entstehen. Es müsste mit anderen Bedarfen gearbeitet werden. Beide Untersuchungsmöglichkeiten sind geeignet. Die hier durchgeführte erscheint einfacher nachvollziehbar zu sein.

Das Planungsergebnis des FS-HPPLAN-Problems ist in der Tab. 6.10 und das Ergebnis des TSS-HPPLAN-Problems in der Tab. 6.11 dargestellt. In diesen sind jeweils die dabei verwendeten Abkürzungen angegeben.

Vergleich der Produktionsmengen
FS-HPPLAN bestimmt die Produktionsmengen so, dass die Bedarfe aller Szenarien unter Einhaltung der Kapazitätsrestriktionen in jeder Periode gedeckt werden können. Wenn ausreichend Kapazitäten verfügbar sind, stimmen die kumulierten Produktionsmengen in jeder Periode mit den maximalen kumulierten Bedarfsmengen aller Szenarien überein. In diesem Beispiel sind die kumulierten Bedarfsmengen z. B. in den ersten 6 Perioden bei Szenario SZ3 am höchsten, so dass die Produktionsmengen in diesen Perioden so hoch wie die Bedarfe von SZ3 sind. In den Perioden 7 und 8 sind sie bei SZ1 am höchsten und in den Perioden 9 und 10 wieder bei SZ3. M.a.W: die Produktionsmengen orientieren sich an den höchsten Bedarfswerten. In diesem Beispiel ist die Gesamtproduktionsmenge beim FS-Problem (171 ME) so hoch, wie der höchste kumulierte Bedarf von Szenario SZ3 im Planungszeitraum (171 ME).

Das TSS-HPPLAN-Problem erstellt ein Produktionsprogramm, das zum Kompensationszeitpunkt an jedes Szenario so angepasst werden kann, dass die Bedarfe des Szenarios im restlichen Planungszeitraum in jeder Periode erfüllt werden können. Dazu werden

Tab. 6.10 Planungsergebnis durch FS-HPPLAN; mit ME für Mengeneinheiten und GE für Geldeinheiten und den Abkürzungen:

P.-mengen. Produktionsmengen.
k.: kumuliert.
Kap.: Kapazität.
Zusatzkap.: Zusatzkapazität.
k. Verspätung: Kumulierte Verspätung aller Bedarfe.

Periode	1	2	3	4	5	6	7	8	9	10	$\sum$
Eingabeparameter für FS-HPPLAN											
Bedarfe SZ1 ($d_{k,t}^1$) [ME]	15	16	14	17	18	19	19	17	16	16	167
Bedarfe SZ1 ($d_{k,t}^1$) k. [ME]	15	31	45	62	80	99	118	135	151	167	
Bedarfe SZ2 ($d_{k,t}^2$) [ME]	16	16	17	14	17	18	16	18	18	18	168
Bedarfe SZ2 ($d_{k,t}^2$) k. [ME]	16	32	49	63	80	98	114	132	150	168	
Bedarfe SZ3 ($d_{k,t}^3$) [ME]	19	19	16	17	16	16	14	17	18	19	171
Bedarfe SZ3 ($d_{k,t}^3$) k. [ME]	19	38	54	71	87	103	117	134	152	171	
Kap. ($b_{j,t} + U_{j,t}^{max}$) [ME]	20	20	20	20	20	20	20	20	20	20	200
Ermitteltes Produktionsprogramm durch FS-HPPLAN											
P.-mengen ($x_{k,t}$) [ME]	19	19	16	17	16	16	15	17	17	19	171
P.-mengen ($x_{k,t}$) k. [ME]	19	38	54	71	87	103	118	135	152	171	
Zusatzkap. ($U_{j,t}$) [ME]	0	0	0	0	0	0	0	0	0	0	0
Bestand SZ1 ($I_{k,t}^1$) [ME]	4	7	9	9	7	4	0	0	1	4	45
Bestand SZ2 ($I_{k,t}^2$) [ME]	3	6	5	8	7	5	4	3	2	3	46
Bestand SZ3 ($I_{k,t}^3$) [ME]	0	0	0	0	0	0	1	1	0	0	2
										$\sum$	93
Gesamtkosten [GE]											155
Tatsächlicher Bedarf und Produktionsergebnis											
Tatsächlicher Bedarf [ME]	15	16	14	17	18	19	19	17	16	16	167
Disponibler Bestand [ME]	4	7	9	9	7	4	0	0	1	4	45
Fehlmengen [ME]	0	0	0	0	0	0	0	0	0	0	0
k. Verspätung [Perioden]	0	0	0	0	0	0	0	0	0	0	0

zusätzlich zum Basisplan Kompensationsmaßnahmen bestimmt. Erst wird ein Gesamtoptimum aus Grundproduktionsprogramm und Kompensationsmaßnahmen angestrebt. Da die Kompensationskosten höher als die Kosten für das Grundproduktionsprogramm (in Form von Lagerkosten und Zusatzkapazität) sind, wird vielfach, wie auch hier, das Grundproduktionsprogramm so erstellt, dass die Kompensationsmaßnahmen (Abweichungen des Grundproduktionsprogramms von den Szenarienbedarfen) insgesamt möglichst gering sind. Die

Tab. 6.11 Planungsergebnis durch TSS-HPPLAN; mit ME für Mengeneinheiten und GE für Geldeinheiten und den Abkürzungen:

Grundprod.-mengen:	Grundproduktionsmengen.
Grundzusatzkap.:	Grundzusatzkapazität.
K. P.-mengen:	Kompensationsmaßnahmen für die Produktionsmengen.
K. Zusatzkap.:	Kompensationsmaßnahmen für die Zusatzkapazitäten.
k. Verspätung:	Kumulierte Verspätung aller Bedarfe.

Periode	1	2	3	4	5	6	7	8	9	10	$\sum$
Eingabeparameter für TSS-HPPLAN											
Bedarfe SZ1 ($d_{k,t}^1$) [ME]	15	16	14	17	18	19	19	17	16	16	167
Bedarfe SZ2 ($d_{k,t}^2$) [ME]	16	16	17	14	17	18	16	18	18	18	168
Bedarfe SZ3 ($d_{k,t}^3$) [ME]	19	19	16	17	16	16	14	17	18	19	171
Kapazitäten ($b_{j,t} + U_{j,t}^{max}$) [ME]	20	20	20	20	20	20	20	20	20	20	200
Ermitteltes Produktionsprogramm durch TSS-HPPLAN											
Grundprod.-mengen ($x_{k,t}^0$) [ME]	19	13	17	16	16	18	17	17	18	18	169
Grundzusatzkap. ($U_{j,t}^0$) [ME]	0	0	0	0	0	0	0	0	0	0	0
K. P.-mengen SZ1 ($x_{k,t}^{1+}$) [ME]	0	0	0	0	0	1	2	0	0	0	3
K. P.-mengen SZ1 ($x_{k,t}^{1-}$) [ME]	0	1	0	0	0	0	0	0	2	0	3
K. Zusatzkap. SZ1 ($U_{j,t}^{1+}$) [ME]	0	0	0	0	0	0	0	0	0	0	0
K. Zusatzkap. SZ1 ($U_{j,t}^{1-}$) [ME]	0	0	0	0	0	0	0	0	0	0	0
K. P.-mengen SZ2 ($x_{k,t}^{2+}$) [ME]	0	0	0	0	0	0	0	0	0	0	0
K. P.-mengen SZ2 ($x_{k,t}^{2-}$) [ME]	0	0	1	0	0	0	0	0	0	0	1
K. Zusatzkap. SZ2 ($U_{j,t}^{2+}$) [ME]	0	0	0	0	0	0	0	0	0	0	0
K. Zusatzkap. SZ2 ($U_{j,t}^{2-}$) [ME]	0	0	0	0	0	0	0	0	0	0	0
K. P.-mengen SZ3 ($x_{k,t}^{3+}$) [ME]	0	6	0	0	0	0	0	0	0	1	7
K. P.-mengen SZ3 ($x_{k,t}^{3-}$) [ME]	0	0	0	0	0	2	3	0	0	0	5
K. Zusatzkap. SZ3 ($U_{j,t}^{3+}$) [ME]	0	0	0	0	0	0	0	0	0	0	0
K. Zusatzkap. SZ3 ($U_{j,t}^{3-}$) [ME]	0	0	0	0	0	0	0	0	0	0	0
Bestand SZ1 ($I_{k,t}^1$) [ME]	4	0	3	2	0	0	0	0	0	2	11
Bestand SZ2 ($I_{k,t}^2$) [ME]	3	0	0	1	0	0	1	0	0	0	5
Bestand SZ3 ($I_{k,t}^3$) [ME]	0	0	1	0	0	0	0	0	0	0	1
										$\sum$	17
Gesamtkosten [GE]											60
Tatsächlicher Bedarf und Produktionsergebnis											
Tatsächlicher Bedarf [ME]	15	16	14	17	18	19	19	17	16	16	167
Disponibler Bestand [ME]	4	1	4	3	1	0	0	0	0	2	15
Fehlmengen [ME]	0	0	0	0	0	0	2	2	0	0	4
k. Verspätung [Perioden]	0	0	0	0	0	0	1	1	0	0	2

Produktionsmengen orientieren sich deshalb oftmals an den durchschnittlichen Szenarien-bedarfen. Die Gesamtproduktionsmenge ist in diesem Beispiel mit 169 Mengeneinheiten (ME) ungefähr so hoch wie der durchschnittliche Gesamtbedarf der Szenarien über 168,6 ME. Damit ist zu erwarten, dass die Produktionsmengen über den gesamten Zeitraum ohne rollende Planung beim FS-HPPLAN-Problem tendenziell höher als beim TSS-HPPLAN-Problem sind.

In der ersten Periode des Planungszeitraumes (hier Periode 1) werden beim TSS-HPPLAN-Problem keine Kompensationsmaßnahmen getroffen, da der Basisplan für diese Periode zum Kompensationszeitpunkt bereits umgesetzt ist und somit nicht mehr angepasst werden kann. Deshalb werden die Produktionsmengen in dieser Periode, wie beim FS-HPPLAN-Problem so bestimmt, dass die Bedarfe aller Szenarien erfüllt werden können. Die Produktionsmenge ist in diesem Beispiel in der ersten Periode bei beiden Pro-blemen gleich (19 ME).

Vergleich der Lagerbestände
Da die Produktionsmengen beim FS-HPPLAN-Problem tendenziell höher sind als beim TSS-HPPLAN-Problem, sind auch die szenariospezifischen Lagerbestände höher. In die-sem Beispiel ist der gesamte szenariospezifische Lagerbestand beim Fat-Solution-Problem 93 ME, beim zweistufigen Kompensationssproblem dagegen sind es nur 17 ME. Auch der tatsächlich realisierte disponible Lagerbestand ist beim Fat-Solution-Problem (hier 45 ME) ohne rollende Planung höher als beim TSS-HPPLAN-Problem (hier 15 ME).

Vergleich der Gesamtkosten
Aufgrund der geringeren szenariospezifischen Lagerbestände sind die Gesamtkosten (Ziel-funktionswert) bei der Planung mit dem TSS-HPPLAN-Problem in der Regel niedri-ger als beim FS-HPPLAN-Problem. In diesem Beispiel fallen bei der Planung mit dem FS-HPPLAN-Problem Kosten von 155 Geldeinheiten (GE) an, bei der Planung mit dem TSS-HPPLAN-Problem sind es dagegen nur 60 GE.

Vergleich der Fehlmengen
Fehlmengen treten auf, wenn die Summe aus dem disponiblen Lagerbestand am Ende der Vorperiode und der Produktionsmenge in der Periode nicht ausreicht, um den tatsächlichen Bedarf in der Periode decken zu können. Beim Auftreten von Fehlmengen kann der Kun-denauftrag in der Periode erst mit mindestens einer Periode Verspätung ausgeliefert werden.

In dem Beispiel treten bei der Planung mit dem Fat-Solution-Problem keine Fehlmen-gen und keine Verspätungen auf. Verantwortlich dafür ist, dass die Produktionsmengen so bestimmt werden, dass alle Szenarienbedarfe in jeder Periode erfüllt werden können und der tatsächliche Bedarfsverlauf dem Szenario vom SZ1 entspricht.

Bei der Planung mit dem zweistufigen Kompensationsproblem entsteht dagegen insgesamt eine Fehlmenge von 4 ME und zwei Kundenaufträge werden mit jeweils einer Verspätung von einer Periode ausgeliefert. Das Problem bestimmt nur die Grundproduktionsmengen für die erste Periode so, dass alle Szenarienbedarfe gedeckt sind. Für den restlichen Planungszeitraum wird angenommen, dass der Basisplan zum Kompensationszeitpunkt an die Szenarien angepasst werden kann, die dann noch für den tatsächlichen Bedarfsverlauf in Frage kommen. In diesem Beispiel findet diese Anpassung allerdings nicht statt, da keine rollende Planung durchgeführt wird. Deswegen können die Bedarfe, mit denen die Planung durchgeführt wird (hier SZ1, SZ2 und SZ3), beim tatsächlichen Auftreten (wie in diesem Fall SZ1) nicht immer erfüllt werden.

Vergleich in einer rollenden Planungsumgebung
Im Folgenden sollen die beiden Optimierungsprobleme im Rahmen einer rollenden Planungsumgebung analysiert werden. Dazu werden die Simulationsergebnisse aus dem Abschn. 6.3 näher betrachtet. Die Ergebnisse sind für die beiden Probleme in der folgenden Tab. 6.12 noch einmal dargestellt.

Vergleich der Produktionsmengen
Es ist erkennbar, dass die Gesamtproduktionsmenge bei beiden Problemen gleich ist (jeweils 1484768 ME). Das liegt daran, dass bei beiden Problemen mit den gleichen Bedarfsszenarien geplant wird und der gleiche tatsächliche Bedarfsverlauf vorliegt. Wenn ein Problem bei der Planung höhere Produktionsmengen bestimmt als das andere Problem bzw. als tatsächlich benötigt wird, dann geht die zu viel produzierte Menge in die nächste Planung als Anfangslagerbestand ein. Die Produktionsmenge wird dann bei der folgenden Planung um diesen

Tab. 6.12 Simulationsergebnis durch FS-HPPLAN und TSS-HPPLAN; mit ME für Mengeneinheiten

	FS-HPPLAN	TSS-HPPLAN
Gesamtproduktionsmengen [ME]	1484768	1484768
Lagerbestand mit reserviertem Bestand [ME]	32519	22508
Lagerbestand ohne reservierten Bestand [ME]	2502	2500
Kumulierte Verspätung aller Kundenaufträge [Perioden]	6	4
Fehlmengen [ME]	50	30

Anfangslagerbestand reduziert. Ist die Produktionsmenge bei der Planung dagegen geringer als nötig, dann wird die Produktionsmenge bei der nächsten Planung um diese Fehlmenge erhöht. Damit gleichen sich die Produktionsmengen beider Probleme insgesamt aus und die Gesamtproduktionsmengen, wie in dieser Fallstudie, sind gleich.

Bei einer rollenden Planung mit einem Planungsabstand von einer Periode wird immer nur das Produktionsprogramm in der Planungsperiode umgesetzt. In dieser Periode bestimmt sowohl das FS-HPPLAN-Problem als auch das TSS-HPPLAN-Problem die Produktionsmengen so, dass alle Szenarienbedarfe in dieser Periode gedeckt werden können. Deshalb sind auch die umgesetzten Produktionsmengen bei einer rollenden Planung bei beiden Problemen oftmals identisch. Dies zeigt die folgende Abb. 6.10, in der der Verlauf der Produktionsmengen für beide Probleme dargestellt ist.

Wie zu erkennen ist, stimmen die Produktionsmengen der beiden Probleme nicht in allen Perioden überein. Unterschiedliche Produktionsmengen treten z. B. in den folgenden beiden Fällen auf:

• Es gibt Konstellationen, in denen die Lagerkosten bei einer Vorproduktion in der Planungsperiode genau so hoch sind, wie die Kosten, die in der Folgeperiode für die Inanspruchnahme von Zusatzkapazitäten anfallen. Wenn sich ein Problem für die Vorproduktion in der Planungsperiode entscheidet und das andere für die Nutzung von Zusatzkapazitäten in der Folgeperiode, dann sind die resultierenden umgesetzten Produktionsmengen unterschiedlich.

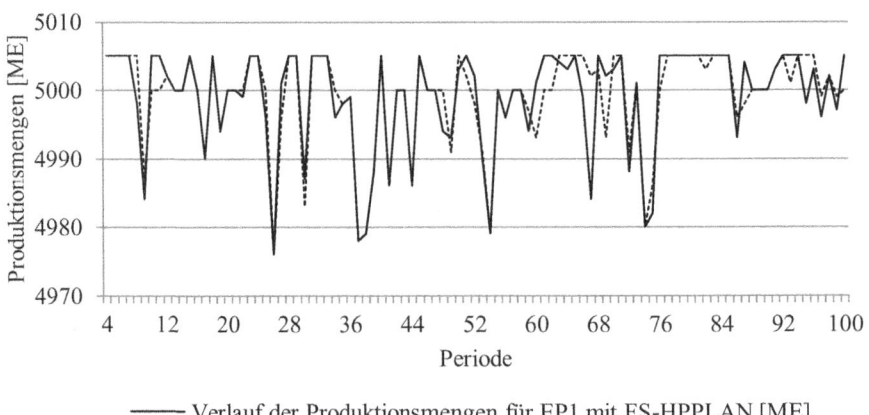

Abb. 6.10 Verlauf der Produktionsmengen in Mengeneinheiten (ME)

- Das zweistufige Kompensationssproblem hat im Gegensatz zum Fat-Solution-Problem die Möglichkeit, Kompensationsmaßnahmen zu treffen, durch die allerdings zusätzliche Kosten anfallen. Die Kompensationsmaßnahmen werden nur eingesetzt, wenn dadurch die Gesamtkosten minimiert bzw. der Zielfunktionswert verbessert werden kann. Das ist der Fall, wenn die Einsparung bei den Lagerkosten und bei den Kosten für die Zusatzkapazitäten größer ist, als die anfallenden Kompensationskosten. Es gibt Konstellationen, bei denen sich das TSS-HPPLAN-Problem durch die Kompensationsmaßnahmen im Gegensatz zum FS-HPPLAN-Problem für die Vorproduktion in der Planungsperiode bzw. für die Nutzung der Zusatzkapazität in der Folgeperiode entscheidet. In diesem Fall bestimmen die beiden Probleme ebenfalls unterschiedliche Produktionsmengen.

Vergleich der Fehlmengen und Verspätungen
Die Fehlmengen und die Anzahl der Verspätungen sind in dieser Fallstudie bei der Planung mit dem TSS-HPPLAN-Problem geringer als bei der Planung mit dem FS-HPPLAN-Problem. Das ist allerdings nicht generell der Fall. In Herrmann und Manitz (2015) wurde nachgewiesen, dass beim FS-HPPLAN-Problem weniger Fehlmengen auftreten als beim TSS-HPPLAN-Problem, wenn die tatsächlichen Bedarfswerte höher sind bzw. eine höhere Streuung aufweisen als die Bedarfswerte der Szenarien, mit denen die Planung durchgeführt wird.

Vergleich der Lagerbestände
Der Lagerbestand mit den Bestandsreservierungen ist beim FS-HPPLAN-Problem in dieser Fallstudie um ca. 10000 ME höher als beim TSS-HPPLAN-Problem. Das liegt daran, dass beim FS-HPPLAN-Problem zwei verspätete Perioden zusätzlich gegenüber dem TSS-HPPLAN-Problem auftreten. Beim Auftreten einer verspäteten Periode wird die bereits produzierte Menge reserviert und gelagert. Da die durchschnittliche Bestellmenge in dieser Fallstudie 5000 ME ist, steigt der Lagerbestand mit den Bestandsreservierungen pro verspäteter Periode um ca. 5000 ME an. Bei zwei verspäteten Perioden beträgt der zusätzliche Lagerbestand demzufolge ca. 10000 ME. Grundsätzlich ist der Lagerbestand mit den Bestandsreservierungen bei wenigen Kundenaufträgen mit hohen Bestellmengen, wie in dieser Fallstudie, eng gekoppelt an die Anzahl verspäteter Perioden.

Der Lagerbestand ohne die Berücksichtigung von Bestandsreservierungen ist der Lagerbestand, der durch Vor- und Überproduktion entsteht. Dieser ist bei beiden Problemen ungefähr gleich. Dies liegt daran, dass beide Probleme bei einer rollenden Planung in den meisten Perioden die gleichen oder zumindest sehr ähnliche Produktionsmengen bestimmen.

Erkenntnisse

Ohne rollende Planungsumgebung sind die Produktionsmengen, die Lagerbestände und die Gesamtkosten bei der Planung mit dem FS-HPPLAN-Problem tendenziell höher als bei der Planung mit dem TSS-HPPLAN-Problem. Bei der Planung mit dem Fat-Solution-Problem treten dafür weniger Fehlmengen auf.

Bei einer rollenden Planung sind die Ergebnisse der beiden Probleme sehr ähnlich. Weder bei den Produktionsmengen, beim Lagerbestand (ohne Bestandsreservierungen), noch bei den Fehlmengen sind deutliche Unterschiede erkennbar.

6.4.2 Implementierbarkeitsbedingung

Im Folgenden wird die sogenannte Implementierbarkeitsbedingung des zweistufigen Kompensationssproblems näher betrachtet. Diese ist im Folgenden erneut angegeben:

$$\forall\, s, s' \in \Omega \text{ mit } d^s_{k,T_{Start}-F} = d^{s'}_{k,T_{Start}-F}\ \forall\, 1 \leq k \leq K \text{ gilt:}$$
$$x^{s+}_{k,t} = x^{s'+}_{k,t},\ x^{s-}_{k,t} = x^{s'-}_{k,t}, \qquad\qquad \forall\, T_{Start} - F \leq t \leq T_{End},$$
$$U^{s+}_{j,t} = U^{s'+}_{j,t} \text{ und } U^{s-}_{j,t} = U^{s'-}_{j,t} \qquad\qquad \forall\, 1 \leq j \leq J.$$

Die Implementierbarkeitsbedingung bewirkt, dass für alle Szenarien ab dem Kompensationszeitpunkt gemeinsame Kompensationsmaßnahmen für die Produktionsmengen ($x^{s+}_{k,t}$, $x^{s-}_{k,t}$) und für die Zusatzkapazitäten ($U^{s+}_{j,t}$, $U^{s-}_{j,t}$) getroffen werden, deren Bedarfswerte sich in der ersten Periode des Planungszeitraumes ($T_{Start} - F$) um nicht mehr als Δ^{lim} unterscheiden.

Mit dem Parameter Δ^{lim} kann demzufolge gesteuert werden, wie viele Szenarien zum Kompensationszeitpunkt zusammengefasst werden. Wird für Δ^{lim} ein sehr hoher Wert gewählt ($\Delta^{lim} \to \infty$), werden die Bedarfe aller Szenarien in der Periode ($T_{Start} - F$) als gleich betrachtet. Ist Δ^{lim} dagegen 0, werden nur für die Szenarien gemeinsame Kompensationsmaßnahmen getroffen, deren Bedarfswerte in der Startperiode gleich sind.

Implementierbarkeitsbedingung ohne rollende Planungsumgebung
Die Wirkung der Implementierbarkeitsbedingung soll zunächst ohne rollende Planung untersucht werden. Dazu wird das obige Beispiel (beim Vergleich von FS-HPPLAN und TSS-HPPLAN ohne rollende Planungsumgebung) erneut verwendet.

Für Δ^{lim} wird zunächst der Wert 0 gewählt. Das Planungsergebnis ist in der folgenden Tab. 6.13 dargestellt.

Tab. 6.13 Planungsergebnis durch TSS-HPPLAN mit $\Delta^{lim} = 0$; mit ME für Mengeneinheiten und GE für Geldeinheiten sowie den Abkürzungen:

Basis-P.-mengen: Basisproduktionsmengen.
Basis-Zusatzkap.:   Basiszusatzkapazität.
K. P.-mengen: Kompensationsmaßnahmen für die Produktionsmengen.
K. Zusatzkap.:   Kompensationsmaßnahmen für die Zusatzkapazitäten.
k. Verspätung: Kumulierte Verspätung aller Bedarfe.

Periode	1	2	3	4	5	6	7	8	9	10	$\sum$
Eingabeparameter für TSS-HPPLAN											
Bedarfe SZ1 ($d_{k,t}^1$) [ME]	15	16	14	17	18	19	19	17	16	16	167
Bedarfe SZ2 ($d_{k,t}^2$) [ME]	16	16	17	14	17	18	16	18	18	18	168
Bedarfe SZ3 ($d_{k,t}^3$) [ME]	19	19	16	17	16	16	14	17	18	19	171
Kapazitäten ($b_{j,t} + U_{j,t}^{max}$) [ME]	20	20	20	20	20	20	20	20	20	20	200
Ermitteltes Produktionsprogramm durch TSS-HPPLAN											
Basis-P.-mengen ($x_{k,t}^0$) [ME]	19	13	17	16	16	18	17	17	18	18	169
Basis-Zusatzkap. ($U_{j,t}^0$) [ME]	0	0	0	0	0	0	0	0	0	0	0
K. P.-mengen SZ1 ($x_{k,t}^{1+}$) [ME]	0	0	0	0	0	1	2	0	0	0	3
K. P.-mengen SZ1 ($x_{k,t}^{1-}$) [ME]	0	1	0	0	0	0	0	0	2	0	3
K. Zusatzkap. SZ1 ($U_{j,t}^{1+}$) [ME]	0	0	0	0	0	0	0	0	0	0	0
K. Zusatzkap. SZ1 ($U_{j,t}^{1-}$) [ME]	0	0	0	0	0	0	0	0	0	0	0
K. P.-mengen SZ2 ($x_{k,t}^{2+}$) [ME]	0	0	0	0	0	0	0	0	0	0	0
K. P.-mengen SZ2 ($x_{k,t}^{2-}$) [ME]	0	0	0	1	0	0	0	0	0	0	1
K. Zusatzkap. SZ2 ($U_{j,t}^{2+}$) [ME]	0	0	0	0	0	0	0	0	0	0	0
K. Zusatzkap. SZ2 ($U_{j,t}^{2-}$) [ME]	0	0	0	0	0	0	0	0	0	0	0
K. P.-mengen SZ3 ($x_{k,t}^{3+}$) [ME]	0	6	0	0	0	0	0	0	0	1	7
K. P.-mengen SZ3 ($x_{k,t}^{3-}$) [ME]	0	0	0	0	0	2	3	0	0	0	5
K. Zusatzkap. SZ3 ($U_{j,t}^{3+}$) [ME]	0	0	0	0	0	0	0	0	0	0	0
K. Zusatzkap. SZ3 ($U_{j,t}^{3-}$) [ME]	0	0	0	0	0	0	0	0	0	0	0
Bestand SZ1 ($I_{k,t}^1$) [ME]	4	0	3	2	0	0	0	0	2		11
Bestand SZ2 ($I_{k,t}^2$) [ME]	3	0	0	1	0	0	1	0	0	0	5
Bestand SZ3 ($I_{k,t}^3$) [ME]	0	0	1	0	0	0	0	0	0	0	1
										$\sum$	17
Gesamtkosten [GE]											60
Tatsächlicher Bedarf und Produktionsergebnis											
Tatsächlicher Bedarf [ME]	15	16	14	17	18	19	19	17	16	16	167
Disponibler Bestand [ME]	4	1	4	3	1	0	0	0	0	2	15
Fehlmengen [ME]	0	0	0	0	0	0	2	2	0	0	4
k. Verspätung [Perioden]	0	0	0	0	0	0	1	1	0	0	2

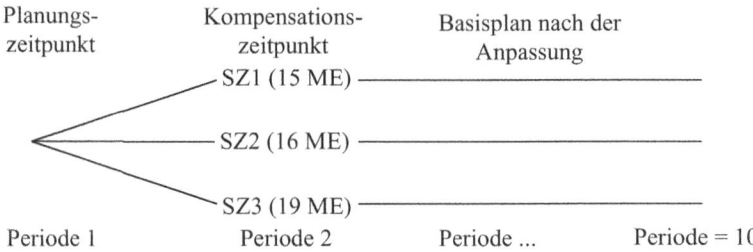

Abb. 6.11 Szenarienbaum bei der Planung durch TSS-HPPLAN mit $\Delta^{lim} = 0$; mit ME für Mengeneinheiten

Bei der Betrachtung der Planungsergebnisse ist erkennbar, dass in der Periode 1 keine szenariospezifischen Kompensationsmaßnahmen festgelegt werden ($x_{k,t}^{s+}$, $x_{k,t}^{s-}$, $U_{j,t}^{s+}$ und $U_{j,t}^{s-}$ sind jeweils 0 ME). In den übrigen neun Perioden werden dagegen für jedes Szenario unterschiedliche Kompensationsmaßnahmen bestimmt. Das Ergebnis soll mit Hilfe des Szenarienbaumes in der Abb. 6.11 verdeutlicht werden.

Das Problem unterstellt, dass eines der drei Szenarien dem tatsächlichen Bedarfsverlauf entspricht. In der Planungsperiode sind aber noch keine Informationen darüber vorhanden, welches der Szenarien der tatsächliche Bedarfsverlauf ist. Zum Kompensationszeitpunkt wird das Produktionsprogramm in der ersten Periode bereits umgesetzt sein, so dass der Basisplan in der Periode 1 nicht mehr angepasst werden kann. Deshalb werden in dieser Periode (unabhängig von Δ^{lim}) keine Kompensationsmaßnahmen bestimmt. Die Basisproduktionsmenge ist deswegen in dieser Periode so hoch, dass alle Szenarienbedarfe gedeckt werden können.

Das Problem nimmt an, dass zum Kompensationszeitpunkt (in Periode 2) bekannt ist, welcher Bedarf in der Periode 1 aufgetreten ist. Der Basisplan soll dann an die Szenarien angepasst werden, deren Bedarf in der Periode 1 mit dem tatsächlichen Bedarf übereinstimmt. Da $\Delta^{lim} = 0$ ist und die Szenarien in der Periode 1 verschiedene Bedarfswerte haben, sind sie zum Kompensationsationszeitpunkt unterscheidbar. Je nachdem, welcher Bedarfswert in der Periode 1 auftritt, wird der Basisplan entweder an SZ1, SZ2 oder SZ3 angepasst. Deswegen werden für alle Szenarien für die Perioden 2 bis 10 individuelle Kompensationsmaßnahmen festgelegt. Es sei daran erinnert und betont, dass hier die unterschiedlichen Grund- bzw. Basisproduktionsprogramme untersucht werden.

Das Beispiel wird nun für $\Delta^{lim} = 1$ wiederholt. Sein Planungsergebnis ist in der folgenden Tab. 6.14 dargestellt.

Tab. 6.14 Planungsergebnis durch TSS-HPPLAN mit $\Delta^{lim} = 1$; mit ME für Mengeneinheiten und GE für Geldeinheiten sowie den Abkürzungen:
Basis-P.-mengen: Basisproduktionsmengen.
Basis-Zusatzkap.: Basiszusatzkapazität.
K. P.-mengen: Kompensationsmaßnahmen für die Produktionsmengen.
K. Zusatzkap.: Kompensationsmaßnahmen für die Zusatzkapazitäten.
k. Verspätung: Kumulierte Verspätung aller Bedarfe.

Periode	1	2	3	4	5	6	7	8	9	10	$\sum$
Eingabeparameter für TSS-HPPLAN											
Bedarfe SZ1 ($d_{k,t}^1$) [ME]	15	16	14	17	18	19	19	17	16	16	167
Bedarfe SZ2 ($d_{k,t}^2$) [ME]	16	16	17	14	17	18	16	18	18	18	168
Bedarfe SZ3 ($d_{k,t}^3$) [ME]	19	19	16	17	16	16	14	17	18	19	171
Ermitteltes Produktionsprogramm durch TSS-HPPLAN											
Basis-P.-mengen ($x_{k,t}^0$) [ME]	19	13	17	15	16	19	19	17	16	17	168
Basis-Zusatzkap. ($U_{j,t}^0$) [ME]	0	0	0	0	0	0	0	0	0	0	0
K. P.-mengen SZ1 ($x_{k,t}^{1+}$) [ME]	0	0	0	0	0	0	0	0	0	0	0
K. P.-mengen SZ1 ($x_{k,t}^{1-}$) [ME]	0	0	0	0	0	0	0	0	0	0	0
K. Zusatzkap. SZ1 ($U_{j,t}^{1+}$) [ME]	0	0	0	0	0	0	0	0	0	0	0
K. Zusatzkap. SZ1 ($U_{j,t}^{1-}$) [ME]	0	0	0	0	0	0	0	0	0	0	0
K. P.-mengen SZ2 ($x_{k,t}^{2+}$) [ME]	0	0	0	0	0	0	0	0	0	0	0
K. P.-mengen SZ2 ($x_{k,t}^{2-}$) [ME]	0	0	0	0	0	0	0	0	0	0	0
K. Zusatzkap. SZ2 ($U_{j,t}^{2+}$) [ME]	0	0	0	0	0	0	0	0	0	0	0
K. Zusatzkap. SZ2 ($U_{j,t}^{2-}$) [ME]	0	0	0	0	0	0	0	0	0	0	0
K. P.-mengen SZ3 ($x_{k,t}^{3+}$) [ME]	0	6	0	1	0	0	0	0	0	2	9
K. P.-mengen SZ3 ($x_{k,t}^{3-}$) [ME]	0	0	0	0	0	3	3	0	0	0	6
K. Zusatzkap. SZ3 ($U_{j,t}^{3+}$) [ME]	0	0	0	0	0	0	0	0	0	0	0
K. Zusatzkap. SZ3 ($U_{j,t}^{3-}$) [ME]	0	0	0	0	0	0	0	0	0	0	0
Bestand SZ1 ($I_{k,t}^1$) [ME]	4	1	4	2	0	0	0	0	0	1	12
Bestand SZ2 ($I_{k,t}^2$) [ME]	3	0	0	1	0	1	4	3	1	0	13
Bestand SZ3 ($I_{k,t}^3$) [ME]	0	0	1	0	0	0	2	2	0	0	5
										$\sum$	30
Gesamtkosten [GE]											75
Tatsächlicher Bedarf [ME]	15	16	14	17	18	19	19	17	16	16	167
Disponibler Bestand [ME]	4	1	4	2	0	0	0	0	0	1	12
Fehlmengen [ME]	0	0	0	0	0	0	0	0	0	0	0
k. Verspätung [Perioden]	0	0	0	0	0	0	0	0	0	0	0

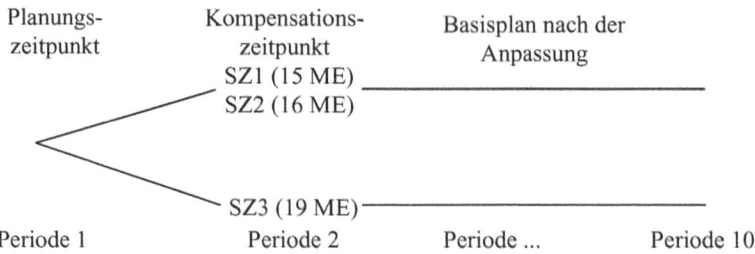

Abb. 6.12 Szenarienbaum bei der Planung durch TSS-HPPLAN mit $\Delta^{lim} = 1$; mit ME für Mengeneinheiten

In der Periode 1 werden wieder für alle Szenarien keine Kompensationsmaßnahmen bestimmt. Im restlichen Planungszeitraum werden für SZ1 und SZ2 gemeinsame und für SZ3 individuelle Maßnahmen festgelegt; dies ist in Abb. 6.12 dargestellt.

Da $\Delta^{lim} = 1$ ist und die Bedarfe der Szenarien SZ1 (15 ME) und SZ2 (16 ME) zum Planungszeitpunkt um nur 1 voneinander abweichen, sind die beiden Szenarien zum Kompensationszeitpunkt nicht unterscheidbar. Für beide Szenarien werden deshalb gemeinsame Kompensationsmaßnahmen getroffen. Die Kompensationsmaßnahmen sind für die beiden Szenarien in diesem Beispiel jeweils 0 ME, weswegen der Basisplan für beide Szenarien zulässig ist. Generell dürften sie (die Kompensationsmaßnahmen) größer als 0 ME sein. Da der Bedarf von SZ3 (19 ME) in der Planungsperiode um mehr als 1 ME von den anderen Szenarienbedarfen abweicht, werden für SZ3 eigene Kompensationsmaßnahmen bestimmt.

Da insgesamt weniger szenariospezifische Kompensationsmaßnahmen als bei $\Delta^{lim} = 0$ festgelegt werden, ist zu erwarten, dass weniger Fehlmengen auftreten. Dies tritt auch hier auf; s. die beiden Tab. 6.13 und 6.14.

Das Beispiel wird nun für $\Delta^{lim} = 10$ wiederholt. Sein Planungsergebnis ist in der folgenden Tab. 6.15 dargestellt.

Es ist erkennbar, dass nun keine Kompensationsmaßnahmen mehr festgelegt werden (s. Abb. 6.13).

Da $\Delta^{lim} = 10$ ist und die Bedarfe der Szenarien SZ1 (15 ME), SZ2 (16 ME) und SZ3 (19 ME) in der Planungsperiode um weniger als 10 ME voneinander abweichen, sind alle Szenarien zum Kompensationszeitpunkt nicht unterscheidbar (s. Abb. 6.13). Das bedeutet, dass zum Kompensationszeitpunkt keine Anpassung stattfindet und der Basisplan bereits zum Planungszeitpunkt so erstellt wird, dass er im gesamten Planungszeitraum für alle Szenarien zulässig ist. Deshalb werden keine Kompensationsmaßnahmen bestimmt. Die Grundproduktionsmengen und die Grundzusatzkapazitäten stimmen exakt mit denen bei der Planung mit dem Fat-Solution-Problem überein (siehe Tab. 6.10).

Da der Basisplan für alle Szenarien zulässig ist und der tatsächliche Bedarfsverlauf dem Szenario SZ1 entspricht, treten keine Fehlmengen auf.

Tab. 6.15 Planungsergebnis durch TSS-HPPLAN mit $\Delta^{lim} = 10$; mit ME für Mengeneinheiten und GE für Geldeinheiten sowie den Abkürzungen:

Basis-P.-mengen: Basisproduktionsmengen.
Basis-Zusatzkap.:   Basiszusatzkapazität.
K. P.-mengen: Kompensationsmaßnahmen für die Produktionsmengen.
K. Zusatzkap.:   Kompensationsmaßnahmen für die Zusatzkapazitäten.
k. Verspätung: Kumulierte Verspätung aller Bedarfe.

Periode	1	2	3	4	5	6	7	8	9	10	$\sum$
Eingabeparameter für TSS-HPPLAN											
Bedarfe SZ1 ($d_{k,t}^1$) [ME]	15	16	14	17	18	19	19	17	16	16	167
Bedarfe SZ2 ($d_{k,t}^2$) [ME]	16	16	17	14	17	18	16	18	18	18	168
Bedarfe SZ3 ($d_{k,t}^3$) [ME]	19	19	16	17	16	16	14	17	18	19	171
Ermitteltes Produktionsprogramm durch TSS-HPPLAN											
Basis-P.-mengen ($x_{k,t}^0$) [ME]	19	19	16	17	16	16	15	17	17	19	171
Basis-Zusatzkap. ($U_{j,t}^0$) [ME]	0	0	0	0	0	0	0	0	0	0	0
K. P.-mengen SZ1 ($x_{k,t}^{1+}$) [ME]	0	0	0	0	0	0	0	0	0	0	0
K. P.-mengen SZ1 ($x_{k,t}^{1-}$) [ME]	0	0	0	0	0	0	0	0	0	0	0
K. Zusatzkap. SZ1 ($U_{j,t}^{1+}$) [ME]	0	0	0	0	0	0	0	0	0	0	0
K. Zusatzkap. SZ1 ($U_{j,t}^{1-}$) [ME]	0	0	0	0	0	0	0	0	0	0	0
K. P.-mengen SZ2 ($x_{k,t}^{2+}$) [ME]	0	0	0	0	0	0	0	0	0	0	0
K. P.-mengen SZ2 ($x_{k,t}^{2-}$) [ME]	0	0	0	0	0	0	0	0	0	0	0
K. Zusatzkap. SZ2 ($U_{j,t}^{2+}$) [ME]	0	0	0	0	0	0	0	0	0	0	0
K. Zusatzkap. SZ2 ($U_{j,t}^{2-}$) [ME]	0	0	0	0	0	0	0	0	0	0	0
K. P.-mengen SZ3 ($x_{k,t}^{3+}$) [ME]	0	0	0	0	0	0	0	0	0	0	0
K. P.-mengen SZ3 ($x_{k,t}^{3-}$) [ME]	0	0	0	0	0	0	0	0	0	0	0
K. Zusatzkap. SZ3 ($U_{j,t}^{3+}$) [ME]	0	0	0	0	0	0	0	0	0	0	0
K. Zusatzkap. SZ3 ($U_{j,t}^{3-}$) [ME]	0	0	0	0	0	0	0	0	0	0	0
Bestand SZ1 ($I_{k,t}^1$) [ME]	4	7	9	9	7	4	0	0	1	4	45
Bestand SZ2 ($I_{k,t}^2$) [ME]	3	6	5	8	7	5	4	3	2	3	46
Bestand SZ3 ($I_{k,t}^3$) [ME]	0	0	0	0	0	0	1	1	0	0	2
										$\sum$	93
Gesamtkosten [GE]											155
Tatsächlicher Bedarf [ME]	15	16	14	17	18	19	19	17	16	16	167
Disponibler Bestand [ME]	4	7	9	9	7	4	0	0	1	4	45
Fehlmengen [ME]	0	0	0	0	0	0	0	0	0	0	
k. Verspätung [Perioden]	0	0	0	0	0	0	0	0	0	0	

Planungs- zeitpunkt	Kompensations- zeitpunkt	Basisplan nach der Anpassung
	SZ1 (15 ME)	
	—— SZ2 (16 ME) ——	
	SZ3 (19 ME)	

| Periode 1 | Periode 2 | Periode 3 ... | Periode 10 |

Abb. 6.13 Szenarienbaum bei der Planung durch TSS-HPPLAN mit $\Delta^{lim} = 10$; mit ME für Mengeneinheiten

Implementierbarkeitsbedingung in einer rollenden Planungsumgebung

Die Wirkung der Implementierbarkeitsbedingung in einer rollenden Planungsumgebung wird anhand der Fallstudie aus Abschn. 6.3 untersucht. Die Hauptproduktionsprogrammplanung erfolgt mit dem Optimierungsproblem TSS-HPPLAN mit verschiedenen Werten für Δ^{lim} (0, 5, 100). Die Simulationsergebnisse sind in der folgenden Tab. 6.16 gegenübergestellt. Zusätzlich zu den Ergebnissen für die verschiedenen Δ^{lim}-Werte ist das Ergebnis mit dem FS-HPPLAN-Problem aufgelistet.

Bei der Betrachtung der Tab. 6.16 wird deutlich, dass bei der Planung mit $\Delta^{lim} = 5$ die geringsten Fehlmengen auftreten. Es ist aber keine Systematik erkennbar, dass mit höheren oder niedrigeren Δ^{lim}- Werten die Lagerbestände, Fehlmengen oder die Produktionsmengen zu- oder abnehmen.

Tab. 6.16 Simulationsergebnis durch FS-HPPLAN und TSS-HPPLAN für verschiedene Werten für Δ^{lim} (0, 5, 100); mit ME für Mengeneinheiten und den Abkürzungen:
Lagerb. mit reserv. Bestand: Lagerbestand mit reserviertem Bestand.
Lagerb. ohne reserv. Bestand: Lagerbestand ohne reservierten Bestand.
FS: Fat-Solution-Problem (FS-HPPLAN).
k. Verspätung: Kumulierte Verspätung aller Bedarfe.

	$\Delta^{lim} = 0$	$\Delta^{lim} = 5$	$\Delta^{lim} = 100$	FS
Gesamtproduktionsmengen [ME]	1484768	1484768	1484768	1484768
Lagerb. mit reserv. Bestand [ME]	22508	17551	32519	32519
Lagerb. ohne reserv. Bestand [ME]	2500	2543	2502	2502
k. Verspätung [Perioden]	4	3	6	6
Fehlmengen [ME]	30	19	50	50

Beim Vergleich der Ergebnisse für $\Delta^{lim} = 100$ mit den Ergebnissen des Fat-Solution-Problems ist allerdings erkennbar, dass diese übereinstimmen. Bei den Untersuchungen zur Implementierbarkeitsbedingung ohne rollende Planung wurde festgestellt, dass die Grundproduktionsmengen und die Grundzusatzkapazitäten mit den Produktionsmengen und den Zusatzkapazitäten des FS-HPPLAN-Problems übereinstimmen, wenn Δ^{lim} so hoch ist, dass die Bedarfe der Szenarien zum Planungszeitpunkt nicht unterscheidbar sind. In dieser Fallstudie zur rollenden Planung sind die Bedarfwerte der Szenarien normalverteilt mit einem Erwartungswert von 5000 Mengeneinheiten (ME) und einer Standardabweichung von 10 ME. Da $\Delta^{lim} = 100$ deutlich höher als die Standardabweichung der Szenarienbedarfe ist, dürften die Bedarfe der Szenarien bei keiner Planung unterscheidbar sein. Dadurch stimmt das Planungsergebnis bei jeder Planung und somit auch das Gesamtergebnis mit des Fat-Solution-Problems überein.

Erkentnisse

Ohne rollende Planung führt ein niedriger Δ^{lim}- Wert ($\Delta^{lim} \to 0$) dazu, dass mehr (szenariospezifische) Kompensationsmaßnahmen getroffen werden. Dadurch soll der Basisplan zum Großteil erst zum Kompensationszeitpunkt an die Szenarien angepasst werden. Da diese Anpassung ohne rollende Planung nicht durchgeführt wird, treten mehr Fehlmengen auf.

Ohne rollende Planung führt ein hoher Δ^{lim}- Wert ($\Delta^{lim} \to \infty$) dazu, dass die Szenarien zum Kompensationszeitpunkt nicht unterscheidbar sind. Somit erfolgt zum Kompensationszeitpunkt keine Anpassung des Basisplans und es werden keine Kompensationsmaßnahmen bestimmt. Dadurch wird der Basisplan bereits zum Planungszeitpunkt so erstellt, dass er für alle Szenarien zulässig ist. Die Lösung stimmt dann mit dem Fat-Solution-Problem überein und es treten weniger Fehlmengen auf.

Bei einer rollenden Planung ist in dieser Fallstudie keine Systematik erkennbar, ob durch höhere oder niedrigere Δ^{lim}- Werte die Produktionsmengen, Fehlmengen oder Lagerbestände zu- oder abnehmen. Die Lösung des zweistufigen Kompensationsproblems ist identisch mit der Lösung des Fat-Solution-Problems, wenn Δ^{lim} höher ist als die Unterschiede der Szenarienbedarfe in jeder Periode.

6.4.3 Kompensationskosten

Im zweistufigen Kompensationsproblem bewirken positive Kompensationsmaßnahmen für die Produktionsmengen, dass die Produktionsmengen des Basisplans zum Kompensationszeitpunkt erhöht werden. In der Realität kann dies z.B. dazu führen, dass kurzfristig Überstunden verordnet oder anderweitig Kapazitäten organisiert werden müssen. Negative Kompensationsmaßnahmen für die Produktionsmengen bewirken im Gegenzug, dass die Produktionsmengen des Basisplans reduziert werden müssen. Dadurch müssen z.B. Lieferungen storniert werden. Sowohl positive als auch negative Maßnahmen können somit zusätzliche Kosten verursachen und werden im Problem vermieden. Die Kompensationsmaßnahmen gehen deshalb mit den Kostenfaktoren c_t^x für die Produktionsmengen und c_t^U für die Zusatzkapazitäten in die Zielfunktion ein. Im Folgenden wird untersucht, welche Auswirkung verschiedene Werte für die Kostenfaktoren auf das Planungsergebnis haben.

Kompensationskosten ohne rollende Planungsumgebung

Der Einfluss der Kompensationskosten wird zunächst wieder ohne rollende Planung untersucht. Dazu wird das obige Beispiel (bei der Analyse der Implementierbarkeitsbedingung) erneut verwendet. Die Planung wird jeweils mit verschiedenen Werten für die Kompensationskosten durchgeführt (5 Geldeinheiten (GE), 0 GE, 1000 GE). Die Lagerkosten und die Kosten für die Nutzung von Zusatzkapazitäten betragen jeweils 5 GE pro Mengeneinheit (ME).

Zunächst erfolgt die Planung mit Kompensationskosten von 5 GE. Das Planungsergebnis ist in der folgenden Tab. 6.17 dargestellt.

Tab. 6.17 Planungsergebnis durch TSS-HPPLAN mit Kompensationskosten über 5 Geldeinheiten (GE); mit ME für Mengeneinheiten und den Abkürzungen:
Grund-P.-mengen: Grundproduktionsmengen.
Grundzusatzkap.:   Grundzusatzkapazität.
K. P.-mengen: Kompensationsmaßnahmen für die Produktionsmengen.
K. Z.-kap.:   Kompensationsmaßnahmen für die Zusatzkapazitäten.
k. Verspätung: Kumulierte Verspätung aller Bedarfe.

Periode	1	2	3	4	5	6	7	8	9	10	$\sum$
Eingabeparameter für TSS-HPPLAN											
Bedarfe SZ1 ($d_{k,t}^1$) [ME]	15	16	14	17	18	19	19	17	16	16	167
Bedarfe SZ2 ($d_{k,t}^2$) [ME]	16	16	17	14	17	18	16	18	18	18	168
Bedarfe SZ3 ($d_{k,t}^3$) [ME]	19	19	16	17	16	16	14	17	18	19	171
Ermitteltes Produktionsprogramm durch TSS-HPPLAN											
Grund-P.-mengen ($x_{k,t}^0$) [ME]	19	13	17	16	16	18	17	17	18	18	169
Grundzusatzkap. ($U_{j,t}^0$) [ME]	0	0	0	0	0	0	0	0	0	0	0
K. P.-mengen SZ1 ($x_{k,t}^{1+}$) [ME]	0	0	0	0	0	1	2	0	0	0	3
K. P.-mengen SZ1 ($x_{k,t}^{1-}$) [ME]	0	1	0	0	0	0	0	0	2	0	3
K. Z.-kap. SZ1 ($U_{j,t}^{1+}$) [ME]	0	0	0	0	0	0	0	0	0	0	0
K. Z.-kap. SZ1 ($U_{j,t}^{1-}$) [ME]	0	0	0	0	0	0	0	0	0	0	0
K. P.-mengen SZ2 ($x_{k,t}^{2+}$) [ME]	0	0	0	0	0	0	0	0	0	0	0
K. P.-mengen SZ2 ($x_{k,t}^{2-}$) [ME]	0	0	0	1	0	0	0	0	0	0	1
K. Z.-kap. SZ2 ($U_{j,t}^{2+}$) [ME]	0	0	0	0	0	0	0	0	0	0	0
K. Z.-kap. SZ2 ($U_{j,t}^{2-}$) [ME]	0	0	0	0	0	0	0	0	0	0	0

(Fortsetzung)

Tab. 6.17 (Fortsetzung)

Periode	1	2	3	4	5	6	7	8	9	10	$\sum$
K. P.-mengen SZ2 ($x_{k,t}^{2+}$) [ME]	0	0	0	0	0	0	0	0	0	0	0
K. P.-mengen SZ2 ($x_{k,t}^{2-}$) [ME]	0	0	0	1	0	0	0	0	0	0	1
K. Z.-kap. SZ2 ($U_{j,t}^{2+}$) [ME]	0	0	0	0	0	0	0	0	0	0	0
K. Z.-kap. SZ2 ($U_{j,t}^{2-}$) [ME]	0	0	0	0	0	0	0	0	0	0	0
K. P.-mengen SZ3 ($x_{k,t}^{3+}$) [ME]	0	6	0	0	0	0	0	0	0	1	7
K. P.-mengen SZ3 ($x_{k,t}^{3-}$) [ME]	0	0	0	0	0	2	3	0	0	0	5
K. Z.-kap. SZ3 ($U_{j,t}^{3+}$) [ME]	0	0	0	0	0	0	0	0	0	0	0
K. Z.-kap. SZ3 ($U_{j,t}^{3-}$) [ME]	0	0	0	0	0	0	0	0	0	0	0
Bestand SZ1 ($I_{k,t}^{1}$) [ME]	4	0	3	2	0	0	0	0	0	2	11
Bestand SZ2 ($I_{k,t}^{2}$) [ME]	3	0	0	1	0	0	1	0	0	0	5
Bestand SZ3 ($I_{k,t}^{3}$) [ME]	0	0	1	0	0	0	0	0	0	0	1
										$\sum$	17
Gesamtkosten [GE]											60
Tatsächlicher Bedarf und Produktionsergebnis											
Tatsächlicher Bedarf [ME]	15	16	14	17	18	19	19	17	16	16	167
Disponibler Bestand [ME]	4	1	4	3	1	0	0	0	0	2	15
Fehlmengen [ME]	0	0	0	0	0	0	2	2	0	0	4
k. Verspätung [Perioden]	0	0	0	0	0	0	1	1	0	0	2

Kompensationsmaßnahmen werden nur festgelegt, wenn dadurch die Zielfunktion verbessert werden kann. Das ist der Fall, wenn durch die Kompensationsmaßnahmen die Lagerbestände und die benötigten Zusatzkapazitäten reduziert werden können, so dass die Kosteneinsparung bei den Lagerkosten und den Kosten für die Zusatzkapazitäten größer ist, als die Kosten, die durch die Verwendung der Kompensationsmaßnahmen anfallen. Wie im Planungsergebnis zu sehen ist (siehe Tab. 6.17), werden bei der Planung mit einem Kostenfaktor von 5 GE Kompensationsmaßnahmen getroffen, so dass der Zielfunktionswert mit den Kompensationsmaßnahmen offensichtlich verbessert werden kann.

Es sei daran erinnert und betont, dass hier die unterschiedlichen Grund- bzw. Basisproduktionsprogramme untersucht werden. Daher werden Kompensationsmaßnahmen nicht durchgeführt. Mit den Produktionsmengen des Grundplans können die Bedarfe in zwei Perioden nicht erfüllt werden, so dass eine Fehlmenge von 4 ME auftritt.

Nun fallen für die Verwendung der Kompensationsmaßnahmen keine Kosten (0 GE) an. Das Planungsergebnis ist in der folgenden Tab. 6.18 dargestellt.

Tab. 6.18 Planungsergebnis durch TSS-HPPLAN mit keinen Kompensationskosten (i.e. über 0 Geldeinheiten (GE)); mit ME für Mengeneinheiten und den Abkürzungen:

Grund-P.-mengen: Grundproduktionsmengen.

Grundzusatzkap.:   Grundzusatzkapazität.

K. P.-mengen: Kompensationsmaßnahmen für die Produktionsmengen.

K. Z.-kap.:   Kompensationsmaßnahmen für die Zusatzkapazitäten.

k. Verspätung: Kumulierte Verspätung aller Bedarfe.

Periode	1	2	3	4	5	6	7	8	9	10	$\sum$
Eingabeparameter für TSS-HPPLAN											
Bedarfe SZ1 ($d_{k,t}^1$) [ME]	15	16	14	17	18	19	19	17	16	16	167
Bedarfe SZ2 ($d_{k,t}^2$) [ME]	16	16	17	14	17	18	16	18	18	18	168
Bedarfe SZ3 ($d_{k,t}^3$) [ME]	19	19	16	17	16	16	14	17	18	19	171
Ermitteltes Produktionsprogramm durch TSS-HPPLAN											
Grund-P.-mengen ($x_{k,t}^0$) [ME]	19	0	0	0	0	0	0	0	0	0	19
Grundzusatzkap. ($U_{j,t}^0$) [ME]	0	0	0	0	0	0	0	0	0	0	0
K. P.-mengen SZ1 ($x_{k,t}^{1+}$) [ME]	0	12	14	17	18	19	19	17	16	16	148
K. P.-mengen SZ1 ($x_{k,t}^{1-}$) [ME]	0	0	0	0	0	0	0	0	0	0	0
K. Z.-kap. SZ1 ($U_{j,t}^{1+}$) [ME]	0	0	0	0	0	0	0	0	0	0	0
K. Z.-kap. SZ1 ($U_{j,t}^{1-}$) [ME]	0	0	0	0	0	0	0	0	0	0	0
K. P.-mengen SZ2 ($x_{k,t}^{2+}$) [ME]	0	13	17	14	17	18	16	18	18	18	149
K. P.-mengen SZ2 ($x_{k,t}^{2-}$) [ME]	0	0	0	0	0	0	0	0	0	0	0
K. Z.-kap. SZ2 ($U_{j,t}^{2+}$) [ME]	0	0	0	0	0	0	0	0	0	0	0
K. Z.-kap. SZ2 ($U_{j,t}^{2-}$) [ME]	0	0	0	0	0	0	0	0	0	0	0
K. P.-mengen SZ3 ($x_{k,t}^{3+}$) [ME]	0	19	16	17	16	16	14	17	18	19	152
K. P.-mengen SZ3 ($x_{k,t}^{3-}$) [ME]	0	0	0	0	0	0	0	0	0	0	0
K. Z.-kap. SZ3 ($U_{j,t}^{3+}$) [ME]	0	0	0	0	0	0	0	0	0	0	0
K. Z.-kap. SZ3 ($U_{j,t}^{3-}$) [ME]	0	0	0	0	0	0	0	0	0	0	0
Bestand SZ1 ($I_{k,t}^1$) [ME]	4	0	0	0	0	0	0	0	0	0	4
Bestand SZ2 ($I_{k,t}^2$) [ME]	3	0	0	0	0	0	0	0	0	0	3
Bestand SZ3 ($I_{k,t}^3$) [ME]	0	0	0	0	0	0	0	0	0	0	0
											$\sum$ 7
Gesamtkosten [GE]											11.667
Tatsächlicher Bedarf und Produktionsergebnis											
Tatsächlicher Bedarf [ME]	15	16	14	17	18	19	19	17	16	16	167
Disponibler Bestand [ME]	4	0	0	0	0	0	0	0	0	0	4
Fehlmengen [ME]	0	12	26	43	61	80	99	116	132	148	717
k. Verspätung [Perioden]	0	9	8	7	6	5	4	3	2	1	45

Es ist erkennbar, dass nur noch in der ersten Periode Grundproduktionsmengen bestimmt werden (19 ME), da in dieser Periode keine Kompensationsmaßnahmen festgelegt werden können. In den restlichen Perioden sind die Grundproduktionsmengen jeweils 0 ME. Stattdessen werden nur positive szenariospezifische Kompensationsmaßnahmen festgelegt, da diese nun kostenlos sind. Die Produktionsmengen und die Zusatzkapazitäten des Basisplans werden dadurch erst zum Kompensationszeitpunkt bestimmt. Das führt dazu, dass ohne rollende Planung nur der Bedarf in der Periode 1 erfüllt werden kann.

Schließlich wird die Planung mit sehr hohen Kompensationskosten (1000 GE) wiederholt. Das Planungsergebnis ist in der folgenden Tab. 6.19 dargestellt.

Tab. 6.19 Planungsergebnis durch TSS-HPPLAN mit Kompensationskosten über 1000 Geldeinheiten (GE); mit ME für Mengeneinheiten und den Abkürzungen:
Grund-P.-mengen: Grundproduktionsmengen.
Grundzusatzkap.:   Grundzusatzkapazität.
K. P.-mengen: Kompensationsmaßnahmen für die Produktionsmengen.
K. Z.-kap.:   Kompensationsmaßnahmen für die Zusatzkapazitäten.
k. Verspätung: Kumulierte Verspätung aller Bedarfe.

Periode	1	2	3	4	5	6	7	8	9	10	$\sum$
Eingabeparameter für TSS-HPPLAN											
Bedarfe SZ1 ($d_{k,t}^1$) [ME]	15	16	14	17	18	19	19	17	16	16	167
Bedarfe SZ2 ($d_{k,t}^2$) [ME]	16	16	17	14	17	18	16	18	18	18	168
Bedarfe SZ3 ($d_{k,t}^3$) [ME]	19	19	16	17	16	16	14	17	18	19	171
Ermitteltes Produktionsprogramm durch TSS-HPPLAN											
Grund-P.-mengen ($x_{k,t}^0$) [ME]	19	19	16	17	16	16	15	17	17	19	171
Grundzusatzkap. ($U_{j,t}^0$) [ME]	0	0	0	0	0	0	0	0	0	0	0
K. P.-mengen SZ1 ($x_{k,t}^{1+}$) [ME]	0	0	0	0	0	0	0	0	0	0	0
K. P.-mengen SZ1 ($x_{k,t}^{1-}$) [ME]	0	0	0	0	0	0	0	0	0	0	0
K. Z.-kap. SZ1 ($U_{j,t}^{1+}$) [ME]	0	0	0	0	0	0	0	0	0	0	0
K. Z.-kap. SZ1 ($U_{j,t}^{1-}$) [ME]	0	0	0	0	0	0	0	0	0	0	0
K. P.-mengen SZ2 ($x_{k,t}^{2+}$) [ME]	0	0	0	0	0	0	0	0	0	0	0
K. P.-mengen SZ2 ($x_{k,t}^{2-}$) [ME]	0	0	0	0	0	0	0	0	0	0	0
K. Z.-kap. SZ2 ($U_{j,t}^{2+}$) [ME]	0	0	0	0	0	0	0	0	0	0	0
K. Z.-kap. SZ2 ($U_{j,t}^{2-}$) [ME]	0	0	0	0	0	0	0	0	0	0	0
K. P.-mengen SZ3 ($x_{k,t}^{3+}$) [ME]	0	0	0	0	0	0	0	0	0	0	0
K. P.-mengen SZ3 ($x_{k,t}^{3-}$) [ME]	0	0	0	0	0	0	0	0	0	0	0
K. Z.-kap. SZ3 ($U_{j,t}^{3+}$) [ME]	0	0	0	0	0	0	0	0	0	0	0
K. Z.-kap. SZ3 ($U_{j,t}^{3-}$) [ME]	0	0	0	0	0	0	0	0	0	0	0

(Fortsetzung)

Tab. 6.19 (Fortsetzung)

Periode	1	2	3	4	5	6	7	8	9	10	$\sum$
Bestand SZ1 ($I^1_{k,t}$) [ME]	4	7	9	9	7	4	0	0	1	4	45
Bestand SZ2 ($I^2_{k,t}$) [ME]	3	6	5	8	7	5	4	3	2	3	46
Bestand SZ3 ($I^3_{k,t}$) [ME]	0	0	0	0	0	0	1	1	0	0	2
										$\sum$	93
Gesamtkosten [GE]											155
Tatsächlicher Bedarf [ME]	15	16	14	17	18	19	19	17	16	16	167
Disponibler Bestand [ME]	4	7	9	9	7	4	0	0	1	4	45
Fehlmengen [ME]	0	0	0	0	0	0	0	0	0	0	0
k. Verspätung [Perioden]	0	0	0	0	0	0	0	0	0	0	0

Die Kompensationskosten (1000 GE) sind nun im Vergleich zu den Lagerkosten (5 GE) und den Kosten für die Zusatzkapazitäten (5 GE) so hoch, dass durch die Kompensationsmaßnahmen keine Einsparungen bei den Lagerkosten und den Kosten für die Zusatzkapazitäten möglich sind. Deshalb werden im Problem keine Kompensationsmaßnahmen festgelegt. Dadurch wird der Basisplan bereits zum Planungszeitpunkt so bestimmt, dass er für alle Szenarien zulässig ist. Die Grundproduktionsmengen und die Grundzusatzkapazitäten stimmen nun mit den Produktionsmengen und den Zusatzkapazitäten des Fat-Solution-Problems überein (siehe Tab. 6.10). Da der Basisplan für alle Szenarien zulässig ist, treten keine Fehlmengen auf.

Kompensationskosten in einer rollenden Planungsumgebung

Für die Untersuchung des Einflusses der Kompensationskosten in einer rollenden Planungsumgebung wird die Fallstudie aus Abschn. 6.3 verwendet. Die Hauptproduktionsprogrammplanung wird jeweils mit dem Optimierungsproblem TSS-HPPLAN durchgeführt. Dabei werden fünf Simulationsläufe mit verschiedenen Werten für die Kompensationskosten c^x_t und c^U_t (0, 0.1, 1, 5, 1000), jeweils in Geldeinheiten (GE), durchgeführt. Die Lagerkosten betragen jeweils 5 GE pro Mengeneinheit (ME) und die Kosten für die Zusatzkapazitäten 6 GE pro ME. Die Simulationsergebnisse sind in der folgenden Tab. 6.20 gegenübergestellt. Zusätzlich zu den Ergebnissen für die verschiedenen Kompensationskosten ist das Ergebnis mit dem FS-HPPLAN-Problem aufgelistet.

Es ist erkennbar, dass die Ergebnisse bei der Planung mit verschiedenen Kompensationskosten insgesamt relativ ähnlich sind.

Bei der Planung ohne Kompensationskosten (c^x_t, $c^U_t = 0$ GE) treten mehr Fehlmengen auf. Dafür ist der Lagerbestand ohne die Bestandsreservierungen (Vorproduktion, Überproduktion) vergleichsweise niedrig. Da keine Kompensationskosten anfallen, werden bei der Planung jeweils nur in der Planungsperiode Grundproduktionsmengen festgelegt. In den restlichen Perioden werden ausschließlich Kompensationsmaßnahmen bestimmt (siehe

Tab. 6.20 Simulationsergebnis durch FS-HPPLAN und TSS-HPPLAN für verschiedene Kompensationskosten c_t^x und c_t^U in Geldeinheiten (GE); mit ME für Mengeneinheiten und den Abkürzungen:
Lagerb. m.r.B.:   Lagerbestand mit reserviertem Bestand.
Lagerb. o.r.B.:   Lagerbestand ohne reservierten Bestand.
FS: Fat-Solution-Problem (FS-HPPLAN).
k. Verspätung: Kumulierte Verspätung aller Bedarfe.

c_t^x, c_t^U	0 GE	0.1 GE	1 GE	5 GE	1000 GE	FS
Gesamt.-P.-menge [ME]	1484768	1484768	1484768	1484768	1484768	1484768
Lagerb. m.r.B. [ME]	37155	22508	32515	32515	32515	32519
Lagerb. o.r.B. [ME]	2180	2500	2498	2498	2498	2502
k. Verspätung [Perioden]	7	4	6	6	6	6
Fehlmengen [ME]	77	30	50	50	50	50

Tab. 6.18). Durch die geringen Grundproduktionsmengen wird relativ wenig vorproduziert. Das führt dazu, dass der Lagerbestand ohne reservierten Bestand vergleichsweise niedrig ist, dafür aber mehr Verspätungen und Fehlmengen auftreten.

Bei der Planung mit Kompensationskosten von 1 GE, 5 GE und 1000 GE sind die Gesamtergebnisse in dieser Fallstudie gleich und sehr ähnlich zur Lösung mit dem Fat-Solution-Problem. Grundsätzlich dürfte das zweistufige Kompensationsproblem weniger Kompensationsmaßnahmen treffen, je höher die Kosten dafür sind. Sobald keine Kompensationsmaßnahmen mehr getroffen werden, stimmt die Lösung mit dem Fat-Solution-Problem überein.

Erkenntnisse

Sind die Kompensationskosten ohne rollende Planung jeweils 0 GE, so werden nur in der Planungsperiode Grundproduktionsmengen und Grundzusatzkapazitäten bestimmt. In den restlichen Perioden werden ausschließlich Kompensationsmaßnahmen für die Produktionsmengen und für die Zusatzkapazitäten festgelegt. In diesem Fall können nur die Szenarienbedarfe in der Planungsperiode erfüllt werden, in allen anderen Perioden treten Fehlmengen auf. Es finden insgesamt weniger Vor- und Überproduktionen statt. Dadurch ist der Lagerbestand ohne die Bestandsreservierungen niedriger.

Je höher die Kompensationskosten sind, umso weniger Kompensationsmaßnahmen werden festgelegt. Sobald die Kosten so hoch sind, dass bei keiner Planung mehr Kompensationsmaßnahmen festgelegt werden, entspricht das Ergebnis bei einer rollenden Planung dem Ergebnis des Fat-Solution-Problems.

6.5 Zusatzbestand im Optimierungsproblem HPPLAN

Anhand einer Fallstudie wird zunächst aufgezeigt: Bei einer rollenden Produktionsplanung führen häufig kurzfristige Bedarfserhöhungen eines Kundenauftrags dazu, dass die Bedarfe nicht mehr rechtzeitig erfüllt werden können, da die verfügbare Kapazität für den zusätzlichen Bedarf nicht ausreicht. Dies führt dazu, dass der Kundenauftrag verspätet ausgeliefert wird. Danach wird untersucht, wie solche Verspätungen durch die Berücksichtigung eines zusätzlichen Lagerbestandes im Optimierungsproblem HPPLAN reduziert werden können.

Konkret wird eine rollende Produktionsplanung mit einem Planungsabstand von einer Periode betrachtet, bei der immer nur das Produktionsprogramm in der ersten Periode des Planungszeitraums umgesetzt wird. Ein Zusatzbestand im Optimierungsproblem HPPLAN wird durch eine zusätzliche Restriktion realisiert, mit der am Ende der ersten Periode des Planungszeitraumes ein bestimmter Lagerbestand vorhanden ist, der dann zu Beginn der nächsten Planung zur Reaktion auf kurzfristige Bedarfserhöhungen zur Verfügung steht; diese Restriktion wird im Abschn. 6.5.2 über die umfangreiche Simulationsuntersuchung zur Verwendung von Zusatzbestand erläutert. Zusätzlich wird die Verschärfung untersucht, bei der am Ende jeder Periode im Planungszeitraum ein solcher Lagerbestand vorhanden ist – insbesondere auch am Ende des Planungszeitraums, also wie bei einem Sicherheitsbestand.

Zunächst wird mit einem einfachen, einführenden Beispiel gezeigt, dass kurzfristige Bedarfserhöhungen zu Verspätungen führen können. Anschließend wird dieses Beispiel mit den beiden Ansätzen für den zusätzlichen Lagerbestand wiederholt und untersucht, welchen Einfluss dies auf die Verspätungen, die Fehlmengen und den Lagerbestand hat. Diese drei Vorgehensweisen werden durch umfangreiche Simulationsexperimente genauer analysiert.

6.5.1 Einführendes Planungsbeispiel

Mit diesem Planungsbeispiel wird die Auswirkung einer kurzfristigen Bedarfserhöhung auf die Verspätungen der Kundenaufträge verdeutlicht.

Fallstudie
Produziert wird ein Endprodukt. In Abb. 6.14 bzw. in der Tab. 6.21 sind die Bedarfsmengen, die zu Beginn von Periode 1 bekannt sind, dargestellt. Zu Beginn von Periode 2 wird bekannt, dass die Bedarfe in den Perioden 4 und 5 höher sind, als in der Periode 1 zunächst angenommen wurde. Diese sind in Abb. 6.15 bzw. in der Tab. 6.22 dargestellt. In den folgenden Perioden ändern sich die Bedarfsmengen nicht mehr. Es wird eine rollende Produktionsplanung mit einem Planungshorizont von 6 Perioden und einem Planungsabstand von einer Periode durchgeführt; i.e. die Hauptproduktionsprogrammplanung findet zunächst in der Periode 1 für die Perioden 1 bis 6 statt und wird anschließend in jeder Periode (rollend) ausgeführt. Umgesetzt wird dabei jeweils das Produktionsprogramm in der jeweils ersten Planungsperiode – also wird beispielsweise nach dem ersten Planungslauf die für die Periode 1 geplante Produktionsmenge auch tatsächlich produziert. Damit wird generell, wie bereits erwähnt, nach dem Ergebnis der Hauptproduktionsprogrammplanung (in der Produktion) produziert – i.e. es gibt keine nachgelagerten Planungsebenen (s. o. – i.e. keine mehrstufige Losgrößenplanung und Ressourcenbelegungsplanung). Zudem wird davon ausgegangen, dass die Herstellung des Endproduktes eine Periode dauert und am Ende der Periode zur Deckung

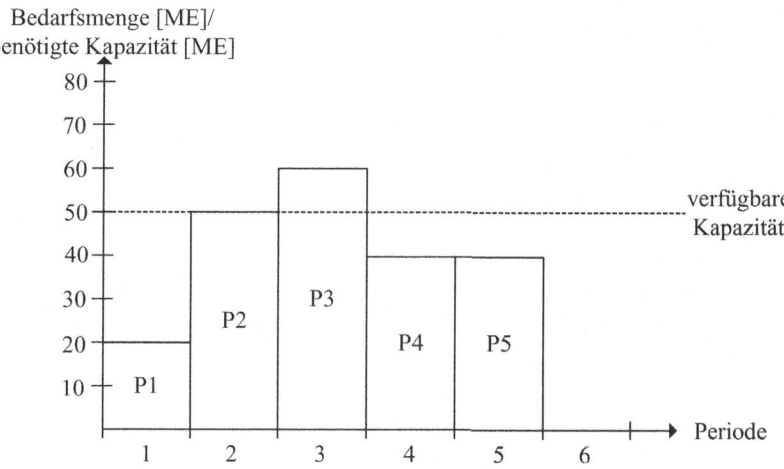

Abb. 6.14 Bedarfsmenge und Kapazitätsbelastung zu Beginn von Periode 1; mit ME für Mengeneinheiten

Tab. 6.21 Bekannte Bedarfsmengen in Mengeneinheiten (ME) zu Beginn von Periode 1

Periode	1	2	3	4	5	6	$\sum$
Bedarfsmenge [ME]	20	50	60	40	40	0	210

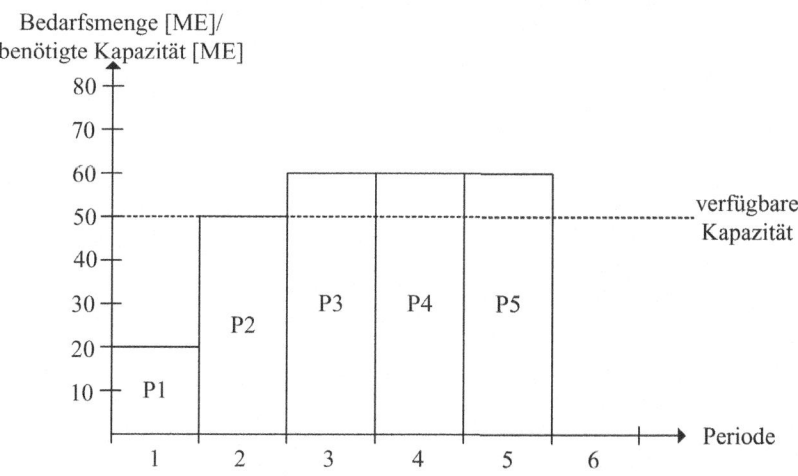

Abb. 6.15 Bedarfsmenge und Kapazitätsbelastung ab Periode 2; mit ME für Mengeneinheiten

Tab. 6.22 Bekannte Bedarfsmengen in Mengeneinheiten (ME) zu Beginn von Periode 2

Periode	1	2	3	4	5	6	$\sum$
Bedarfsmenge [ME]	20	50	60	60	60	0	250

des Kundenbedarfs verwendet werden kann. Bei der Herstellung fällt in der (entsprechenden) Periode pro Mengeneinheit (ME) des Endproduktes eine Kapazitätsbelastung von 1 ME an. Da kein Bedarf ab der 6. Periode einschließlich vorliegt, werden generell nur die Planungsergebnisse und die Ergebnisse bzw. Kennzahlen der Umsetzung bzw. Produktion in den Perioden bis zur 6. Periode einschließlich dargestellt.

Planung und Produktion ohne zusätzlichen Lagerbestand
Zunächst wird das Beispiel ohne einen zusätzlichen Lagerbestand gelöst.

Planung in Periode 1
In der Abb. 6.16 und in der Tab. 6.23 ist das Produktionsprogramm, das durch das Optimierungsproblem HPPLAN bei der Planung in der Periode 1 ermittelt wurde, dargestellt. In der Tab. 6.24 ist das Produktionsprogramm dargestellt, das tatsächlich realisiert wurde.

In der Periode 1 soll die Menge 30 ME produziert werden. Da die verfügbare Kapazität in der Periode 3 (50 ME) nicht ausreicht, um den Bedarf decken zu können, soll die Menge 10 ME für die Periode 3 in der Periode 2 und wiederum die Menge 10 ME für die Periode 2 in der Periode 1 vorproduziert werden (s. Tab. 6.23).

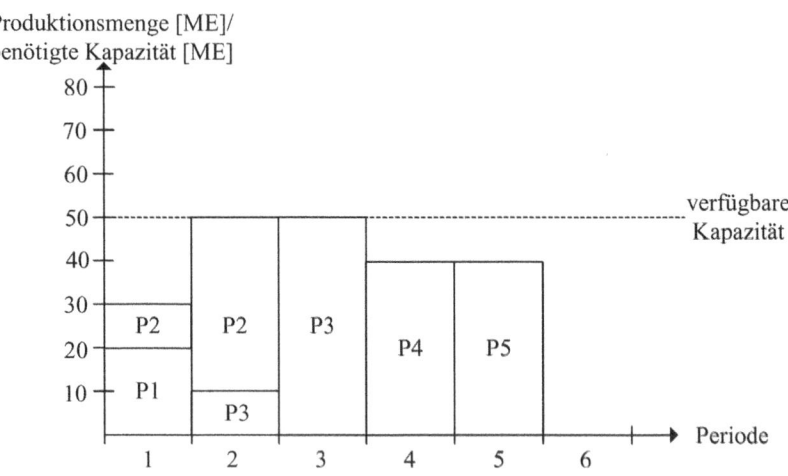

Abb. 6.16 Geplante Produktionsprogramme (P_1 bis P_5) mit Kapazitätsbelastung in Periode 1; mit ME für Mengeneinheiten

Tab. 6.23 Geplantes Produktionsprogramm mit resultierendem Lagerbestand und fehlender Kapazität in Periode 1; mit ME für Mengeneinheiten

Periode	0	1	2	3	4	5	6	$\sum$
Produktionsmenge [ME]	–	30	50	50	40	40	0	210
Lagerbestand [ME]	0	10	10	0	0	0	0	20
Fehlende Kapazität [ME]	–	0	0	0	0	0	0	0

Tab. 6.24 Bedarfe und realisiertes Produktionsprogramm mit resultierenden Lagerbeständen und Verspätungen in Periode 1; mit ME für Mengeneinheiten

Periode	1	2	3	4	5	6	$\sum$
Bedarfsmenge [ME]	20	50	60	40	40	0	210
Produktionsmenge [ME]	30	–	–	–	–	–	30
Lagerbestand mit reserviertem Bestand [ME]	10	–	–	–	–	–	10
Lagerbestand ohne reservierten Bestand [ME]	10	–	–	–	–	–	10
Kumulierte Verspätung aller Bedarfe [Perioden]	0	–	–	–	–	–	0
Fehlmenge [ME]	0	–	–	–	–	–	0

In der Tab. 6.24 ist die Bedarfsmenge, die tatsächlich umgesetzte Produktionsmenge und das Produktionsergebnis (physischer Lagerbestand, Verspätung und Fehlmenge) nach der ersten Periode dargestellt. In der Periode 1 ist ausreichend Kapazität vorhanden, so dass die geplante Produktionsmenge von 30 ME realisiert werden kann. Durch die Vorproduktion entsteht ein Lagerbestand von 10 ME. Der Lagerbestand ist dabei einmal mit und einmal ohne reservierten Bestand angegeben. Der Lagerbestand ohne reservierten Bestand ist der Lagerbestand, der durch Vor- und Überproduktion entsteht. Da bei den Kundenaufträgen keine Teillieferungen gemacht werden, wird die produzierte Menge reserviert und gelagert, wenn ein Auftrag nicht vollständig erfüllt werden kann. Beim Lagerbestand mit reserviertem Bestand wird dieser reservierte Bestand zusätzlich berücksichtigt (s. Tab. 6.24).

Planung in Periode 2

Bei der Planung in der Periode 2 ist bekannt, dass die Bedarfe in den Perioden 4 und 5 um jeweils 20 ME höher sind, als bei der Planung in der Periode 1 angenommen wurde. In Abb. 6.17 sind die bis zur Periode 2 realisierten Produktionsmengen (links von der vertikalen Diagramm-Achse) und die in der Periode 2 geplanten Produktionsmengen (rechts von der vertikalen Diagramm-Achse) dargestellt. Der in Periode 1 aufgebaute Lagerbestand von 10 ME kann zur Deckung des Bedarfs in der Periode 2 (50 ME) verwendet werden. Dadurch ist in der Periode 2 die Kapazität 10 ME frei, um die Menge 10 ME für die Periode 3 vorproduzieren zu können. In dieser reicht die verfügbare Kapazität von 50 ME nicht

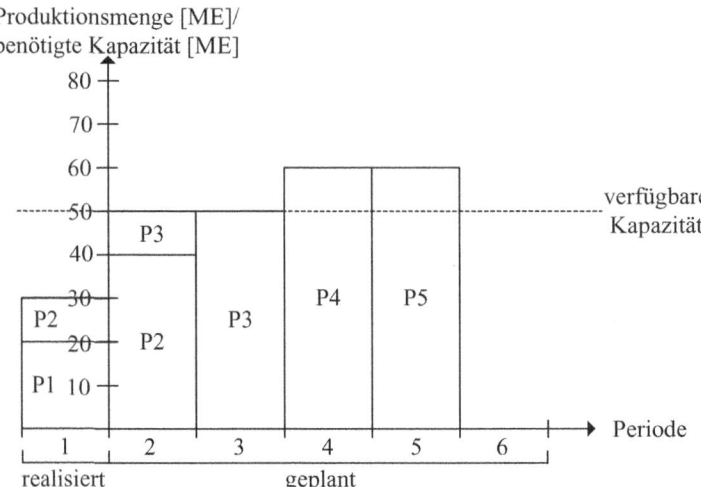

Abb. 6.17 Geplante Produktionsprogramme (P_1 bis P_5) mit Kapazitätsbelastung in Periode 2; mit ME für Mengeneinheiten

aus, um den Bedarf von 60 ME decken zu können. In der Abbildung ist zudem erkennbar, dass die Kapazität im Planungszeitraum nicht ausreicht, um die Bedarfe für die Perioden 4 und 5 rechtzeitig erfüllen zu können. In der Tab. 6.25 signalisiert die Menge 10 ME in der Zeile „Fehlende Kapazität" in den Periode 4 und 5, dass für die Produktionsmenge von 60 ME jeweils die Kapazität 10 ME fehlt. Es sei daran erinnert, dass das Optimierungsproblem HPPLAN nur durch die zweite Zusatzkapazität lösbar ist – das eigentliche Optimierungsproblem HPPLAN jedoch nicht. Die weitere Betrachtung zeigt zudem, wie die Produktion mit der nicht vorhandenen (i.e. zweiten) Zusatzkapazität umgehen dürfte und was (zwangsläufig) tatsächlich produziert werden würde (s. Tab. 6.25).

In der Periode 2 ist die Kapazität 50 ME verfügbar, so dass die geplante Produktionsmenge von 50 ME umgesetzt werden kann. Der Lagerbestand am Ende von Periode 2 ist 10 ME (siehe Tab. 6.26).

Tab. 6.25 Geplantes Produktionsprogramm mit resultierendem Lagerbestand und fehlender Kapazität in Periode 2; mit ME für Mengeneinheiten

Periode	1	2	3	4	5	6	7	$\sum$
Produktionsmenge [ME]	–	50	50	60	60	0	0	220
Lagerbestand [ME]	10	10	0	0	0	0	0	20
Fehlende Kapazität [ME]	–	0	0	10	10	0	0	20

Tab. 6.26 Bedarfe und realisiertes Produktionsprogramm mit resultierenden Lagerbeständen und Verspätungen in Periode 2; mit ME für Mengeneinheiten

Periode	1	2	3	4	5	6	$\sum$
Bedarfsmenge [ME]	20	50	60	60	60	0	250
Produktionsmenge [ME]	30	50	–	–	–	–	80
Lagerbestand mit reserviertem Bestand [ME]	10	10	–	–	–	–	20
Lagerbestand ohne reservierten Bestand [ME]	10	10	–	–	–	–	20
Kumulierte Verspätung aller Bedarfe [Perioden]	0	0	–	–	–	–	0
Fehlmenge [ME]	0	0	–	–	–	–	0

Planung in Periode 3

Der Lagerbestand von 10 ME kann zur Deckung des Bedarfs in der Periode 3 verwendet werden (s. Abb. 6.18 und Tab. 6.27). Für die Bedarfe in den Perioden 4 und 5 (60 ME) steht im Planungszeitraum nicht genügend Kapazität zur Verfügung („Fehlende Kapazität" = 10 ME).

In der Periode 3 reicht die verfügbare Kapazität (50 ME) aus, um den Bedarf in dieser Periode erfüllen zu können. Am Ende von Periode 3 ist kein Lagerbestand mehr vorhanden (s. Tab. 6.28).

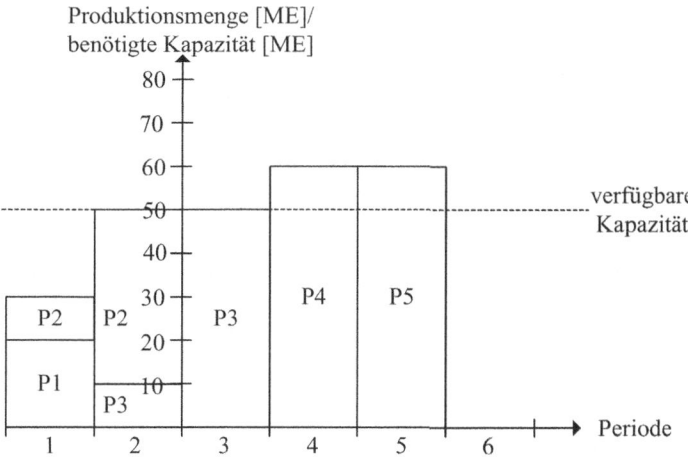

Abb. 6.18 Geplante Produktionsprogramme (P$_1$ bis P$_5$) mit Kapazitätsbelastung in Periode 3; mit ME für Mengeneinheiten

Tab. 6.27 Geplantes Produktionsprogramm mit resultierendem Lagerbestand und fehlender Kapazität in Periode 3; mit ME für Mengeneinheiten

Periode	2	3	4	5	6	$\sum$
Produktionsmenge [ME]	–	50	60	60	0	170
Lagerbestand [ME]	10	0	0	0	0	10
Fehlende Kapazität [ME]	–	0	10	10	0	20

Tab. 6.28 Bedarfe und realisiertes Produktionsprogramm mit resultierenden Lagerbeständen und Verspätungen in Periode 3; mit ME für Mengeneinheiten

Periode	1	2	3	4	5	6	$\sum$
Bedarfsmenge [ME]	20	50	60	60	60	0	250
Produktionsmenge [ME]	30	50	50	–	–	–	130
Lagerbestand mit reserviertem Bestand [ME]	10	10	0	–	–	–	20
Lagerbestand ohne reservierten Bestand [ME]	10	10	0	–	–	–	20
Kumulierte Verspätung aller Bedarfe [Perioden]	0	0	0	–	–	–	0
Fehlmenge [ME]	0	0	0	–	–	–	0

Planung in Periode 4

In der Periode 4 reicht die verfügbare Kapazität (50 ME) nicht aus, um die geforderte Menge von 60 ME herstellen zu können (s. Abb. 6.19).

Das Optimierungsproblem plant zwar für die Periode 4 eine Produktionsmenge von 60 ME, allerdings signalisiert die Menge 10 ME in den Perioden 4 und 5 in der Zeile „Fehlende Kapazität", dass dafür 10 ME an Kapazität fehlt (s. Tab. 6.29).

Da nur eine Kapazität von 50 ME verfügbar ist, kann die geplante Produktionsmenge von 60 ME in der Periode 4 nicht vollständig umgesetzt werden. Es wird nur die Menge 50 ME produziert. Dadurch kann der Kundenauftrag nicht rechtzeitig ausgeliefert werden und es tritt eine Fehlmenge von 10 ME auf. Der Kundenauftrag wird in den folgenden Perioden so schnell wie möglich ausgeliefert. Die bereits produzierte Menge von 50 ME wird bis zur Lieferung gelagert (s. Tab. 6.30). Es sei angemerkt, dass auch eine Teillieferung möglich ist, s. hierzu z. B. Herrmann und Manitz (2017).

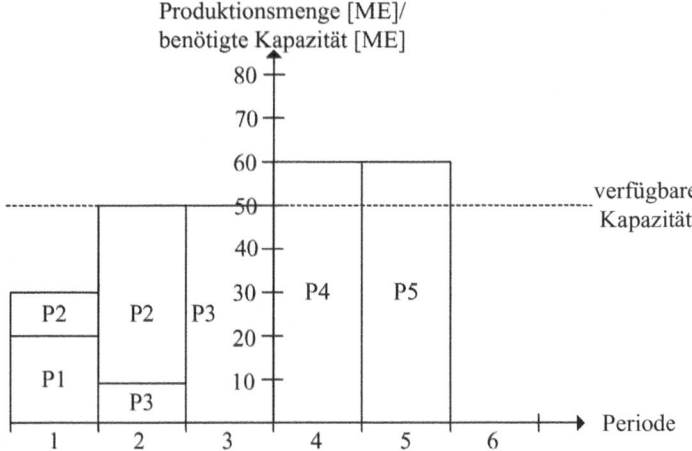

Abb. 6.19 Geplante Produktionsprogramme (P$_1$ bis P$_5$) mit Kapazitätsbelastung in Periode 4; mit ME für Mengeneinheiten

Tab. 6.29 Geplantes Produktionsprogramm mit resultierendem Lagerbestand und fehlender Kapazität in Periode 4; mit ME für Mengeneinheiten

Periode	3	4	5	6	$\sum$
Produktionsmenge [ME]	–	60	60	0	120
Lagerbestand [ME]	0	0	0	0	0
Fehlende Kapazität [ME]	–	10	10	0	20

Tab. 6.30 Bedarfe und realisiertes Produktionsprogramm mit resultierenden Lagerbeständen und Verspätungen in Periode 4; mit ME für Mengeneinheiten

Periode	1	2	3	4	5	6	$\sum$
Bedarfsmenge [ME]	20	50	60	60	60	0	250
Produktionsmenge [ME]	30	50	50	50	–	—	180
Lagerbestand mit reserviertem Bestand [ME]	10	10	0	50	–	–	70
Lagerbestand ohne reservierten Bestand [ME]	10	10	0	0	–	–	20
Kumulierte Verspätung aller Bedarfe [Perioden]	0	0	0	1	–	–	1
Fehlmenge [ME]	0	0	0	10	–	–	10

Planung in Periode 5

Der Auftrag in der Periode 4 konnte nicht vollständig fertiggestellt werden. Die noch fehlende Menge geht bei der Planung als negativer Anfangslagerbestand ein (siehe Tab. 6.31 und Abb. 6.20). Diese Menge wird in der Periode 5 bevorzugt produziert, so dass der Auftrag aus der Periode 4 mit einer Verspätung von einer Periode ausgeliefert werden kann. Allerdings steht dadurch für den Auftrag in der Periode 5 nur noch die Kapazität 40 ME zur Verfügung.

Für den Auftrag in der Periode 5 kann nur die Menge 40 ME produziert werden, so dass eine Fehlmenge von 20 ME entsteht. Die bereits produzierte Menge wird bis zur vollständigen Lieferung des Auftrags reserviert und gelagert. Dies wird beim Lagerbestand mit reserviertem Bestand berücksichtigt (s. Tab. 6.32).

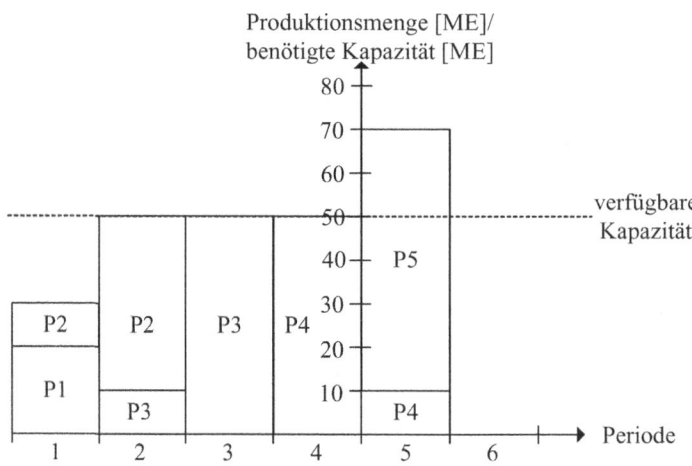

Abb. 6.20 Geplante Produktionsprogramme (P_1 bis P_5) mit Kapazitätsbelastung in Periode 5; mit ME für Mengeneinheiten

Tab. 6.31 Geplantes Produktionsprogramm mit resultierendem Lagerbestand und fehlender Kapazität in Periode 5; mit ME für Mengeneinheiten

Periode	4	5	6	$\sum$
Produktionsmenge [ME]	–	70	0	70
Lagerbestand [ME]	−10	0	0	−10
Fehlende Kapazität [ME]	–	20	0	20

Tab. 6.32 Bedarfe und realisiertes Produktionsprogramm mit resultierenden Lagerbeständen und Verspätungen in Periode 5; mit ME für Mengeneinheiten

Periode	1	2	3	4	5	6	$\sum$
Bedarfsmenge [ME]	20	50	60	60	60	0	250
Produktionsmenge [ME]	30	50	50	50	50	–	230
Lagerbestand mit reserviertem Bestand [ME]	10	10	0	50	40	–	110
Lagerbestand ohne reservierten Bestand [ME]	10	10	0	0	0	–	20
Kumulierte Verspätung aller Bedarfe [Perioden]	0	0	0	1	1	-	2
Fehlmenge [ME]	0	0	0	10	20	–	30

Planung in Periode 6

Für den Auftrag in der Periode 5 fehlt die Menge 20 ME. Diese geht bei der Planung in der Periode 6 als negativer Anfangslagerbestand ein (siehe Tab. 6.33 und Abb. 6.21). Der Auftrag kann schließlich in der Periode 6 mit einer Verspätung von einer Periode fertiggestellt werden; s. Tab. 6.34.

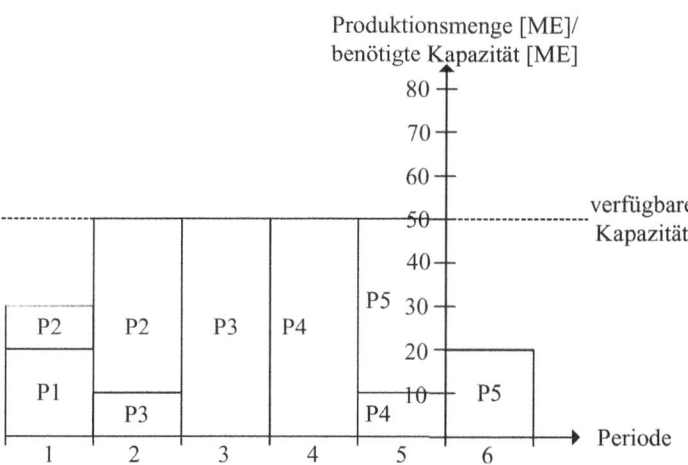

Abb. 6.21 Geplante Produktionsprogramme (P_1 bis P_5) mit Kapazitätsbelastung in Periode 6; mit ME für Mengeneinheiten

Tab. 6.33 Geplantes Produktionsprogramm mit resultierendem Lagerbestand und fehlender Kapazität in Periode 6; mit ME für Mengeneinheiten

Periode	5	6	$\sum$
Produktionsmenge [ME]	–	20	20
Lagerbestand [ME]	−20	0	-20
Fehlende Kapazität [ME]	–	0	0

Tab. 6.34 Bedarfe und realisiertes Produktionsprogramm mit resultierenden Lagerbeständen und Verspätungen in Periode 6; mit ME für Mengeneinheiten

Periode	1	2	3	4	5	6	$\sum$
Bedarfsmenge [ME]	20	50	60	60	60	0	250
Produktionsmenge [ME]	30	50	50	50	50	20	250
Lagerbestand mit reserviertem Bestand [ME]	10	10	0	50	40	0	110
Lagerbestand ohne reservierten Bestand [ME]	10	10	0	0	0	0	20
Kumulierte Verspätung aller Bedarfe [Perioden]	0	0	0	1	1	0	2
Fehlmenge [ME]	0	0	0	10	20	0	30

Planung und Produktion mit zusätzlichen Lagerbestand in der ersten Periode des Planungszeitraumes

Das Beispiel wird nun wiederholt. Diesmal wird durch eine zusätzliche Restriktion im Optimierungsproblem HPPLAN erzwungen, dass am Ende der ersten Periode des Planungszeitraumes jeweils ein Lagerbestand von mindestens 20 ME erreicht werden soll; wie zuvor ist diese Restriktion im Abschn. 6.5.2 über die umfangreiche Simulationsuntersuchung angegeben.

Planung in Periode 1

In der Periode 1 sollen 40 ME produziert werden (s. Abb. 6.22). Davon können 20 ME für den Auftrag in der Periode 1 verwendet werden. Mit den restlichen 20 ME wird der Lagerbestand am Ende von Periode 1 erreicht, der durch die zusätzliche Restriktion im Optimierungsproblem erzwungen wird. Das nächste HPPLAN-Problem bestimmt die Produktionsmengen für die Perioden 2 bis 7 (es sei daran erinnert, dass die Ergebnisse nur bis zur Periode 6 dargestellt werden). Dieses Planungsproblem hat einen Anfangslagerbestand von 20 ME. Für die Lösung des ersten HPPLAN-Problems – also für die Perioden 1 bis 6 – kann dieser Lagerbestand von 20 ME am Ende von Periode 1 zur Deckung des Bedarfs in der Periode 2 genutzt werden. Tatsächlich ist die Menge 10 ME für die Periode 3 vorzuproduzieren, da in Periode 3 die Kapazität (50 ME) nicht für die benötigte Menge 60 ME ausreicht (s. Abb. 6.22 und Tab. 6.35).

Durch die Produktionsmenge 40 ME wird in der Periode 1 ein Lagerbestand von 20 ME aufgebaut, der bei der nächsten Planung in der Periode 2 als Anfangslagerbestand verwendet wird (s. Tab. 6.36).

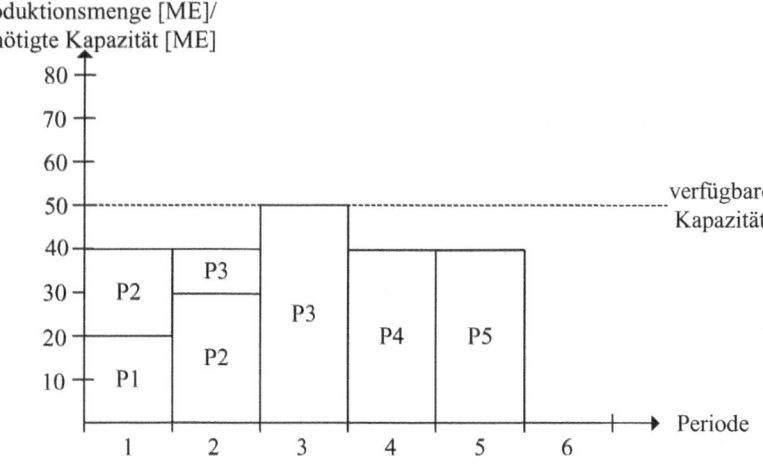

Abb. 6.22 Geplante Produktionsprogramme (P$_1$ bis P$_5$) mit Kapazitätsbelastung in Periode 1; mit ME für Mengeneinheiten

Tab. 6.35 Geplantes Produktionsprogramm mit resultierendem Lagerbestand und fehlender Kapazität in Periode 1; mit ME für Mengeneinheiten

Periode	0	1	2	3	4	5	6	$\sum$
Produktionsmenge [ME]	–	40	40	50	40	40	0	210
Lagerbestand [ME]	0	20	10	0	0	0	0	30
Fehlende Kapazität [ME]	–	0	0	0	0	0	0	0

Tab. 6.36 Geplantes Produktionsprogramm mit resultierendem Lagerbestand und fehlender Kapazität in Periode 1; mit ME für Mengeneinheiten

Periode	1	2	3	4	5	6	$\sum$
Bedarfsmenge [ME]	20	50	60	40	40	0	210
Produktionsmenge [ME]	40	–	–	–	–	–	40
Lagerbestand mit reserviertem Bestand [ME]	20	–	–	–	–	–	20
Lagerbestand ohne reservierten Bestand [ME]	20	–	–	–	–	–	20
Kumulierte Verspätung aller Bedarfe [Perioden]	0	–	–	–	–	–	0
Fehlmenge [ME]	0	–	–	–	–	–	0

Planung in Periode 2

In der Periode 2 wird bekannt, dass die Bedarfe in den Perioden 4 und 5 (60 ME) höher sind, als bei der Planung in der Periode 1 angenommen wurde (siehe Tab. 6.21 und Tab. 6.22). Der in Periode 1 aufgebaute Lagerbestand von 20 ME kann für den Auftrag in der Periode 2 verwendet werden (s. Abb. 6.23 und Tab. 6.37). Damit am Ende der ersten Periode des Planungszeitraumes (hier Periode 2) ein Lagerbestand von 20 ME erreicht wird, soll zusätzlich die Menge 20 ME produziert werden. Diese kann zur Deckung der Bedarfe in den Perioden 3 und 4 verwendet werden. Für den Bedarf in der Periode 5 reicht die verfügbare Kapazität dagegen nicht mehr aus, so dass die „'Fehlende Kapazität'" in der Periode 5 10 ME beträgt (siehe Tab. 6.37 und Abb. 6.23).

Durch die Produktionsmenge 50 ME beträgt der Lagerbestand am Ende der Periode 2 20 ME (s. Tab. 6.38).

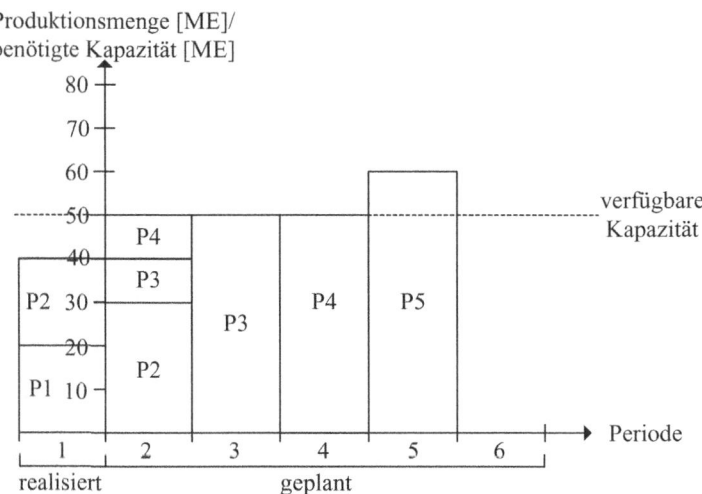

Abb. 6.23 Geplante Produktionsprogramme (P_1 bis P_5) mit Kapazitätsbelastung in Periode 2; mit ME für Mengeneinheiten

Tab. 6.37 Geplantes Produktionsprogramm mit resultierendem Lagerbestand und fehlender Kapazität in Periode 2; mit ME für Mengeneinheiten

Periode	1	2	3	4	5	6	$\sum$
Produktionsmenge [ME]	–	50	50	50	60	0	210
Lagerbestand [ME]	20	20	10	0	0	0	50
Fehlende Kapazität [ME]	–	0	0	0	10	0	10

Tab. 6.38 Bedarfe und realisiertes Produktionsprogramm mit resultierenden Lagerbeständen und Verspätungen in Periode 2; mit ME für Mengeneinheiten

Periode	1	2	3	4	5	6	$\sum$
Bedarfsmenge [ME]	20	50	60	60	60	0	250
Produktionsmenge [ME]	40	50	–	–	–	–	90
Lagerbestand mit reserviertem Bestand [ME]	20	20	–	–	–	–	40
Lagerbestand ohne reservierten Bestand [ME]	20	20	–	–	–	–	40
Kumulierte Verspätung aller Bedarfe [Perioden]	0	0	–	–	–	–	0
Fehlmenge [ME]	0	0	–	–	–	–	0

Planung in Periode 3

Für den Auftrag in der Periode 3 muss noch die Menge 40 ME produziert werden (s. Abb. 6.24 und Tab. 6.39). Um den Lagerbestand 20 ME am Ende von Periode 3 erreichen zu können, müssten insgesamt 60 ME produziert werden. Davon könnte jeweils die Menge 10 ME für die Aufträge in den Perioden 4 und 5 verwendet werden.

Mit der verfügbaren Kapazität (50 ME) kann nur die Menge 50 ME hergestellt werden, so dass am Ende von Periode 3 ein Lagerbestand von 10 ME übrig bleibt (s. Tab. 6.40).

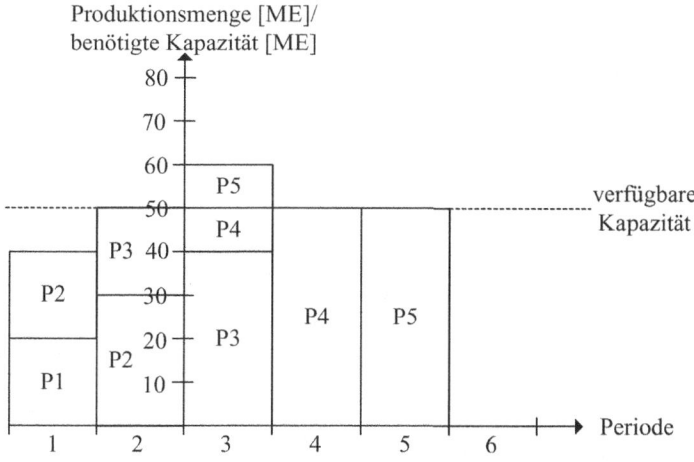

Abb. 6.24 Geplante Produktionsprogramme (P_1 bis P_5) mit Kapazitätsbelastung in Periode 3; mit ME für Mengeneinheiten

Tab. 6.39 Geplantes Produktionsprogramm mit resultierendem Lagerbestand und fehlender Kapazität in Periode 3; mit ME für Mengeneinheiten

Periode	2	3	4	5	6	7	$\sum$
Produktionsmenge [ME]	–	60	50	50	0	0	160
Lagerbestand [ME]	20	20	10	0	0	0	50
Fehlende Kapazität [ME]	–	10	0	0	0	0	10

Tab. 6.40 Bedarfe und realisiertes Produktionsprogramm mit resultierenden Lagerbeständen und Verspätungen in Periode 3; mit ME für Mengeneinheiten

Periode	1	2	3	4	5	6	$\sum$
Bedarfsmenge [ME]	20	50	60	60	60	0	250
Produktionsmenge [ME]	40	50	50	–	–	–	140
Lagerbestand mit reserviertem Bestand [ME]	20	20	10	–	–	–	50
Lagerbestand ohne reservierten Bestand [ME]	20	20	10	–	–	–	50
Kumulierte Verspätung aller Bedarfe [Perioden]	0	0	0	–	–	–	0
Fehlmenge [ME]	0	0	0	–	–	–	0

Planung in Periode 4

Der Auftrag in der Periode 4 (60 ME) kann vollständig erfüllt werden (s. Abb. 6.25 und Tab. 6.41), da die Menge 10 ME aus dem Lagerbestand am Ende von Periode 3 verwendet werden kann. Zum Aufbau des Lagerbestandes in der Periode 4 müssten insgesamt 70 ME produziert werden. Dafür fehlt allerdings die Kapazität für 20 ME.

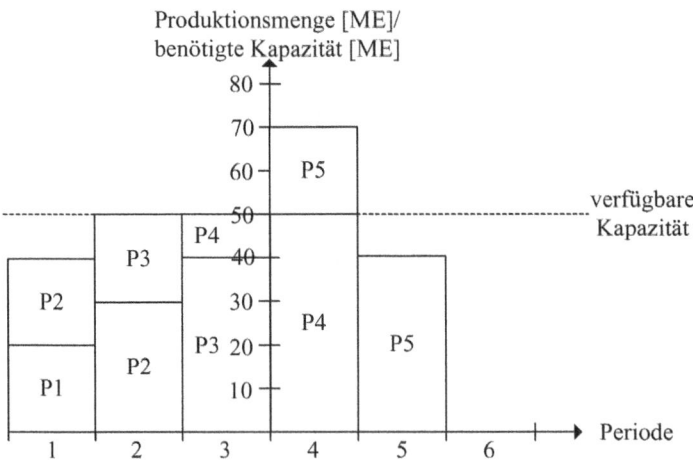

Abb. 6.25 Geplante Produktionsprogramme (P$_1$ bis P$_5$) mit Kapazitätsbelastung in Periode 4; mit ME für Mengeneinheiten

Tab. 6.41 Geplantes Produktionsprogramm mit resultierendem Lagerbestand und fehlender Kapazität in Periode 4; mit ME für Mengeneinheiten

Periode	3	4	5	6	7	$\sum$
Produktionsmenge [ME]	–	70	40	0	0	110
Lagerbestand [ME]	10	20	0	0	0	30
Fehlende Kapazität [ME]	–	20	0	0	0	20

Tab. 6.42 Bedarfe und realisiertes Produktionsprogramm mit resultierenden Lagerbeständen und Verspätungen in Periode 4; mit ME für Mengeneinheiten

Periode	1	2	3	4	5	6	$\sum$
Bedarfsmenge [ME]	20	50	60	60	60	0	250
Produktionsmenge [ME]	40	50	50	50	–	–	190
Lagerbestand mit reserviertem Bestand [ME]	20	20	10	0	–	–	50
Lagerbestand ohne reservierten Bestand [ME]	20	20	10	0	–	–	50
Kumulierte Verspätung aller Bedarfe [Perioden]	0	0	0	0	–	–	0
Fehlmenge [ME]	0	0	0	0	–	–	0

In der Periode 4 kann nur die Menge 50 ME umgesetzt werden (s. Tab. 6.42). Dadurch kann der Auftrag in der Periode 4 erfüllt werden. Die Kapazität reicht allerdings nicht aus, um den Lagerbestand von 20 ME aufbauen zu können.

Planung in Periode 5

Damit der Bedarf von 60 ME und der Lagerbestand von 20 ME in der Periode 5 erfüllt werden können (s. Abb. 6.26 und Tab. 6.43), müssten in dieser Periode 80 ME produziert werden. Dazu fehlt allerdings eine Kapazität von 30 ME.

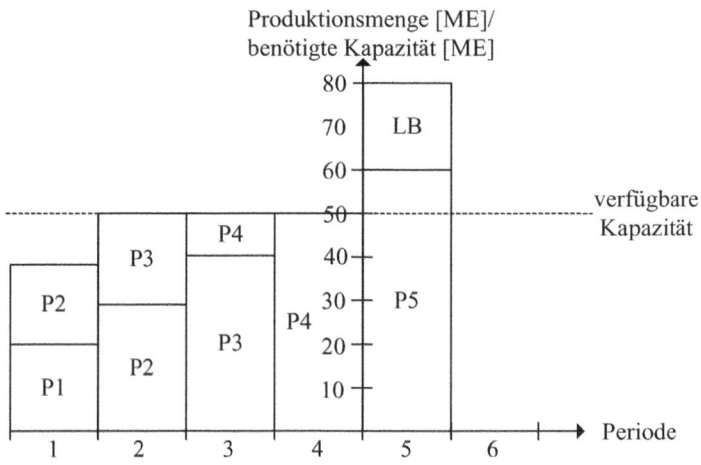

Abb. 6.26 Geplante Produktionsprogramme (P_1 bis P_5) mit Kapazitätsbelastung in Periode 5; mit ME für Mengeneinheiten

Tab. 6.43 Geplantes Produktionsprogramm mit resultierendem Lagerbestand und fehlender Kapazität in Periode 5; mit ME für Mengeneinheiten

Periode	4	5	6	7	$\sum$
Produktionsmenge [ME]	–	80	0	0	80
Lagerbestand [ME]	0	20	20	20	60
Fehlende Kapazität [ME]	–	30	0	0	30

Tab. 6.44 Bedarfe und realisiertes Produktionsprogramm mit resultierenden Lagerbeständen und Verspätungen in Periode 5; mit ME für Mengeneinheiten

Periode	1	2	3	4	5	6	$\sum$
Bedarfsmenge [ME]	20	50	60	60	60	0	250
Produktionsmenge [ME]	40	50	50	50	50	–	240
Lagerbestand mit reserviertem Bestand [ME]	20	20	10	0	50	–	100
Lagerbestand ohne reservierten Bestand [ME]	20	20	10	0	0	–	50
Kumulierte Verspätung aller Bedarfe [Perioden]	0	0	0	0	1	–	1
Fehlmenge [ME]	0	0	0	0	10	–	10

In der Periode 5 kann nur die Menge 50 ME hergestellt werden, so dass die Fehlmenge 10 ME entsteht (s. Tab. 6.44).

Planung in Periode 6

In der Periode 6 soll die fehlende Menge 10 ME vom Auftrag aus der Periode 5 produziert werden (s. Abb. 6.27 und Tab. 6.45). Zusätzlich dazu soll der Lagerbestand von 20 ME aufgebaut werden.

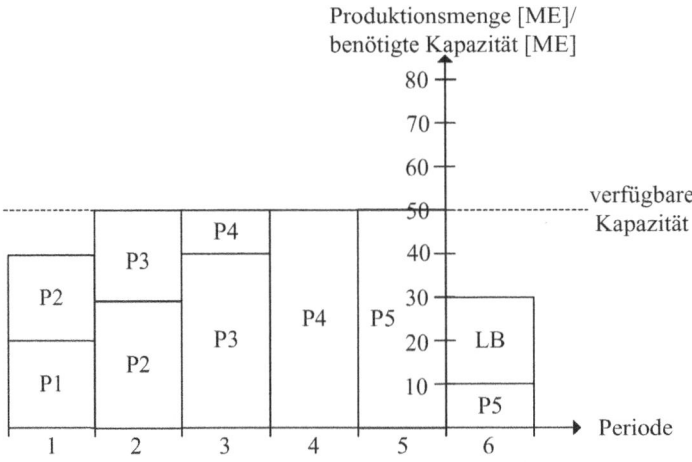

Abb. 6.27 Geplante Produktionsprogramme (P$_1$ bis P$_5$) mit Kapazitätsbelastung in Periode 6; mit ME für Mengeneinheiten

Tab. 6.45 Geplantes Produktionsprogramm mit resultierendem Lagerbestand und fehlender Kapazität in Periode 6; mit ME für Mengeneinheiten

Periode	5	6	7	$\sum$
Produktionsmenge [ME]	–	30	0	30
Lagerbestand [ME]	−10	20	20	30
Fehlende Kapazität [ME]	–	0	0	0

Tab. 6.46 Bedarfe und realisiertes Produktionsprogramm mit resultierenden Lagerbeständen und Verspätungen in Periode 6; mit ME für Mengeneinheiten

Periode	1	2	3	4	5	6	$\sum$
Bedarfsmenge [ME]	20	50	60	60	60	0	250
Produktionsmenge [ME]	40	50	50	50	50	30	270
Lagerbestand mit reserviertem Bestand [ME]	20	20	10	0	50	20	120
Lagerbestand ohne reservierten Bestand [ME]	20	20	10	0	0	20	70
Kumulierte Verspätung aller Bedarfe [Perioden]	0	0	0	0	1	0	1
Fehlmenge [ME]	0	0	0	0	10	0	10

In der Periode 6 kann der Auftrag aus der Periode 5 mit einer Verspätung von einer Periode fertiggestellt und der Lagerbestand 20 ME aufgebaut werden (s. Tab. 6.46).

Planung und Produktion mit zusätzlichen Lagerbestand in jeder Periode des Planungszeitraumes

Das Beispiel wird erneut wiederholt. Diesmal wird durch eine zusätzliche Restriktion im Optimierungsproblem HPPLAN erzwungen, dass am Ende jeder Periode des Planungszeitraums ein Lagerbestand von mindestens 20 ME erreicht werden soll – und insbesondere am Ende des Planungszeitraums; wie zuvor ist diese Restriktion im Abschn. 6.5.2 über die umfangreiche Simulationsuntersuchung angegeben.

Planung in Periode 1

In der Periode 1 soll die Menge 50 ME produziert werden (s. Abb. 6.28 und Tab. 6.47). Davon kann der Bedarf in der Periode 1 (20 ME) gedeckt werden. Zusätzlich dazu wird in der Periode 1 die Menge 30 ME vorproduziert, um in jeder Periode einen Lagerbestand von mindestens 20 ME erreichen zu können. Diese Menge kann für den Bedarf in Periode 2 verwendet werden.

In der Periode 1 wird die Menge 50 ME umgesetzt, so dass der Bedarf erfüllt werden kann und ein Lagerbestand von 30 ME aufgebaut wird (s. Tab. 6.48).

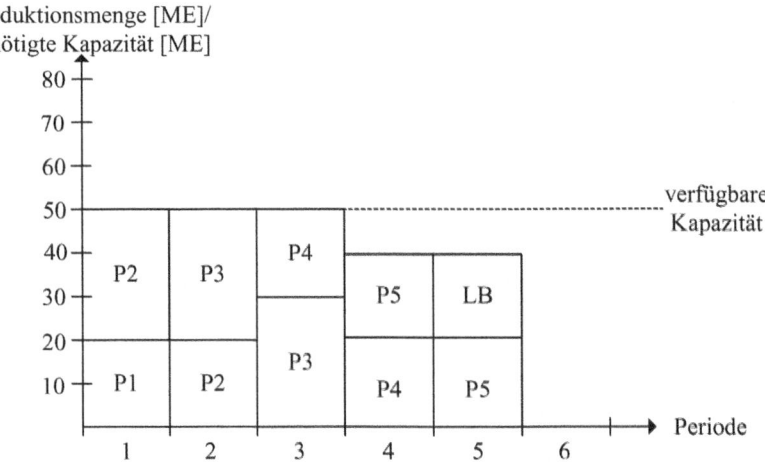

Abb. 6.28 Geplante Produktionsprogramme (P_1 bis P_5) mit Kapazitätsbelastung in Periode 1; mit ME für Mengeneinheiten

Tab. 6.47 Geplantes Produktionsprogramm mit resultierendem Lagerbestand und fehlender Kapazität in Periode 1; mit ME für Mengeneinheiten

Periode	0	1	2	3	4	5	6	$\sum$
Produktionsmenge [ME]	–	50	50	50	40	40	0	230
Lagerbestand [ME]	0	30	30	20	20	20	20	140
Fehlende Kapazität [ME]	–	0	0	0	0	0	0	0

Tab. 6.48 Bedarfe und realisiertes Produktionsprogramm mit resultierenden Lagerbeständen und Verspätungen in Periode 1; mit ME für Mengeneinheiten

Periode	1	2	3	4	5	6	$\sum$
Bedarfsmenge [ME]	20	50	60	40	40	0	210
Produktionsmenge [ME]	50	–	–	–	–	–	50
Lagerbestand mit reserviertem Bestand [ME]	30	–	–	–	–	–	30
Lagerbestand ohne reservierten Bestand [ME]	30	–	–	–	–	–	30
Kumulierte Verspätung aller Bedarfe [Perioden]	0	–	–	–	–	–	0
Fehlmenge [ME]	0	–	–	–	–	–	0

Planung in Periode 2

In der Periode 2 steht der Lagerbestand 30 ME aus der Periode 1 zur Verfügung (s. Abb. 6.29 und Tab. 6.49). Zur Deckung des Bedarfs in der Periode 2 (50 ME) muss noch die Menge 20 ME produziert werden. Damit in den Perioden im Planungszeitraum jeweils ein Lagerbestand von mindestens 20 ME erreicht wird, soll in der Periode 2 zusätzlich die Menge 30 ME produziert werden. Diese kann für den Bedarf in der Periode 3 verwendet werden. Die

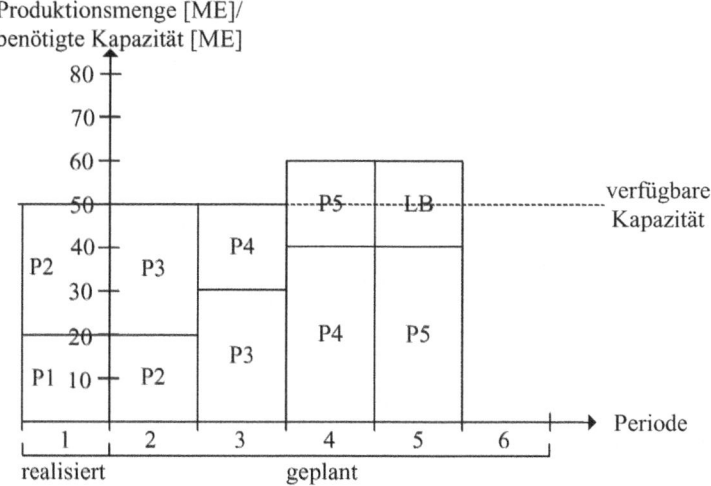

Abb. 6.29 Geplante Produktionsprogramme (P$_1$ bis P$_5$) mit Kapazitätsbelastung in Periode 2; mit ME für Mengeneinheiten

Tab. 6.49 Geplantes Produktionsprogramm mit resultierendem Lagerbestand und fehlender Kapazität in Periode 2; mit ME für Mengeneinheiten

Periode	1	2	3	4	5	6	$\sum$
Produktionsmenge [ME]	–	50	50	60	60	0	220
Lagerbestand [ME]	30	30	20	20	20	20	140
Fehlende Kapazität [ME]	–	0	0	10	10	0	20

Tab. 6.50 Bedarfe und realisiertes Produktionsprogramm mit resultierenden Lagerbeständen und Verspätungen in Periode 2; mit ME für Mengeneinheiten

Periode	1	2	3	4	5	6	$\sum$
Bedarfsmenge [ME]	20	50	60	60	60	0	250
Produktionsmenge [ME]	50	50	–	–	–	–	100
Lagerbestand mit reserviertem Bestand [ME]	30	30	–	–	–	–	60
Lagerbestand ohne reservierten Bestand [ME]	30	30	–	–	–	–	60
Kumulierte Verspätung aller Bedarfe [Perioden]	0	0	–	–	–	–	0
Fehlmenge [ME]	0	0	–	–	–	–	0

Menge 20 ME in der Periode 3 kann dann in der Periode 4 benutzt werden. In den Perioden 4 und 5 reicht die Kapazität jeweils nicht zum Erreichen des geforderten Lagerbestandes aus.

In der Periode 2 wird die Produktionsmenge 50 ME umgesetzt, so dass am Ende der Periode ein Lagerbestand von 30 ME vorhanden ist (s. Tab. 6.50).

Planung in Periode 3

Mit dem Lagerbestand 30 ME aus der Periode 2 und der Produktionsmenge 30 ME in der Periode 3 kann der Auftrag in der Periode 3 erfüllt werden (s. Abb. 6.30 und Tab. 6.51). Um am Ende von Periode 3 einen Lagerbestand von mindestens 20 ME zu erreichen, soll insgesamt die Menge 50 ME hergestellt werden. Der Lagerbestand kann dann zur Deckung des Bedarfs in der Periode 4 verwendet werden.

In der Periode 3 wird die Menge 50 ME umgesetzt (s. Tab. 6.52). Am Ende der Periode ist ein Lagerbestand von 20 ME vorhanden.

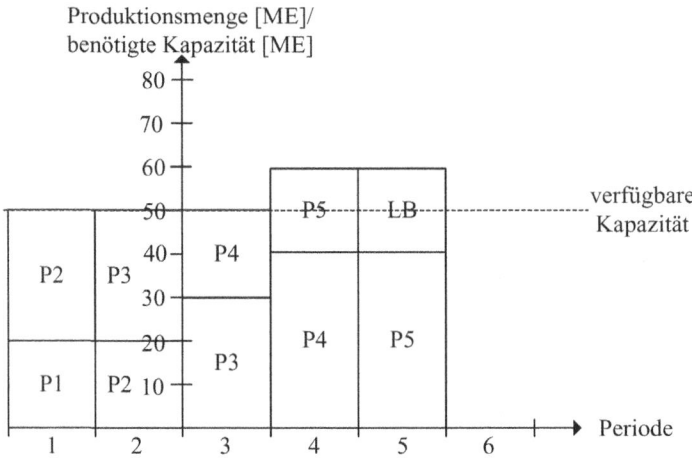

Abb. 6.30 Geplante Produktionsprogramme (P_1 bis P_5) mit Kapazitätsbelastung in Periode 3; mit ME für Mengeneinheiten

Tab. 6.51 Geplantes Produktionsprogramm mit resultierendem Lagerbestand und fehlender Kapazität in Periode 3; mit ME für Mengeneinheiten

Periode	2	3	4	5	6	$\sum$
Produktionsmenge [ME]	–	50	60	60	0	170
Lagerbestand [ME]	30	20	20	20	20	110
Fehlende Kapazität [ME]	–	0	10	10	0	20

Tab. 6.52 Bedarfe und realisiertes Produktionsprogramm mit resultierenden Lagerbeständen und Verspätungen in Periode 3; mit ME für Mengeneinheiten

Periode	1	2	3	4	5	6	$\sum$
Bedarfsmenge [ME]	20	50	60	60	60	0	250
Produktionsmenge [ME]	50	50	50	–	–	–	150
Lagerbestand mit reserviertem Bestand [ME]	30	30	20	–	–	–	80
Lagerbestand ohne reservierten Bestand [ME]	30	30	20	–	–	–	80
Kumulierte Verspätung aller Bedarfe [Perioden]	0	0	0	–	–	–	0
Fehlmenge [ME]	0	0	0	–	–	–	0

Planung in Periode 4

In der Periode 4 kann der Auftrag durch den Lagerbestand 20 ME aus der Periode 3 und der Produktionsmenge 40 ME in der Periode 4 erfüllt werden (s. Abb. 6.31 und Tab. 6.53). Die vorhandene Kapazität (50 ME) reicht allerdings nicht aus, um den Lagerbestand 20 ME aufbauen zu können.

In der Periode 4 wird die Menge 50 ME produziert (s. Tab. 6.54). Am Ende der Periode ist ein Lagerbestand von 10 ME verfügbar.

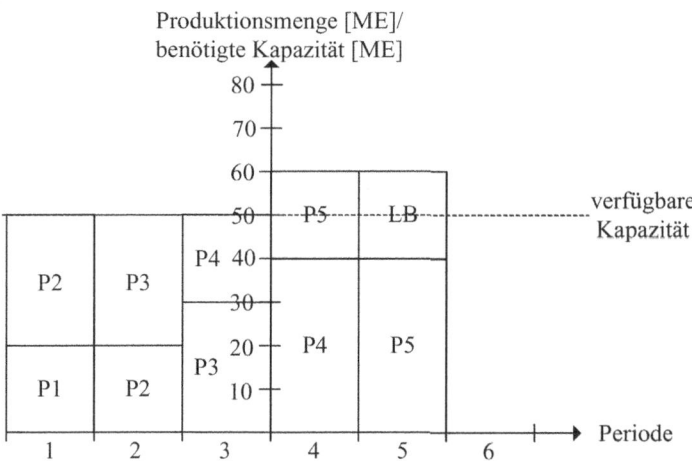

Abb. 6.31 Geplante Produktionsprogramme (P_1 bis P_5) mit Kapazitätsbelastung in Periode 4; mit ME für Mengeneinheiten

Tab. 6.53 Geplantes Produktionsprogramm mit resultierendem Lagerbestand und fehlender Kapazität in Periode 4; mit ME für Mengeneinheiten

Periode	3	4	5	6	$\sum$
Produktionsmenge [ME]	–	60	60	0	120
Lagerbestand [ME]	20	20	20	20	80
Fehlende Kapazität [ME]	–	10	10	0	20

Tab. 6.54 Bedarfe und realisiertes Produktionsprogramm mit resultierenden Lagerbeständen und Verspätungen in Periode 4; mit ME für Mengeneinheiten

Periode	1	2	3	4	5	6	Σ
Bedarfsmenge [ME]	20	50	60	60	60	0	250
Produktionsmenge [ME]	50	50	50	50	–	–	200
Lagerbestand mit reserviertem Bestand [ME]	30	30	20	10	–	–	90
Lagerbestand ohne reservierten Bestand [ME]	30	30	20	10	–	–	90
Kumulierte Verspätung aller Bedarfe [Perioden]	0	0	0	0	–	–	0
Fehlmenge [ME]	0	0	0	0	–	–	0

Planung in Periode 5

Der Auftrag in der Periode 5 kann aus dem Lagerbestand 10 ME aus der Periode 4 und der Produktionsmenge 50 ME in der Periode 5 gedeckt werden (s. Abb. 6.32 und Tab. 6.55). Der Lagerbestand 20 ME am Ende von der Periode 5 kann wiederum nicht erreicht werden.

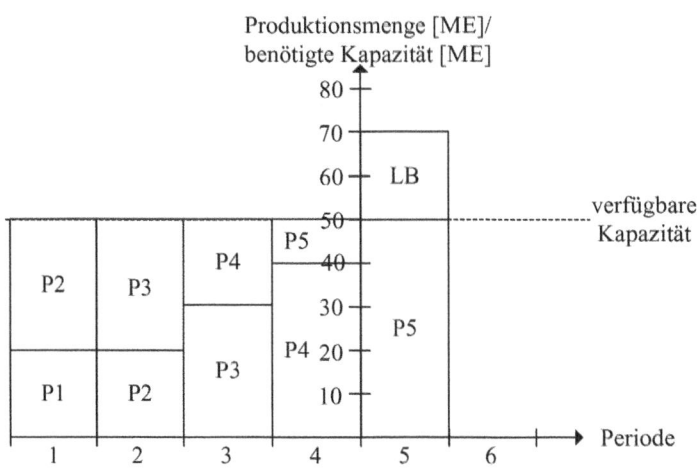

Abb. 6.32 Geplante Produktionsprogramme (P_1 bis P_5) mit Kapazitätsbelastung in Periode 5; mit ME für Mengeneinheiten

Tab. 6.55 Geplantes Produktionsprogramm mit resultierendem Lagerbestand und fehlender Kapazität in Periode 5; mit ME für Mengeneinheiten

Periode	4	5	6	Σ
Produktionsmenge [ME]	–	70	0	70
Lagerbestand [ME]	10	20	20	50
Fehlende Kapazität [ME]	–	20	0	20

Tab. 6.56 Bedarfe und realisiertes Produktionsprogramm mit resultierenden Lagerbeständen und Verspätungen in Periode 5; mit ME für Mengeneinheiten

Periode	1	2	3	4	5	6	Σ
Bedarfsmenge [ME]	20	50	60	60	60	0	250
Produktionsmenge [ME]	50	50	50	50	50	–	250
Lagerbestand mit reserviertem Bestand [ME]	30	30	20	10	0	–	90
Lagerbestand ohne reservierten Bestand [ME]	30	30	20	10	0	–	90
Kumulierte Verspätung aller Bedarfe [Perioden]	0	0	0	0	0	–	0
Fehlmenge [ME]	0	0	0	0	0	–	0

Der Auftrag in der Periode 5 kann ebenfalls termingerecht erfüllt werden (s. Tab. 6.56). Der Lagerbestand beträgt am Ende der Periode 0 ME.

Planung in Periode 6
In der Periode 6 ist kein Bedarf vorhanden (s. Abb. 6.33 und Tab. 6.57 und Tab. 6.58). Da nach der Periode 5 der Lagerbestand 0 ME beträgt, wird die freie Kapazität in der Periode 6 genutzt, um diesen wieder aufzubauen.

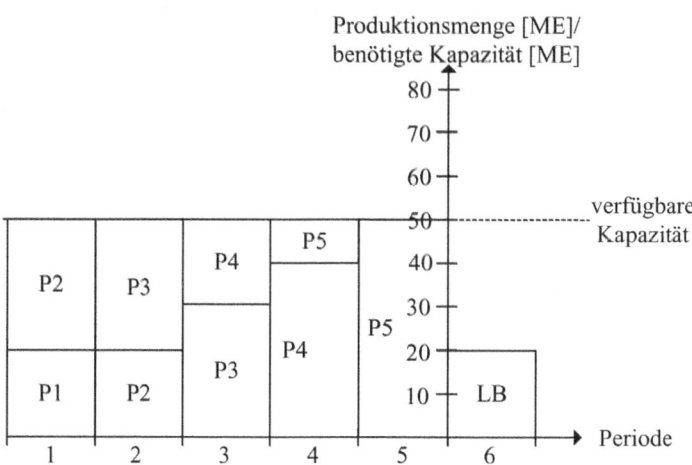

Abb. 6.33 Geplante Produktionsprogramme (P₁ bis P₅) mit Kapazitätsbelastung in Periode 6; mit ME für Mengeneinheiten

Tab. 6.57 Geplantes Produktionsprogramm mit resultierendem Lagerbestand und fehlender Kapazität in Periode 6; mit ME für Mengeneinheiten

Periode	5	6	Σ
Produktionsmenge [ME]	–	20	20
Lagerbestand [ME]	0	20	20
Fehlende Kapazität [ME]	–	0	0

Tab. 6.58 Bedarfe und realisiertes Produktionsprogramm mit resultierenden Lagerbeständen und Verspätungen in Periode 6; mit ME für Mengeneinheiten

Periode	1	2	3	4	5	6	$\sum$
Bedarfsmenge [ME]	20	50	60	60	60	0	250
Produktionsmenge [ME]	50	50	50	50	50	20	270
Lagerbestand mit reserviertem Bestand [ME]	30	30	20	10	0	20	110
Lagerbestand ohne reservierten Bestand [ME]	30	30	20	10	0	20	110
Kumulierte Verspätung aller Bedarfe [Perioden]	0	0	0	0	0	0	0
Fehlmenge [ME]	0	0	0	0	0	0	0

Analyse aller Planungen

In der folgenden Tab. 6.59 sind die Ergebnisse der Beispiele zusammengefasst. Diese enthält die folgenden Abkürzungen:

Var. 1	Planung ohne zusätzlichen Lagerbestand.
Var. 2	Planung mit zusätzlichen Lagerbestand von (mindestens) 20 Mengeneinheiten in der ersten Periode des Planungszeitraumes.
Var. 3	Planung mit zusätzlichen Lagerbestand von (mindestens) 20 Mengeneinheiten in jeder Periode des Planungszeitraumes.
k. Prod.	kumulierte Produktionsmenge.
Lb.m.r.B.	Lagerbestand mit reserviertem Bestand.
Lb.o.r.B.	Lagerbestand ohne reservierten Bestand.
V.	Kumulierte Verspätung aller Kundenbedarfe.
F.	Fehlmenge.

Bei der Betrachtung der Ergebnisse ist erkennbar, dass die Verspätungen und die Fehlmengen bei der Verwendung eines zusätzlichen Lagerbestandes abnehmen (Variante 2 und 3). Die Berücksichtigung des zusätzlichen Lagerbestandes führt dazu, dass der Lagerbestand ohne reservierten Bestand (Vor- und Überproduktion) zunimmt. Die Produktionsmenge ist bei

Tab. 6.59 Zusammenfassung der Ergebnisse der drei Planungen; mit ME für Mengeneinheiten

	k. Prod. [ME]	Lb.m.r.B. [ME]	Lb.o.r.B. [ME]	V. [Perioden]	F. [ME]
Var. 1	250	110	20	2	30
Var. 2	270	120	70	1	10
Var. 3	270	110	110	0	0

den Varianten 2 und 3 um 20 ME höher als bei der Variante 1, da bei diesen in der Periode 6 der geforderte Lagerbestand von 20 ME aufgebaut wird.

Die drei Planungen zeigen, dass die Fehlmengen und die Verspätungen, welche durch eine kurzfristige Erhöhung der Bedarfsmengen verursacht werden, durch den Aufbau eines zusätzlichen Lagerbestandes verringert werden können. Ein zusätzlicher Lagerbestand in der Höhe des zusätzlichen Bedarfs ist in dieser Fallstudie nicht nötig. Auf eine Bestimmung eines zusätzlichen Lagerbestands wird im Fazit zu diesem Kapitel noch näher eingegangen.

6.5.2   Simulationsstudie

Im Abschn. 6.5.1 wurde anhand eines einfachen Beispiels erklärt, wie kurzfristige Bedarfserhöhungen bei einer rollenden Produktionsplanung zu Verspätungen führen können. Zudem wurden zwei Ansätze zur Berücksichtigung eines zusätzlichen Lagerbestandes im Optimierungsproblem HPPLAN betrachtet, mit denen diese Verspätungen reduziert werden können.

Diese drei Varianten werden nun im Rahmen einer rollenden Planung genauer analysiert. Dabei wird eine komplette Planungshierarchie – aus Produktionsprogrammplanung, Materialbedarfsplanung bzw. mehrstufiger Losgrößenplanung und Ressourcenbelegungsplanung – simuliert.

Simulationsexperiment
Für die Untersuchungen wird das Simulationsmodell aus Abschn. 6.3.1 verwendet. Es wird zur leichteren Verständlichkeit des Folgenden nun knapp wiederholt. Das betrachtete Produktionssystem besteht aus den drei Produktionssegmenten Montage, Fräsen und Bohren. In jedem Produktionssegment ist genau eine Maschine vorhanden. Die verfügbaren Kapazitäten sind beschränkt und betragen bei allen Produktionssegmenten 5015 Zeiteinheiten (ZE) pro Periode. Es wird ein Endprodukt *EP1* hergestellt, welches aus zwei Vorerzeugnissen *V1EP1* und *V2EP1* mit einem Direktbedarfskoeffizienten von jeweils 1 besteht (siehe Abb. 6.1 im Abschn. 6.3.1). Das Endprodukt und die Vorerzeugnisse werden an verschiedenen Produktionssegmenten gefertigt (siehe ebenfalls Abb. 6.1). Pro Mengeneinheit (ME) eines Erzeugnisses beträgt die Kapazitätsbelastung am jeweiligen Produktionssegment eine ZE. Nach der Fertigstellung eines Zwischenproduktes steht dieses in der nächsten Periode für die weitere Bearbeitung zur Verfügung.

Der Simulationszeitraum umfasst 100 Perioden. Die Planung erfolgt rollend mit einem Planungsabstand von einer Periode. Es wird ein hierarchisches Planungssystem, bestehend aus einer Hauptproduktionsprogrammplanung, einer Bedarfsplanung, einer Auftragsfreigabe und einer Ressourcenbelegungsplanung betrachtet. Die Hauptproduktionsprogrammplanung wird mit dem Optimierungsproblem HPPLAN durchgeführt. Da die Fertigung eines Endproduktes drei Perioden dauert, wird mit einem gefrorenen Horizont von drei Perioden geplant, damit bereits gestartete Produktionsaufträge nachträglich nicht mehr geändert werden. Der Planungszeitraum bzw. -horizont umfasst jeweils 100 Perioden und ist somit genau so groß wie der gesamte Simulationszeitraum. Dadurch wird vermieden, dass Verspätungen aufgrund des Planungshorizonteffektes (siehe Abschn. 6.6) auftreten können. Die Bedarfsplanung erfolgt wieder mit dem Optimierungsproblem MLCLSP, wobei der Planungshorizont ebenfalls 100 Perioden beträgt. Die Auftragsfreigabe mit der Verfügbarkeitsprüfung findet jeweils zu Periodenbeginn statt. Der Freigabehorizont beträgt dabei null Perioden, so dass nur die Planaufträge betrachtet werden, deren Freigabetermin in der aktuellen Periode liegen. Für die Herstellung der Erzeugnisse ist jeweils ein Arbeitsschritt an einer Maschine nötig. Die Bestimmung der Bearbeitungsreihenfolgen der Arbeitsschritte an den Maschinen erfolgt nach der Prioritätsregel *First-In-First-Out* (FIFO). Auch hier umfasst der Betrachtungszeitraum wiederum 100 Perioden. Für die konkreten Bearbeitungszeiten und die Rüstzeiten der Arbeitsschritte sei auf die vollständige Beschreibung dieses Simulationsmodells im Abschn. 6.3.1 verwiesen – konkret auf die Tab. 6.5.

Es wird angenommen, dass in jeder Periode genau ein Kundenauftrag vorhanden ist. Die Bedarfsmengen liegen im Durchschnitt bei ungefähr 5007 ME und sind somit etwas geringer als die verfügbare Kapazität der Produktionssegmente pro Periode (jeweils 5015 ZE – beachte ZE = ME). Die Produktionsprogrammplanung wird immer mit den, zum Planungszeitpunkt bekannten, Bedarfsinformationen durchgeführt. Zukünftige Bedarfe können sich somit zwischen zwei Planungsläufen unterscheiden. In der folgenden Abb. 6.34 sind die verfügbare Kapazität pro Produktionssegment und die beiden Bedarfsverläufe, die zu Beginn der ersten und zu Beginn der letzten Periode bekannt sind, dargestellt. Der Bedarfsverlauf der letzten Periode entspricht (folglich) dem tatsächlich eingetretenen Bedarfsverlauf.

Die Kundenaufträge werden immer nur vollständig oder nicht erfüllt. Das bedeutet, dass keine Teillieferung erfolgt. Wenn der Lagerbestand für das Endprodukt in einer Periode nicht ausreicht, um den Kundenbedarf erfüllen zu können, wird dieser in den folgenden Perioden bevorzugt erfüllt. Die bereits produzierte Menge wird bis zur Lieferung gelagert.

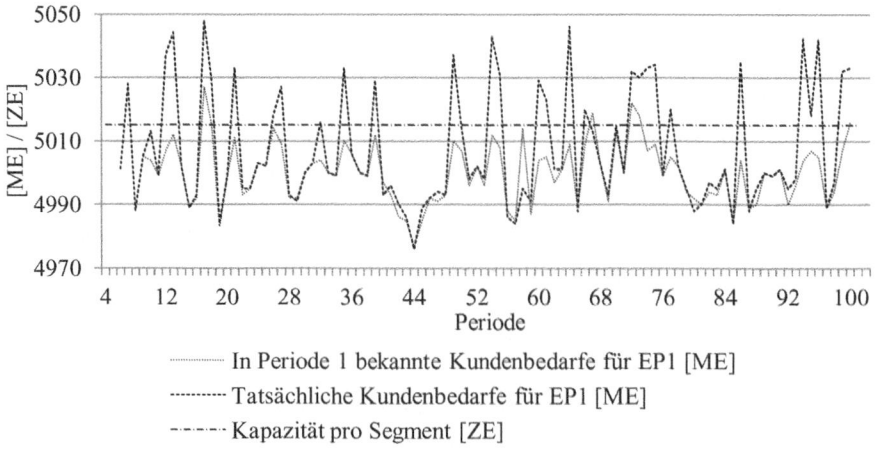

.... In Periode 1 bekannte Kundenbedarfe für EP1 [ME]
---------- Tatsächliche Kundenbedarfe für EP1 [ME]
‑‑‑‑‑ Kapazität pro Segment [ZE]

Abb. 6.34 Kapazität und Kundenbedarf; mit ZE für Zeiteinheiten und ME für Mengeneinheiten

Zu jedem Simulationsexperiment werden die Produktionsmengen, der Lagerbestand, die Anzahl der Verspätungen und die Fehlmengen erhoben und analysiert. Diese Kennzahlen wurden bereits im Rahmen der vollständigen Beschreibung dieses Simulationsmodells im Abschn. 6.3.1 definiert.

Simulationsexperiment ohne einen zusätzlichen Lagerbestand
Bei diesem Simulationslauf werden insgesamt 15 Aufträge mit einer Verspätung von einer Periode fertiggestellt (in den Perioden 11, 12, 16, 53, 62, 71, 72, 73, 74, 75, 76, 77, 94, 98, 99). Im nachfolgenden Diagramm (s. Abb. 6.35) sind die in Periode 1 bekannten und die tatsächlich realisierten Kundenbedarfe dargestellt. Die Aufträge, bei denen eine Verspätung aufgetreten ist, sind mit einem Kreis markiert. Es ist zu erkennen, dass die Verspätungen vor allem in den Perioden auftreten, in denen der tatsächliche Bedarf deutlich höher ausfällt, als zunächst angenommen wurde (z. B. Periode 11). Die hohen Bedarfsmengen sind zwar rechtzeitig bekannt, so dass sie bei der Planung jeweils berücksichtigt werden können, allerdings ist die Bedarfserhöhung so groß, dass nicht mehr genügend Kapazität vorhanden ist, um den zusätzlichen Bedarf rechtzeitig herstellen zu können. Alle Verspätungen treten in diesem Fall aufgrund kurzfristiger Bedarfserhöhungen auf. Um andere Ursachen ausschließen zu können, wurde dieser Simulationslauf wiederholt, mit dem Unterschied, dass der tatsächliche Bedarfsverlauf von Beginn an bekannt ist. In diesem Fall treten keine Verspätungen auf.

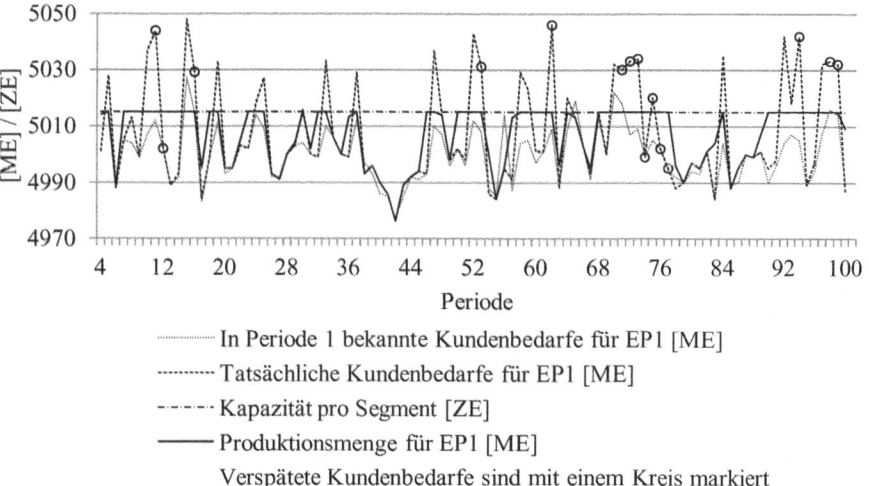

In Periode 1 bekannte Kundenbedarfe für EP1 [ME]
--------- Tatsächliche Kundenbedarfe für EP1 [ME]
- - - - - Kapazität pro Segment [ZE]
———— Produktionsmenge für EP1 [ME]
Verspätete Kundenbedarfe sind mit einem Kreis markiert

Abb. 6.35 Bedarfsmengen, Produktionsmengen und Kapazitäten bei der Planung ohne einen zusätzlichen Lagerbestand; mit ZE für Zeiteinheiten und ME für Mengeneinheiten

Tab. 6.60 Simulationsergebnis ohne einen zusätzlichen Lagerbestand; mit ME für Mengeneinheiten

Produktionsmenge [ME]	1482112
Lagerbestand mit reserviertem Bestand [ME]	75615
Lagerbestand ohne reservierten Bestand [ME]	556
Kumulierte Verspätung aller Bedarfe [Anzahl]	15
Fehlmenge [ME]	313

In der Tab. 6.60 sind die gesamten Produktionsmengen (für Endprodukte und Vorerzeugnisse), Fehlmengen, Verspätungen und Lagerbestände (für Endprodukte und Vorerzeugnisse) dargestellt. Der Lagerbestand ist einmal mit und einmal ohne reservierten Bestand aufgelistet. Der Lagerbestand ohne reservierten Bestand ist dabei der Lagerbestand, der durch Vorproduktion bzw. Überproduktion entsteht. Wenn ein Kundenauftrag nicht vollständig erfüllt werden kann, wird die bereits produzierte Menge des Endproduktes gelagert. Dieser Bestand ist für den Auftrag reserviert und wird beim Lagerbestand mit reserviertem Bestand zusätzlich berücksichtigt. Deswegen ist dieser Lagerbestand bei einer hohen Anzahl an Verspätungen deutlich höher als der Lagerbestand ohne reservierten Bestand.

Simulationsexperiment mit einem zusätzlichen Lagerbestand in der ersten Periode des Planungszeitraumes

Der in Abschn. 6.5.2 durchgeführte Simulationslauf wird nun mit verschiedenen Werten für einen zusätzlichen Lagerbestand, der am Ende der ersten Periode des Planungszeitraumes erreicht werden soll, wiederholt. Zur Realisierung wird das Optimierungsproblem HPPLAN um den Parameter zb (Zusatzbestand) und um eine zusätzliche Restriktion erweitert. Der Parameter gibt an, wie hoch der Lagerbestand am Ende der ersten Periode des Planungszeitraumes für jedes Endprodukt k mindestens sein soll. Damit lauten die Restriktionen nun insgesamt:

$$I_{k,T_{Start}} \geq zb \qquad \forall \, 1 \leq k \leq K.$$

mit:

T_{Start} erste Periode des Planungszeitraumes.
K Anzahl der Endprodukte ($1 \leq k \leq K$).
$I_{k,T_{Start}}$ Lagerbestand für das Endprodukt k am Ende von Periode T_{Start}.
zb zu erreichender Lagerbestand für jedes Endprodukt k.

In der folgenden Tab. 6.61 sind die Ergebnisse (Produktionsmengen, Lagerbestände, Verspätungen, Fehlmengen) der Simulationsläufe für die verschiedenen zb-Werte dargestellt. Die Ergebnisse der Simulationsläufe zeigen, dass die Gesamtproduktionsmenge leicht und der Lagerbestand (ohne Bestandsreservierungen) sehr mit zunehmenden zb-Wert ansteigen.

Tab. 6.61 Simulationsergebnisse für zu erreichende Lagerbestände in der ersten Periode des Planungszeitraumes; mit ME für Mengeneinheiten und den Abkürzungen:
Prod.-menge: Produktionsmenge.
Lagerb. m.r.B.:   Lagerbestand mit reserviertem Bestand.
Lagerb. o.r.B.:   Lagerbestand ohne reservierten Bestand.
Versp.:   Kumulierte Verspätung aller Kundenbedarfe.
Fehlm.:   Fehlmenge.

zb [ME]	≥ 10	≥ 20	≥ 25	≥ 50	≥ 75	≥ 100
Prod.-menge [ME]	1482142	1482172	1482186	1482248	1482309	1482384
Lagerb. m.r.B. [ME]	61193	51675	46989	13764	5632	7620
Lagerb. o.r.B. [ME]	1062	1544	1871	3710	5632	7620
Versp. [Anzahl]	12	10	9	2	0	0
Fehlm. [ME]	215	154	121	12	0	0

Die Anzahl der Verspätungen und die Fehlmengen nehmen im Gegenzug deutlich ab. Da der Lagerbestand (mit Bestandsreservierungen) eng an die Anzahl der aufgetretenen Verspätungen gekoppelt ist, wird dieser mit steigendem Zusatzbestand zunächst ebenfalls stark reduziert. Sobald keine Verspätungen und Fehlmengen mehr auftreten (ab $zb \geq 75$) steigt er aber zusammen mit dem Lagerbestand (ohne Bestandsreservierungen) wieder an.

Simulationsexperiment mit einem zusätzlichen Lagerbestand in jeder Periode des Planungszeitraumes
Die Simulationsläufe werden nun mit verschiedenen zusätzlichen Lagerbeständen, die am Ende jeder Periode des Planungszeitraumes erreicht werden sollen, wiederholt. Dazu wird die zuvor verwendete Restriktion in HPPLAN wie folgt erweitert.

$$I_{k,t} \geq zb \qquad \forall\, 1 \leq k \leq K \text{ und } \forall\, T_{Start} \leq t \leq T_{Ende}.$$

mit:

T_{Start} erste Periode des Planungszeitraumes ($T_{Start} \leq t$)
T_{Start} letzte Periode des Planungszeitraumes ($T_{Ende} \geq t$).
K Anzahl an Endprodukten ($1 \leq k \leq K$).
$I_{k,t}$ Lagerbestand für das Endprodukt k, am Ende der Periode t.
zb zu erreichender Lagerbestand für das Endprodukt k.

In der folgenden Tab. 6.62 sind die Ergebnisse (Produktionsmengen, Lagerbestände, Verspätungen, Fehlmengen) der Simulationsläufe für die verschiedenen zb-Werte dargestellt. Es ist erkennbar, dass die Gesamtproduktionsmenge und der Lagerbestand (ohne Bestandsreservierungen) höher als zuvor (i.e. beim Simulationsexperiment mit einem zusätzlichen Lagerbestand nur in der ersten Periode) sind und weiterhin mit steigendem Zusatzbestand

Tab. 6.62 Simulationsergebnisse für zu erreichende Lagerbestände in jeder Periode des Planungszeitraumes; mit ME für Mengeneinheiten und den Abkürzungen:
Prod.-menge: Produktionsmenge.
Lagerb. m.r.B.:   Lagerbestand mit reserviertem Bestand.
Lagerb. o.r.B.:   Lagerbestand ohne reservierten Bestand.
Versp.:   Anzahl an Verspätungen.
Fehlm.:   Fehlmenge.

\zb [ME]	≥ 10	≥ 20	≥ 25	≥ 50	≥ 75	≥ 100
Prod.-menge [ME]	1482142	1482172	1482187	1482262	1482337	1482412
Lagerb. m.r.B. [ME]	51462	37309	27708	9781	6765	8745
Lagerb. o.r.B. [ME]	1373	2240	2685	4749	6765	8745
Versp. [Anzahl]	10	7	5	1	0	0
Fehlm. [ME]	178	95	65	2	0	0

zunehmen. Die Anzahl der Verspätungen und die Fehlmengen sind geringer als zuvor und nehmen weiterhin erneut ab.

Auswertung der Simulationsergebnisse

Im Folgenden werden die Simulationsergebnisse bei der Planung ohne eine zusätzlichen Lagerbestand im Optimierungsproblem HPPLAN, bei der Planung mit einem zusätzlichen Lagerbestand in der ersten Periode des Planungszeitraumes (Variante 1) und bei der Planung mit einem zusätzlichen Lagerbestand in jeder Periode des Planungszeitraumes (Variante 2) gegenübergestellt. Die Planung ohne Zusatzbestand entspricht der Planung mit einem zusätzlichen Lagerbestand von $zb \geq 0$ und ist durch die Betrachtung der beiden Varianten 1 und 2 abgedeckt.

Bei der Betrachtung der Abb. 6.36 und 6.37 ist erkennbar, dass die Fehlmengen und die Anzahl der Verspätungen, die durch die kurzfristigen Bedarfserhöhungen entstehen, bei der Planung ohne einen zusätzlichen Lagerbestand ($zb \geq 0$) am größten sind. Je größer der Wert für den Zusatzbestand zb gewählt wird, umso mehr können die Verspätungen und die Fehlmengen reduziert werden. Ab einem Zusatzbestand von 75 ME treten sowohl bei der Planung mit einem zusätzlichen Lagerbestand in der ersten Periode des Planungszeitraumes (Variante 1) als auch bei der Planung mit einem zusätzlichen Lagerbestand in jeder Periode des Planungszeitraumes (Variante 2) keine Verspätungen und Fehlmengen mehr auf. Zudem ist erkennbar, dass die Anzahl der Verspätungen und die Fehlmengen bei der Variante 2 schneller reduziert werden als bei der Variante 1. Ein höherer Wert als 75 ME für zb bringt bei beiden Varianten keine Verbesserungen mehr bezüglich der Fehlmengen und der Verspätungen.

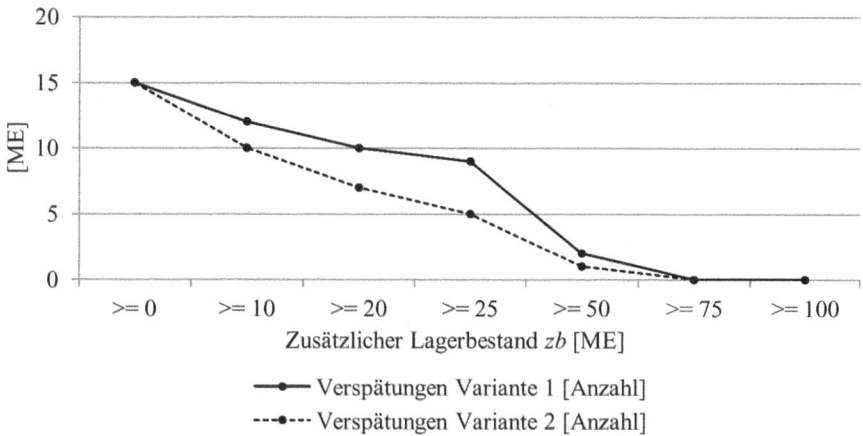

Abb. 6.36 Vergleich der Verspätungen

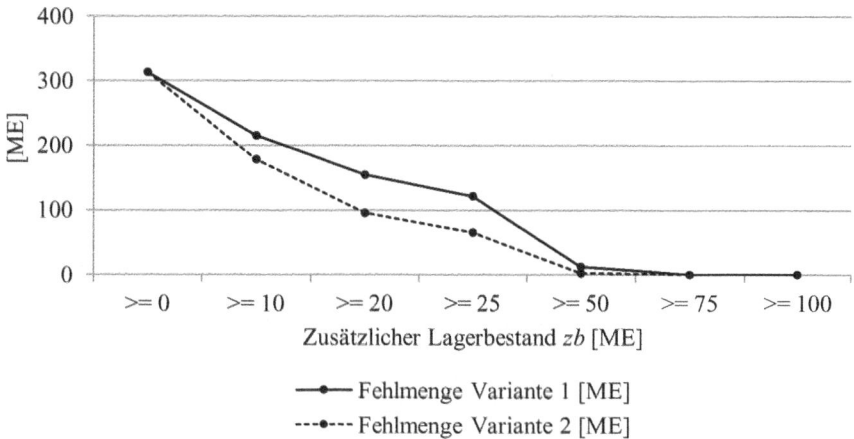

Abb. 6.37 Vergleich der Fehlmengen; mit ME für Mengeneinheiten

Der Lagerbestand (ohne Bestandsreservierungen) ist der Lagerbestand, der durch Vor- und Überproduktion entsteht. Dieser ist bei der Planung ohne Zusatzbestand ($zb \geq 0$) am geringsten und steigt mit der Erhöhung von zb an. Es ist erkennbar, dass der Lagerbestand (ohne Bestandsreservierungen) bei der Variante 2 deutlich höher ist als bei der Variante 1 (s. Abb. 6.38).

Wenn ein Kundenauftrag nicht erfüllt werden kann, wird die bereits produzierte Menge bis zur Fertigstellung reserviert und gelagert. Dieser reservierte Bestand wird beim Lagerbestand mit Bestandsreservierungen zusätzlich zum Lagerbestand, der aufgrund von Vor- und Überproduktion entsteht, berücksichtigt. Da dieser Lagerbestand eng an die Anzahl der Verspätungen gekoppelt ist, nimmt er zusammen mit den Fehlmengen und den Verspätungen

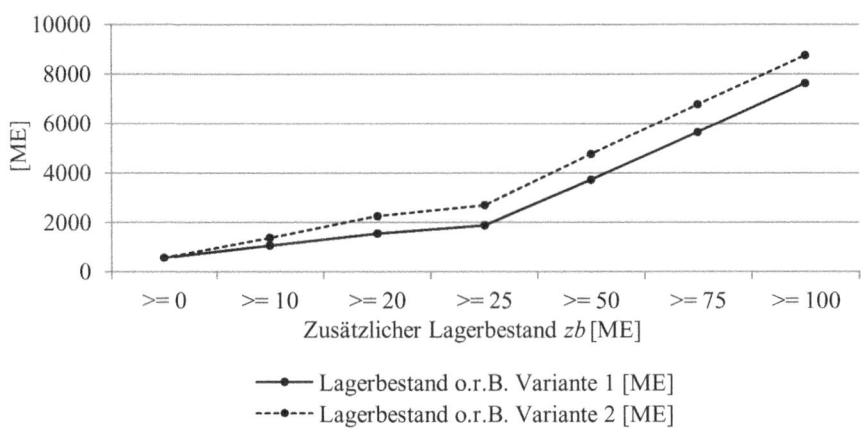

Abb. 6.38 Vergleich der Lagerbestände ohne reservierten Bestand; mit ME für Mengeneinheiten

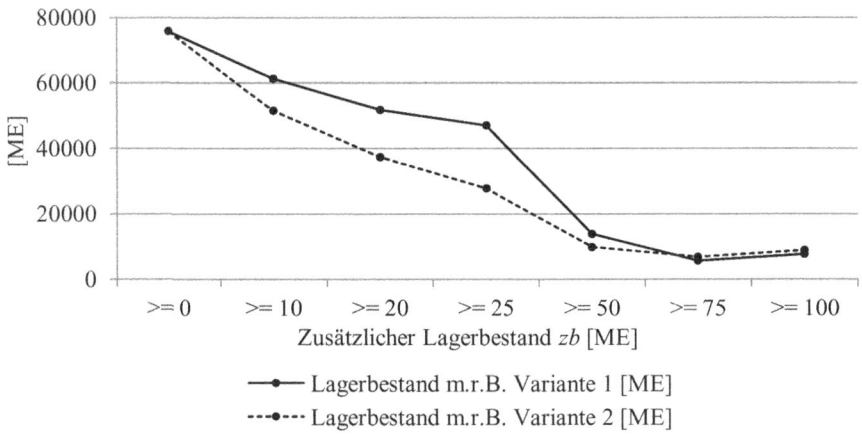

Abb. 6.39 Vergleich der Lagerbestände mit reserviertem Bestand; mit ME für Mengeneinheiten

ab. Deshalb ist er für $zb \geq 0$ am höchsten und vor allem ist die Abnahme bei Variante 2 deutlich höher als bei Variante 1. Sobald keine Fehlmengen und Verspätungen mehr auftreten, führt eine Erhöhung des Zusatzbestandes wieder zu einem Anstieg des Lagerbestandes (mit Bestandsreservierungen). Dies ist in der Abb. 6.39 für $zb \geq 100$ erkennbar.

Bei der Betrachtung der Abb. 6.40 ist erkennbar, dass die Gesamtproduktionsmenge mit zunehmenden Zusatzbestand zb bei beiden Varianten relativ gesehen leicht ansteigt. Bei der Variante 2 ist der Anstieg ab $zb \geq 50$ leicht höher als bei der Variante 1.

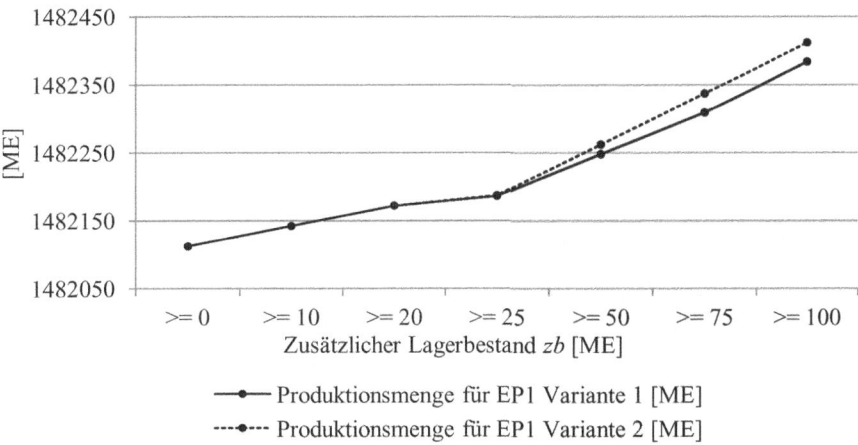

Abb. 6.40 Vergleich der Produktionsmengen; mit ME für Mengeneinheiten

6.5.3   Sicherheitsbestand für den Zusatzbestand

In dieser Simulationsstudie (s. Abschn. 6.5.2) treten ab einen zusätzlichen Lagerbestand von 75 Mengeneinheiten (ME) keine Fehlmengen und Verspätungen mehr auf. Bei der Planung mit größeren Werten steigt der Lagerbestand mit und ohne reservierten Bestand immer weiter an. Deshalb wird der Wert 75 ME für zb in diesem Fall als günstig angesehen. Es stellt sich die Frage, wie dieser Wert generell bestimmt werden kann. Im Folgenden wird eine Überlegung vorgestellt, bei der zur Bestimmung der Höhe des zusätzlichen Lagerbestandes ein Verfahren aus dem Bestandsmanagement verwendet wird.

Im Allgemeinen wird beim Bestandsmanagement, s. z. B. Herrmann (2009) oder (2011), das Ziel verfolgt, dass einerseits eine möglichst kostengünstige Lagerhaltung und andererseits eine durchgängige Lieferfähigkeit erreicht wird. Es wird angenommen, dass zur Erfüllung der Kundenaufträge bzw. für den nächsten Produktionsschritt das Material verwendet wird, das sich physisch im Lager befindet. Der Bestand kann entweder aus einer vorangegangenen Produktion oder einem anderen Beschaffungsvorgang stammen. Immer dann, wenn im Lager ein bestimmter Bestand (Bestellbestand s_{opt}) erreicht oder unterschritten ist, wird eine Bestellung oder die Produktion der Menge q_{opt} in Auftrag gegeben, die nach der Wiederbeschaffungszeit l im Lager eintrifft. Der Bestellbestand s_{opt} ist im Idealfall so groß, dass damit der Gesamtbedarf im Wiederbeschaffungszeitraum exakt gedeckt werden kann und somit keine Fehlmengen und keine Überproduktion auftreten. In der Praxis sind die Kundenaufträge und die Wiederbeschaffungszeiten allerdings stochastischen Einflüssen ausgesetzt und somit nicht genau bekannt. Durch die Erhöhung des Bestellbestandes kann ein zusätzlicher Lagerbestand aufgebaut werden, der zur Deckung von unerwartet hohen Bedarfen im Wiederbeschaffungszeitraum verwendet werden kann. Im Bestandsmanagement wird dieser Lagerbestand als Sicherheitsbestand bezeichnet.

Es gibt nun mehrere Ansätze zur Berechnung des Sicherheitsbestands, die beispielsweise in Herrmann (2009, 2011) und Claus et al. (2021) erläutert und analysiert worden
sind. Im Folgenden wird exemplarisch der Wiederbeschaffungszeitraum betrachtet, der in
dieser Fallstudie die Produktionsdauer umfasst – bei einer externen Beschaffung handelt
es sich um die Lieferzeit. Über einen sogenannten wiederbeschaffungszeitbezogenen α-
Servicegrad (α_{WBZ}) wird die Wahrscheinlichkeit gemessen, dass in dem Wiederbeschaffungszeitraum keine Fehlmenge auftritt. Es sei betont, dass es, wie bereits angedeutet, neben
diesem ereignisbezogenen Kriterium auch mengenbezogene Kriterien gibt; siehe wiederum
beispielsweise Herrmann (2009, 2011) und Claus et al. (2021).

Für einen bestimmten, vorgegebenen wiederbeschaffungszeitbezogenen α-Servicegrad
(α_{WBZ}) lässt sich der erforderliche Bestellbestand und der Sicherheitsbestand für eine
normalverteilte Periodennachfrage und für eine konstante Wiederbeschaffungszeit durch
die folgende Formel berechnen; für eine allgemeine Formel sei auf Herrmann (2011)
verwiesen.

$$s_{opt} = l \cdot E(D) + \underbrace{\Phi^{-1}_{N(0,1)}(\alpha_{WBZ}) \cdot \sqrt{l \cdot \sigma(D)^2}}_{Sicherheitsbestand}$$

mit:

l Wiederbeschaffungszeit (Perioden).

$E(D)$ Erwartungswert der Periodennachfrage [Mengeneinheiten (ME)].

$\sigma(D)$ Standardabweichung der Periodennachfrage [ME].

α_{WBZ} Wiederbeschaffungszeitbezogender α-Servicegrad ($0 \leq \alpha_{WBZ} \leq 1$) – also die Wahr-
            scheinlichkeit, dass in einem Wiederbeschaffungszeitraum keine Fehlmenge auftritt.

s_{opt} Bestellbestand [ME].

In dieser Formel wird angenommen, dass die Wiederbeschaffungszeit l konstant ist und
die Nachfragemenge normalverteilt ist. Sie wird nun zur Bestimmung des zusätzlichen
Lagerbestandes zb verwendet. Die Periodennachfrage ist in dieser Fallstudie normalverteilt mit einem Erwartungswert ($E(D)$) von 5007.16 ME und einer Standardabweichung
($\sigma(D)$) von 18.17 ME. Für den Wiederbeschaffungszeitraum l wird die Produktionsdauer
des Endproduktes $EP1$ verwendet. Diese beträgt drei Perioden (Vorlaufzeit). Es soll ein
wiederbeschaffungszeitbezogener α-Servicegrad (α_{WBZ}) von 99 % erreicht werden.

$$s_{opt} = l \cdot E(D) + \Phi^{-1}_{N(0,1)}(\alpha_{WBZ}) \cdot \sqrt{l \cdot \sigma(D)^2}$$

$$s_{opt} = 3 \cdot 5007.16 + \Phi^{-1}_{N(0,1)}(0.99) \cdot \sqrt{3 \cdot 18.17^2}$$

$$s_{opt} = 15021.48 + 2.32635 \cdot 31.47136317$$

$$= 15021.48 + \underbrace{73.21340571}_{Sicherheitsbestand} = 15094.69341$$

Wenn der Zusatzbestand zb mit dem Sicherheitsbestand gleichgesetzt wird, müsste dieser
73.21340571 ME betragen, damit in 99 % der Wiederbeschaffungszeiträume keine Fehl-

mengen auftreten. Das Ergebnis passt zu den Simulationsergebnissen, da bei diesen ab einen zusätzlichen Lagerbestand von ca. 75 ME keine Fehlmengen und Verspätungen mehr auftreten.

In weiteren Untersuchungen muss geprüft werden, ob der zusätzliche Lagerbestand generell mit dieser Vorgehensweise bestimmt werden kann. Bei der Verwendung der Formel muss beachtet werden, dass in dieser keine Kapazitätsbeschränkungen berücksichtigt werden. In der Fallstudie steht dagegen in jeder Periode nur eine Kapazität von 5015 Zeiteinheiten zur Verfügung. Dadurch kann es mehrere Perioden dauern, bis der zusätzliche Lagerbestand aufgebaut ist, so dass er nicht in jeder Periode vollständig zur Verfügung steht. Desweiteren muss untersucht werden, ob die Produktionsdauer bzw. die Vorlaufzeit generell für den Wiederbeschaffungszeitraum l verwendet werden kann. Herrmann (2011)

6.5.4   Fazit

Die Untersuchungen zeigen, dass die Anzahl an Verspätungen und die Fehlmengen, die bei einer rollenden Produktionplanung durch kurzfristige Bedarfserhöhungen verursacht werden, durch die Berücksichtigung eines zusätzlichen Lagerbestandes im Optimierungsproblem HPPLAN reduziert werden können. Es wurden zwei Varianten zur Berücksichtigung des Lagerbestandes betrachtet. Bei der Variante 2, bei der der Lagerbestand in jeder Periode des Planungszeitraumes erreicht werden soll, können mit dem gleichem zusätzlichen Lagerbestand zb mehr Verspätungen und Fehlmengen reduziert werden, als bei der Variante 1, bei der der Lagerbestand nur in der ersten Periode des Planungszeitraumes erreicht werden soll. Bei der Variante 1 tritt die gleiche Wirkung erst bei einem höherem Wert für zb ein.

Die Bestimmung einer günstigen Höhe des zusätzlichen Lagerbestandes ist in dieser Fallstudie mit der Formel zur Berechnung des Sicherheitsbestandes über den wiederbeschaffungszeitbezogenen α-Servicegrad (α_{WBZ}) möglich. Um eine Aussage darüber treffen zu können, ob zb generell mit diesem Verfahren bestimmt werden kann, sind weitere Untersuchungen notwendig.

6.6   Planungshorizonteffekt bei HPPLAN

Innerhalb des Planungszeitraumes erkennt das Optimierungsproblem HPPLAN, wenn die verfügbare Kapazität nicht ausreicht, um die Bedarfe erfüllen zu können. Falls in früheren Perioden genügend Kapazität verfügbar ist, kann eine Teilmenge davon vorproduziert werden, so dass die Bedarfe trotzdem termingerecht gedeckt werden können. Bei einer rollenden Planung sind bei der Hauptproduktionsprogrammplanung keine Informationen zu den Bedarfen jenseits des Planungshorizontes vorhanden. Wenn diese Bedarfe größer als die verfügbare Kapazität sind, kann dies erst bei späteren Planungen erkannt und berücksichtigt werden. Es kann sein, dass in früheren Perioden Kapazität ungenutzt bleibt und dann in späteren Perioden die vorhandene Kapazität nicht mehr ausreicht, um alle Bedarfe rechtzeitig erfüllen zu können. Bei frühzeitiger Kenntnis über den Kapazitätsengpass hätten die Bedarfe unter Umständen noch termingerecht erfüllt werden können; s. hierzu Lauten-schläger (1999).

Zunächst wird mit einem einfachen, einführenden Beispiel das Auftreten dieses Pla-nungshorizonteffekts demonstriert und seine Effekte quantitativ angegeben. Anschließend wird dieses Beispiel mit der Verwendung eines Endlagerbestands wiederholt und unter-sucht, welchen Einfluss dies auf die Verspätungen, die Fehlmengen und den Lagerbestand hat. Dieses Vorgehen wird durch umfangreiche Simulationsexperimente für verschiedene Endlagerbestände genauer analysiert.

6.6.1   Einführendes Beispiel zum Planungshorizonteffekt

Mit dem folgenden einfachen Beispiel soll der beschriebene Planungshorizonteffekt und seine negative Auswirkung auf die termingerechte Erfüllung der Kundenbedarfe verdeutlicht werden.

Fallstudie
Produziert wird ein Endprodukt. Abb. 6.41 bzw. Tab. 6.63 enthält die (auftretenden) Bedarfs-mengen über einen Zeitraum von sieben Perioden. Es wird eine rollende Produktionsplanung mit einem Planungsabstand von einer Periode und einem Planungszeitraum von drei Peri-oden durchgeführt. Die Hauptproduktionsplanung findet zunächst in Periode 1 statt und wird in jeder Periode wiederholt. Umgesetzt wird dabei jeweils das Produktionsprogramm in der Planungsperiode. Es wird angenommen, dass das Ergebnis der Hauptproduktionspro-grammplanung in den untergeordneten Planungsebenen nicht mehr verändert wird. Zudem

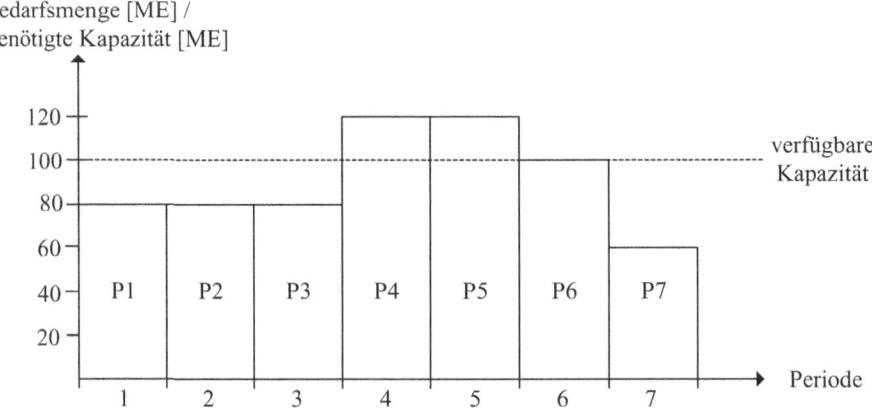

Abb. 6.41 Bedarfsmengen und Kapazitätsbelastungen in Mengeneinheiten (ME)

Tab. 6.63 (Auftretende) Bedarfsmengen in Mengeneinheiten (ME)

Periode	1	2	3	4	5	6	7	$\sum$
Bedarfsmenge [ME]	80	80	80	120	120	100	60	640

wird davon ausgegangen, dass die Herstellung des Endproduktes eine Periode dauert und am Ende der fraglichen Periode t zur Deckung des Kundenbedarfs in dieser Periode t verwendet werden kann. Bei der Herstellung fällt in der Periode pro Mengeneinheit (ME) eine Kapazitätsbelastung von 1 an.

Planung in Periode 1

Bei der Hauptproduktionsprogrammplanung in Periode 1 sind nur die Bedarfe und somit auch die Kapazitätsbelastungen für die ersten drei Perioden bekannt. Über die Bedarfe jenseits des Planungshorizontes (Perioden 4–7) sind zu diesem Zeitpunkt keine Informationen vorhanden. Bei der Betrachtung der Abb. 6.42 ist zu erkennen, dass die Gesamtkapazität in den Perioden 1 bis 3 ausreicht, um die Bedarfe in diesen Perioden erfüllen zu können. In den Perioden 4 und 5, die jenseits des Planungshorizontes liegen, wird die Gesamtkapazität überschritten, so dass eine Vorproduktion nötig ist, damit die Aufträge rechtzeitig erfüllt werden können. Da diese Bedarfe bei der Planung in Periode 1 nicht bekannt sind, wird das Produktionsprogramm für Periode 1 ohne Vorproduktionsmengen umgesetzt.

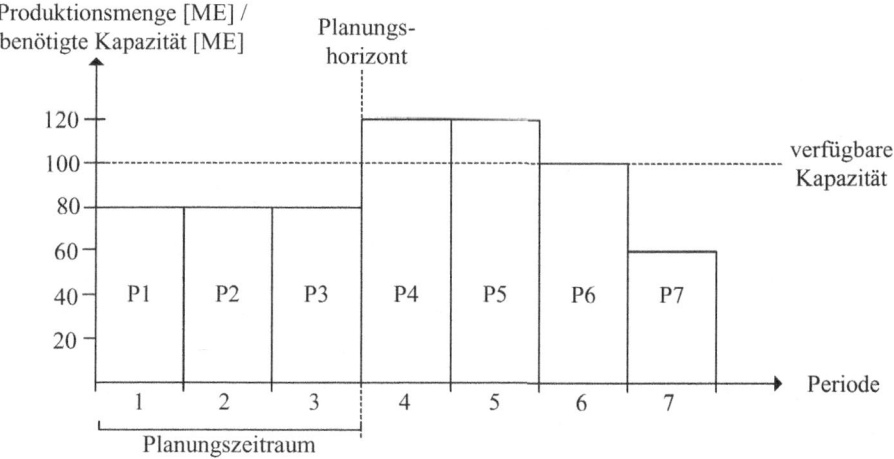

Abb. 6.42 Kapazitätsbelastung durch die Produktionsprogramme (P_1 bis P_7) zur Planungsperiode 1; mit ME für Mengeneinheiten

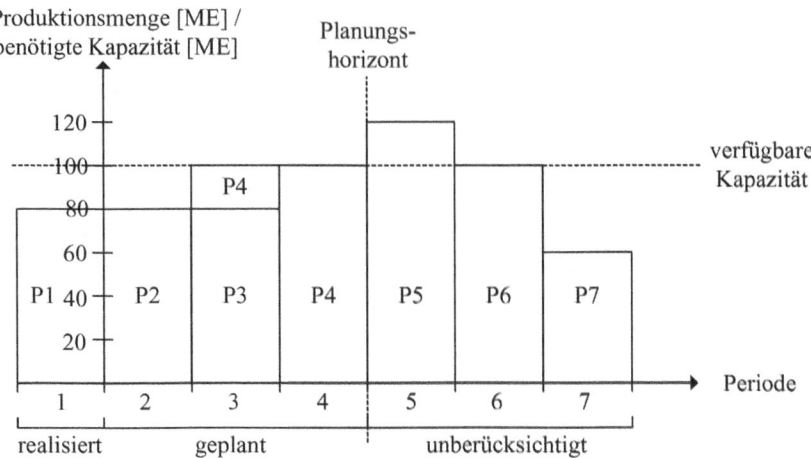

Abb. 6.43 Kapazitätsbelastung durch die Produktionsprogramme (P$_1$ bis P$_7$) zur Planungsperiode 2; mit ME für Mengeneinheiten

Planung in Periode 2

Bei der Planung in Periode 2 ist das Produktionsprogramm für Periode 1 bereits umgesetzt (s. Abb. 6.43). Der Kundenauftrag konnte termingerecht erfüllt werden. Der Planungszeitraum umfasst nun die Perioden 2 bis einschließlich 4. Da die benötigte Kapazität in Periode 4 die Gesamtkapazität in dieser Periode überschreitet, wird ein Teil davon (20 ME) vorproduziert. Die Vorproduktion wäre in Periode 2 und in Periode 3 möglich, da in beiden ausreichend Kapazität vorhanden ist. Das Problem entscheidet sich dazu, die Vorproduktion so spät wie möglich, also in Periode 3 durchzuführen, um möglichst geringe Lagerkosten zu erreichen (s. Abb. 6.43).

Planung in Periode 3

Bei der Planung in Periode 3 ist das Produktionsprogramm für die ersten beiden Perioden umgesetzt (s. Abb. 6.44). Die Aufträge konnten dabei jeweils rechtzeitig erfüllt werden. Der Planungszeitraum umfasst nun die Perioden 3 bis einschließlich 5. Die benötigten Kapazitäten in Periode 4 und 5 übersteigen jeweils die verfügbare Gesamtkapazität. Für die Menge 20 ME von Periode 4 steht in Periode 3 genügend Kapazität für eine Vorproduktion zur Verfügung. Für die Menge 20 ME in Periode 5 ist allerdings keine Kapazität mehr für eine Vorproduktion vorhanden.

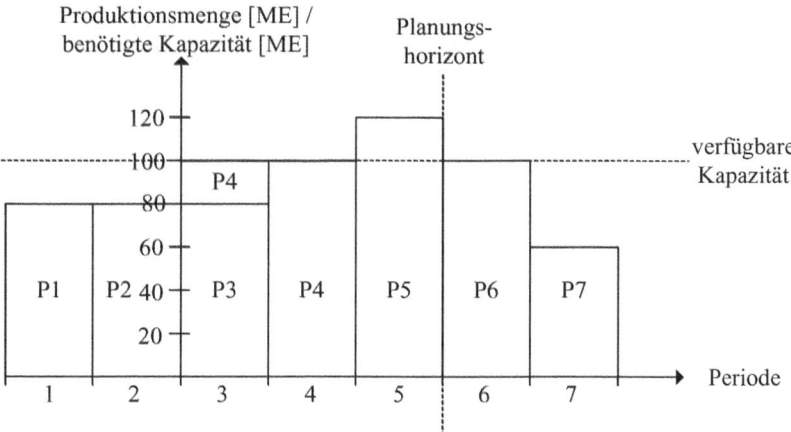

Abb. 6.44 Kapazitätsbelastung durch die Produktionsprogramme (P$_1$ bis P$_7$) zur Planungsperiode 3; mit ME für Mengeneinheiten

Planung in Periode 4

Bei der Planung in Periode 4 ist das Produktionsprogramm für die ersten drei Perioden bereits umgesetzt (s. Abb. 6.45). Ein Teil der benötigten Produktionsmenge für die Periode 4 wurde bereits in Periode 3 hergestellt. Für die restlichen 100 ME wird die gesamte Kapazität in Periode 4 beansprucht. Deshalb ist keine Vorproduktion für Periode 5 möglich, in der die verfügbare Kapazität nicht ausreicht.

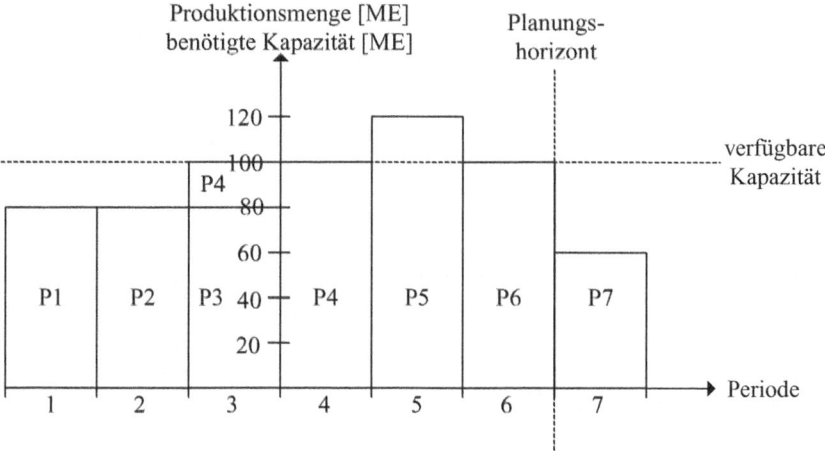

Abb. 6.45 Kapazitätsbelastung durch die Produktionsprogramme (P$_1$ bis P$_7$) zur Planungsperiode 4; mit ME für Mengeneinheiten

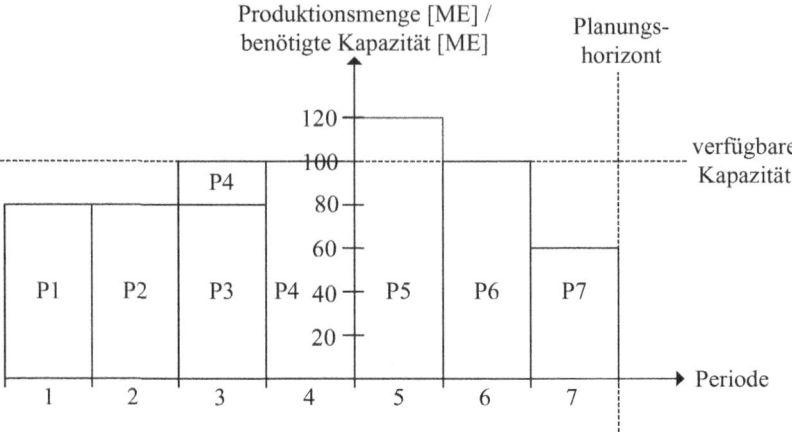

Abb. 6.46 Kapazitätsbelastung durch die Produktionsprogramme (P_1 bis P_7) zur Planungsperiode 5; mit ME für Mengeneinheiten

Planung in Periode 5

Bei der Planung in Periode 5 ist das Produktionsprogramm für die ersten vier Perioden umgesetzt (s. Abb. 6.46). Bisher konnten alle Kundenaufträge termingerecht erfüllt werden. Die Kapazität in Periode 5 reicht nicht aus, um den gesamten Bedarf decken zu können, so dass in dieser Periode eine Fehlmenge von 20 ME entsteht. Der Auftrag in Periode 5 wird bei der weiteren Planung bevorzugt erfüllt (s. Abb. 6.46).

Planung in Periode 6

Der Bedarf in Periode 5 konnte nicht vollständig erfüllt werden (s. Abb. 6.47). Die verfügbare Kapazität wird nun zunächst für die ausstehende Menge verwendet. Das führt dazu, dass

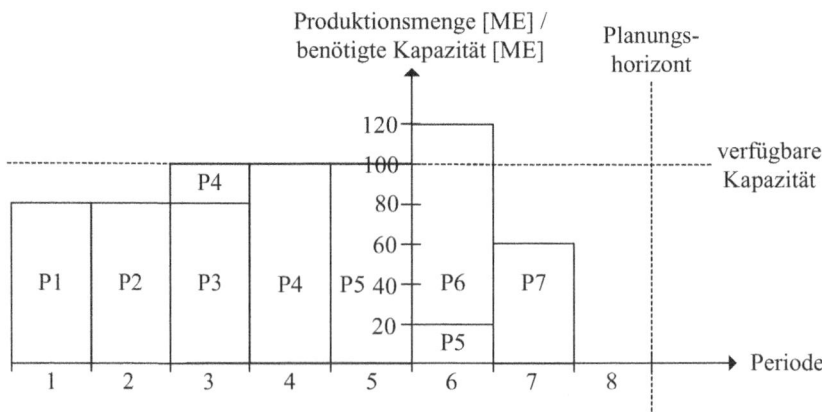

Abb. 6.47 Kapazitätsbelastung durch die Produktionsprogramme (P_1 bis P_7) zur Planungsperiode 6; mit ME für Mengeneinheiten

der Bedarf in Periode 6 nicht vollständig gedeckt werden kann. Deshalb entsteht auch in Periode 6 eine Fehlmenge von 20 ME, diesmal für den Bedarf in Periode 6.

Planung in Periode 7

Der ausstehende Bedarf für Periode 6 wird nun in Periode 7 produziert (s. Abb. 6.48). In dieser Periode ist genügend Kapazität verfügbar, so dass auch der Bedarf in Periode 7 erfüllt werden kann.

Obwohl ingesamt genügend Kapazität ($\sum$ = 700 ME in Perioden 1–7) für alle Bedarfe bzw. Kapazitätsbelastungen ($\sum$ = 640 ME in Perioden 1–7) zur Verfügung steht, konnten die Aufträge in zwei Perioden (Periode 5 und 6) erst mit jeweils einer Periode Verspätung erfüllt werden. Da die Bedarfe jenseits des Planungshorizontes nicht bekannt sind, wurde die hohe Kapazitätsbelastung in Periode 4 und 5 bei der Planung in den ersten beiden Perioden nicht (in Periode 1) bzw. nur teilweise (in Periode 2) berücksichtigt. Dadurch bleiben in den ersten beiden Perioden Kapazitäten ungenutzt, die für die Vorproduktion für die Perioden 4 und 5 verwendet werden könnten. Durch eine Vorproduktion in der ersten oder zweiten Periode hätten alle Aufträge termingerecht erfüllt werden können. In der folgenden Tab. 6.64 sind die Lagerbestände, die Fehlmenge und die Verspätung für jede Periode angegeben. Die Lagerbestände sind einmal mit und einmal ohne reservierten Bestand aufgelistet. Der Lagerbestand ohne reservierten Bestand ist der Lagerbestand, der durch Vorproduktion entsteht. In dieser Fallstudie werden keine Teillieferungen durchgeführt. Wenn ein Kundenauftrag nicht vollständig erfüllt werden kann, wird die bereits produzierte Menge reserviert und gelagert. Diese reservierte Menge wird beim Lagerbestand mit reservierter Menge zusätzlich berücksichtigt. Da dieser eng an die Verspätungen gekoppelt ist, ist er deutlich höher als der Lagerbestand, bei dem der reservierte Bestand nicht berücksichtigt wird.

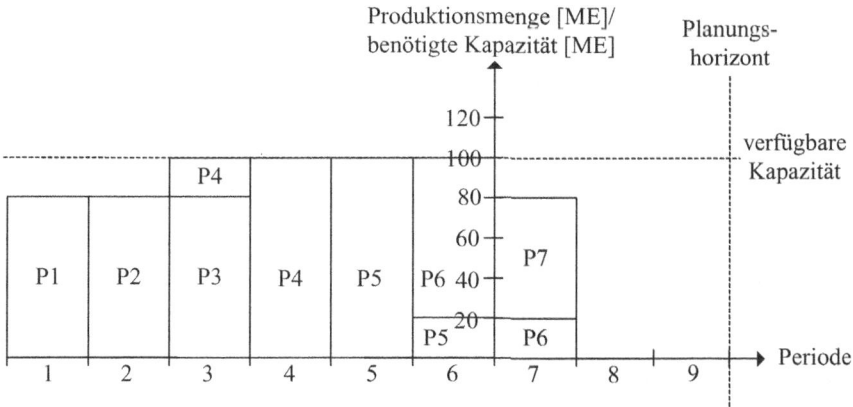

Abb. 6.48 Kapazitätsbelastung durch die Produktionsprogramme (P_1 bis P_7) zur Planungsperiode 7; mit ME für Mengeneinheiten

Tab. 6.64 Resultierende Bestände, Fehlmengen und Verspätungen durch das geplante Produktionsprogramm; mit ME für Mengeneinheiten

Periode	1	2	3	4	5	6	7	$\sum$
Lagerbestand mit reserviertem Bestand [ME]	0	0	20	0	100	80	0	200
Lagerbestand ohne reservierten Bestand [ME]	0	0	20	0	0	0	0	20
Fehlmenge [ME]	0	0	0	0	20	20	0	40
Kumulierte Verspätung aller Bedarfe [Perioden]	0	0	0	0	1	1	0	2

6.6.2   Verwendung eines Endlagerbestandes im einführenden Beispiel

Das Beispiel aus Abschn. 6.6.1 wird nun wiederholt. Diesmal erfolgt die Hauptproduktionsprogrammplanung so, dass am Ende des Planungszeitraums jeweils ein Lagerbestand von mindestens 20 Mengeneinheiten (ME) erreicht werden soll. Dies führt dazu, dass die Produktionsmenge und die Kapazitätsbelastung im Planungszeitraum um 20 ME höher sind als im ursprünglichen Beispiel. Das Problem versucht den Lagerbestand so spät wie möglich aufzubauen, um möglichst geringe Lagerkosten zu erzielen.

Planung in Periode 1
Bei der Hauptproduktionsprogrammplanung in Periode 1 sind nur die Bedarfe und somit auch die Kapazitätsbelastungen für die ersten drei Perioden bekannt (s. Abb. 6.49). Über die Bedarfe jenseits des Planungshorizontes (Perioden 4–7) sind zu diesem Zeitpunkt keine

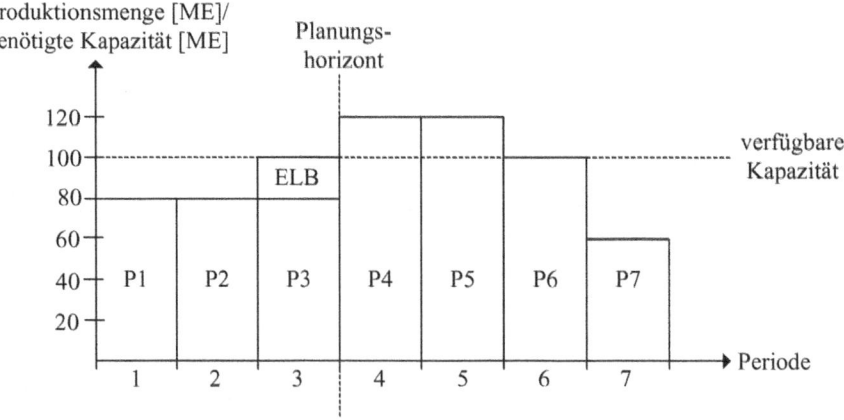

Abb. 6.49 Kapazitätsbelastung durch die Produktionsprogramme (P_1 bis P_7) zur Planungsperiode 1; mit einer zusätzlichen Kapazitätsbelastung (ELB) von 20 ME

Informationen vorhanden. Am Ende des Planungszeitraums soll ein Lagerbestand von 20 ME erreicht werden, für den in Periode 3 eine zusätzliche Kapazitätsbelastung (ELB) anfällt. Auf die Kapazitätsbelastung in der Periode 1 hat dies zunächst keinen Einfluss.

Planung in Periode 2

Zur Planung in Periode 2 wurde das Produktionsprogramm in Periode 1 bereits umgesetzt (s. Abb. 6.50). In Periode 4 wird um 20 ME mehr Kapazität benötigt, als zur Verfügung steht. Diese Menge kann in Periode 2 vorproduziert werden. Am Ende des Planungszeitraumes soll ein Lagerbestand von 20 ME erreicht werden. Für diesen wird die freie Kapazität in Periode 3 beansprucht (s. Abb. 6.50).

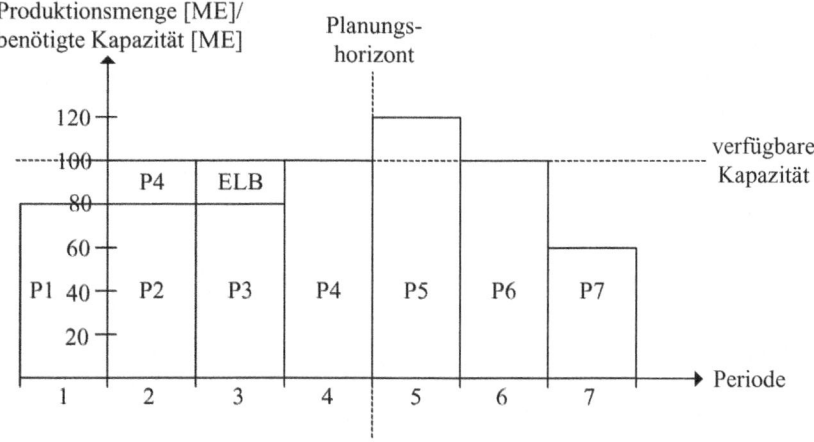

Abb. 6.50 Kapazitätsbelastung durch die Produktionsprogramme (P_1 bis P_7) zur Planungsperiode 2; mit einer zusätzlichen Kapazitätsbelastung (ELB) von 20 Mengeneinheiten (ME)

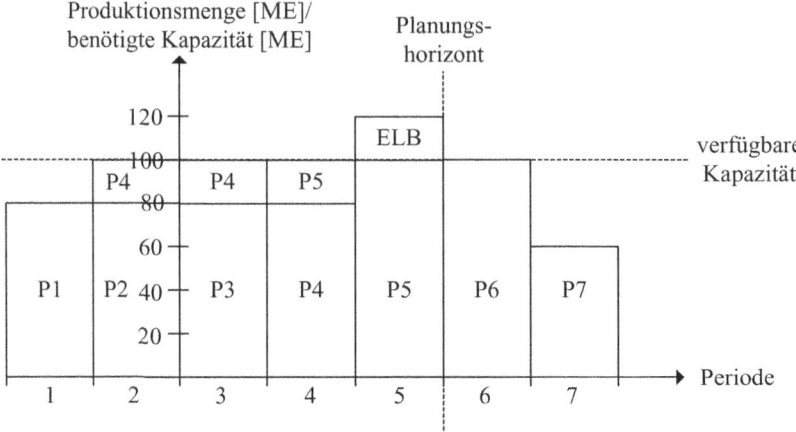

Abb. 6.51 Kapazitätsbelastung durch die Produktionsprogramme (P_1 bis P_7) zur Planungsperiode 3; mit einer zusätzlichen Kapazitätsbelastung (ELB) von 20 Mengeneinheiten (ME)

Planung in Periode 3

Zur Planung in Periode 3 wurde der Auftrag in Periode 2 vollständig erfüllt und die Teilmenge 20 ME für Periode 4 vorproduziert (s. Abb. 6.51). In Periode 5 reicht die verfügbare Kapazität nicht aus, so dass ein Teil davon (20 ME) vorproduziert werden muss. Da in Periode 3 die Kapazität 20 ME frei ist, wird ein Teil von Periode 4 (20 ME) in Periode 3 und ein Teil von Periode 5 (20 ME) in Periode 4 vorproduziert. Am Ende des Planungszeitraums soll wiederum ein Lagerbestand von 20 ME erreicht werden. Für diesen ist keine Kapazität mehr vorhanden.

Planung in Periode 4

Zur Planung in Periode 4 konnten die Bedarfe in den ersten drei Perioden termingerecht erfüllt werden (s. Abb. 6.52). Die 40 wurden für die Periode 4 vorproduziert. Da die Kapazität in Periode 5 nicht ausreicht, wird ein Teil davon (20 ME) in die Periode 4 verlagert. Für den zu erreichenden Endlagerbestand ist wiederum nicht genügend Kapazität verfügbar.

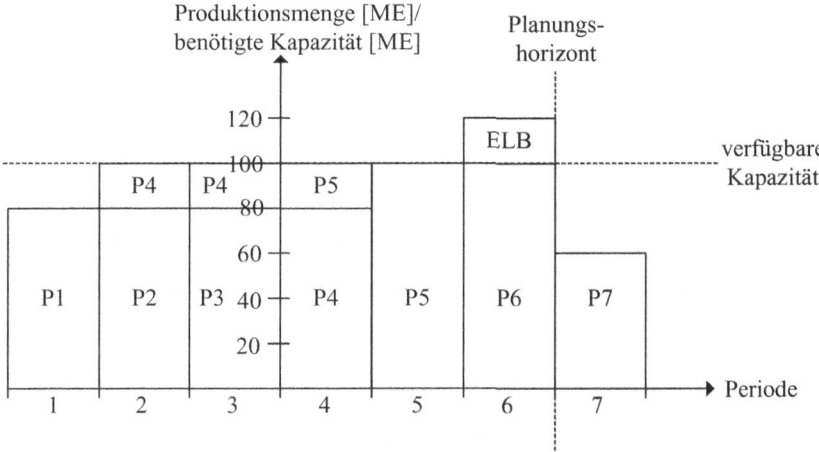

Abb. 6.52 Kapazitätsbelastung durch die Produktionsprogramme (P₁ bis P₇) zur Planungsperiode 4; mit einer zusätzlichen Kapazitätsbelastung (ELB) von 20 Mengeneinheiten (ME)

Planung in Periode 5

Die Bedarfe in den ersten vier Perioden wurden rechtzeitig erfüllt (s. Abb. 6.53). Zudem wurde bereits eine Teilmenge (20 ME) für die Periode 5 hergestellt. Für den restlichen Bedarf in Periode 5 und die Bedarfe in Periode 6 und 7 sind im Planungszeitraum ausreichend Kapazitäten vorhanden. Der geforderte Endlagerbestand kann in Periode 7 aufgebaut werden.

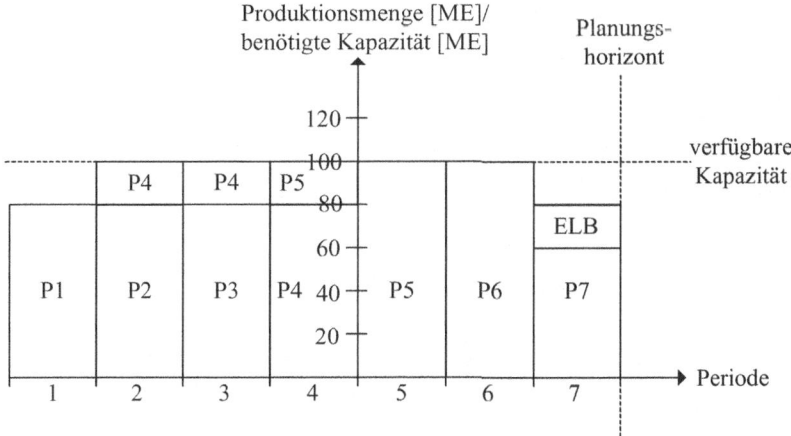

Abb. 6.53 Kapazitätsbelastung durch die Produktionsprogramme (P₁ bis P₇) zur Planungsperiode 5; mit einer zusätzlichen Kapazitätsbelastung (ELB) von 20 Mengeneinheiten (ME)

Planung in Periode 6

Die Bedarfe in den ersten fünf Perioden wurden bereits erfüllt (s. Abb. 6.54). Im Planungszeitraum ist in jeder Periode ausreichend Kapazität vorhanden, um die Bedarfe ohne Vorproduktion decken zu können. Der Lagerbestand am Ende des Planungszeitraumes wird in Periode 8 aufgebaut.

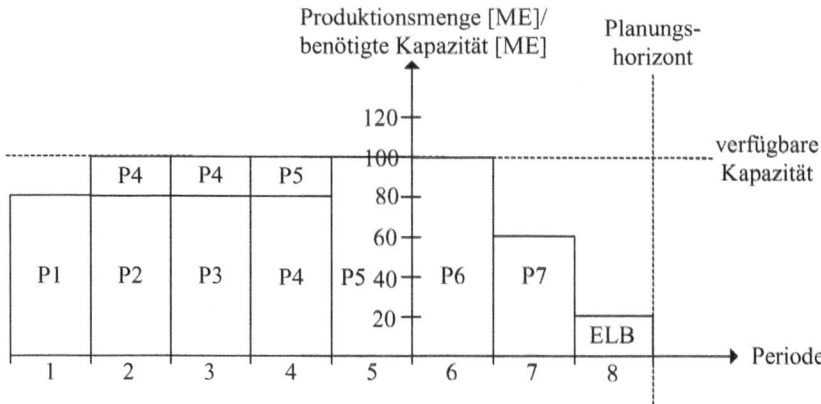

Abb. 6.54 Kapazitätsbelastung durch die Produktionsprogramme (P$_1$ bis P$_7$) zur Planungsperiode 6; mit einer zusätzlichen Kapazitätsbelastung (ELB) von 20 Mengeneinheiten (ME)

Planung in Periode 7

Zur Planung in Periode 7 wurden die Bedarfe in allen vorhergehenden Perioden rechtzeitig erfüllt (s. Abb. 6.55). Auch in Periode 7 ist genügend Kapazität vorhanden, um den Bedarf decken zu können.

Im Gegensatz zum ursprünglichen Beispiel in Abschn. 6.6.1 werden alle Bedarfe rechtzeitig erfüllt. Es treten keine Verspätungen und keine Fehlmengen auf. Durch den zu erreichenden Lagerbestand steigt die Produktionsmenge und die Kapazitätsbelastung am Ende der Planungszeiträume an. Wenn nicht genügend Kapazität vorhanden ist, wird versucht, den Lagerbestand durch eine Vorproduktion aufzubauen. Dies geschieht im Beispiel bei der Planung in Periode 2. Wegen des Endlagerbestands muss die Menge von 20 ME von Periode 4 bereits in Periode 2 vorproduziert werden. Im Gegensatz zum ursprünglichen Beispiel wird die Kapazität in Periode 2 vollständig ausgenutzt. Dadurch ist später genügend Kapazität vorhanden, um die Bedarfe in Periode 5 erfüllen zu können. In der folgenden Tab. 6.65 sind die Lagerbestände, Fehlmengen und Verspätungen für jede Periode dargestellt. Die Lagerbestände ohne reservierten Bestand haben aufgrund der Vorproduktion zugenommen. Dagegen hat der Lagerbestand, bei dem der reservierte Bestand berücksichtigt wird, deutlich abgenommen.

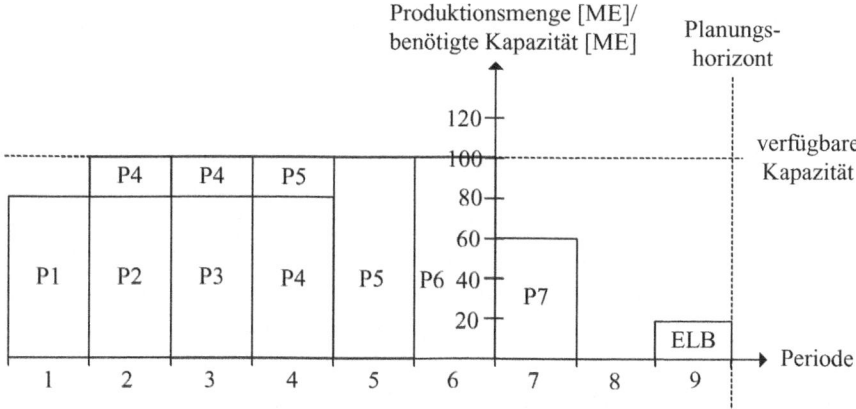

Abb. 6.55 Kapazitätsbelastung durch die Produktionsprogramme (P_1 bis P_7) zur Planungsperiode 7; mit einer zusätzlichen Kapazitätsbelastung (ELB) von 20 Mengeneinheiten (ME)

Tab. 6.65 Resultierende Bestände, Fehlmengen und Verspätungen durch das geplante Produktions-programm; mit ME für Mengeneinheiten

Periode	1	2	3	4	5	6	7	$\sum$
Lagerbestand mit reserviertem Bestand [ME]	0	20	40	20	0	0	0	80
Lagerbestand ohne reservierten Bestand [ME]	0	20	40	20	0	0	0	80
Fehlmenge [ME]	0	0	0	0	0	0	0	0
Kumulierte Verspätung aller Bedarfe [Perioden]	0	0	0	0	0	0	0	0

6.6.3   Simulationsstudie

Anhand eines Beispiels wurde in dem Abschn. 6.6.1 der Planungshorizonteffekt erklärt. Wie in dem Abschn. 6.6.2 zu diesem Beispiel gezeigt wurde, kann der Effekt durch einen Endlagerbestand abgeschwächt werden. Eine solche Untersuchung wird im Folgenden in einer hierarchischen Produktionsplanung mit deterministischen Kundenbedarfen durchge-führt. Im Einzelnen wird ein Simulationslauf ohne einen festgelegten Endlagerbestand im Optimierungsproblem HPPLAN durchgeführt. Nach der Simulation werden die Produkti-onsmengen, Lagerbestände und Fehlmengen ausgewertet. Die Perioden, in denen die Fehl-mengen bzw. Verspätungen auftreten, werden näher betrachtet, um eine Aussage treffen zu können, ob diese in Verbindung mit dem Planungshorizonteffekt entstanden sind. Anschlie-ßend wird das Optimierungsproblem HPPLAN um eine zusätzliche Restriktion erweitert, mit der ein Lagerbestand am Ende des Planungszeitraums erzwungen wird. Danach werden weitere Simulationsläufe mit verschiedenen Werten für den Endlagerbestand durchgeführt und ausgewertet.

Simulationsexperiment

Für die Untersuchungen wird das Simulationsmodell aus Abschn. 6.3.1 verwendet. Es wird zur leichteren Verständlichkeit des Folgenden nun knapp wiederholt. Das betrachtete Produktionssystem besteht aus den drei Produktionssegmenten Montage, Fräsen und Bohren. In jedem Produktionssegment ist genau eine Maschine vorhanden. Die verfügbaren Kapazitäten sind beschränkt und betragen bei allen Produktionssegmenten 5005 Zeiteinheiten (ZE) pro Periode. Es wird ein Endprodukt $EP1$ hergestellt, welches aus zwei Vorerzeugnissen $V1EP1$ und $V2EP1$ mit einem Direktbedarfskoeffizienten von jeweils 1 besteht (siehe Abb. 6.1 im Abschn. 6.3.1). Das Endprodukt und die Vorerzeugnisse werden an verschiedenen Produktionssegmenten gefertigt (siehe ebenfalls Abb. 6.1). Pro Mengeneinheit (ME) eines Erzeugnisses beträgt die Kapazitätsbelastung am jeweiligen Produktionssegment eine ZE. Nach der Fertigstellung eines Zwischenproduktes steht dieses in der nächsten Periode für die weitere Bearbeitung zur Verfügung.

Der Simulationszeitraum umfasst 100 Perioden. Die Planung erfolgt rollend mit einem Planungsabstand von einer Periode. Es wird ein hierarchisches Planungssystem, bestehend aus einer Hauptproduktionsprogrammplanung, einer Bedarfsplanung, einer Auftragsfreigabe und einer Ressourcenbelegungsplanung betrachtet. Die Hauptproduktionsprogrammplanung wird mit dem Optimierungsproblem HPPLAN durchgeführt. Da die Fertigung eines Endproduktes drei Perioden dauert, wird mit einem gefrorenen Horizont von drei Perioden geplant, damit bereits gestartete Produktionsaufträge nachträglich nicht mehr geändert werden. Der Planungszeitraum bzw. -horizont umfasst jeweils 100 Perioden. Die Bedarfsplanung erfolgt wieder mit dem Optimierungsproblem MLCLSP, wobei der Planungshorizont ebenfalls 100 Perioden beträgt. Die Auftragsfreigabe mit der Verfügbarkeitsprüfung findet jeweils zu Periodenbeginn statt. Der Freigabehorizont beträgt dabei null Perioden, so dass nur die Planaufträge betrachtet werden, deren Freigabetermin in der aktuellen Periode liegen. Für die Herstellung der Erzeugnisse ist jeweils ein Arbeitsschritt an einer Maschine nötig. Die Bestimmung der Bearbeitungsreihenfolgen der Arbeitsschritte an den Maschinen erfolgt nach der Prioritätsregel *First-In-First-Out* (FIFO). Auch hier umfasst der Betrachtungszeitraum wiederum 100 Perioden. Für die konkreten Bearbeitungszeiten und die Rüstzeiten der Arbeitsschritte sei auf die vollständige Beschreibung dieses Simulationsmodells im Abschn. 6.3.1 verwiesen – konkret auf die Tab. 6.5.

Es wird angenommen, dass die tatsächlichen Kundenbedarfe für den Planungszeitraum bekannt sind und pro Periode genau ein Kundenauftrag eintrifft. Die Kundenbedarfsmengen unterliegen Schwankungen. Im Durchschnitt sind es ungefähr 5000 ME pro Periode und somit etwas weniger als die verfügbare Kapazität der Produktionssegmente pro Periode (jeweils 5005 ZE – beachte ZE = ME). In der folgenden Abb. 6.56 sind die Kundenbedarfe und die verfügbare Kapazität dargestellt.

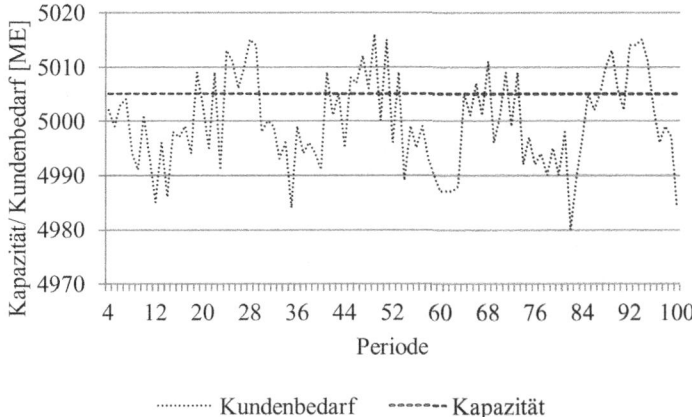

Abb. 6.56 Kapazitäten und Kundenbedarfe in Mengeneinheiten (ME)

Die Kundenaufträge werden immer nur vollständig oder nicht erfüllt. Das bedeutet, dass keine Teillieferung erfolgt. Wenn der Lagerbestand für das Endprodukt in einer Periode nicht ausreicht, um den Kundenbedarf erfüllen zu können, wird dieser in den folgenden Perioden bevorzugt erfüllt. Die bereits produzierte Menge wird bis zur Lieferung gelagert.

Zu jedem Simulationsexperiment werden die Produktionsmengen, der Lagerbestand, die Anzahl der Verspätungen und die Fehlmengen erhoben und analysiert. Diese Kennzahlen wurden bereits im Rahmen der vollständigen Beschreibung dieses Simulationsmodells im Abschn. 6.3.1 definiert.

Simulationsexperiment ohne Endlagerbestand

Bei dem Simulationslauf ohne einen festgelegten Lagerbestand am Ende des Planungszeitraumes werden insgesamt 11 Kundenaufträge erst mit einer Verspätung von einer Periode erfüllt (Periode 28, 29, 30, 31, 51, 93, 94, 95, 96, 97 und 98). In der folgenden Abb. 6.57 sind diese Bedarfe mit einem Kreis markiert. Es ist zu erkennen, dass die Verspätungen größtenteils in den Perioden mit Bedarfsspitzen bzw. unmittelbar danach auftreten. Desweiteren kann festgestellt werden, dass die Kapazitäten in den Perioden vor den Bedarfsspitzen nicht vollständig genutzt werden. Dies deutet auf den Planungshorizonteffekt hin. Bei der Planung wurden die höheren Bedarfe erst zu spät berücksichtigt, so dass die Kapazitätsbeanspruchung zunächst unterschätzt wird und Kapazitäten ungenutzt bleiben (z. B. Perioden 4–18). Bei späteren Planungen, bei denen die hohen Bedarfe bekannt sind, fehlt diese Kapazität, um die Aufträge rechtzeitig erfüllen zu können. Bei der Ausnutzung aller Kapazitäten können diese Verspätungen allerdings vermieden werden.

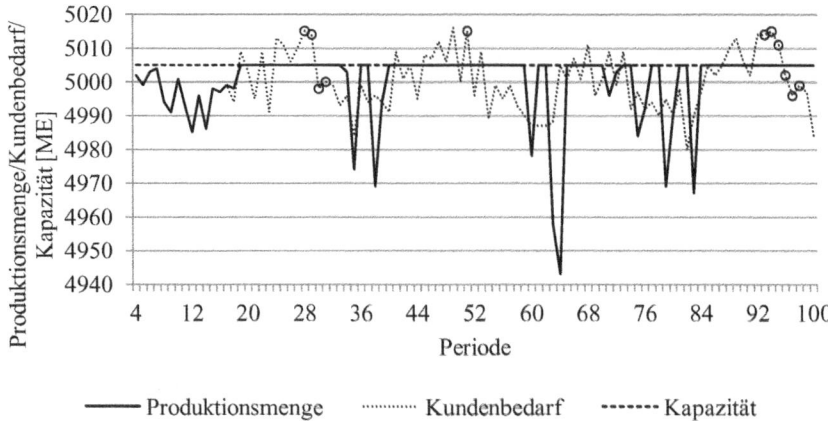

Abb. 6.57 Bedarfsmengen, Produktionsmengen und Kapazitäten in Mengeneinheiten (ME) bei der Planung ohne Endlagerbestand

In der folgenden Tab. 6.66 sind die gesamten Produktionsmengen (für Endprodukte und Vorerzeugnisse), Fehlmengen, Verspätungen und Lagerbestände (für Endprodukte und Vorerzeugnisse) dargestellt. Der Lagerbestand ist einmal mit und einmal ohne reservierten Bestand aufgelistet. Der Lagerbestand ohne reservierten Bestand ist dabei der Lagerbestand, der durch Vorproduktion entsteht. Wenn ein Kundenauftrag nicht vollständig erfüllt werden kann, wird die bereits produzierte Menge gelagert. Dieser Bestand ist für den Auftrag reserviert und wird beim Lagerbestand mit reserviertem Bestand zusätzlich berücksichtigt. Deswegen ist dieser Lagerbestand bei einer hohen Anzahl an Verspätungen deutlich höher als der Lagerbestand ohne reservierten Bestand.

Tab. 6.66 Simulationsergebnis ohne Endlagerbestand; mit ME für Mengeneinheiten

Produktionsmenge [ME]	1470033
Lagerbestand mit reserviertem Bestand [ME]	56033
Lagerbestand ohne reservierten Bestand [ME]	1091
Kumulierte Verspätung aller Bedarfe [Anzahl]	11
Fehlmenge [ME]	140

Simulationslauf mit Endlagerbestand für EP1 von 10 Mengeneinheiten

Damit am Ende des Planungszeitraums ein bestimmter Lagerbestand (hier 10 ME) für das Endprodukt EP1 erzwungen wird, muss das Optimierungsproblem HPPLAN um eine zusätzliche Restriktion und einen zusätzlichen Parameter erweitert werden. Für den allgemeinen Fall gibt der Parameter ELB/k für jedes Endprodukt k den zu erreichenden Lagerbestand am Ende des Planungszeitraums an.

$$I_{k,T_{End}} \geq ELB/k \qquad \forall\, 1 \leq k \leq K.$$

mit:

T_{End} letzte Periode des Planungszeitraumes.

K Anzahl der Endprodukte ($1 \leq k \leq K$).

$I_{k,T_{End}}$ Lagerbestand für das Endprodukt k am Ende von Periode T_{End}.

ELB/k Lagerbestand, der für das Endprodukt k mindestens erreicht werden soll.

In diesem Simulationslauf wird für $ELB/EP1$ der Wert 10 gewählt. Im Vergleich zum Simulationslauf ohne Endlagerbestand hat die Produktionsmenge etwas zugenommen (vgl. Tab. 6.66 und Tab. 6.67 sowie s. Abb. 6.58). Mit der zusätzlichen Menge können die Fehlmenge und die Anzahl der Verspätungen reduziert werden. Es kann insgesamt ein Kundenauftrag mehr termingerecht erfüllt werden (in Periode 31). Dadurch ist auch der Lagerbestand mit reserviertem Bestand geringer (s. Abb. 6.58).

In der folgenden Tab. 6.67 sind die gesamte Produktionsmenge, Fehlmenge und Lagerbestände für den Simulationszeitraum aufgelistet.

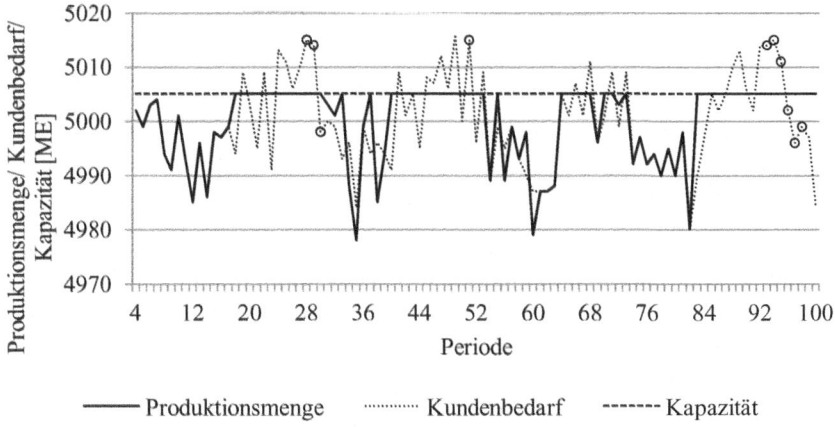

Abb. 6.58 Bedarfsmengen, Produktionsmengen und Kapazitäten in Mengeneinheiten (ME) bei der Planung mit Endlagerbestand für EP1 von 10

Tab. 6.67 Simulationsergebnis mit Endlagerbestand für EP1 von 10 Mengeneinheiten (ME)

Produktionsmenge [ME]	1485018
Lagerbestand mit reserviertem Bestand [ME]	50580
Lagerbestand ohne reservierten Bestand [ME]	579
Kumulierte Verspätung aller Bedarfe [Anzahl]	10
Fehlmenge[ME]	78

Simulationslauf mit Endlagerbestand für EP1 von 15 Mengeneinheiten

In diesem Simulationslauf soll am Ende des Planungszeitraums ein Lagerbestand für EP1 von 15 ME erreicht werden ($ELB/EP1 = 15$). Im Vergleich zu den ersten beiden Simulationsläufen hat die Produktionsmenge abgenommen (vgl. Tab. 6.66 und Tab. 6.67 sowie s. Abb. 6.59). Trotzdem konnten sowohl die Fehlmenge, die Anzahl an Verspätungen als auch der Lagerbestand mit reserviertem Bestand reduziert werden. Der Lagerbestand ohne reservierten Bestand hat aufgrund der Vorproduktion etwas zugenommen (s. Abb. 6.59).

In der folgenden Tab. 6.68 sind die gesamte Produktionsmenge, Fehlmenge und Lagerbestände für den Simulationszeitraum aufgelistet.

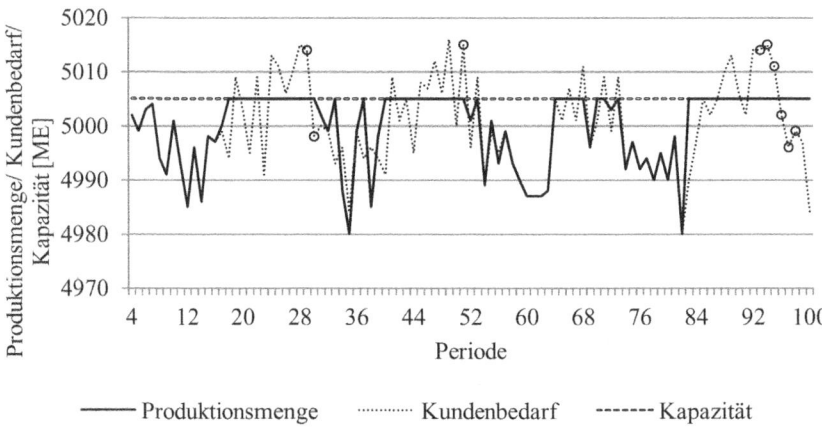

Abb. 6.59 Bedarfsmengen, Produktionsmengen und Kapazitäten in Mengeneinheiten (ME) bei der Planung mit Endlagerbestand für EP1 von 15 ME

Tab. 6.68 Simulationsergebnis mit Endlagerbestand für EP1 von 15 Mengeneinheiten (ME)

Produktionsmenge [ME]	1470019
Lagerbestand mit reserviertem Bestand [ME]	45613
Lagerbestand ohne reservierten Bestand [ME]	620
Kumulierte Verspätung aller Bedarfe [Anzahl]	9
Fehlmenge [ME]	71

Simulationslauf mit Endlagerbestand für EP1 von 20 Mengeneinheiten

Für $ELB/EP1$ wird nun der Wert 20 gewählt. Das bedeutet, dass am Ende des Planungszeitraums ein Lagerbestand für EP1 von 20 ME erreicht werden soll (s. Abb. 6.60).

In der folgenden Tab. 6.69 sind die gesamte Produktionsmenge, Fehlmenge und Lagerbestände für den Simulationszeitraum aufgelistet. Die Produktionsmenge hat im Vergleich
zur Planung mit einem Endlagerbestand für EP1 von 15 ME zugenommen (vgl. Tab. 6.68
und Tab. 6.69 sowie s. Abb. 6.60). Wiederum konnten der Lagerbestand mit reserviertem
Bestand, die Anzahl an Verspätungen und die Fehlmenge deutlich reduziert werden. Der
Lagerbestand ohne reservierten Bestand hat dagegen wieder leicht zugenommen.

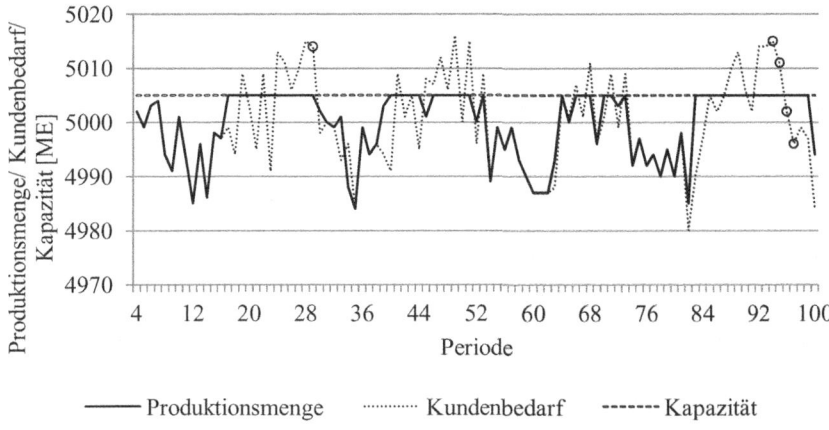

Abb. 6.60 Bedarfsmengen, Produktionsmengen und Kapazitäten in Mengeneinheiten (ME) bei der
Planung mit Endlagerbestand für EP1 von 20 ME

Tab. 6.69 Simulationsergebnis
mit Endlagerbestand für
EP1 von 20
Mengeneinheiten (ME)

Produktionsmenge [ME]	1484952
Lagerbestand mit reserviertem Bestand [ME]	25764
Lagerbestand ohne reservierten Bestand [ME]	765
Kumulierte Verspätung aller Bedarfe [Anzahl]	5
Fehlmenge [ME]	39

Simulationslauf mit Endlagerbestand für EP1 von 25 Mengeneinheiten

Für $ELB/EP1$ wird nun der Wert 25 gewählt. Das bedeutet, dass am Ende des Planungszeitraums ein Lagerbestand für EP1 von 25 ME erreicht werden soll (s. Abb. 6.61).

In der folgenden Tab. 6.70 sind die gesamte Produktionsmenge, Fehlmenge und Lagerbestände für den Simulationszeitraum aufgelistet. Die Produktionsmenge, der Lagerbestand mit reserviertem Bestand, die Anzahl der Verspätungen und die Fehlmengen fallen geringer aus als bei der Planung mit einem Endlagerbestand für EP1 von 20 ME (vgl. Tab. 6.69 und Tab. 6.70 sowie s. Abb. 6.61). Der Lagerbestand ohne reservierten Bestand steigt dagegen etwas an.

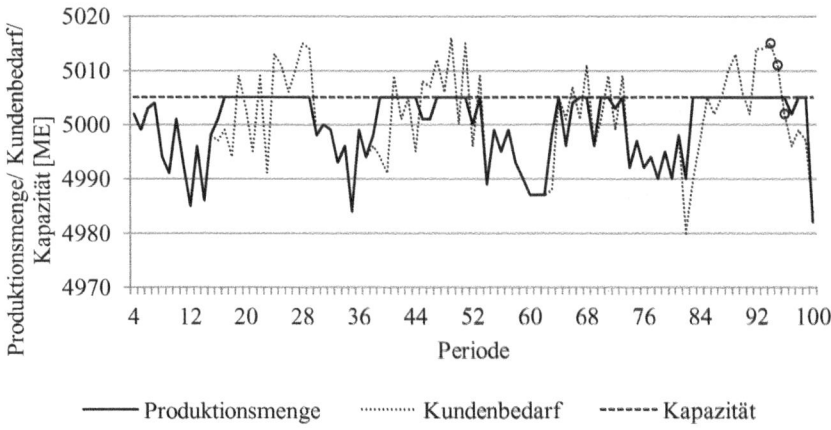

Abb. 6.61 Bedarfsmengen, Produktionsmengen und Kapazitäten in Mengeneinheiten (ME) bei der Planung mit Endlagerbestand für EP1 von 25 ME

Tab. 6.70 Simulationsergebnis mit Endlagerbestand für EP1 von 25 Mengeneinheiten (ME)

Produktionsmenge [ME]	1484905
Lagerbestand mit reserviertem Bestand [ME]	15914
Lagerbestand ohne reservierten Bestand [ME]	904
Kumulierte Verspätung aller Bedarfe [Anzahl]	3
Fehlmenge [ME]	18

Simulationslauf mit Endlagerbestand für EP1 von 30 Mengeneinheiten
Nun wird mit einem Endlagerbestand für EP1 von 30 ME geplant ($ELB/EP1 = 30$).

In der folgenden Tab. 6.71 sind die gesamte Produktionsmenge, Fehlmenge und Lagerbestände für den Simulationszeitraum aufgelistet (s. Abb. 6.62).

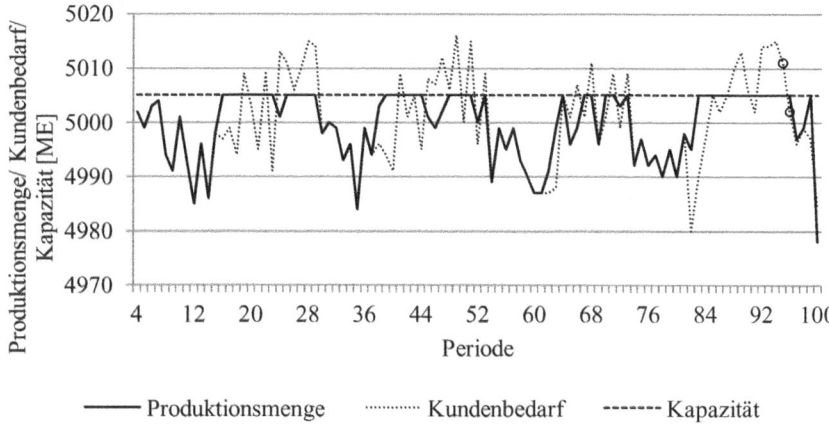

Abb. 6.62 Bedarfsmengen, Produktionsmengen und Kapazitäten in Mengeneinheiten (ME) bei der Planung mit Endlagerbestand für EP1 von 30 ME

Tab. 6.71 Simulationsergebnis mit Endlagerbestand für EP1 von 30 Mengeneinheiten (ME)

Produktionsmenge [ME]	1469924
Lagerbestand mit reserviertem Bestand [ME]	11046
Lagerbestand ohne reservierten Bestand [ME]	1038
Kumulierte Verspätung aller Bedarfe [Anzahl]	2
Fehlmenge [ME]	5

Simulationslauf mit Endlagerbestand für EP1 von 35 Mengeneinheiten

Im folgenden Simulationslauf beträgt der Endlagerbestand für EP1 35 ME ($ELB/EP1 = 35$) (s. Abb. 6.63).

In der folgenden Tab. 6.72 sind die gesamte Produktionsmenge, Fehlmenge und Lagerbestände für den Simulationszeitraum aufgelistet (s. auch Abb. 6.63). Bei der Planung mit einem Endlagerbestand für EP1 von 35 ME treten keine Verspätungen und Fehlmengen mehr auf. Dadurch ist der Lagerbestand mit reserviertem Bestand deutlich geringer und identisch zum Lagerbestand ohne reservierten Bestand.

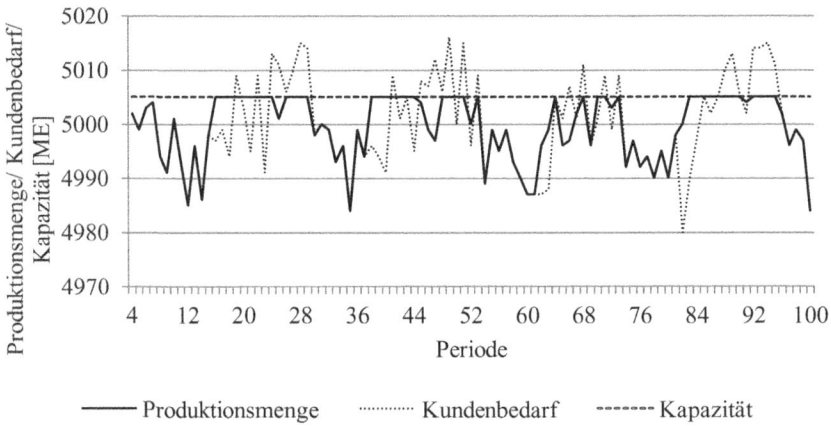

Abb. 6.63 Bedarfsmengen, Produktionsmengen und Kapazitäten in Mengeneinheiten (ME) bei der Planung mit Endlagerbestand für EP1 von 35 ME

Tab. 6.72 Simulationsergebnis mit Endlagerbestand für EP1 von 35 ME

Produktionsmenge [ME]	1469922
Lagerbestand mit reserviertem Bestand [ME]	1140
Lagerbestand ohne reservierten Bestand [ME]	1140
Kumulierte Verspätung aller Bedarfe [Anzahl]	0
Fehlmenge [ME]	0

Simulationslauf mit Endlagerbestand für EP1 von 50 Mengeneinheiten

In den bisherigen Simulationsläufen konnte das Planungsergebnis bei der Erhöhung des Endlagerbestandes verbessert werden. Die Fehlmenge, die Anzahl an Verspätungen und der Lagerbestand mit reserviertem Bestand haben jeweils abgenommen. Bei der Planung mit einem Endlagerbestand für EP1 von 35 ME sind keine Verspätungen und Fehlmengen mehr vorhanden. Lediglich der Lagerbestand ohne reservierten Bestand hat aufgrund der Vorproduktion etwas zugenommen. Für $ELB/EP1$ wird nun der Wert 50 (ME) verwendet.

In der folgenden Tab. 6.73 sind die gesamte Produktionsmenge, Fehlmenge und Lagerbestände für den Simulationszeitraum aufgelistet (s. auch Abb. 6.64). Wie bei der Planung mit einem Endlagerbestand für EP1 von 35 ME treten keine Verspätungen und Fehlmengen auf. Allerdings ist der Lagerbestand (mit und ohne reservierten Bestand) durch die Erhöhung von $ELB/EP1$ angestiegen.

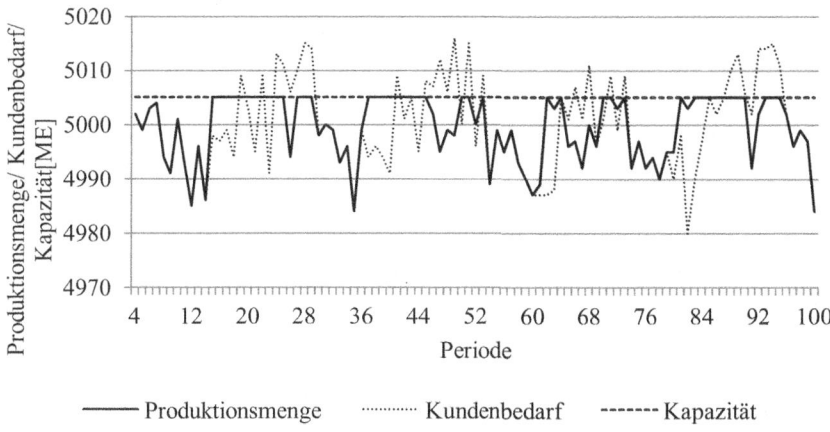

Abb. 6.64 Bedarfsmengen, Produktionsmengen und Kapazitäten in Mengeneinheiten (ME) bei der Planung mit Endlagerbestand für EP1 von 50 ME

Tab. 6.73 Simulationsergebnis mit Endlagerbestand für EP1 von 50 Mengeneinheiten (ME)

Produktionsmenge [ME]	1484899
Lagerbestand mit reserviertem Bestand [ME]	1589
Lagerbestand ohne reservierten Bestand [ME]	1589
Kumulierte Verspätung aller Bedarfe [Anzahl]	0
Fehlmenge [ME]	0

6.6.4 Zusammenfassung und Erkenntnisse

Zunächst werden allgemeine und dann immer spezifischere Erkenntnisse zusammengetragen.

Allgemeine Erkenntnisse zum Endlagerbestand

Durch den Endlagerbestand wird die Kapazitätsbelastung im Planungszeitraum, und zwar so spät wie möglich (also bevorzugt an seinem Ende) erhöht. Reicht die verfügbare Kapazität am Ende des Planungszeitraums (i.e. in der Regel in der letzten Periode des Planungszeitraums) aus, um diesen zusätzlichen Lagerbestand aufzubauen, dann dürfte es bei späteren Planungsläufen noch durch eine Vorproduktion möglich sein, ein genauso hohes Überschreiten der (kumulierten) Bedarfsmengen gegenüber der im Planungshorizont verfügbaren (kumulierten) Kapazität zu decken. In diesem Fall hat der Endlagerbestand keinen Einfluss auf die erste Periode des Planungszeitraums, die bei der rollenden Planung jeweils umgesetzt wird. In der umgekehrten Situation – bei der die verfügbare Kapazität am Ende des Planungszeitraums nicht ausreicht, um den zusätzlichen Lagerbestand aufzubauen – wird der Aufbau des Endlagerbestandes in frühere Perioden des Planungszeitraums vorverlagert, ggf. in die erste, wenn in diesen freie Kapazitäten existieren. Reicht die dafür erforderliche freie Kapazität nicht, so dürfte eine Fehlmenge unvermeidlich sein (mit anderen Worten: Bedarfsmengen jenseits des Planungshorizontes dürften bei der Berücksichtigung in späteren Planungsläufen nicht mehr rechtzeitig erfüllt werden können).

Stellt sich beim nachfolgenden Planungslauf jedoch heraus, dass keine Vorproduktion nötig gewesen wäre – da die (kumulierten) Bedarfsmengen jenseits des Planungshorizontes geringer als der aufgebaute Lagerbestand sind –, wurde der Lagerbestand unnötigerweise aufgebaut. In diesem Planungslauf wird dann die Produktionsmenge um diesen Lagerbestand reduziert. Stellt sich dagegen heraus, dass der Kundenbedarf jenseits des Planungshorizontes tatsächlich so hoch ist, dass eine Vorproduktion nötig ist, dann kann der Auftrag, wie gesagt, unter Umständen trotzdem noch termingerecht erfüllt werden.

Erkenntnisse aus den Simulationsergebnissen

Die Abb. 6.65 und 6.66 zeigen, dass die Verspätungen und die Fehlmengen bei der Erhöhung des Endlagerbestandes deutlich abgenommen haben. Dies belegt, dass der Planungshorizonteffekt durch den Endlagerbestand abgeschwächt werden kann.

Die Lagerbestände, bei denen Bestandsreservierungen aufgrund verspäteter Kundenaufträge berücksichtigt werden (siehe Abb. 6.67), nehmen ebenfalls ab, da diese eng an die Verspätungen gekoppelt sind.

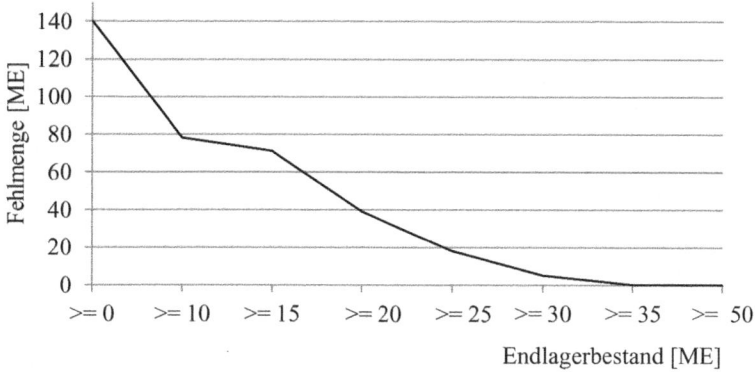

Abb. 6.65 Vergleich der Fehlmengen in Mengeneinheiten (ME)

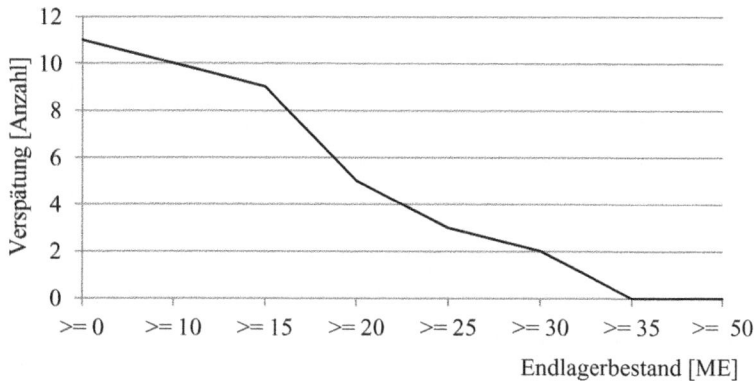

Abb. 6.66 Vergleich der kumulierten Verspätung aller Bedarfe

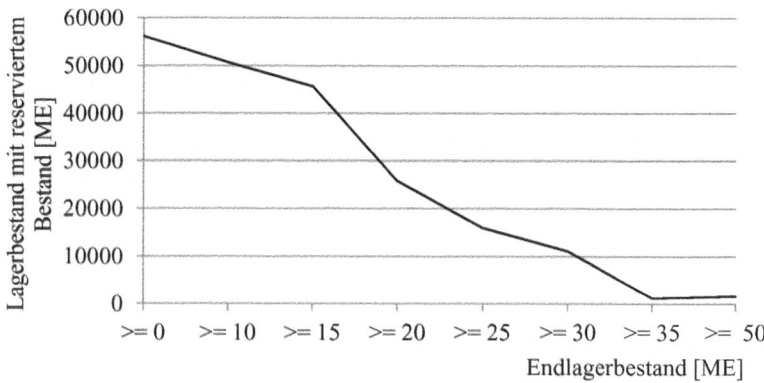

Abb. 6.67 Vergleich der Lagerbestände mit reserviertem Bestand in Mengeneinheiten (ME)

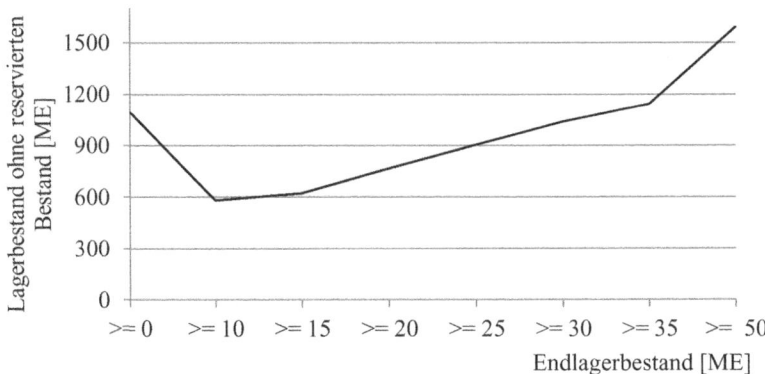

Abb. 6.68 Vergleich der Lagerbestände ohne reservierten Bestand in Mengeneinheiten (ME)

Die Lagerbestände ohne die Berücksichtigung der Bestandsreservierungen nehmen bei der Erhöhung des Endlagerbestandes leicht zu (siehe Abb. 6.68). Dies liegt daran, dass durch den Endlagerbestand in den Perioden mit einer geringen Kapazitätsbelastung eine Vorproduktion angestoßen wird. Je höher der Wert für $ELB/EP1$ ist, umso höher ist tendenziell die kumulierte Vorproduktion und umso höher ist tendenziell der kumulierte Lagerbestand. Das bedeutet, dass der Endlagerbestand nicht beliebig hoch sein darf. Wenn mit einem höheren Endlagerbestand keine geringere kumulierte Verspätung und kumulierte Fehlmenge möglich sind, verursacht dieser lediglich einen Anstieg des kumulierten Lagerbestands. Dies kann z. B. beim Simulationslauf mit $ELB/EP1 = 50$ Mengeneinheiten (ME) nachvollzogen werden. Bereits bei der Planung mit einem Endlagerbestand von 35 ME treten keine Verspätung und keine Fehlmenge auf. Bei der Planung mit einem Endlagerbestand von 50 ME treten ebenfalls keine Verspätungen auf, allerdings steigt der Lagerbestand (mit und ohne reservierten Bestand) sehr deutlich an.

Bei der Betrachtung der Abb. 6.69 ist zu erkennen, dass der Verlauf der Produktionsmengen bei den verschiedenen Werten für den Endlagerbestand ähnlich ist. Bei der Erhöhung des Endlagerbestandes findet allerdings früher eine Vorproduktion statt. Dies ist z. B. in den Perioden 16 bis 19 zu erkennen. Bei einem Endlagerbestand von 35 ME ist die Produktionsmenge bereits in Periode 16 bei 5005 ME, während dies bei der Planung ohne Endlagerbestand erst in Periode 19 der Fall ist.

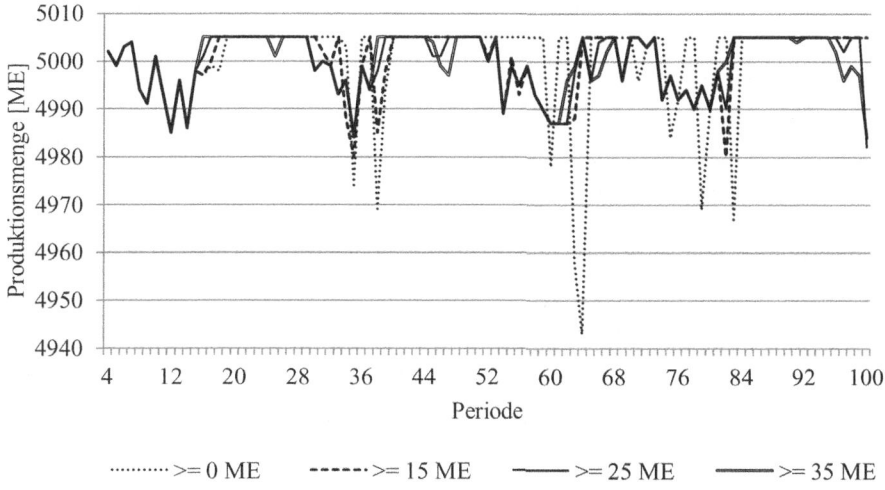

Abb. 6.69 Vergleich des Verlaufes der Produktionsmengen in Mengeneinheiten (ME)

Wirkung und Nutzen des Endlagerbestandes

Im Folgenden wird die Wirkung und der Nutzen des Endlagerbestandes in Abhängigkeit vom Bedarfsverlauf betrachtet. In dieser Fallstudie ist der Bedarfsverlauf stark schwankend mit ähnlichen Bedarfen in benachbarten Perioden – wie bei einer Sinuskurve beispielsweise. Das bedeutet, dass sich Abschnitte mit höheren und niedrigeren Bedarfsmengen abwechseln (siehe Abb. 6.56).

In den Abschnitten mit steigendem Bedarfsverlauf, bei dem der kumulierte Bedarf jenseits des Planungshorizontes höher als die kumulierte verfügbare Kapazität ist, können Planungshorizonteffekte auftreten, wenn die hohen Bedarfsmengen bei der Planung zu spät berücksichtigt werden. In diesem Fall hat ein Endlagerbestand einen hohen Nutzen, da durch diesen die Kapazitätsbelastung bevorzugt am Ende des Planungszeitraums erhöht wird und dadurch frühzeitig mit einer Vorproduktion begonnen wird – soweit dies möglich ist.

In den Abschnitten mit fallendem Bedarfsverlauf ist der Nutzen des Endlagerbestandes dagegen gering. Die Hauptaufgabe des Endlagerbestandes besteht darin, Planungshorizonteffekte abzuschwächen. Allerdings treten diese Effekte bei einem fallenden Bedarfsverlauf nicht auf, da die Bedarfsmengen und die Kapazitätsbelastung zum Ende des Planungszeitraumes und jenseits des Planungshorizontes abnehmen.

Bei einem annähernd gleichmäßigen Bedarfsverlauf ohne größere Schwankungen hat ein Endlagerbestand ebenfalls nur einen geringen Nutzen, da Planungshorizonteffekte kaum auftreten können. Die Bedarfsmengen jenseits des Planungshorizontes sind nicht wesentlich höher als im Planungszeitraum und können bei der Berücksichtigung in späteren Planungen in den allermeisten Fällen erfüllt werden; da hierfür genügend normale Kapazität vorliegen dürfte bzw. hierfür eine ausreichend hohe Dimensionierung von normaler Kapazität und Zusatzkapazität wirtschaftlich möglich sein dürfte.

Überlegungen zur Höhe des Endlagerbestandes

Der Planungshorizonteffekt tritt nicht nur durch eine höhere Bedarfsmenge in der ersten Periode nach dem Planungszeitraum auf, sondern vor allem dann, wenn die Bedarfe in mehreren Perioden nach dem Planungshorizont die verfügbare Kapazität überschreiten. Die Höhe des Endlagerbestandes ist demnach abhängig von der Kapazitätsüberschreitung in mehreren Perioden nach dem Planungshorizont. Dies soll anhand folgendem Beispiel demonstriert werden.

In der Abb. 6.70 ist zu erkennen, dass die Bedarfsmenge von 60 ME in Periode 4 und die Menge von 50 ME in Periode 5 die verfügbare Kapazität um 20 ME bzw. 10 ME überschreiten. Durch eine Vorproduktion in der ersten Periode könnten die Bedarfe in diesen beiden Perioden trotzdem rechtzeitig erfüllt werden.

Zunächst wird für den Endlagerbestand der Wert 20 ME gewählt ($ELB/EP1 = 20$). Er ist dann so hoch, wie die Bedarfsmenge, mit der die Kapazität in Periode 4 überschritten wird. Wie in Abb. 6.71 zu erkennen ist, wird dadurch die Menge von 10 ME in Periode 1 vorproduziert (ELB/P4). Das Produktionsprogramm in dieser Periode wird anschließend umgesetzt. Dabei bleibt die Kapazität von 20 ME in Periode 1 ungenutzt. Die restlichen 10 ME der Periode 4 könnten später in Periode 3 vorproduziert werden. Allerdings reicht dann die Kapazität nicht aus, um den gesamten Bedarf für Periode 5 erfüllen zu können, so dass eine Fehlmenge von 10 ME entsteht.

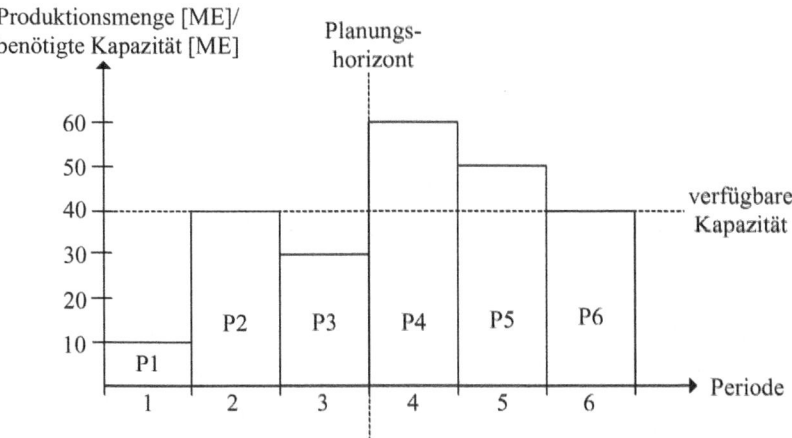

Abb. 6.70 Beispiel zur Höhe des Endlagerbestandes in Mengeneinheiten (ME) – Ausgangslage

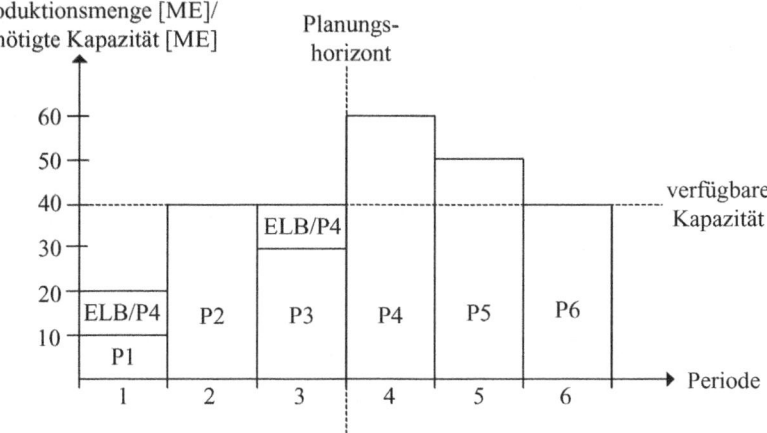

Abb. 6.71 Beispiel zur Höhe des Endlagerbestandes – Endlagerbestand 20 in Mengeneinheiten (ME)

Für den Endlagerbestand wird nun der Wert 30 ME gewählt ($ELB/EP1 = 30$).

Er ist dann so hoch, wie die Bedarfsmenge, mit der in Periode 4 und 5 die Kapazität überschritten wird. In Abb. 6.72 ist erkennbar, dass dadurch in Periode 1 eine Vorproduktion von 20 ME angestoßen wird. Diese Menge kann zur Deckung des Bedarfs in Periode 4 genutzt werden. In Periode 3 steht ausreichend Kapazität zur Verfügung, um die Menge von 10 ME für die Periode 5 vorproduzieren zu können. In diesem Fall können alle Aufträge rechtzeitig erfüllt werden und es tritt kein Planungshorizonteffekt mehr auf.

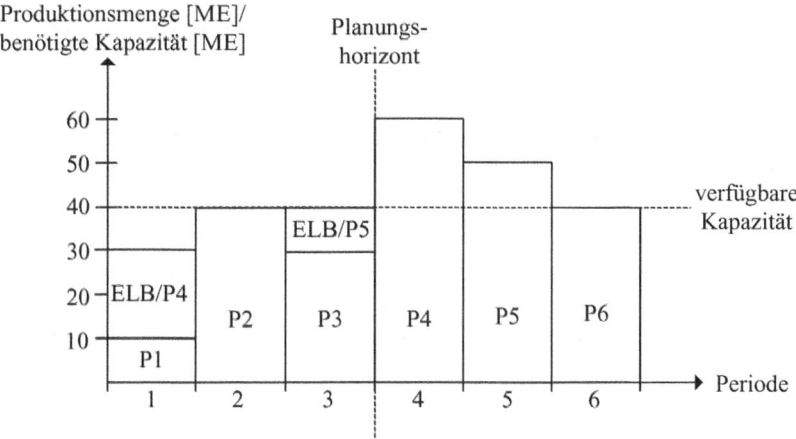

Abb. 6.72 Beispiel zur Höhe des Endlagerbestandes – Endlagerbestand 30 in Mengeneinheiten (ME)

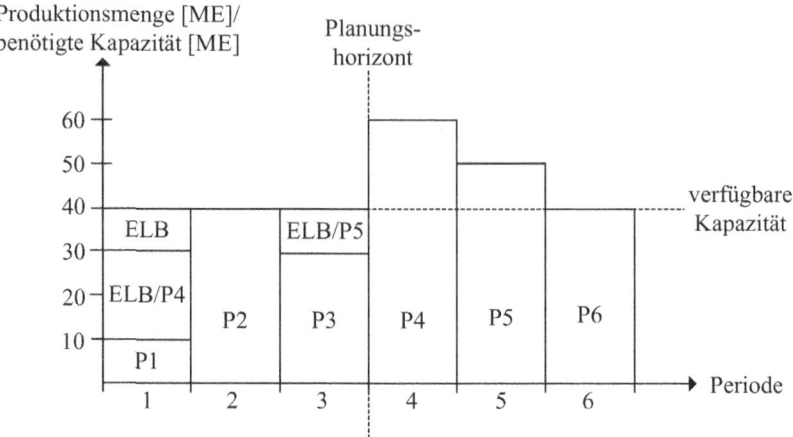

Abb. 6.73 Beispiel zur Höhe des Endlagerbestandes – Endlagerbestand 40 in Mengeneinheiten (ME)

Für den Endlagerbestand wird der Wert von 40 ME gewählt, so dass dieser höher ist als die Bedarfsmenge, mit der in Periode 4 und 5 die Kapazität überschritten wird (s. Abb. 6.73). Dadurch wird in Periode 1 die Menge von 30 ME vorproduziert. Dies führt dazu, dass in Periode 1 unnötigerweise ein zusätzlicher Lagerbestand von 10 ME aufgebaut wird, da bereits mit der Vorproduktion der Menge von 20 ME in Periode 1 die Bedarfe in Periode 4 und 5 rechtzeitig erfüllt werden können. Es ist günstiger, die Menge von 10 ME für die Periode 5 erst in Periode 3 vorzuproduzieren, da die Menge dadurch nicht so lange gelagert werden muss (s. Abb. 6.73).

Höhe des Endlagerbestandes zur Vermeidung des Planungshorizonteffektes
In dieser Fallstudie wird der Planungshorizonteffekt verhindert, indem der Endlagerbestand so hoch wie die Bedarfsmenge ist, mit der die Kapazität jenseits des Planungshorizontes insgesamt überschritten wird. Allerdings muss dieser nicht zwangsläufig so hoch gewählt werden. Im Folgenden wird analysiert, ob diese Überlegung auf die hier durchgeführten Simulationsläufe zutrifft.

Bei der Betrachtung des Bedarfsverlaufs (siehe Abb. 6.56) können drei Abschnitte identifiziert werden, bei denen die verfügbare Kapazität über mehrere Perioden hinweg überschritten wird. Der erste Zeitraum reicht von Periode 24 bis Periode 29. Der zweite Abschnitt umfasst die Perioden 45 bis 52 und der dritte Abschnitt die Perioden 88 bis 95. Wie Abb. 6.57 zeigt, treten alle Verspätungen bei der Planung ohne einen Endlagerbestand in diesen drei Zeiträumen auf. Diese Abschnitte sind in der Tab. 6.74 aufgelistet. Pro Abschnitt ist die Anzahl der Verspätungen bei der Planung ohne Endlagerbestand angegeben und ab welchem Wert für den Endlagerbestand keine Verspätungen mehr auftreten. Zusätzlich dazu wird für die drei Zeiträume die Summe der Bedarfsmengen für das Endprodukt k, mit

der die Kapazität vom Produktionssegment j überschritten wird, angezeigt ($dSum_{A_{i,k,j}}$).
Dadurch soll die Überlegung aus diesem Abschnitt überprüft werden.

$dSum_{A_{i,k,j}}$ wird, bezogen auf diese Fallstudie (ein Endprodukt k, ein Produktionssegment j), folgendermaßen berechnet:

$$dSum_{A_{i,k,j}} = \sum_{t=A_{i,Start}}^{A_{i,Ende}} (d_{k,t} \cdot f_{k,j,t} - b_{j,t})$$

mit:

k	Endprodukt k.
j	Produktionssegment j.
A_i	Abschnitt im Bedarfsverlauf, bei dem die Kapazität in mehreren Perioden überschritten wird.
$dSum_{A_{i,k,j}}$	Summe der Bedarfsmengen vom Endprodukt k in Abschnitt A_i, mit der die verfügbare Kapaziät beim Produktionssegment j überschritten wird.
$A_{i,Start}$	Start-Periode vom Abschnitt A_i.
$A_{i,Ende}$	End-Periode vom Abschnitt A_i.
$b_{j,t}$	Verfügbare Kapazität am Produktionssegment j in Periode t (hier jeweils 5005).
$d_{k,t}$	Bedarfsmenge vom Endprodukt k in Periode t.
$f_{k,j,t}$	Kapazitätsbelastung vom Endprodukt k in Periode t am Produktionssegment j (hier jeweils 1).

Tab. 6.74 Abschnitte mit Kapazitätsüberschreitungen mit den Abkürzungen:
$AnzVerspOhneElb_{A_i}$: Anzahl an Verspätungen ohne Endlagerbestand im Abschnitt A_i.
$ElbMitVersp0_{A_i}$:   Endlagerbestand, ab dem keine Verspätungen mehr auftreten im Abschnitt A_i.
$dSum_{A_{i,k,j}}$:   Summe der Bedarfsmengen vom Endprodukt k in Abschnitt A_i, mit der die verfügbare Kapazität vom Produktionssegment j überschritten wird.

Abschnitt A_i	Zeitraum	$dSum_{A_{i,k,j}}$	$AnzVerspOhneElb_{A_i}$	$ElbMitVersp0_{A_i}$
1	Periode 24–29	39	4	25
2	Periode 45-52	29	1	20
3	Periode 88-95	45	6	35

Bei der Betrachtung der Tab. 6.74 ist erkennbar, dass der Planungshorizonteffekt in allen drei Abschnitten bereits mit einem Endlagerbestand, der kleiner als $dSum A_{i,k,j}$ ist, vermieden werden kann (die prozentualen Verringerungen lauten für Abschn. 1: 64.10 %, für Abschn. 2: 68.96 % und für Abschn. 3: 77.77 %).

6.6.5 Sicherheitsbestand für den Endlagerbestand

In dieser Simulationsstudie (s. Abschn. 6.6.3) treten ab einen Endlagerbestand von 35 Mengeneinheiten (ME) keine Fehlmengen und Verspätungen mehr auf. Bei der Planung mit größeren Werten steigt der Lagerbestand mit und ohne reservierten Bestand immer weiter an. Deshalb wird der Wert 35 für elb in diesem Fall als günstig angesehen. Genauso wie bei der Verwendung von Zusatzbestand im Optimierungsproblem HPPLAN, s. den Abschn. 6.5, kann als Endlagerbestand der Sicherheitsbestand zu einem wiederbeschaffungszeitbezogenen α-Servicegrad (α_{WBZ}) verwendet werden; für Alternativen sei auf Herrmann (2009, 2011) und Claus et al. (2021) verwiesen. Auch für diese Anwendung ist der im Abschn. 6.5 genannte weitere Untersuchungsbedarf, vor allem im Hinblick auf die beschränkte Kapazität, durchzuführen.

Wie im Abschn. 6.5 bereits beschrieben ist, lässt sich – für einen bestimmten, vorgegebenen wiederbeschaffungszeitbezogenen α-Servicegrad (α_{WBZ}) – der erforderliche Bestellbestand und der Sicherheitsbestand für eine normalverteilte Periodennachfrage und für eine konstante Wiederbeschaffungszeit durch die folgende Formel berechnen; für eine allgemeine Formel sei auf Herrmann (2011) verwiesen.

$$s_{opt} = l \cdot E(D) + \underbrace{\Phi_{N(0,1)}^{-1}(\alpha_{WBZ}) \cdot \sqrt{l \cdot \sigma(D)^2}}_{Sicherheitsbestand}$$

mit:

l (Konstante) Wiederbeschaffungszeit (Perioden)

$E(D)$ Erwartungswert der Periodennachfrage [Mengeneinheiten (ME)]

$\sigma(D)$ Standardabweichung der Periodennachfrage [ME]

α_{WBZ} Wiederbeschaffungszeitbezogener α-Servicegrad ($0 \leq \alpha_{WBZ} \leq 1$) – also die Wahrscheinlichkeit, dass in einem Wiederbeschaffungszeitraum keine Fehlmenge auftritt

s_{opt} Bestellbestand [ME]

Nach den Daten dieser Fallstudie (s. Abschn. 6.6.3) ist die Periodennachfrage normalverteilt mit einem Erwartungswert ($E(D)$) von 4999.59 ME und einer Standardabweichung ($\sigma(D)$) von 8.4582445 ME. Für den Wiederbeschaffungszeitraum l wird die Produktionsdauer des Endproduktes $EP1$ verwendet. Diese beträgt drei Perioden (Vorlaufzeit). Es soll ein wiederbeschaffungszeitbezogener α-Servicegrad (α_{WBZ}) von 99 % erreicht werden. Durch

Einsetzen in die obige Formel ergibt sich:

$$s_{opt}$$
$$= 3 \cdot 4999.59 \text{ ME} + \Phi_{N(0,1)}^{-1}(0.99) \cdot \sqrt{3 \cdot 8.4582445^2} \text{ ME}$$
$$= 14998.77 \text{ ME} + 2.32635 \cdot 14.65010922 \text{ ME}$$
$$= 14998.77 \text{ ME} + \underbrace{34.08128158}_{Sicherheitsbestand} \text{ ME} = 15032.85128 \text{ ME}.$$

Wenn der Endlagerbestand elb mit dem Sicherheitsbestand gleichgesetzt wird, müsste dieser 34.08128158 ME betragen, damit in 99 % der Wiederbeschaffungszeiträume keine Fehlmengen auftreten. Das Ergebnis passt zu den Simulationsergebnissen, da bei diesen ab einen zusätzlichen Lagerbestand von ca. 35 ME keine Fehlmengen und Verspätungen mehr auftreten.

6.6.6 Fazit

Die Untersuchungen zeigen, dass die Anzahl der Verspätungen und die Fehlmengen, die bei einer rollenden Produktionsplanung durch den Planungshorizonteffekt verursacht werden, durch die Berücksichtigung eines Endlagerbestands im Optimierungsmodell HPPLAN reduziert werden können. Durch den Endlagerbestand wird die Kapazitätsbelastung am Ende des Planungszeitraumes erhöht, so dass Kapazitätsengpässe früher erkannt werden und eine Vorproduktion angestoßen wird. Die Bestimmung einer günstigen Höhe für den Endlagerbestand ist in dieser Fallstudie mit der Formel zur Berechnung des Sicherheitsbestandes über den wiederbeschaffungszeitbezogenen α-Servicegrad möglich.

6.7 Zusammenfassung

Im klassischen Optimierungsmodell zur Hauptproduktionsprogrammplanung wird die Bedarfunsicherheit nicht berücksichtigt. Sobald der tatsächliche Bedarfsverlauf von dem bei der Planung abweicht, dürften Fehlmengen und Verspätungen bei der Erfüllung der Kundenaufträge auftreten.

Die beiden stochastischen Optimierungsprobleme FS-HPPLAN und TSS-HPPLAN führten bei den Untersuchungen mit unsicheren Bedarfen zu deutlich besseren Ergebnissen als das klassische Problem HPPLAN.

Der Vergleich der beiden stochastischen Modelle zeigt, dass diese in einer rollenden Planungsumgebung sehr ähnliche Planungsergebnisse liefern. Über die Implementierbarkeitbedingung (Δ^{lim}) und die Kompensationskosten kann gesteuert werden, wie weit die Ergebnisse der beiden Probleme voneinander abweichen. Wenn Δ^{lim} größer ist als die Unterschiede der Szenarienbedarfe in jeder Periode oder wenn die Kompensationskosten deutlich höher als die Lagerkosten und die Kosten für die Zusatzkapazitäten sind, stimmen die Ergebnisse der beiden Probleme überein.

Beim klassischen Optimierungsmodell HPPLAN können die Fehlmengen und die Verspätungen, die durch stochastische Bedarfe verursacht werden, durch den Aufbau eines zusätzlichen Lagerbestandes reduziert werden. Fehlmengen und Verspätungen, die entstehen, da die Bedarfe jenseits des Planungshorizonts nicht bekannt sind und dadurch bei der Planung unter Umständen zu spät berücksichtigt werden (Planungshorizonteffekt), können durch den Aufbau eines Endlagerbestands im Optimierungsproblem HPPLAN verringert werden. Günstige Werte für den Zusatzbestand und den Endlagerbestand lassen sich in den betrachteten Fallstudien jeweils über den Sicherheitsbestand zu einem wiederbeschaffungszeitbezogenen α-Servicegrad ermitteln. Ob dieses Verfahren generell zur Bestimmung dieser Werte verwendet werden kann, muss in weiteren Untersuchungen validiert werden.

Die Verwendung eines Zusatzbestands in HPPLAN führt, wie in Abschn. 6.3.2 ausführlich analysiert wurde, gegenüber einem stochastischen Modell zu deutlich höheren Lagerbeständen bei vergleichbaren erlaubten Fehlmengen. Daher sind die stochastischen Modelle das deutlich wirkungsvollere Vorgehen. Über diese Fallstudie hinausgehend, ist dies in Englberger et al. (2016) im Detail analysiert worden und mit Kompensationsmodellen sind die klar besten Ergebnisse erzielt worden. Diese Erfolge erklären die zunehmend höhere Anzahl an Publikationen mit stochastischen Modellen, und zwar vor allem mit Kompensationsmodellen.

Literatur

Alfieri, A., Brandimarte, P.: Stochastic programming models for manufacturing applications. In: von Matta, A., Semeraro, Q. (eds.) Design of Advanced Manufacturing Systems. Springer, Dordrecht (2005)

Beale, E.M.L.: On minimizing a convex function subject to linear inequalities. J. R. Stat. Soc. Ser. B **17**, 173–184 (1955)

Birge, J.R., Louveaux, F.: Introduction to Stochastic Programming: Springer Series in Operations Research and Financial Engineering, 2. Springer, Aufl (2011)

Bland, R.G.: New finite pivoting rules for the simplex method. Math. Oper. Res. **2**(2), 103–107 (1977)

Bol, G.: Lineare Optimierung. Athenäum (1980)

Bol, G.: Wahrscheinlichkeitstheorie: Einführung. Oldenbourg (2007)

Bookbinder, J.H., Tan, J.-Y.: Strategies for the probabilistic lotsizing problem with service-level constraints. Manag. Sci. **34**(9), 1096–1108 (1988)

Charles, B.: Integer and mixed integer programming. In: von Gal, T., Greenberg, H.J. (Hrsg.) Advances in Sensitivity Analysis and Parametric Programming. International series in Operations Research & Management Science, S. 291–315. Springer, New York (1997)

Claus, T., Herrmann, F., Manitz, M. (Hrsg.): Produktionsplanung und -steuerung: Forschungsansätze, Methoden und Anwendungen. Springer, Methoden und deren Anwendungen. Berlin (2021)

Dantzig, G.B.: Linear programming under uncertainty. Manag. Sci **1**, 197–206 (1955)

Domschke, W., Drexl, A.: Einführung in Operations Research. Springer-Lehrbuch. Springer, Berlin Heidelberg (2007)

Endl, K., Luh, W.: Analysis III: Eine integrierte Darstellung, 5th edn. Akademische Verlagsgesellschaft, Gießen (1983)

Englberger, J., Herrmann, F., Manitz, M.: Two-stage stochastic master production scheduling under demand uncertainty in a rolling planning environment. Int. J. Plan. Sched. **54**(20), 6192–6215 (2016)

Gal, T.: Postoptimal Analysis, Parametric Programming, and Related Topics. De Gruyter, Berlin (1995)

Gal, T., Horst, R., Isermann, H., Müller-Merbach, H.: Grundlagen des Operations Research: 1 Einführung, Lineare Optimierung. Nichtlineare Optimierung. Optimierung bei mehrfacher Zielsetzung. Springer, Berlin Heidelberg (1991)

© Der/die Herausgeber bzw. der/die Autor(en), exklusiv lizenziert an Springer Fachmedien Wiesbaden GmbH, ein Teil von Springer Nature 2022
F. Herrmann, *Lineare Optimierung unter Unsicherheit*,
https://doi.org/10.1007/978-3-658-34581-5

Gritzmann, P.: Grundlagen der Mathematischen Optimierung: Diskrete Strukturen, Komplexitätstheorie, Konvexitätstheorie, Lineare Optimierung. Simplex-Algorithmus. Dualität. Springer Vieweg, Wiesbaden (2013)

Günther, H.-O., Tempelmeier, H.: Produktion und Logistik, 9, aktualisierte und erw. Aufl. Springer-Lehrbuch. Springer, Berlin (2012)

Herrmann, F.: Logik der Produktionslogistik. Oldenbourg (2009)

Herrmann, F.: Operative Planung in IT-Systemen für die Produktionsplanung und -Steuerung: Wirkung, Auswahl und Einstellhinweise von Verfahren und Parametern. Vieweg+Teubner (2011)

Herrmann, F.: Schwankende Durchlaufzeiten in Produktionssystemen: Interner Bericht vom Innovationszentrum für Produktionslogistik und Fabrikplanung. Druckerei der Ostbayerische Technische Hochschule Regensburg, Regensburg (2015)

Herrmann, F.: Approximation einer stetigen Verteilung durch eine diskrete Verteilung: Interner Bericht vom Innovationszentrum für Produktionslogistik und Fabrikplanung. Druckerei der Ostbayerische Technische Hochschule Regensburg, Regensburg (2018)

Herrmann, F.: Simulationsstudien zur stochastischen Losgrößenplanung: Interner Bericht vom Innovationszentrum für Produktionslogistik und Fabrikplanung. Druckerei der Ostbayerische Technische Hochschule Regensburg, Regensburg (2020)

Herrmann, F., Manitz, M.: Ein hierarchisches Planungskonzept zur operativen Produktionsplanung und -steuerung. In: von Claus, T., Herrmann, F., Manitz, M. (eds.) Produktionsplanung und -steuerung: Forschungsansätze, Methoden und Anwendungen, pp. 7–22. Springer, Berlin (2015)

Herrmann, F., Manitz, M.: Materialbedarfsplanung und Ressourcenbelegungsplanung. Springer Fachmedien Wiesbaden, Wiesbaden (2017)

Hübner, G.: Stochastik. Vieweg, Hamburg (2003)

Kall, P., Mayer, J.: Stochastic Linear Programming – Models, Theory, and Computation. 2. Aufl. Springer (2011)

Kall, P., Wallace, S.W.: Stochastic Programming. Wiley (1994)

King, A.J., Wallace, S.W.: Modeling with Stochastic Programming: Springer Series in Operations Research and Financial Engineering. Springer (2013)

Kingsman, B.G., Tarim, S.A.: The stochastic dynamic production/inventory lot-sizing problem with service level constraints. Int. J. Prod. Econ. **88**, 105–119 (2004)

Lautenschläger, M.: Mittelfristige Produktionsprogrammplanung mit auslastungsabhängigen Vorlaufzeiten. Peter Lang, Frankfurt a. M (1999)

Neumann, K., Morlock, M.: Operations Research, 2nd edn. Hanser Fachbuch, Karlsruhe (2002)

Nickel, S., Stein, O., Waldmann, K.-H.: Operations Research, 2nd edn. Springer Gabler, Wiesbaden (2014)

Nožicka, F., Guddat, J., Hollatz, H., Bank, B.: Theorie der linearen Optimierung. Akademie, Berlin (1974)

Pflug, G. Ch., Pichler, A.: Multistage Stochastic Optimization. Springer, Berlin (2014)

Prékopa, A.: Stochastic Programming. Springer, Netherlands (1995)

Raiffa, H., Schlaifer, R.: Applied Statistical Decision Theory. Wiley classics library edition. Wiley, New York, NY (2000)

Rockafellar, R.T., Wets, R.J.-B.: Scenarios and policy aggregation in optimization under uncertainty. Math. Oper. Res. **16**(1), 119–147 (1991)

Ruszczynski, A., Shapiro, A. (eds.): Stochastic Programming, 1st edn. Handbooks in Operations Research and Management Science, Elsevier Science (2003)

Saliby, E.: Descriptive sampling: a better approach to Monte Carlo simulation. In: von Andradóttir, S., Healy, K.J., Withers, D.H., Nelson, B.L. (Hrsg.) Proceedings of the 1997 Winter Simulation Conference (1997)

Saliby, E.: Descriptive sampling - an improvement over latin hypercube sampling. J. Oper. Res. Soc. **41**(12), 1133–1142 (1990)

Schade, K.: Stochastische Optimierung: Bestandsoptimierung in mehrstufigen Lagernetzwerken. Vieweg + Teubner Research, Wiesbaden (2012)

Scholl, A.: Robuste Planung und Optimierung: Grundlagen, Konzepte und Methoden, experimentelle Untersuchungen. Physica, Heidelberg (2001)

Selmair, M., Claus, T., Trost, M., Bley, A., Herrmann, F.: Job shop scheduling with flexible energy prices. In: von Claus, T., Herrmann F., Manitz, M., Rose, O. (Hrsg.) Proceedings of the 30th European Conference on Modeling and Simulation, S. 488–494. Saarbrücken (2016)

Tempelmeier, H.: Dynamische Losgrößenplanung in Supply Chains. Books on Demand (2012)

Tempelmeier, H.: Material-Logistik: Modelle und Algorithmen für die Produktionsplanung und -steuerung und das Supply Chain Management, 5., neubearb. Aufl. Springer, Berlin [u.a.] (2003)

Vargas, V.: An optimal solution for the stochastic version of theWagner- Whitin dynamic lot-size model. Eur. J. Oper. Res. **198**(2), 447–451 (2009)

Wagner, H.M.: Global sensitivity analysis. Oper. Res. **43**(6), 948–969 (1995)

Wallace, S.W.: Decision making under uncertainty: is sensitivity analysis of any use? Oper. Res. **48**(1), 20–25 (2000)

Wets, R.J.-B.: The aggregation principle in scenario analysis and stochastic optimization. In: von Wallace, S.W. (ed.) Algorithms and Model Formulations in Mathematic Programming, pp. 91–113. Springer, Berlin (1989)

Winkler, G.: Zufall! Zufall? HelmholtzZentrum, München (2011)

Stichwortverzeichnis

© Der/die Herausgeber bzw. der/die Autor(en), exklusiv lizenziert an Springer
Fachmedien Wiesbaden GmbH, ein Teil von Springer Nature 2022
F. Herrmann, *Lineare Optimierung unter Unsicherheit*,
https://doi.org/10.1007/978-3-658-34581-5

The manufacturer's authorised representative in the EU is Springer
Nature Customer Service Centre GmbH, Europaplatz 3, 69115 Heidelberg,
Germany. If you have any concerns regarding our products, please
contact ProductSafety@springernature.com

Printed and bound by CPI Group (UK) Ltd, Croydon, CR0 4YY
28/04/2026
02098487-0010